역사가를 사로잡은 역사가들

역사가를 사로잡은

# 역사가들

이영석

푸른역사

일러두기

이 책은 2014년 광주대학교 학술진흥연구비 지원을 받아 저술되었음.

# 책머리에

2006년경 평소 관심을 두었던 몇몇 역사가들을 소개하는 다섯 편의 글을 모아 《나를 사로잡은 역사가들》이라는 책을 펴낸 적이 있다. 원래 몇 편의 '사론'과 함께 묶으려고 했지만, 출판사의 권유로 다른 제목을 붙여 펴냈다. 그 후에도 필자가 관심을 두었거나 또는 원고 청탁을 받아 몇몇 역사가의 저술을 소개하는 글들을 여러 편 쓰게 되었다. 이전 책에 수록된 글과 그 후에 발표한 글들을 한데 모아 다시 책을 펴낸다. 제목도 《역사가를 사로잡은 역사가들》로 고쳤다.

이 책은 그동안 내가 관심을 가졌던 역사가들에 대한 일종의 인상기다. 한 역사가의 여러 저술을 피상적으로 훑어본 글도 있고, 한 권의 책을 좀 더 깊이 음미하면서 정독한 독후감도 있다. 사람들은 대체로 역사가들이 박식하다고 생각한다. 책을 많이 읽었으리라고 넘겨짚는다. 그러나 내 경험으로 보면 꼭 그렇지만도 않다. 젊은 시절을 제외하고는 책 읽는 시간을 충분히 갖기 어렵기 때문이다. 물론 논문을 작성하기 위해 연구서나 저술을 읽고 검토하는 것도 책읽기에 해당한다. 하지만 그것은 진정한 독서라고 말하기 어렵다. 말 그대로 연구의 일환이다. 적어도 순수한 독서라면 책 읽는 순간에는 다른 강박이 없어야 한다. 아무런 부담감 없이 책의 내용과 논리에 빠져 들어가야 한다. 이런 상태에서 저자와 대화를 나누거나 그의 주장을 다시 음미하는 기회를 가져야 한다. 독서란 그런 것이다.

여기에서 다룬 역사가들의 책은 애초부터 연구를 위한 자료로 읽지 않았다. 이러저러한 이유로 흥미를 느껴 손에 든 경우가 대부분이다. 열 명에 이르는 서구 역사가들 가운데 토인비를 제외하고는 뚜렷한 공통점도 없다. 대부분 사회사가로 분류할 수 있다는 사실 말고는. 굳이 관심을 둔 이유를 찾는다면 이들의 저술이 독자의 큰 호응을 얻었다는 점, 그러니까 전문역사가의 저술로는 보기 드물게 많은 이들의 관심을 끌었다는 점을 들 수 있다.

사실 호스킨스의 풍경의 역사, 스톤의 가족과 결혼의 역사, 젤딘의 감성의 역사, 포터의 런던의 역사, 샤마의 영상의 역사 등은 전통 역사서술에서 친숙한 주제가 아니다. 이들이 슬로건으로 내세우기도 했지만 때로는 편의상 내가 이름 붙인 경우도 있다. 이들 역사가에 대한 호기심은 아마도 역사서술의 대중화를 중시하는 근래의 분위기 때문일 것이다. 실제로 나는 이들의 책을 가까이 하면서 글자 그대로 독서의 즐거움을 느낄 수 있었다.

물론 이 같은 독서의 즐거움은 때로는 글쓰기에 치명적일 수도 있다. 비판적 독해가 어렵다는 점 때문이다. 나 역시 비판적인 책읽기가 쉽지 않았다. 이들의 저술에 나타난 시각과 견해를 비판적으로 바라보기보다는 애정을 가지고 그것들을 좀 더 분명하게 정리해 드러내려고 했다. 기존의 서평이나 관련 논문 대부분은 분석적인 성찰에 초점을 맞춰 참조하기가 꺼려졌다. 나는 그저 책 자체에 빠져들어 스스로 정리하고 느낀 인상만을 담백하게 기술하는 데 힘을 쏟았다.

책 말미에 덧붙인 이순탁과 노명식 두 분에 관한 글은 앞의 글과 성격을 달리한다. 이순탁은 일제 강점기의 저명한 지식인이었지만 역사가는 아니다. 노 교수에 관한 글은 본격적인 독후감이 아니라 고인故人을 위한 추도사에 가깝다. 분명히 성격이 다른 글들이나 한데 묶어도 별다른 문제가 없겠다는 생각에 포함시켰다.

이 글들을 발표할 때 함께 읽어준 몇몇 동료 연구자들이 있다. 김덕호, 김기봉, 설혜심, 백승종 선생에게 특히 감사의 말을 전한다. 이들은 이 책에 수록된 글들의 일부를 읽고 세심한 부분까지 조언을 아끼지 않았다. 미흡한 글들을 추가해 새롭게 책을 펴내준 푸른역사 박혜숙 사장과 편집진에게도 감사의 인사를 전한다.

2015년 4월 광주 진월골에서

이영석

◈ 책머리에 • 005

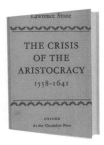

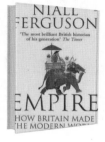

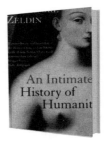

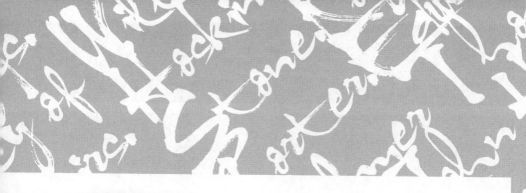

영국 데번 주 엑서터 출생. 옥스퍼드대학 졸업 후 1931년부터 레스터대학에서 상업사를 강의했다.
무역통계가 무의미한 작업이라는 것을 절감한 후 고고학 및 지방사에 관심을 기울였다. 역사인구학, 도시사, 농업사, 지방건축사,
지방사 등 다방면에 걸쳐 연구를 계속했다. 1952년부터 1965년까지 옥스퍼드대학에서 경제사 교수로 재직했으며,
그 후 레스터대학으로 돌아와 지방사 교수를 역임하다가 1968년에 은퇴했다.
레스터대학의 영국지방사연구소Centre for English Local History 초대 소장을 역임했으며 1969년에 영국학술원 회원이 되었다.
호스킨스는 옥스퍼드대학 재직 중에 엑서터 시민운동에 참여했고 1960년에는 '엑서터 그룹Exeter Group'을 발족시켰다.
이 모임은 후일 엑서터 시민협회Exeter Civic Society의 모태가 된다. 한편 1962년부터 1975년까지
다트무어 보존협회 회장을 지냈다. 주요 저서로는 《잉글랜드 풍경의 형성The Making of the English Landscape》(1955) 외에
《미들랜드 농민The Midland Peasant》(1957), 《영국 지방사Local History in England》(1959),
《데번과 그 주민들Devon and its People》(1959) 등이 있다. 특히 《잉글랜드 풍경의 형성》은
1976년 BBC 텔레비전 시리즈로 방영되어 환경운동가들의 각별한 관심을 끌었다. 2004년 데번역사협회는
호스킨스의 출생지에 다음과 같은 명문銘文을 새긴 명판을 붙였다.
"데번 주, 엑서터 그리고 잉글랜드 풍경을 연구한 역사가 호스킨스 박사, 이곳에서 태어나다.
'여기에 사랑이, 이곳에 조국이 있다Hic amor, haec patria est'."

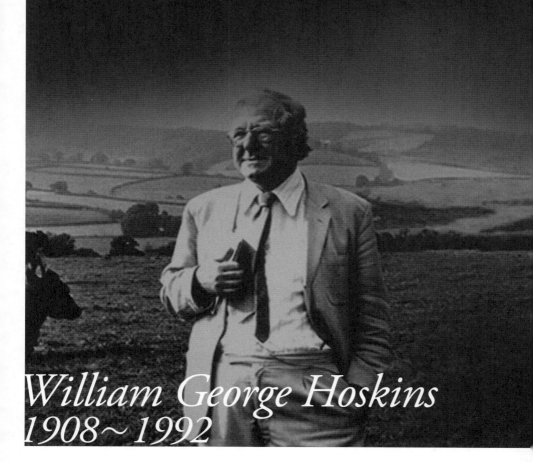

*William George Hoskins*
*1908~1992*

역사는 인간의 삶에 관한 서술이다. 사람들은 시간과 공간이 서로 만나는 접점에서 생활한다. 이 둘은 삶의 씨줄과 날줄이다. 역사학이 과거 사람들의 삶을 연구 대상으로 삼는 한, 날줄에 해당하는 삶의 공간 또한 중요한 주제가 되어야 한다. 그러나 유감스럽게도 역사가들은 이런 측면에 별로 관심을 기울이지 않았다. 역사서술에서 공간 개념은 대부분 잊히거나 유리되었다. 일부 역사가들이 그 중요성을 간헐적으로 표명한 적이 있지만, 구체적인 연구에서 삶의 공간을 시간 속에 끌어들여 과거를 이해하려는 시도는 별로 눈에 띄지 않는다.

윌리엄 호스킨스William G. Hoskins(1908~92)의 《잉글랜드 풍경의 형성*The Making of the English Landscape*》(1955)[1]은 영국 사학계에서 역사지리학 연구의 새로운 지평을 연 고전으로 평가받는다. 호스킨스는 우리의 눈앞에 펼쳐진 인공물은 물론, 자연의 풍경까지도 사람과 밀접한 관계를 맺으며 역사 속에서 형성되었다는 전제 아래 잉글랜드의 산지와 구릉, 평야와 경포, 촌락과 도시 등 거의 대부분의 풍경을 추적한다. 역사를 보는 그의 이러한 독특한 시각은 1976~78년에 BBC 방송을 통해 방영됨으로써 식자층의 관심을 끌기도 했다.

1908년 엑서터Exeter에서 태어난 호스킨스는 어렸을 때부터 이미 엑서터와 데번 주의 지방사에 관심을 가졌다. 옥스퍼드대학을 졸업한 후 레스터대학에서 역사를 가르쳤고, 1948년부터 잉글랜드 지방사 담당교수로 강의와 연구에 전념했다. 1951년 옥스퍼드대학으로부터 경제사 교수 제의를 받아 1965년까지 재직했다. 그 후 다시 레스터대학으로 돌아와 지방사 강의를 담당하다가 3년 후에 은퇴했다.

호스킨스는 지방사 관련 학회와 환경보호 단체에서 중요한 역할을 맡기도 했다. 오랫동안 레스터셔 고고학 및 역사학회Leicestershire Archaeological and Historical Society에 참여하여 활동했고, 다트무어 보존협회Dartmoor Preservation Society 의장을 맡기도 했다. 그는 《잉글랜드 풍경의 형성》 외에도 지방사 분야의 중요한 저술을 다수 남겼다. 《17세기의 엑서터》, 《데번 주와 그 사람들》, 《미들랜즈의 농민》이 널리 알려져 있는 호스킨스의 주요 저작이다.[2] 사실 《잉글랜드 풍경의 형성》은 이러한 지방사 연구 성과를 토대로 이루어진 것이다.

호스킨스는 후대의 역사가들에게도 커다란 영향을 미쳤다. 오늘날 영국에서 지방사 연구가 분과학문으로서의 정체성을 확립한 것도, 레스터대학 영국지방사연구소Centre for English Local History를 중심으로 이른바 레스터 학파가 성립된 것도 그의 영향 아래 이루어졌다. 특히 레스터 학파는 귀족가문 위주의 전통적인 지방사 연구를 비판하고 지방에서 살아온 일반 서민의 삶을 재조명하려 하는데, 이러한 경향이야말로 호스킨스가 일생동안 견지해온 태도였다.

《잉글랜드 풍경의 형성》은 농촌 풍경에 남아 있는 '역사적 지층'의 의미와 비밀을 해독하려는 시도다. 호스킨스는 이를 위해 정주지, 버려진 경지, 인클로저, 둑, 울타리, 마을 등이 남긴 흔적을 추적한다.

우리 앞에 펼쳐진, 별다른 의미 없어 보이는 그 풍경들에는 역사의 시간이 녹아 있다. 단 하나의 시간이 아니다. 하나의 풍경일지라도 거기에는 역사적 시간이 중층적으로 담겨 있다. 호스킨스는 이 같은 관점을 가지고 현재의 촌락과 또 발굴된 촌락터를 답사하면서 그곳에서 옛날 켈트인들의 정주와 후대의 앵글로색슨인들의 이동과 중세 농민의 생활과 상승하는 부농들의 새로운 모습을 그림처럼 되살린다. 낯익은 풍경에 대한 해독을 넘어 역사 속 사람들의 삶을 재현하고 있는 것이다.


## 정주의 잔흔: 개간과 촌락

중세 초기까지 브리튼 섬은 유입의 땅이었다. 아득한 선사 시대에 켈트인이 건너와 정착하기 시작한 이래 벨가이Belgae인, 로마인, 앵글로색슨인, 데인Dane인과 노르만인에 이르기까지 여러 종족들이 간헐적으로 떼를 지어 몰려들었다. 이들이 섬으로 들어오던 주요 통로는 동쪽에서 남쪽으로 이어진 해안이었다. 이주민들이 바라본 브리튼 섬은 끝없는 구릉과 곳곳에 울창한 숲들이 자리 잡은 한적한 풍경을 지닌 곳이었을 것이다. 이들은 섬에 들어와 최초의 정주지에서 다른 곳으로 이동하면서 원래의 풍경에 자신들의 자취를 보탰고 그에 따른 흔적을 남겨 놓았다. 지금의 풍경에서 최초의 이주민이 동남부 해안에 상륙했을 때 그들의 눈앞에 펼쳐졌음직한 경관을 상상하기는 어렵다. 그럼에도 호스킨스는 그 최초의 풍경을 눈앞에 그려보라고 권유한다.

어느 겨울 저녁에 희미한 불빛처럼 물결이 드넓게 밀려오는 강어귀에 앉아 그 경관과 관계없는 세세한 온갖 인간사人間事를 잊어버리고, 오직 빛나는 겨울과 하늘과 어두운 언덕과 그리고 진창 위에서 구슬피 울다가 강변으로 사라지는 먼 옛날의 까마귀 소리를 뒤에 남기면서, 우리는 얼마나 자주 잉글랜드의 다양한 지방에서 이 이미지들을 구성하려고 노력해왔는가. 우리는 이것이야말로 정확하게도 백여 세대 이전에 조약돌 깔린 강변에 도달한 최초의 사람들이 보았던 바로 그 정경임을 느낀다.[3]

물론 지금도 조약돌 깔린 해변이나 낮은 구릉을 보며 시간을 초월한 풍경을 연상할 수는 있을 것이다. 그러나 그것에서 켜켜이 쌓인 시간의 흔적을 떠올릴 수 있을까? 우리의 눈앞에 펼쳐진 그 풍경에는 시간이 녹아 있다. 태초의 이주자들이 보았을 그런 풍경은 더 이상 눈앞에 펼쳐지지 않는다. 바닷물이 밀려드는 동남부 해안마저 이미 수백 년에 걸쳐 진행된 간척의 결과물일 뿐이다. 그렇기에 태초의 풍경을 연상하라는 호스킨스의 권유는 오히려 역설적으로 잉글랜드 어디서나 눈앞에 펼쳐진 풍경이 자연 그대로가 아니라 대부분 역사 속에서 형성된 것임을 일깨우려는 의도처럼 보인다.

브리튼 섬에 주둔하던 로마군이 철수한 지 수세기가 지난 후 이 섬에는 켈트인의 정착지가 다시 확대되었다. 그와 동시에 새로운 이주민이 들어왔다. 북독일과 유틀란트반도의 게르만인이 대거 몰려온 것이다. 앵글인, 색슨인, 주트인으로 불리기도 하는 이 새로운 이주민들은 켈트인 촌락이 형성되지 않은 지역을 중심으로 브리튼 섬 남부와 중부 곳곳으로 퍼져 나갔다. 사실 로마군이 섬에 주둔하던 수세기 동안 잉글랜드 남부와 미들랜즈 곳곳에 산재하던 켈트인의 촌락과 정주

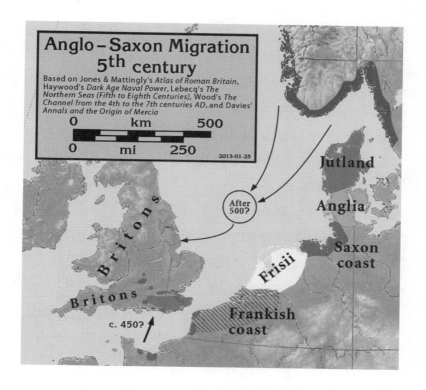

Anglo-Saxon Migration
5th century

Based on Jones & Mattingly's *Atlas of Roman Britain*, Haywood's *Dark Age Naval Power*, Lebecq's *The Northern Seas (Fifth to Eighth Centuries)*, Wood's *The Channel from the 4th to the 7th centuries AD*, and Davies' *Annals and the Origin of Mercia*

| 0 | km | 500 |
| 0 | mi | 250 |

2013-01-25

Jutland

Anglia

Saxon coast

After 500?

Britons

Frisii

Britons

Frankish coast

c. 450?

지는 폐허로 변한 채 자연 풍경에 그대로 묻혀 있었다. 로마군에 의해 스노도니아 산록지대나 북부의 황무지 너머로 쫓겨났기 때문이다. 로마군이 잉글랜드에서 얼마만큼

앵글로색슨인의 이주
5세기경 앵글로색슨인의 이주 경로. 로마군 철수 후 앵글로색슨인은 브리튼 섬 남부와 중부 지역에 대거 이주했다.

넓은 지역에 주둔했는지는 현존하는 도시 이름의 꼬리말을 통해 짐작할 수 있다. 오늘날 잉글랜드 도시의 꼬리말 가운데 대표적인 것이 '체스터chester' 다. '체스터'는 로마군 진지를 뜻하는 라틴어 ceaster에서 유래한다. 이 꼬리말로 끝나는 지명은 맨체스터, 콜체스터, 윈체스터, 도체스터, 실체스터 등 잉글랜드 거의 전역에 산재해 있다. 지도

를 통해 살펴보면 미들랜즈의 거의 전 지역에 해당된다. 로마군 주둔지는 그만큼 넓었다.

기원후 6세기 이래 간헐적으로 또는 대규모로 들어온 앵글로색슨계 이주민들은 잉글랜드 대부분의 지역에 촌락을 건설했다. 현존하는 촌락과 도시들 가운데 앵글로색슨인 이주 전부터 존속했던 경우는 아주 드문 편이다. 호스킨스는 지명들에서 앵글로색슨인 정주의 흔적을 찾는다. 그는 특히 '턴ton'과 '엄ham'으로 끝나는 꼬리말에 주목한다. 일반적으로 앞의 것은 색슨인, 뒤의 것은 앵글인의 정주지와 관련된 것으로 알려져 있다. 잉글랜드 지도에서 이들 어미를 지닌 지명의 분포를 살펴보면 지역적으로 상당부분 겹치면서도 '턴'은 주로 잉글랜드 동남부와 서부에, '엄'은 미들랜즈에 더 밀집되어 나타난다. 호스킨스는 이들 꼬리말로 끝나는 지명 중에서도 사람들을 뜻하는 '잉ing'이 꼬리말 앞에 첨가된 것들을 중시한다. 그 지명들은 모두 한두 사람 또는 한두 가구가 아니라 집단적으로 정주가 이루어졌음을 나타내기 때문이다. 예를 들어 달링턴Darlington이나 버밍엄Birmingham과 같은 지명은 특정 지도자와 그를 따르는 집단이 개척한 마을이라는 뜻을 담고 있다.[4] 사실 잉글랜드 남부와 중부의 광범한 지역을 가리키는 말 자체가 이들의 정주와 관련된다. 잉글랜드는 앵글인의 땅Angle's land을 뜻하고 서섹스Sussex, 에식스Essex 등 동남부 지역의 이름은 색슨인의 정착 지역을 말해주기도 한다.

앵글로색슨인의 유입에 뒤이어 8세기 이후에는 덴마크에서 건너온 데인인의 정착이 활발하게 이루어졌다. 잉글랜드 동해안이나 미들랜즈 내륙에는 '비by'라는 꼬리말이 있는 촌락과 도시의 이름이 자주 눈에 띈다. 다비Derby나 그로스비Grosby가 이에 해당한다. 이 꼬리말은 데인인의 정주를 나타낸다. 특히 북해로 흐르는 우즈Ouse강과 험버 Humber강 사이의 해안지대는 이들 바이킹의 정착 활동이 두드러진 지역이었다. 여기에서 호스킨스는 이 두 강 사이의 해안지대, 특히 워시Wash만의 현재 해안선이 데인인들의 오랜 간척 활동을 통해 확대되었다는 점을 강조한다.

9, 10세기에 이 지역에 조성된 데인인들의 촌락은 이른바 '헌드레드hundred'라는 행정단위로 구분되었다. 헌드레드는 해안과 습지대의 간척을 위해 인위적으로 구획한 단위였다. 각 헌드레드는 특정한 둑과 도랑을 보수할 의무를 함께 가지고 있었다. 사람들은 습지대에 둑을 쌓아 나가면서 해변 멀리까지 진출했다. 소금기를 머금은 습지대에 둑을 쌓은 후 몇 차례 계절이 바뀌면 그곳은 점차 비옥한 농지로 변모할 것이었다. 호스킨스에 따르면, 오늘날 우리가 보는 잉글랜드 동부 해변은 자연 그대로가 아니라 오랜 세월에 걸쳐 사람들이 다시 쌓은 제방과 둑과 도랑으로 만들어진 인위적인 풍경이다.

습지대와 소택지를 간척하면서 수백 평방마일의 새로운 땅이 농경지가 되었고, 이에 따라 버드나무 가지처럼 보이는 수로망, 수천 마리 양들이 노니는 풍요로운 초원, 여기 저기 흩어져 있는 농가 등 특이한 풍경이 만들어진 것이다. 우리는 지도상에 나타나는 불규칙한 패턴들, 즉 구불구불한 수로, 이따금 갑자기 나타나는 제방의 만곡, 그 제방 위에 나 있는 도로, 이곳저곳에 흩어져 자리 잡은 정주지들을 볼 수 있는데, 이 모든 것들은 직선으로 곧장 뻗은 후대의 배수로나 이따금 보이는 외딴 농가들 사이의 광활한 빈 공간과 아주 대조적이다.[5]

앵글로색슨인들이 처음 집단적으로 이주하기 시작했을 때 그들은 주로 숲과 싸우며 정착지를 마련해야 했다. 그들이 마주친 것은 떡갈나무, 물푸레나무, 너도밤나무, 느릅나무와 같은 활엽수들이 빽빽이 들어선 울창한 숲이었다. "높은 곳에서 바라보면 15세기 이전의 잉글랜드는 하나의 광대한 숲, 여기저기서 간혹 가느다란 푸른 연기가 나선형으로 피어오를 뿐 끊어진 곳이라고는 거의 없는 숲의 바다처럼 보였을 것이다."[6] 숲과의 전쟁은 험난한 것이었다. 키 작은 나무며 관목이며 덤불은 그들이 사용하던 도끼와 곡괭이와 낫으로 없앨 수 있었지만, 더 커다란 나무들은 이 원시적인 도구만으로 해결할 수 없었다. 손쉬운 개간 방식은 숲에 불을 지르는 것이었다. 호스킨스는 화전의 의미를 가진 여러 지명들을 추적한다. '스위트Swit'나 '브렌트Brent'라는 접두어를 가진 지명은 대부분 화전으로 이루어진 촌락에서 유래된 것이다. 레스터셔에 자리 잡은 '스위들랜드Swithland'라는 마을은 '불 질러 개간한 땅'이라는 뜻을 가지고 있다. 잉글랜드 북부 여러 주에서 찾아볼 수 있는 스위든Sweden이라는 지명도 동일한 의미다. 또 브렌트우드Brentwood는 '불탄 숲'을, 브린들리Brindley는 글자 그대로 '화전'을 뜻한다.[7] 숲wood이라는 단어가 들어간 지명이 지도상에 무수하게 나타나는 것도 중세 초기 앵글로색슨인들의 정주 방식을 어렴풋이 보여준다.

호스킨스는 숲을 없애고 들어선 앵글로색슨인의 촌락 모델을 제시한다. 지형에 대한 세밀한 탐사와 고고학적 발굴 결과를 토대로 유추한 것이다. 앵글로색슨인은 숲을 제거한 후 정방형의 널따란 초지를 조성하고 그 가운데에 방책을 세웠다. 오늘날 동아프리카의 원주민 촌락이 그렇듯이, 이것은 "방어를 목적으로 하는 울타리"였다. 이주민들의 오두막집은 이 원형 울타리 가장자리에 들어서 있다. 공동지와 경지는 한가운데에 조성되었다. 집촌 주위에 경지와 공동지를 조성했던 중세 촌락과는 다른 형태였다. 집들 사이의 좁은 빈터에도 가시나무 울타리가 세워졌고 집주인은 이를 수선할 의무를 지녔다. 늑대의 위협 때문에 밤이 되면 가축을 원형 울타리 안에 몰아넣었다. 이 고대적 모델은 교회와 공동우물, 주위의 곳곳에서 중앙의 공동지로 뻗은 샛길과 마찻길의 흔적으로 우리의 상상력을 자극한다. 물론 초지의 원형 울타리 입구나 마을 안쪽 공유지로 들어가는 입구를 정비하고 수선해야 했던 의무는 육식동물의 소멸과 함께 사라졌다.[8]

고고학 발굴 결과나 오늘날 남아 있는 어렴풋한 흔적만으로 앵글로색슨인의 촌락과 이전 켈트인의 촌락을 구별하기란 쉽지 않다. 그러나 앵글로색슨인들이 도입한 경작 방식, 즉 개방경포開放耕圃제는 이전에 볼 수 없었던 새로운 관행이었다. 호스킨스는 지명 외에도 개방경포를 통해 이주민들의 촌락 흔적을 찾는다. 이랑과 고랑으로 이어지는 이 경포 패턴은 앵글로색슨인들의 경작 관행과 관련된 것이다. "특수한 형태의 쟁기로 길고 좁은 지조地條를 수직으로 파헤치면, 지조의 한가운데로 흙을 모아 높은 마루를 쌓게 마련이었다."[9] 초기의 이주민들은 마을 가운데 경지를 조성하면서 끝없이 이어진 이랑과 고랑의 흔적을 남겼다. 경포와 공동지가 촌락의 농가들 바깥으로 확대된 이후에도 이랑과 고랑으로 한없이 이어지는 이 같은 경포 패턴은 바뀌지 않았으며, 후일 농노제 아래서의 촌락 질서를 규정하는 중요한 요인으로 작용했다.

# 울타리와 문명

오늘날 영국의 전원 풍경에서 특히 사람들의 눈길을 끄는 것은 다양한 형태의 울타리들이다. 단독주택이나 연립주택에도 가든을 구획하는 낮은 높이의 울타리가 세워져 있고, 교외에 나가면 광활한 경지와 구릉 너머로 나무나 방책으로 만든 울타리들이 시선을 끈다. 이러한 풍경은 인클로저를 연상시킨다. 그러나 땅을 구획하고 경계를 가르는 울타리는 앵글로색슨인의 정착 초기부터 친숙한 관행이었다. 단순히 농가나 마을의 경계를 가르고 경지를 표시하는 정도가 아니라 그보다 더 넓은 지역을 구획하는 울타리와 방책의 기원을 찾아 올라가면 아마 왕실 수렵지에까지 이를 것이다.

원래 '파크park'라는 말은 처음에는 수렵금지법forest law의 적용을 받는 왕실 수렵지를 가리켰다. 오늘날 현존하는 것 가운데 옥스퍼드셔의 우드스톡Woodstock이 가장 전형적이다. 이 지명은 글자 그대로 숲에 울타리를 둘러친 지역을 의미했다. 왕실 수렵지에 울타리를 치기 시작한 것은 11세기 이후의 일이다. 헨리 2세(1154~89) 때에는 전체 삼림의 3분의 1이 울타리를 친 수렵지일 정도로 왕실 수렵지가 늘어났다. 이에 질세라 봉건 영주도 왕실을 따라 울타리를 세우기 시작했다.

이처럼 중세의 대규모 방책은 숲을 제거하기 위한 것이 아니라 수렵지를 보호하기 위해 세워졌다. 잉글랜드 곳곳에서 사람들이 가경지를 개간하기 위해 숲과 투쟁을 벌였음에도 16세기 초까지는 400만 에이커 이상의 울창한 숲이 잉글랜드에 산재해 있었다. 에핑Epping, 아든Arden, 셔우드Sherwood, 딘치우드Dintchwood 등지의 삼림과 주변의 수십여 군데 숲은 말 그대로 살아 있는 현실이었다. 미들랜즈의 경우 다른 지역에 비해 숲이 차지하는 비율이 더 낮긴 했지만, 어쨌든 잉글랜드 전역에 작은 숲들이 우거져 있었다. 호스킨스가 보기에 숲은 오늘날의 잉글랜드가 잃어버린, 도저히 복원할 수 없는 과거의 현실이 되었다. 그는 잃어버린 숲에 대한 향수를 이렇게 표현한다.

일부 어린이들은 울창한 숲지대나 황량하고 광활한 관목지대 멀리까지 손쉽게 걸어 다니며 생활했다. 그곳에서 아이들은 마음껏 동물적 에너지를 발산할 수 있었다. 오늘날 20세기에 불결하고 삭막한 도시에 사는 어린이들이 이렇게 하면 아마 다수가 청소년 법정으로 끌려갔을 것이다. 물고기며 사냥감을 쫓는 밀렵꾼의 행동반경은 넓었다. 모든 사람들이 신선한 공기를 마시고 넓은 활동공간을 가졌다. 원할 경우 고요함을 즐길 수 있었다. 공장의 매연도 없었고, 도로에서 말보다 더 빨리 달리는 것도 또 공중에서 끊임없이 들리는 굉음도 없었다.[10]

울타리가 영국인의 삶의 공간에 좀 더 뚜렷한 의미를 갖게 된 것은 대규모 경지를 대대적으로 종획하기 시작하면서부터였다. 인클로저 운동은 영국 근대사 또는 농업사에서 빼놓을 수 없는 중요한 주제다. 튜더 시대의 인클로저는 목양지를 확대하기 위한 것으로서 새로운 국제무역의 발전과 밀접한 관련이 있다. 16세기 후반에 플랑드르 및 영국의 이스트앵글리아 지방에서 모직물 공업이 번창하여 양모 수요가 증가하자, 일부 지주들은 앞다투어 농지를 목양장으로 바꾸고자 했다. 그들은 소작농민의 토지를 회수하고 지조地條를 집중하여 울타리를 친 후 그곳을 목초지로 만들었다. 일손이 많이 필요했던 농사와 달

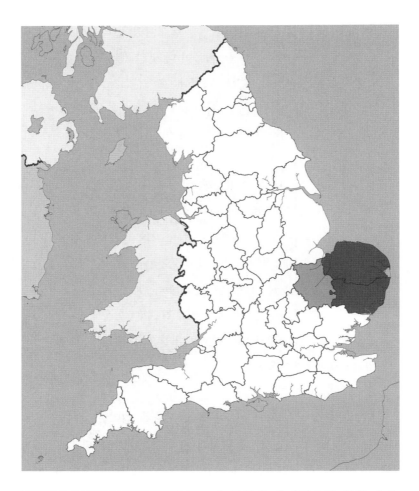

**이스트앵글리아**
16세기 후반 이스트앵글리아 지방의 모직물 공업 번창은 양모 수요의 증가로 이어졌고, 이는 일부 지주들이 농지를 목초지로 바꾸는 인클로저운동을 불러왔다.

리 목양은 상대적으로 일꾼 수요마저 적었다. 이에 따라 농민과 그의 가족은 농토에서 내몰렸고 식량과 일거리를 찾아 마을을 떠나지 않을 수 없었다. 튜더 시대의 울타리치기는 잉글랜드 전 지역보다는 주로 동남부에 집중되었다고 알려져 있다. 그러나 미들랜즈에도 곳곳에서 목양 인클로저가 전개되었다는 증거가 있다. 18세기 초에 디포Daniel Defoe(1660~1731)는 에일즈버리Aylesbury 계곡에 단 하나의 단위로 인클로저된 목초지가 연 1,400파운드의 지대를 받고 목양업자에게 임대되는 것을 목격했다.[11]

16세기에 조성된 광활한 목초지는 물결 모양으로 거의 지평선까지 맞닿아 있었다. 목축에 별다른 경험이 없던 지주와 부농이 대규모로 소와 양을 기르는 최초의 열광적인 실험인 셈이었다. 호스킨스는 튜더-스튜어트 시대 이래 미들랜즈 여러 지역에서 목양을 위한 종획지에 계속해서 새로운 울타리를 세우게 된 까닭을 이렇게 설명한다. 미들랜즈 고지대에서 대단위로 목양장을 운영하는 데에는 여러 폐해가 있었다. 특히 고지대에서는 겨울철에 소들을 가둘 우리가 부족했고, 광활하게 펼쳐진 모든 목양지에 초지를 조성하는 것은 불가능한 일이었다. 이런 이유로 시간이 흐르면서 사람들은 원래의 울타리망 내부에 새로운 방책을 세워 좀 더 작은 단위의 목양장을 조성하게 되었다는 것이다.[12]

그러나 영국 근대사에서 울타리치기가 많은 사람들의 삶에 특히 결정적인 영향을 미치게 된 것은 18세기 중엽 이후 집중적으로 나타난 의회 인클로저에 의해서였다. 의회 인클로저는 개방경지(추수기와 파종기 사이에 공동방목지가 되는 농지)에 울타리를 치고 공동지를 사유지로 바꾸는 것과 아울러 경제적 규모로 지조를 통합하여 대규모로 농장을 조성하려는 목적에서 진행되었다. "……교구의 공유지, 목장, 목초지 및 공동 황야를 분할하고 할당하고 울타리치기 위한 법"이라는 인클로저법의 일반적인 정의 자체가 이러한 의도를 나타낸다. 이전 시대의 인클로저는 주로 토지와 관련된 당사자들 사이의 협정을 통해

인클로저
제라드 윈스탄리Gerrard Winstanley, 《새로운
정의법The New Law of Righteousness》, 1649.

이루어졌지만, 의회 인클로저는 관련 토지가土地價의 75~80퍼센트를 소유한 사람이 서명한 청원서를 의회에 제출했을 경우 의회가 이에 관한 법을 제정하고 지주가 그 법을 수행하는 방식으로 진행되었다. 인클로저법이 주로 의회에서 통과된 시기는 대략 1760~1820년 동안이었다. 한 통계에 따르면 1793~1815년 사이에 종획된 경지 면적은 290만 에이커로서 18, 19세기에 걸쳐 인클로저법에 의거하여 종획된 경지 680만 에이커의 43퍼센트 정도에 달했다.[13]

지금까지 인클로저는 주로 자본주의 발전의 전제조건으로서 임노동의 창출 또는 인간과 토지의 급속한 분리라는 측면에서 관심의 대상이 되어왔다. 마르크스가 시초축적의 중요한 사례로 인클로저를 언급했다는 것은 널리 알려진 사실이다. 칼 폴라니Karl Polanyi(1886~1964)는 새로운 산업 질서를 낳은 '대전환great transformation'의 출발점을 일하는 사람과 그의 생계와의 분리에서 찾는다. 사람이 생계와 분리되면서 이제 생산과 교환은 더 이상 모든 것을 포함하는 생활방식이 될 수 없었다. 노동과 토지와 화폐는 다 같이 오직 상품으로 여겨지고 또 그렇게 취급될 뿐이었다.[14] 노동력의 자유로운 이동과 이용, 다른 생산수단과의 자유로운 결합을 가능케 하는 것이 바로 이러한 새로운 분리dis-connection다. 이 분리가 신체 및 정신의 노동을 당연한 현상으로 만든다. 그럼으로써 사람의 노동은 온갖 만물처럼 취급될 수 있는 사물, 즉 다른 것과 함께 처리하고 옮기며 합치거나 또는 깨뜨릴 수 있는 '사물'이 된다는 것이다.

폴라니가 보기에, 이러한 분리가 일어나지 않는다면 노동은 그것을 포함한 삶의 '전체성'에서 떨어질 수 없다. 토지야말로 그와 같은 전체성의 한 예다. 토지는 그곳에서 경작하고 수확하는 사람들을 함께 고려할 때에만 존재할 수 있다. 영국에서 벌어진 시초축적의 파괴적인 영향을 고려하면, 후일 새로운 산업적 질서가 영국에서 나타난 것도 하등 이상한 일이 아니다. 영국은 농민층을 몰락시키고 토지·인간노동·부 사이의 '자연스러운' 연결을 깨뜨리는 경향이 이웃 국가들보다 더 두드러졌기 때문이다.

그러나 호스킨스는 인클로저에 따른 자유로운 노동력의 창출보다는, 그것이 삶의 공간에 가져온 새로운 질서 또는 새로운 근대성에 주목한다. 그는 의회 인클로저가 얼마나 급속도로 전개되었는가를 되묻지 않는다. 그것은 분명 혁명적인 변화였기 때문이다. 18세기 내내 인클로저의 밀도가 아주 높은 주는 노샘프턴셔, 러틀랜드, 헌팅턴셔, 베드퍼드셔, 케임브리지셔, 옥스퍼드셔 등 미들랜즈의 동부 및 중앙 지역이었다. 더 서쪽의 워릭셔, 글로스터셔 주에서도 집중도는 조금 떨어지지만 평균 10에이커당 3에이커꼴로 인클로저가 진행되었다. 그러니까 의회 인클로저는 미들랜즈의 경우 "요크셔 해안의 플램버러 곶Flamborough Head에서 미들랜즈를 내려가다가 멀리 도싯 주 해안까지, 그리고 북동쪽으로 석회암 고지대를 따라 노퍽 주 해안까지" 방대한 지역에 걸쳐 이루어졌다고 해도 과언이 아니다.[15] 링컨셔나 노섬벌랜드와 같은 잉글랜드 북부, 웨일즈 접경지대, 잉글랜드 남부를 제외한 전 지역에 해당한다.

물론 인클로저 법령의 제정 연대를 감안하면 그것은 오랜 시일에 걸쳐 진행된 점진적인 과정이었을지도 모른다.[16] 그러나 인클로저를 겪은 각 교구와 마을, 그 공간 속에 살았던 사람들에게 그것은 전혀 새로운 경험이었다. 감독관들은 인클로저 법령에서 규정한 지역과 마을에 파견되어 농촌의 전반적인 풍경을 개조하는 작업을 맡았다. 대다수 지역에서 그것은 "좁은 지조, 구불구불한 녹색 이랑이나 마찻길, 갈지 않은 밭두렁과 풀이 무성한 들길"과 같은 개방경포의 중세적 풍경을 "바둑판과 같은 근대적 패턴, 즉 산사나무 울타리를 둘러친 작은 사각형 경지와 모든 방향으로 교구를 넓게 가로질러 다소간 곧게 뻗어나간 새 도로 등"으로 바꾸는 혁명적인 과정이었다.[17] 더욱이 그것은 인클로저법이 통과된 후 해당 교구에서 불과 수년 안에 이루어진, 단기적인 계획의 결과였다. 호스킨스는 이렇게 말한다.

물론 인클로저 계획서만으로 모든 물리적 변화가 한꺼번에 만들어지지 않았던 것은 사실이다. 그렇지만 풍경은 거의 동시에 순간적으로 변모했다.

소년 시절에 개방경포에서 뛰놀거나 공동초지의 양들을 바라보았던 촌락 주민이라면 완벽하고 빈틈없는 자기 교구의 근대적 풍경, 새로 난 도로며 완전히 다 자란 울타리 나무들이며 경포 위에 새로 지은, 이전에는 아무도 본 적이 없는 저택 등이 어우러진 풍경을 그의 생애에 볼 수 있었을 것이다. 모든 것이 달라졌다. 옛 교구의 이정표는 거의 남아 있지 않았을 것이다. 아마도 여기저기서 노인은 이전 세계의 증거들, 즉 이제는 버려져서 황량하면서도 새로 조성된 경지 구석에 아직도 서 있는 젊은 시절의 물방앗간이며, 새 초지의 산등성이 밭고랑에 남은 이전 지조의 흔적들을 찾아낼 수 있었을지도 모르겠다. 하지만 그밖에 다른 것들은 별로 없었을 것이다.[18]

미들랜즈의 구릉과 평야지대에 새롭게 등장한 직선들이 풍경을 바꾸었다. 곧게 사방으로 뻗은 도로와 새로 조성된 마을, 무엇보다 경지와 목양지를 가르는 직선의 울타리와 방책들이 새로운 삶의 공간으로 자리 잡았던 것이다. 오늘날 잉글랜드의 전형적인 모습이라고 할 수 있는 이러한 풍경은 언뜻 보면 너무나 고졸적인 인상을 풍겨준다. 구릉과 광활한 평원 위로 옹기종기 모여 있는 마을 집과 곧게 달리는 좁은 도로, 정방형의 종획지와 직선으로 이어진 울타리용 나무숲은 근대문명과 관련이 없는 것처럼 보인다. 그러나 18세기라는 시점에서 이 새로운 경관은 분명 '근대성'의 한 표지였다.

특히 울타리에 심어놓은 나무숲이 잉글랜드 전원 풍경을 이전과는 전혀 다른 새로운 경관으로 변모시켰다. 종획지의 경계에 산사나무 hawthorn로 울타리를 세우고 양편으로 좁은 도랑을 팠다. 미들랜즈 동부 지역에서는 주로 물푸레나무와 느릅나무를 심었다. 물푸레나무와 느릅나무와 연녹색 버드나무, 이것들이 종획지 울타리의 주된 수종이

었다.[19] 오랜 세월이 지나 이 나무들이 다 자라자 끝없는 나무들의 행렬이 펼쳐졌다. 언덕 위에서 보면 그 풍경은 끝을 알 수 없는 숲으로 보인다. 이것이 미들랜즈의 광활한 평원에 드러나는 가장 특징적인 면모다.

잉글랜드에서 숲은 일종의 허구다. 그러나 아름다운 허구다. 유럽 여러 나라 가운데 숲의 면적이 가장 부족한 잉글랜드가 오늘날 숲으로 이어진 목가적인 풍경을 보여주는 것은 이 인클로저 때문이다. 석탄을 일찍 사용하면서, 인클로저를 일찍 시작하면서 잉글랜드의 숲은 급속하게 사라졌다. 숲과 관목지대로 이루어진 황야를 목양지나 농경지로 바꾸고, 처음 종획지에 방책을 세우기 위해 기존의 숲을 파괴했기 때문이다. 그러나 방책과 함께 심은 산사나무와 물푸레나무와 느릅나무들이 세월과 함께 자라나서 나무들의 기다란 행렬을 이루게 되었다. 문명이 숲을 파괴했지만 그와 동시에 허구적인 숲을 되살려낸 것이다.[20]

종획지의 울타리와 관련하여 호스킨스가 주목하는 또 하나의 현상은 텃새들의 증가다. 미들랜즈의 무수한 교구에서 의회 인클로저가 진행된 지 한 세대가 지나 울타리용 나무들이 가득 자라났을 때, 이 수천 마일에 이르는 나무들의 행렬 속에 새들이 자리를 잡기 시작했다. 특히 텃새들의 천적인 야생의 매와 여우들이 역병으로 사라지면서 새들이 지저귀는 소리가 마을 마을마다 가득해졌다. 수백만 마리의 작은 새들이 울타리와 덤불 속에서 노래하기 시작한 것이다. 이것은 자연 균형의 변모를 뜻한다. 원래 광대한 관목지대와 숲 속에서 살아가던 산새들이 새로 조성된 나무 울타리로 날아온 것이다. 산새와 텃새, 인클로저로 인한 변화가 계속되는 곳마다 둘 사이의 균형이 바뀌었다. 울타리가 증가하고 관목지대와 자연 숲이 줄어든 데 따른 변화였다. 그리고 18세기에 여기저기 운하를 개통하면서 이전에는 결코 알려진 적이 없던 새로운 조류들도 미들랜즈 마을로 날아들었다.[21]

## 풍경 속의 농가와 저택

시골 마을에 모여 있는 2층 형태의 전통적인 시골집과 전원풍의 대규모 저택들은 잉글랜드 풍경에서 빼놓을 수 없는 요소다. 이들의 기원을 찾아 올라가면, 농가는 16세기 이후 시골집의 개축 열기와 더불어, 저택은 같은 시대 이후 귀족과 젠트리의 저택 신축 열기에 힘입어 잉글랜드 전역에 산재하게 되었음을 알 수 있다. 달리 말하면, 근대 영국에서 전원적 풍경의 형성은 농민과 대토지를 소유한 지주, 이들 두 세력에 의해 동시에 진행되었다.

먼저 부농의 농가 개축은 어떻게 전개되었는가. 16세기 후반부터 영국 농촌 사회는 장기간의 경제 침체에서 벗어나 활력을 되찾기 시작했다. 런던 등 대도시의 성장과 더불어 대규모 식료품 시장이 만들어졌고 피혁이나 모직 등 농촌 지역 공산품에 대한 수요가 늘었다. 이러한 시대에 농민들 또한 가만히 있을 수는 없었다. 그들은 부를 축적하는 과정에서 자신들의 삶의 공간을 넓혔고 전통적인 생활권을 넘어서까지 시장경제에 깊숙이 관계를 맺었다. 농민들은 1540년 이래 농촌 지역 공산품의 가격 상승에 힘입어 시장에서 이득을 얻을 수 있었다. 경작권의 안정과 상대적으로 고정된 지대의 이점을 누린 농민들은 가족노동의 형태로 농가 소득을 늘릴 수 있었다. 16세기는 상인과 제조업자뿐만 아니라 농민들에게도 이윤 인플레이션의 시대였던 것이다.

사실 튜더 시대 이전만 하더라도 대다수 농민들은 여전히 어둡고 지저분하며 비좁은 가옥에 살고 있었다. 이것은 일반적으로 거실과 안방으로 구성된 작은 집, 잡석으로 기초를 다진 후 그 위에 목재로 틀을 짜고 벽에 진토를 바른 오두막에 지나지 않았다. 거실과 안방은 천장도 없이 그저 지붕 서까래와 초가지붕으로 뚫려 있을 뿐이었다. 그러나 가격혁명 시대에 소득이 높아진 농민 사회에도 변화의 바람이 일었다. 농가 개축 붐은 이런 여건 아래서 진행되기 시작했다. 호스킨스는 이러한 개축을 농민 생활 최초의 '근대화'라고 표현한다.

개인의 사생활에 대한 욕구가 귀족층에 속하는 사람들로부터 상인과 부농과 농민들에게로 흘러들었다. 이것은 특별한 용도에 쓰일 더 많은 방을 필요로 하는 것이었으며, 특히 그 가운데서도 정상적인 집에 이층을 올리고 계단을 설치하는 작업으로 이어졌다. 크고 바람이 잘 스며드는 거실과 지붕까지 맞닿아 뚫린 방 몇 개가 더 딸려 있던 중세 시대의 가옥이 16세기 마지막 몇 십 년과 17세기 초에 근대화되었다. 옛 방의 위쪽 중간쯤에 천장을 만들었고, 또 그 위로 층을 올렸다. 벽난로를 더 많이 덧붙였으며(1577년 해리슨은 "여러 개의 굴뚝이 최근에 세워졌다"고 말한다), 개별 층에도 칸막이벽을 설치하여 그때까지 사용하던 헛간 같은 두세 개의 방 대신에 좀 더 작고 더 따뜻한 대여섯 개의 방을 만들 수 있었다. 창문도 더 많이 냈는데, 그것들 대부분은 처음으로 유리를 끼운 것이었다.[22]

이 대대적인 농가 개축의 물결은 남쪽으로는 켄트 주에서 콘월 주까지, 그리고 미들랜즈의 거의 모든 곳에서 발견된다. 1540년 이후 두 세대 사이에 지역마다 그곳 특유의 건축 재료를 이용한 여러 형태의 새로운 농가들이 모습을 드러냈다. 이러한 다양성이야말로 농민경제와 농민문화가 새롭게 결합한 좋은 사례다. 17세기 후반과 18세기 초에도 이전 세기에 못지않은 두 번째 개축의 물결이 농촌 사회를 휩쓸었다. 이러한 개축은 지역적으로뿐만 아니라 농민 사회의 모든 계층에게까지 널리 퍼졌다. 부농은 물론이고 그 아래 하층농민을 포함하여 경우에 따라서는 오막살이 농민까지도 농가 개축과 신축의 대열에 합류했다.[23]

귀족의 저택 신축 또한 근대 잉글랜드의 풍경에서 빼놓을 수 없는 부분이다. 오늘날 영국을 찾는 관광객들 대부분은 귀족가문이나 '내셔널 트러스트National Trust'[24]에서 관리하는 귀족 저택에 경탄을 금치 못한다. 이 저택들은 엄청난 규모의 석조건물도 그렇지만 그 석조건물이 주변의 인공적인 자연경관과 함께 어우러져 사람들의 눈길을 끈다. 저택과 저택 앞의 넓은 잉글랜드풍 정원과 주변의 인공호수와 구릉지의 조림 등 전체적인 경관이 질서와 조화를 느끼도록 하는 것이다.

근대적 의미의 '조경landscape gardening'이라는 개념은 16세기 이래 영국 귀족층의 산물이다. 16세기 이전에 전통적인 귀족층은 성이나 요새화된 저택에서 살았다. 이것들은 모두 성벽과 해자를 갖춘 방어적인 성격의 거주지였다. 그러나 튜더 시대에 접어들면서 귀족의 생활에서 군사적 의미의 전투나 방어는 사실상 사라졌다. 이에 따라 그들은 폐쇄적인 생활공간에서 좀 더 개방된 공간으로 삶의 무대를 옮겼다. 귀족의 저택 신축은 16세기에 시작되어 18세기에 절정을 이루었다. 노퍽주의 이스트 바샴East Barsham이나 서퍽

블레넘궁
프랜시스 모리스Francis Orpen Morris,
〈블레넘궁Blenheim Palace〉, 1880.

주의 헨그레이브홀Hengrave Hall과 같은 초기의 저택에서 블레넘궁 Blenheim Palace이나 하워드 성Howard Castle과 같은 18세기의 대규모 저택에 이르기까지 영국 곳곳에 산재한 귀족 저택들이 잉글랜드의 풍경을 더욱더 다채롭게 만들고 있다.

풍경에 관한 한, 저택보다 더 중요한 것은 저택 소유자들이 저택 주위에 울타리를 치고 조성한 수렵지park다. 원래 울타리 친 수렵지는 조성되었다가 없어지기도 하는 불안정한 것이었고, 단지 지도상의 작은 이름으로만 기억될 뿐이었다. 그러나 16세기 이후 저택 신축을 하면서 귀족들은 저택 인근에 수렵지를 조성하고 경관을 새로 꾸미는 데 노력을 기울였다. 파크는 대토지 귀족의 시대인 18세기에 더욱더 확대되었다. 웅대한 저택을 짓기 위해서는 저택을 돋보이게 할 만한 드넓은 토지가 필요했다. 수렵지 울타리 안쪽의 촌락 농경지는 그렇게 사라져갔다. 이뿐만이 아니었다. 귀족들은 마을이 조망을 가로막거나 풍경을 조성하려는 원대한 계획에 장애가 된다고 여겨지면 그마을을 파괴한 후 다른 곳에 다시 건설하기도 했다.

호스킨스는 18세기에 근대적 조경 개념을 새롭게 도입한 건축가들, 즉 윌리엄 켄트William Kent(1685~1748), 랜실롯 브라운Lancelot Brown, 험프리 렙톤Humphry Repton 등에 관심을 기울인다. 특히 켄트는 근대 조경의 아버지라 불릴 만큼 후대에 커다란 영향을 끼쳤다. 호스킨스에 따르면, 켄트의 위대한 점은 그가 "쭉 뻗은 전망 좋은 호수, 규칙적인 가로수길, 정갈하게 깎은 사면체 모서리" 등 너무 형식에 치우친 네덜란드풍의 정원을 거부하고, 불규칙적이고 낭만적이고 자연스러운 조경을 강조한 데 있었다.[25] 켄트에 뒤이어 이름을 날린 브라운 또한 자연미 속에 질서와 조화를 구현하는 작업에 빠져들었다. 그는 벌리Burghley 저택의 주변 경관을 조성하고 호수를 만들었는데, 1797년 이 저택의 안내책자는 브라운의 솜씨를 이렇게 소개한다.

형태 없는 그 전체를 곰곰이 생각하면, 황량하게 보이는 경관으로부터 지금 지배적인 온갖 질서와 정교한 조화를 이끌어낸 것은 후기 랜실롯 브라운의 비범한 재능이다. 이스라엘인의 위대한 지도자가 그러했듯이, 그는 성장이 빠른 그의 나무들을 이끌고 불모지처럼 보이는 땅으로 나아갔다. 그곳에서 그는 이상야릇한 마술을 연출하고 끊임없는 불가사의로 사람들을 경악케 했던 것이다. 비록 우리가 여기에서 감동을 받는 그 아름다움은 자연 자체의 미라기보다는 오히려 브라운 씨의 전원적인 미이지만, 자연은 이 아름다움에 아주 단순하면서도 소박한 세련미로 치장했기 때문에, 심지어 감식안이 있는 사람조차도 얼핏 보고 그 차이를 식별할 수 없을 것이다.[26]

튜더-스튜어트 시대 이래 귀족 저택의 대대적인 신축이야말로 오늘날 잉글랜드의 전원적 풍경을 형성하는 데 결정적인 영향을 미쳤다. 대륙의 다른 나라에 비해 숲의 훼손이 더 일찍부터 그리고 좀 더 급속하게 전개된 잉글랜드에서 귀족 사회에 경쟁적으로 저택 신축의 열풍이 불었던 것은 그나마 다행스러운 일이었다. 그들이 대규모의 석조건물만으로 자족했다면 전원적 풍경의 형성은 그만큼 진척되지 못했을 것이다. 저택 주변에 광활한 정원을 조성하면서 귀족들은 경쟁적으로 나무를 심고 숲을 조성하기 시작했다. 호스킨스는 이 같은 귀족의 전형으로 17세기에 살았던 지주 존 이블린John Evelyn을 소개한다. 그는 서리 주에서 몸소 조림에 앞장섰으며 그 중요성을 강조하는 식물지sylva를 펴내기도 했다. 18세기 조경에 관심을 가진 지주라면 당연히 이블린의 수목 재배 원리를 들어서 알고 있었다.[27] 일부 지역에서는 대륙의 새로운 수종을 경쟁적으로 심기도 했다. 당단풍나무가 한 예다. 또 17세기 말 지주들이 주로 심었던 떡갈나무들은 한 세기가 지난 후 성목이 되었고, 프랑스와의 전쟁기에 선박 건조에 유용하게 사용되었다.

16세기 이전까지 왕실에만 국한되었던 화려하고 웅대한 양식의 저택과 대지가 귀족들의 소유로 자리 잡으면서 전원적 잉글랜드 풍경은 좀 더 구체적으로 모습을 드러냈다. 오늘날 영국에서 관광지로 널리 알려진 블레넘궁을 비롯한 이 대저택들은 당시에는 귀족층의 사회경제적 영향력을 과시하는 인공물이었지만, 어느덧 자연풍경에 녹아들어가 장려한 저택과 주변의 호수와 수렵지와 숲지대 등으로 깊은 인상을 심어준다. 대저택은 오늘날 대부분 내셔널 트러스트가 관리하며 영국 관광수입 증대에 크게 기여하고 있다. 귀족의 이기심이 사회적 이익과 연결되었다는 사실 자체가 역사의 아이러니다. 대저택 주위에 인공으로 조성한 숲지대가 후대에 산업화 물결을 비껴갈 수 있는 마지막 피난처가 되었다는 점도 흥미롭다. 귀족의 이기심과 사적 소유가 오늘날 자연보호의 마지막 보루가 된 것이다.


## 산업화의 영향

19세기 영국사를 변화의 시대로 바라보게 하는 데 중요한 기여를 한 것은 산업혁명일 것이다. 그러나 아놀드 토인비Arnold Toynbee와 폴 망투Paul Mantoux로 이어지는 전통적인 산업혁명 해석, 즉 단절론은 근래에 관심의 대상이 아니다. 지난 한 세대에 걸쳐 영국의 경제사가들은 산업혁명의 단절성을 부정하는 작업을 경쟁적으로 계속해왔다. 그들의 연구에서 단절을 뜻하는 용어들, 이를테면 분수령, 전환점, 이륙과 같은 표현은 사실상 사라졌다. 산업혁명이라는 표현 자체가 잘못된 역사 용어라는 것이다.[28] 특히 1980년대에 산업혁명기의 국민소득 계정에 정교한 수정이 가해지면서 이제 점진론은 새로운 정통론으로 자리 잡기에 이르렀다.

이와는 달리 풍경이라는 측면에서 보면, 산업혁명은 의회 인클로저 못지않게 잉글랜드 곳곳에 급격한 변화를 가져온 혁명이었다. 우선 시커먼 매연과 공장 굴뚝, 도시의 슬럼가들이 풍경 속에 첨가되었다. 또 산업화와 함께 전개된 교통혁명, 새로운 도로와 운하와 철도는 구릉과 평원으로 연이어진 잉글랜드 풍경에 엄청난 충격을 가져다주었다. 급성장한 산업도시들이 인클로저된 경지와 목양지를 집어삼켰고 산업폐기물로 이루어진 새로운 구릉과 낮은 언덕이 사람들의 눈앞에 펼쳐졌다. 호스킨스가 보기에 이러한 변화는 그 이전 천여 년에 걸쳐 전개된 어떤 변화보다도 더 혁명적인 것이었다.

산업화 시기 풍경의 변화에 직접 영향을 미친 것은 공장이다. 당시 산업화를 주도한 산업 부문이 면공업이라는 것은 잘 알려진 사실이다. 면공업의 기계화는 실을 뽑아내는 방적 분야에서 먼저 진행되었으며, 그에 따라 초기 공장은 방적공장이 주류였다. 18세기 후반에 광범하게 이용된 방적기는 리처드 아크라이트Richard Arkwright가 고안한 수력방적기였고, 1790년대에는 증기기관과 연결된 뮬방적기가 방적 분야의 주류로 자리 잡았다. 이들 방적기를 집중 설치한 면공장의 형태도 수

력공장에서 증기력공장으로 바뀌었다.

호스킨스는 이 두 가지 공장들이 풍경에 어떤 영향을 주었는지 분석한다. 아크라이트는 1771년에 더웬트Derwent 강변의 크롬

산업혁명
윌리엄 월드William Wyld, 〈커설 무어에서 본 맨체스터 풍경A view of Manchester from Kersal Moor〉 (1857).

퍼드Cromford에 최초의 수력방적공장을 세웠다. 그 후 잇달아 건설된 이 같은 형태의 방적공장은 사람들이 많이 거주하는 곳에서 멀리 떨어진 외딴 곳에 자리 잡았다. 동력용 물길을 찾아야 했기 때문이다. 그럼에도 수력방적공장과 그 주변의 풍경은 이전의 소규모 작업장이나 농촌공업 위주의 시대와 비교하면 커다란 차이가 있었다.

비록 물길이 닿는 산간의 골짜기나 한적한 강변 어귀에 위치해 있다고 하더라도 수력공장은 기존의 작업장보다 훨씬 규모가 컸다. 더욱이 공장 건물과 기계류에 들어간 고정자본의 수익을 맞추기 위해 가동시간을 늘리지 않을 수 없었다. 다행히도 수력은 인간노동과는 달리 휴식을 필요로 하지 않았다. 공장주들은 교대제를 도입하고 성채와 같이 높다란 구조물에 불을 밝혔다. 야외에서 여가를 즐기다가 먼 거리에서 그 불빛을 바라보는 사람들에게는 새롭고도 극적인 장면이었다. 게다가 공장 주위로 거주지가 늘어나면서 이전에는 사람이 살지 않던 골짜기와 계곡이 혼잡한 터전으로 변했다. 호스킨스는 이렇게 말한다.

> 섬유공업지대에서 새로운 산업적 풍경은 계곡 아래 펼쳐져 있었는데, 이곳은 가장 밀도 높은 정착지가 구릉 경사면이었던 디포의 시대에는 비교적 무시되었다. 이제 계곡 밑에는 여러 층짜리 새로운 공장이 들어섰으며, 그 중 일부는 당대의 일반적인 시골저택과 크게 다르지 않은, 보기 좋은 건물이었다. 공장 주위에 노동자들을 위해 오두막과 연결되는 짧은 길들을 냈는데, 너무 서둘러 뚫었기 때문에 아무런 기반도 다지지 않고 땅위에 평면을 깔아놓은 것처럼 보였다. 그러나 아직까지 혼잡스러운 점은 없었다. 수력 시대는 가장 작은 촌락에서도 새로운 공장 주위에 공장촌이 들어서도록 만들었다.[29]

한편, 증기력공장이 들어서기 시작한 것은 1790년대 이후의 일이다. 그것이 영국 경제에 미친 영향은 잘 알려져 있다. 그렇다면 증기력공장이 잉글랜드 풍경에는 어떤 변화를 가져왔을까. 증기력공장의 등장은 무엇보다 대규모 제조업의 집중 그리고 그곳에서 일하는 노동력의 집중을 뜻했다. 이제 공장주들은 급류가 흐르는 곳이나 산록지대의 계곡에서 동력을 찾을 필요가 없었다. 석탄을 용이하게 실어 나를 수 있는 운하 근처나 탄광지대 인근에 공장을 짓기만 하면 되는 일이었다. 더 이상 황무지나 산록지대에서 새로운 터전을 잡지 않아도 되었다.

오직 공장 근처에 노동자들이 기숙할 수 있는 마을을 세우면 조건이 충족될 터였다. 공장주들은 기존의 도시 주변에 공장을 지었고, 노동자들은 그 주변 빈터에 날림으로 지은 연립주택에 밀집해 살았다.

호스킨스가 보기에, 수력공장 시대에는 경관에 변화가 있긴 했지만 풍경은 전반적으로 전원성을 잃지 않았다. 수력이 매연이나 오물을 발생시키지는 않았기 때문이다. 그러나 석탄을 직접 사용하면서 읍락이 검게 물들고 공기가 더럽혀졌다. 탄광이나 제철공장처럼 대량으로 쓰레기를 방출하는 곳은 "불모의 찌꺼기들"로 뒤덮이기 시작했다. "광산과 다른 공장에서 나온 산더미 같은 쓰레기, 지하의 광산 채굴로 지표면이 침강된 데 따른 시커먼 물길, 폐기된 탄광 갱도, 버려진 채 썩어가는 운하" 등이 잉글랜드의 풍경을 변모시켰던 것이다.[30] 옛날 공업지대였던 곳을 답사할 때 높다란 구릉지대로 올라가서 사위를 둘러보면 낯익은 산업적 풍경이 눈앞에 펼쳐진다. "증기기관을 설치했던 창문 없는 건물들, 하늘을 배경으로 저 혼자 우뚝 솟은 굴뚝, 옛 광산촌의 폐허가 된 오두막과 연립주택들, 돌투성이의 폐기물더미", 이런 것들이 19세기의 전형적인 산업적 풍경이다.[31]

증기력공장의 시대에 새로운 산업도시가 팽창하면서 일종의 사회적 풍경이라고 할 수 있는 새로운 모습이 등장한다. '슬럼slum'이 바로 그것이다. 호스킨스는 슬럼의 어원을 추적하여 그것이 산업화 시대에 어떤 사회적 맥락에서 출현했는지를 살핀다. 증기력공장은 주로 운하 옆 낮은 지대에 위치해 있었고, 공장촌도 낮은 지대에 집중되었다. 이전에 농촌공업이나 수력공장의 대지가 구릉지대의 경사면에 있었던 것과 달리, 증기력공장은 배수 문제를 해결하기 어려운 곳에 세워지게 마련이었다. 영어에서 '슬럼slum'이라는 말은 원래 수렁이라는 뜻을 가진 슬럼프slump에서 나왔다. 저지대인 독일이나 스웨덴에서는 '슬람slam'이 오늘날에도 수렁을 뜻한다. 슬럼은 원래 배수가 되지 않는 지대의 거리와 열악한 주거지 상태를 가리키는 말로 사용되었다. 그러나 1820년대에는 다른 의미를 갖게 되었다. 공장들이 집중된 공업도시들이 성장하고 공장 주변 여기저기에 대규모 노동자 주택단지가 들어서면서, 슬럼은 이전과 달리 노동자 주거의 질을 상징하게 된 것이다.[32]

호스킨스에 따르면, 공장과 공장촌은 기존 풍경의 틀 안에 새로운 변화를 불어넣거나 새로운 요소를 첨가한 것에 지나지 않았다. 그러나 차츰 인위적으로 풍경 자체를 뒤바꾸는 일들이 증가하기 시작했다. 운하와 철도노선을 개통하기 위한 대규모 토목공사가 그것이다. 18세기는 운하 열풍의 시대였고 19세기 전반은 철도의 시대였다. 수로나 철도 개설에는 기존 풍경의 근본적인 변화가 필연적으로 뒤따른다. 땅을 파고 구릉을 절개하고 수로관을 잇고 철교를 놓는 대대적인 역사役事가 풍경을 근본적으로 뒤바꿔놓았다. 그래도 운하와 철도를 비교하면 뒤의 것이 더 급격한 변화를 낳았다고 할 수 있다.

풍경을 근본적으로 뒤바꿀 정도의 대대적인 운하 건설은 제임스 브린들리James Brindley가 처음 시도했다. 워슬리Worsley의 탄광에서 맨체스터까지 이르는 브린들리 운하 건설은 당시까지는 알려지지 않았던 새로운 공법으로 진행되었다. 운하의 물길을 가능한 한 수평으로 유지하기 위해 수로관을 사용하는 방식이었다. 브린들리는 둑을 쌓고 언덕을 깎아내렸다. 그렇게 할 수 없는 곳에서는 수로관을 연결하여 수평을 유지했다.[33] 이러한 풍경 개조는 철도 건설도 마찬가지였다. 철도는 한 도시나 도시 주변 풍경 전체를 바꾸기도 했다. 특히 철도용 제방

브리지워터 운하
제임스 브린들리가 시공한 브리지워터 운하
개통식. 맨체스터 시청사 벽화. 포드 브라운
Ford Madox Brown, 〈The Opening of the
Bridgewater Canal A.D. 1761〉.

과 철교와 고가교는 도시 풍경에 기이한 기하학적 요소를 더했다. 철도를 놓은 직후 제방을 쌓고 다리를 놓으면서 기존 풍경에 각인한 상처들이 그대로 드러났다. 그렇지만 세월이 지남에 따라 상처는 서서히 아물어갔다. 아문 것으로 그치지 않고 오히려 또 다른 색다른 아름다움을 만들어냈다. 오늘날 잉글랜드 시골의 철도 인근 풍경을 보라. 고졸적인 인상이 여간 멋스러운 게 아니다. 호스킨스는 화창한 여름날 기차에 올라 러트랜드 주의 시골 철로를 지나가보라고 권유한다.

아, 바람결에 흔들리는 보리밭, 수초가 무성하게 자라나서 느리게 흐르는 여울과 버드나무 그늘 아래 묵묵히 풀을 뜯는 소들, 초원 너머 우아하게 솟아오른 석회석 첨탑, 은회색 케턴Ketton산 석재로 지은 후에 아직도 그 모습 그대로 남아 있는 빅토리아 초기의 기차역, 반쯤 나무숲에 파묻힌 마을의 연갈색 지붕들, 반짝이는 여름날의 햇살 등, 이런 정경이 어디서나 펼쳐진다. 철도가 이 아름다움의 대부분을 만들어내지 않은 것은 사실이나, 그것은 우리에게 새로운 전망을 보여주었다.[34]

영국 철도
런던 뉴크로스 철도역의 런던-
크로이던 철도 모습(1839).

산업화 과정에서 도시의 모습 또한 급변했다. 도시의 팽창이야말로 산업적 풍경에 결정적인 변화를 가져왔다. 흔히 대부분의 도시들이 산업화의 물결에 따라 거의 무계획적이고 맹목적인 팽창을 거듭해왔을 것이라 생각하기 쉽다. 그러나 호스킨스는 19세기 도시 팽창의 시대에 도시마다 처한 여건의 차이에 따라 몇 가지 패턴으로 변화가 일어났다고 주장한다. 변화의 관건은 도시 근교의 개방경포를 어떻게 처리하느냐의 문제였다. 도시가 팽창하기 위해서는 이 개방경포의 개발이 필수적이었기 때문이다. 개방경포의 전환에서 첨예한 갈등을 초래한 것은 이른바 라마스 초지권Lammas pasture right이었다. 라마스 초지권은 농민이 추수 후에 소나 양을 개방경지에 방목할 수 있는 권한이었다. 비록 경포가 사유지라 하더라도 인근 농민은 다 같이 이 방목권을 행사할 수 있었다. 이 방목권이 어떻게 변모했느냐에 따라 도시 발전 과정이 달라졌다.

　호스킨스는 노팅엄Nottingham, 레스터Leicester, 스탐퍼드Stamford의 사례를 들어 이를 살펴본다. 먼저 노팅엄을 보자. 노팅엄은 산업화 이전에는 잉글랜드에서 가장 아름다운 소읍 가운데 하나였다. 산업화 초기에 편직물 중심지였던 이 도시로 대규모 인구가 유입되었다. 그럼에도 주민들은 도시 북쪽과 남쪽에 펼쳐진 1,100에이커 규모의 개방경지를 종획하여 택지로 개발하려는 계획을 완강하게 반대했다. "초지이용권을 가진 주민들은 완고하게 개방경지에 대한 인클로저에 반대했다. 이 도시의 선거는 이 문제를 둘러싼 싸움과도 같았다." 인클로저를 지지하는 입후보자의 모형은 성난 주민들에 의해 화형에 처해졌다. 이런 후보를 지지하는 사람들 또한 시도 때도 없이 반대자들에게 구타를 당하고 조롱의 대상이 되었다. 심지어 인클로저를 통해 이득을 볼 수 있었던 자영농민들도 전통적 관습의 유지라는 명분에 휩싸여 인클로저를 원한 후보자들을 공격하기 일쑤였다. 인클로저를 하면 더 효과적으로 농사를 지을 수 있고 더 비싼

노팅엄
노팅엄의 워크하우스workhouse(1898).

값으로 토지를 팔 수 있었던 부농들도, 땅이 전혀 없으면서도 시간이 지나면 좀 얻을 수 있지 않을까 하고 생각하는 주민들도, 이미 소와 양떼를 방목할 권리를 가지고 있었던 사람들과 맞닥뜨리자 꼬리를 내릴 수밖에 없었다.[35]

　'목우정치Cowocracy'의 방해를 받아 도시는 더 이상 바깥으로 뻗어나갈 수 없었다. 그 때문에 모든 정원, 모든 과수원, 모든 개방된 공간이 조각조각 분배되었고, 새로운 건축물을 짓기에는 터무니없이 부담스런 가격을 형성하게 되었다. "가로마저 공간으로는 사치스러운 것이 되었다. 좁은 골목, 뒷골목의 한정된 공간에 집들이 더욱 빼곡히 들어찼다. 봄이면 사과와 버찌 향기 날리던 과수원은 등에 등을 맞댄 집들이 가득한 터가 되었고, 덮개 없는 하수도를 가로질러 집들이 덕지덕지 붙어 있는 상황이었다."[36] 1845년 노팅엄도 주변 개방경지에 대한 인클로저를 시행할 수 있게 되었다. 그러나 이미 악화된 도시의 상황을 되돌릴 수 없었다. 호스킨스에 따르면, 이미 수용 가능 인구보다도 세 배나 많은 사람들이 예전의 좁은 구역에 밀집하여 슬럼을 형성하고 있었다.

　노팅엄과 달리 레스터는 개방경지의 개발과 도시의 성장이 좀 더 순조롭게 맞물려 진행된 사례에 속한다. 인구 팽창 직전에 레스터 주변 세 곳의 개방경포가 인클로저되었다. 이에 따라 도시는 종획된 경포 쪽으로 자연스럽게 넓어지기 시작했다. 도시의 성장을 가로막는 공간적인 한계가 더 이상 없었다. 레스터의 노동자들은 연립주택이 아니라 단독주택에 거주했으며, 집의 규모도 널찍한 편이어서 보통 방 네 칸이 딸려 있었다. 한 집에 두 가구 이상 거주하는 경우는 드물었다.[37]

Leicester. Hill Top. London Road.

마지막으로, 스탐퍼드의 경우 적어도 1872
년까지는 종래의 개방경포를 그대로 유지했
다. 경포 주위의 농민들의 반대 때문이 아

레스터
레스터의 1900년대 초 거리 풍경.

니라 이 지역을 지배하던 강력한 귀족가문의 지배력 때문이었다. 당
시 세실 가문은 벌리 수렵지를 원형 그대로 유지하기 위해 스탐퍼드
주변의 인클로저를 강압적으로 막았다. 선거구를 마음대로 지배할 수
있었던 탓에 가문에 우호적인 후보를 후원하는 등 막후 영향력을 행
사한 것이다. 심지어 도시 미관을 해친다는 이유로 인근의 철도 건설
계획도 반대했다. 그 때문에 그리 멀지 않은 피터버러가 이 지역의 철
도 중심지로 떠오르게 된다.[38]

이것은 미들랜즈의 거의 대부분의 도시들이 겪었던 과정이었다. 이
들 도시는 도시의 성장에 상응하여 어떻게 주변 개방경포를 종획할
것인가라는 공통의 문제에 직면했다. 어떤 도시들은 레스터의 사례와
같이 전혀 어려움 없이 문제를 해결했다. 그러나 노팅엄의 경우처럼

스탐퍼드
스탐퍼드의 1901년 풍경.

변화와 개선을 요구하는 소수를 주민들이 배척하여 문제의 해결을 어렵게 만들었던 도시들도 있었다. 스탐퍼드와 같은 곳에서는 낡은 정치적 특권을 보호하기 위해 일반 주민과 싸운 귀족 가문이 도시 확장을 막았다.

귀족가문의 시대착오적인 노력 덕분에 스탐퍼드는 오늘날에도 전통적이고 고졸적인 아름다운 풍경을 간직할 수 있었다. 그러나 그것은 생명력을 잃어버린 화석이었다. 이 풍경은 어쩌면 역사의 아이러니라고 할 수 있다. 호스킨스는 이렇게 말한다. "이제 우리는 현대화된 피터버러를 보면서, 더 이상의 확장을 방해하여 스탐퍼드를 중세의 모습 그대로 유지시킨, 그래서 오늘날 우리에게 하나의 볼거리를 제공하는 세실 가문에게 감사해야 할지도 모르겠다. 오늘날 영국에는 피터버러와 같은 도시는 지나치게 많은 반면, 스탐퍼드와 같은 도시는 너무 적은 것이 사실이니까."[39]

# 풍경의 해체

《잉글랜드 풍경의 형성》에서 호스킨스의 기본적인 시각은 다음과 같다. 우선, 그는 이제까지 역사지리학적 관점이 매우 불충분했음을 지적하면서 그것이 왜 역사와 문화의 이해에 중요한지를 설명한다. 그는 우리가 흔히 볼 수 있는 친근한 풍경들, 즉 경포, 둑, 울타리, 목양지, 마을, 촌락 등이 어떻게 현재의 상태에 이르게 되었고 언제 변화가 일어났는지를 세밀하게 검토한다. 특정 지역의 풍경 변화에 대한 그의 설명에 몰입하다보면, 잉글랜드의 자연 가운데 어느 것도 인간의 활동과 관련되지 않은 것이 없으며, 우리가 무심히 지나치는 미미한 경관과 풍경조차도 인간의 역사를 간직하고 있음을 새삼 절감하게 된다.

다음으로, 호스킨스는 풍경의 역사성을 이해하기 위해 지명의 어원, 중세 시대의 하사장을 비롯한 다양한 사료들, 현장 답사의 경험 등을 활용한다. 어느 한적한 산골에 남아 있는 구불구불한 샛길이나 어느 강변의 제방 하나를 가지고서도 주위의 지명과 남아 있는 동시대 사료와 현장 답사의 경험을 살려 그것이 누구에게서 언제 비롯했는지, 어떤 변화가 가미되었는지를 수수께끼 풀 듯 추적한다. 이와 같은 수수께끼 풀이에 열중하다보면, 어느새 우리 자신까지도 그의 탐사 여정에 동참하고 있다는 착각을 불러일으킨다. 문제풀이와 비슷한 그의 서술방식은 오늘날 무미건조한 역사서술에 하나의 대안을 제시한다.

한편, 호스킨스는 잉글랜드 풍경의 역사에서 정주와 인간 활동의 확대를 중시한다. 우선 잉글랜드는 유입의 땅이었다. 켈트인, 벨가이인, 로마인, 앵글로색슨인, 데인인, 노르만인에 이르기까지 오랜 세월에 걸쳐서 새로운 이주자들이 무대에 나타난다. 우리는 흔히 잉글랜드의 역사를 앵글로색슨인 위주로 이해한다. 그렇지만 잉글랜드에 유입된 다른 부족들의 활동과 그에 따른 풍경의 변화도 무시하기 어렵다. 켈트어에서 유래된 지명이나 '비by'로 끝나는 지명은 켈트인이나 데인인의 활동도 앵글로색슨인 못지않게 중요했다는 점을 일깨운다.

마지막으로, 《잉글랜드 풍경의 형성》은 풍경의 역사에서 변화와 지속이라는 두 가지 상반된 개념을 어떻게 연관시킬 것인가를 성찰하게 한다. 이것은 사실 역사학에서 해결하기 어려운 본원적인 문제이기도 하다. 잉글랜드에 이주한 사람들은 삶을 영위하는 과정에서 이전 사람들이 남겨놓은 주위의 풍경에 또 다른 흔적을 보태기 시작한다. 호스킨스는 순수한 일부 자연적 요소를 제외하고는 대부분의 풍경들, 예컨대 경포 형태, 울타리, 좁은 길은 물론, 심지어 도랑에서조차 그 패턴이 어떻게 발전했는가를 보여주기 위해 가능한 한 연대순으로 이들을 뒤쫓는다. 첫 장에서 마지막 장까지 이들 주제가 끊임없이 반복되기 때문에 언뜻 보면 지루하게 여겨질 수도 있다. 그러나 이것은 그가 풍경에 관한 한, 지속 속의 변화와 변화 속의 지속을 찾아내야 한다는 기본적인 전제에 의거하여 의도적으로 택한 서술방식임을 이해해야 한다.

특히 호스킨스가 이 책을 위해 여러 곳을 답사하고 자료를 수집하던 시기에는 냉전이 기승을 부리고 있었다. 2차 세계대전 이후 유럽에서 서구와 동구권의 대결 국면이 심화되면서 영국의 여러 지역이 군사기지며 군 비행장을 건설한다는 명목으로 무참하게 파괴되고 있었다. 화가 컨스터블John Constable(1776~1837)과 게인즈버러Thomas Gainsborough(1727~88)가 아름답게 그렸던 하늘을 뒤덮은 비행기의 더러운 배기가스, 코츠월드의 길고 부드러운 경사지 위로 원자폭탄 투하를 연습하는 폭격기들을 지켜보면서 호스킨스는 한 시대의 끝을 예감한다. 뿐만 아니라 지역 개발이라는 이름 아래 숲과 경포와 황야가 무자비하게 다시 짓밟히고 있었다. 한마디로 모든 역사적 풍경이 해체되기 시작한 것이다.

사실, 이 책이 출간된 1950년대 초만 하더라도 호스킨스의 목소리는 주위의 소음에 묻혀 커다란 반향을 불러일으키지 못했다. 오히려 그의 나직한 목소리는 한두 세대가 지난 오늘날, 자연과 환경에 대한 관심이 고조되고 있는 이 시대에 우리에게 중요한 메시지를 전해준다. 잃어버린 자연과 환경만을 애석해하며 뒤쫓을 수는 없다. 중요한 것은 무엇을 잃어버렸는지 확인하는 일이다. 아울러 겉으로는 변하지 않는 것처럼 보이는 이 풍경들 속에 어떤 변화의 과정이 깃들어 있는지 살펴보는 일이다. 좀 더 많은 사람들이 이러한 관심을 내면화하고 삶의 일부로 받아들일 때 우리는 잃어버린 자연을 일부나마 다시 되살릴 수 있을 것이다. 그리고 남아 있는 자연이 우리의 삶과 공존할 가능성을 찾을 수 있을 것이다.


## 남은 이야기

내가 호스킨스의 《잉글랜드 풍경의 형성》을 처음 알게 된 것은 지금부터 거의 25년 전의 일이다. 당시 나는 존 해리슨의 《영국 민중사*The Common People*》를 번역하고 있었는데, 거기에서 발췌한 호스킨스의 글이 무척 인상적이었다. 그 후에도 영국사회사를 다룬 책들에서 간혹 그 책을 인용한 구절을 발견하곤 했다. 1990년대 중엽 런던의 한 헌책방에서 펭귄판 책을 구입하기는 했지만, 서가에 꽂아놓았을 뿐 눈여겨보지 않았다.

1990년대 말 근대 영국 사회경제사를 다룬 연구서를 내놓은 후, 나는 나 자신의 역사 연구에 깊은 회의감을 느꼈다. 아마 포스트모더니즘의 영향 탓이 아니었나 싶다. 무엇보다 무미건조한 사회사 서술에서 벗어나야 한다는 강박증에 시달렸다. 역사서술의 문학성을 중시하기 시작한 것도 이 무렵의 일이다. 이곳저곳에 눈길을 돌리며 암중모색하던 내게 호스킨스의 책은 한 줄기 섬광처럼 감동으로 다가왔고 새로운 지적 흥분을 불러일으켰다.

2003년 영국에 체류하면서 이 책을 본격적으로 번역하기 시작했다. 그 해 내내 나는 호스킨스의 체취에 깊이 빠져들었다. 지금 생각하면 참으로 행복한 시간이었다. 사료에서 문제를 찾고 그 문제를 수수께끼처럼 풀어나가는 그의 지혜와 잉글랜드의 자연풍경 하나하나에 기울이는 깊은 애정, 특히 그의 뛰어난 문학적 상상력에 사로잡혔다. 미들랜즈 동부의 시골길을 걷다가 책에서 읽은 정경이 바로 눈앞에 펼쳐져 있다는 환상에 사로잡히기도 했다.

근대의 지적 전통에서 자연은 사람과 상호작용하는 유기체가 아니라, 그 사람들에 의해 개조되고 변형되는 수동적 존재로만 여겨졌다. 이런 관점에서 보면 자연은 언제나 사람들의 삶에 걸맞게 변형된 '인간화된 자연'일 뿐이다. 그 전형이 풍경이다. 그러나 현재의 자연은 더 이상 자신의 인간화를 감내할 수 없는 상황에 이르렀다. 세계 곳곳에서 자연의 복수가 시작되고 있다. 이제는 풍경에 가까이 다가서려고 한 호스킨스의 작업을 넘어 인간화된 자연이 과연 앞으로 지속 가능한지 심각하게 되묻지 않으면 안 된다.

　책을 번역할 때 한 가지 궁금증이 오랫동안 머릿속을 맴돌았다. 그 동안 우리의 풍경은 어떻게 변했을까. 무엇을 잃어버리고 또 무엇을 얻었을까. 지난 반세기에 걸쳐 산업화라는 이름 아래 급속하게 뒤바뀐 우리 풍경에 관해 과연 호스킨스와 같은 그런 연구와 탐사가 가능할 것인가.

# 로렌스 스톤, 사회사의 지평 넓히기

영국 런던 남부 서리 주 엡섬Epsom 출생. 명문 사립학교인 차터하우스를 거쳐 소르본대학에서 1년간 수학한 후
옥스퍼드대학에 입학했다. 2차 세계대전이 발발하자 재학 중 왕립해군에 자원입대해 장교로 복무했으며,
종전 후 복학해서 졸업했다. 1947년부터 1963년까지 옥스퍼드대학 교수를 지냈으며,
그 후 미국 프린스턴대학으로 옮겨 사학과 교수 겸 데이비스역사연구소 소장을 역임하다가 1990년 은퇴했다.
주요 저서로는 《귀족의 위기The Crisis of the Aristocracy, 1558–1641》(1965),
《가족, 성, 결혼Family, Sex and Marriage in England, 1500–1800》(1977),
《열린 엘리트?An Open Elite?, England, 1540–1880》(1984),
《이혼행로Road to Divorce: England, 1530–1987》(1990) 등이 있다.

*Lawrence Stone*
*1919~ 1999*

1999년 6월 16일, 로렌스 스톤Lawrence Stone(1919~99)이 50여 년에 걸친 학문 이력을 마감하고 세상을 떠났다. 그는 일생동안 근대 영국, 특히 사회사 연구에 진력해왔다. 영국혁명의 원인을 튜더-스튜어트 시대 귀족 사회의 위기에서 찾던 초기 연구에서 더 나아가, 가족과 성 그리고 결혼과 이혼의 사회사에 이르기까지 자신의 연구 대상을 끊임없이 넓혀간 보기 드문 역사가였다. 1999년 7월 5일자 《가디언The Guardian》지는 역사가로서 그의 위치를 다음과 같이 평가한다.

향년 79세로 사거한 로렌스 스톤. 그는 에릭 홉스봄, 에드워드 톰슨과 더불어 사회사의 개념을 수정하고 다시 구성한 핵심인물이었다. 그는 사회과학자들의 이론과 기법을 역사 연구에 어떻게 적용할 수 있는지를 보여줌으로써 역사 연구의 영역을 넓히고 연구 방법을 심화시켰다. 젊은 시절 논쟁적이고 다혈질이었던 그는 세계적인 사회사가로 일가를 이룬 다음에도 끝까지 다혈질의 인물로 남아 있었다.[1]

이 기사는 스톤의 여러 저술을 언급하면서, 동료 역사가들은 《귀족의 위기*The Crisis of the Aristocracy*》(1965)나 《열린 엘리트?*An Open Elite?*》
(1984)를 학문적으로 높이 평가하겠지만 일반 독자의 경우 《가족, 성,
결혼*Family, Sex and Marriage in England*》(1977) 또는 《이혼행로*Road to
Divorce*》(1990)를 더 좋아할 것이라고 단언한다.[2] 이는 스톤이 뛰어난
전문 역사가이면서 그에 못지않게 일반 식자층의 인기도 함께 누렸다
는 점을 고려했기 때문일 것이다. 스톤의 저술 연대기를 훑어보면, 그
가 전통적인 역사 연구 방법을 토대로 하면서도 인류학과 사회과학의
새로운 방법을 적극적으로 받아들이고 튜더-스튜어트 시대에서 그
이후까지 연구 시기를 확대해나갔음을 알 수 있다.

　스톤의 생애와 이력을 간략하게 살펴보자.[3] 1919년 12월 4일 런던
근교의 엡섬Epsom에서 태어난 그는 같은 세대의 뛰어난 영국 역사가
들이 그랬듯이, 어렸을 때부터 엘리트 교육을 받고 자랐다. 명문 사립
학교 차터하우스Charterhouse를 거쳐 옥스퍼드의 크라이스트 처치 칼
리지Christ Church College에서 역사를 공부했으며 2차 세계대전 중에
는 해군 장교로 복무하기도 했다. 제대 후 다시 옥스퍼드에 돌아온 스
톤은 1947년 졸업과 동시에 유니버시티칼리지에서 학생들을 가르치
면서 역사가로서의 길을 걷기 시작했다. 이때까지만 하더라도 그의
주된 연구 분야는 중세 예술사였다.[4] 그러나 스톤은 곧바로 튜더-스
튜어트 시대사 연구에 뛰어든다. 이는 젠트리의 대두와 영국혁명을
연결 지은 리처드 토니Richard H. Tawney(1880~1962)에게 받은 영향에
서 비롯된 것이었다.

　젊은 스톤이 보기에, 1540~1640년간이야말로 영국사에서 흥미롭
고도 새로운 변화가 일던 시기임에 분명했다. 그는 자신의 연구가 무
르익지 않은 상태인데도 그 결과를 정리해서 논문으로 발표했다. 이

글에서 그는 엘리자베스 시대 귀족층이 낭비가 심해 재정적으로 파탄 상태에 이르렀으며 이러한 현상이 젠트리의 대두를 촉발했다고 주장했다. 하지만 자신이 모은 자료들을 치밀하게 해독하지 않은 경우도 있었다.[5] 이 문제를 둘러싼 논쟁에서 그는 옥스퍼드의 동료 역사가들, 특히 휴 트레버-로퍼Hugh Trevor-Roper(1914~2003)의 신랄한 비판을 받았다. 즉 스톤이 동일한 칭호로 불린 다양한 세대의 귀족들을 한 사람으로 혼동했고, 토지 수치들을 잘못 합산해서 상당수가 오류로 나타났으며, 전반적으로 당시 지주제의 본질을 제대로 이해하지 못했다는 것이었다. 논쟁의 결과 스톤은 자신이 매우 중대한 실수를 저질렀음을 인정하지 않을 수 없었다.[6] 그 후 1960년에 스톤은 옥스퍼드를 떠나 미국 프린스턴대학 고등학술원Institute of Advanced Study에 자리를 잡았으며 1990년 은퇴할 때까지 사학과 교수 겸 데이비스역사연구소Shelby Cullom Davis Center for Historical Studies 소장으로 재직했다.

엘리자베스 시대 귀족을 둘러싼 논쟁은 그의 학문 역정에 오랫동안 영향을 미쳤다. 사실 스톤이 공식적으로 언급하지는 않았지만 가혹하리만큼 신랄했던 트레버-로퍼의 비판은 일생 동안 마음의 상처로 남아 있었다. 그가 미국으로 옮긴 것도 이와 무관하다고 할 수 없었다. 비록 그 논쟁이 사료 비판과 학문적 엄정성이라는 외피를 두르고 있었을지라도, 이면에는 중세사 연구자가 새로운 분야를 넘나든다는 반감이 깃들어 있었던 것 같다. 냉전 상황 아래서 이념적인 문제도 작용했을 것이다. 리처드 에번스Richard Evans는 1960년대 옥스퍼드대학 교수들의 분위기를 다음과 같이 회고한다. "내가 학부생이었을 때 실제로 지도 교수들은 미국 대학들, 심지어 스톤이 영국을 떠나 가르치러 간 프린스턴대학에 대해서도 예전처럼 거만한 태도를 보였다. 그들은 스톤이 미국에서 일자리를 찾지 않을 수 없었던 것은 그 논쟁의 결과 옥스퍼드에서 자신의 위치를 지킬 수 없었기 때문이라고 조롱하는 데 익숙해 있었다."[7]

이 논쟁 이후 스톤이 10여 년간의 침묵 끝에 내놓은 연구가 바로 《귀족의 위기》였다. 논쟁에서 훼손당한 학문적 자존심을 되찾으려는 역작이었던 이 책에서 그는 이전의 경제사적 접근만을 고집하지 않고 인류학, 사회학, 심리학 분야의 개념들을 원용하고 있다. 스톤의 학문적 이력에서 중요한 것은 좌절을 겪으면서도 논쟁이 되었던 그 시대를 다시 철저하게 탐구하여 전체사적 서술을 시도했다는 점이다. 뿐만 아니라 그는 토니의 세기라는 시간대를 뛰어넘어 18, 19세기까지 탐구의 지평을 넓혔다. 그렇다면 스톤은 그의 관심 영역을 어떻게 확대해왔는가. 특히 1970년대 이후 가족과 결혼의 사회사라는 그의 새로운 연구는 우리에게 무엇을 알려주는가.[8]

## 귀족 사회, 위기와 존속

스톤이 논쟁 이후 프린스턴에 자리 잡을 때까지 줄곧 몰두한 것은 16세기 후반과 17세기 초 귀족 엘리트의 위기를 전체사적 차원에서 재구성하는 일이었다. 《귀족의 위기》는 그 결실이다. 이 책은 사회사, 경제사, 지성사 연구들을 동원하여 영국혁명이라는 정치적 사건의 배경을 설명하려는 시도다. 이를 위해 스톤은 "귀족 엘리트의 물질적·경제적·이념적·문화적·도덕적 환경", 즉 전체 환경을 묘사한 후 이 "엘리트 집단의 위기의 과정"을 살핀다. 그 위기가 영국혁명의 중요

한 동인으로 작용했다고 봤기 때문이다.[9]

스톤은 튜더–스튜어트 시대에 기존 질서의 토대에 나타난 장기적인 변화에서 영국혁명의 요인들을 찾는다. 바로 군주제와 국교회, 귀족 엘리트 사회 내부의 변화다. 군주정에 대한 존경과 복종심이 약화되고 있었고, 국교회 또한 가톨릭 이외에 다른 종파를 포용할 수 있는 개방성을 잃었으며, 귀족층도 사회경제적 위기에 빠져들고 있었다는 것이다.[10] 《귀족의 위기》는 이 세 가지 요인 가운데 마지막 요인을 좀 더 실증적으로 탐구한다.

그는 16세기 후반과 17세기 초에 영국 귀족의 부와 사회적 권위 및 지위에 심각한 위기가 나타났다는 자신의 주장을 입증하기 위해 작위귀족peerage의 수와 구성에서 일부 귀족의 도서관 장서 수까지, 그리고 그들의 지대 수입에서 식량 소비까지 다양한 통계자료를 제시한다.[11] 이 가운데 가장 핵심적인 것은 작위귀족 전체의 총소득과 구매력을 추적한 통계

작위를 수여받는 귀족의 모습
스톤은 16세기 말~17세기 초 영국 귀족의 위기를 입증하기 위해 작위귀족 전체의 총소득과 구매력까지 추적한다.

다. 총소득은 지대수입 합계에 관직 수당, 국왕 하사금, 투자 소득 등 다른 부대수입을 가산한 것이다.[12] 그는 특히 1559년, 1602년, 1641년의 총소득 추계를 같은 연도의 물가지수Phelps Brown-Hopkins index를 고려한 구매력 수치로 변환하여 서로 비교하고 있다. 1559년을 기준으로 이들의 구매력은 17세기 초 급격하게 떨어졌다가 1640년대에 겨우 이전 수준을 회복하는 것으로 나타났다.

이러한 계량화는 말 그대로 "작위귀족이 처한 전반적인 경제 상황의 모습"[13]을 그려내기 위해 할 수 있는 모든 방법을 동원한 것이다. 스톤은 이를 근거로 당시 귀족이 군사력은 물론 토지와 사회적 위신마저 상실했고 궁극적으로는 젠트리 상층에 비해 경제적인 면에서 더 불리해졌다고 주장한다. 그리고 그러한 변화가 귀족 위신의 추락과 자신감의 위기를 불러왔고 그에 따라 군주정 자체가 곧바로 위험에 직면하게 되었다고 결론 내린다. 스톤은 《귀족의 위기》 마지막 장에서 당시 귀족의 위기를 다음과 같이 생생하게 요약한다.

이 같은 위신의 추락을 가져온 다양한 요인들로는 젠트리의 부에 비해 귀족의 부의 상대적 쇠퇴, 절대적으로나 상대적으로 영지 소유의 위축, 인원·무기·성·저항·의지 등 여러 면에서 군사력의 약화, 너무 많은 인사에게 그리고 너무나 볼품없는 사람들에게 능력이 아닌 현금을 통한 칭호 하사, 소작인들을 인력 공급자보다는 지대 납부자로 대하는 그들의 태도 변화, 절실한 정치적·종교적 이슈들의 대두에 따른 선거구 영향력의 잠식, 시골의 순박한 생활 대신 도시의 사치스러운 생활을 점점 더 선호하는 경향, 중등학교와 대학에서 독서교육을 받은 자산계급의 증가, 신분 반열에 따른 권리를 무시하고 행정 엘리트에게 분명한 능력을 갖출 것을 요구하는 국가, 개인주의 대두의 영향 및 전파, 영성적 위계에서 선민에 대한 칼뱅주의적 믿음, 세속사회에서 위계와 복종에 대한 태도에 영향을 미친, 개인의 양심에 대한 청교도적 집착, 그리고 마지막으로 실제로 있었던 것이든지 아니면 가상적인 것이든지 간에 헌정론, 과세의 방법 및 규모, 신앙형태, 미각, 금융상의 청렴도, 성도덕 등에 대한 태도 면에서 궁정과 지방 사이의 심리적 단절 등이 포함된다.[14]

1560~1640년의 시기에 귀족 사회가 전반적으로 위신의 실추와 자신감의 위기를 겪고 있었다는 스톤의 견해는 많은 논란을 불러일으켰다. 그에 대한 비판은 주로 두 가지 방향에서 이루어졌다. 하나는 스톤이 제시한 소득통계에 관련된 것이고, 다른 하나는 귀족의 위기와 영국혁명 간의 인과관계에 관한 것이었다. 이를테면 스톤이 1559년의 총소득을 산출하면서 지대수입과 다른 부대수입 외에 누락된 부정기소득casualties을 뚜렷한 근거도 없이 지대수입과 부대수입 합계의 20퍼센트로 설정했다는 견해나,[15] 당시 그가 제시한 위기의 증거들은 영국만이 아니라 대륙의 다른 나라들에서도 나타난 일반적인 현상이었으며 따라서 이것들을 과연 영국혁명의 요인으로 중요하게 생각할 수 있는지 의문이라는 비판이 이에 해당한다.[16] 그러나 이 같은 비판에 대해 스톤은 통계의 부분적인 오류를 인정하면서도 그 전반적 추세를 강조함과 동시에 귀족의 위기가 영국혁명의 원인으로 작용했다는 자신의 견해를 굽히지 않았다.[17]

튜더-스튜어트 시대에 귀족의 위기가 있었다고 하더라도, 영국 근대사의 전개 과정에서 전통적 지배세력인 귀족과 젠트리는 정치·경제·사회적으로 계속 영향력을 발휘했으며 산업화를 겪으면서도 여전히 지배계급으로서의 위상을 견지하고 있었다. 혁명 이후 장기간에 걸친 헌정의 안정은 바로 이들의 역할에 힘입은 것이었다. 그렇다면 영국혁명 이후에도 토지에 기반을 둔 세력이 여전히 굳건한 정치적 영향력을 가질 수 있었던 이유는 무엇인가. 역사가들은 귀족 사회가 미들 클래스의 일부를 흡인할 수 있었던 개방성에서 찾는다. 벼락부자*nouveau riche*들의 상류 사회 진입을 통해 기존 지배세력이 탄력적으로 사회적 지위를 유지할 수 있었다는 것이다.

초기에 이 같은 '귀족 주도설'을 주장한 연구자들은 토지와 상업 사이의 부의 이동을 지주경제의 측면에서 해석한다. 이를테면 스튜어트 시대 런던 상인은 시골 출신이 상당수였다. 그러나 상업에서 성공한 이들의 궁극적인 목적은 귀족 사회에 자신들의 자녀가 뿌리내리도록 하는 데 있었다.[18] 또한 내란 이후 토지와 상업 사이의 부의 이동이 활발했다고 하더라도 그것은 상인보다는 주로 지주에게 유리한 방향으로 전개되었다는 견해가 있다. 물론 17세기에 좋은 귀족가문 출신으로 상업 분야에서 부를 축적하여 다시금 토지자본으로 회귀한 사례가 있긴 했다. 그러나 그것은 소수에 지나지 않았고 중요하지도 않았다. 오히려 토지와 상업 사이의 부의 교환기회가 높아졌다는 것 자체가 귀족세력의 부의 축의 기반이 되었다. 그 결과 상업 분야를 귀족이 주도함으로써 상인 고유의 '자의식적인 계급self-conscious class'이 출현하지 못했다는 것이다.[19]

이러한 '귀족 주도설'은 16세기 이후 19세기까지 유럽 자본주의 발전을 선도한 영국의 역사적 경험과 걸맞지 않는다는 인상을 준다. 최초의 상업혁명, 최초의 농업혁명, 최초의 산업혁명 등 이른바 영국 근대사의 '최초증후군'은 일반적으로 부르주아의 성장과 밀접하게 관련된다고 생각할 수 있기 때문이다.[20] 최근 한 세대에 걸쳐 영국사의 주류가 된 역사 해석은 19세기까지 정치·경제·사회·문화 등 여러 영역에서 귀족 지배의 성격을 강조한다. 개방귀족제open aristocracy론이야말로 이러한 해석의 종합판이다.

해럴드 퍼킨Harold Perkin(1926~2004)은 전前산업시대 영국을 토지재산과 연줄patronage에 토대를 둔 개방귀족제 사회로 규정한다. 재산과 연줄이야말로 전산업사회를 지탱한 기본원리였다. 여기에서 중요한 것은 사회적 신분이 토지소유의 정도를 결정짓는 것이 아니라 토지소유가 그 사람의 지위를 결정짓는 요소로 작용했다는 점이다. 미들 클래스가 토지귀족으로 상승하는 사례가 많았고 이 개방성이 토지귀족의 적응력과 지속력을 강화하는 주된 동인이었다. 이러한 사회에서는 사회이동이 어느 정도 허용되었기 때문에 사회갈등은 잠재적으로만 남아 있을 뿐이었다.[21]

귀족 사회에 대한 스톤의 학문적 관심은 《귀족의 위기》 출간 이후에도 오랫동안 이어졌다. 그는 특히 16세기 이래 수세기에 걸쳐 영지 구입을 통해 상업에서 부를 축적한 사람들이 상류계급으로 흡수될 수 있었다는 전통적인 해석을 다시 검토하는 작업에 뛰어들었다. 이 연구 결과는 스톤이 부인과 함께 펴낸 《열린 엘리트?》에 농축되어 있다. 《열린 엘리트?》에서 스톤은 벼락부자들이 통설처럼 귀족 사회에 대거 편입되었는지를 살피기 위해 1540~1880년간의 시기에 토지 엘리트 구성의 변화 여부를 탐사한다. 1873년 이전에는 토지 소유와 관련하여 적절한 조사가 이루어진 적이 없기 때문에 이와 같은 연구는 방법상으로 매우 어려운 작업이다. 스톤 부부가 제시한 우회적인 방법은 일정한 수준 이상의 시골저택 소유자와 귀족 엘리트를 동일시한다는 전제 아래 그 저택들의 소유 변화를 추적하는 것이었다. 이 경우 귀족 영지의 넓이와 수를 구체적으로 계산하는 데 따른 난점을 비켜가면서도 저택 소유자의 변화를 통해 벼락부자들의 귀족 사회 진입 추이를 살펴볼 수 있다.

　스톤 부부는 하트퍼드셔Hertfordshire, 노샘프턴셔Northamptonshire, 노섬벌랜드Northumberland 등 3개 주를 대상으로 저택 소유자의 변화를 추적한다. 그들은 340년간 총 362채의 저택을 소유한 적이 있는 2,246명을 분석했다. 분석 결과에 따르면, 해당 기간의 저택 소유자 2,246명 가운데 그 저택을 새로 사들인 사람은 480명(약 20퍼센트)이었다. 구입한 사람의 3분의 2는 관료, 법률가, 사업가로 부를 축적한 사람이었고, 나머지는 다른 귀족가문 출신이었다. 더욱이 런던에서 가장 가까운 하트퍼드셔에서조차 새로 저택을 사들인 사람들 가운데 사업가 출신은 1760년 이후에도 10퍼센트를 넘지 못했다. 토지 엘리트의 개방성이라는 개념은 현실에 부합하지 않으며 "새로운 상업적 또는 산업적 부가 대규모로 쉽게 상향 이동한" 현상은 발견되지 않는다는 것이다.[22]

　《열린 엘리트?》는 영국 근대사에서 토지 엘리트층의 개방성에 관한 신화를 논파하려는 시도다. 그렇다면 귀족 사회가 생각보다 개방적이지 않았다는 점과 토지귀족의 지속적인 영향력을 어떻게 연결 지을 수 있는가. 스톤 부부는 "영국 사회정치사의 특수성에 관한 열쇠"는 "토지 엘리트와 가문들의 위계구조 아래서 미들 클래스를 심리적으로 그들보다 더 아래 반열에 편입시키는 데 성공을 거둔 것"에서 찾아야 한다고 주장한다. 관리와 전문직 종사자 그리고 금전적 이해관계를 가진 상인과 제조업자들이 영국혁명 이후 꾸준하게 증가했지만, 그럴

수록 가문의 위신을 추구하는 경향은 더 짙어졌으며, 미들 클래스 가운데 소수만이 토지를 구입할 수 있었다. 이러한 사회심리적 분위기는 미들 클래스가 귀족적 가치와 생활을 모방하고 결국 그것에 동화되는 경향을 초래했다. 귀족 엘리트와 젠트리, 부유한 상인과 은행가, 제조업자와 일부 전문직 인사들의 문화적 가치와 행동이 동질화되기 시작한 것이다. 스톤은 영국 토지귀족이 보여준 지속성의 비밀은 바로 이와 같은 사회심리적 분위기에서 찾아야 한다고 주장한다.[23]

스톤 부부의《열린 엘리트?》는 분명 방대한 자료들을 섭렵하여 귀족 사회를 추적한 노작임에 틀림없다. 그러나 중요한 것은 그들이 산출한 통계치가 과연 귀족 사회의 폐쇄성을 입증할 만한 근거가 될 수 있는가라는 문제다. 3개 주에 산재한 일정 수준 이상의 저택을 소유할 수 있는 사람들은 사회위계의 최상층에 속한다. 따라서 10퍼센트라는 비율이 토지소유계급의 폐쇄성을 입증할 수 있는 유력한 근거라고 할 수 없다. 만일 귀족과 젠트리를 포함한 좀 더 광범한 범주에 대해 조사할 경우 그 비율은 좀 더 높아질 수 있는 것이다. 또 10퍼센트의 비율만 하더라도 사회 최상층이라는 점을 감안하면 결코 낮은 수치가 아니다.[24] 그러나 달리 생각하면, 이 수치의 해석 문제보다는 영국혁명 이래 수세기 동안 귀족 지배 구조와 헌정상의 안정이 어떻게 가능했는가라는 문제가 더 중요하다. 미들 클래스 일부의 충원을 넘어 귀족 사회가 사회경제적 변화에 능동적으로 적응할 수 있는 능력을 보여주었다는 점에 더 주목해야 하는 것이다. 이런 점에서 16세기 이래 귀족과 젠트리의 시장 지향적 태도와 이들의 적극적인 경제 활동을 영국 근대사의 특성으로 파악하는 '신사적 자본주의gentlemanly capitalism' 개념이 스톤 부부의 연구와 자연스럽게 연결될 수 있지 않을까 싶다.[25]

## 감성적 개인주의와 가족의 변화

원래 사회경제사 분야에서 연구 활동을 시작한 스톤은 1970년대 이후 경제적 분석을 넘어 일상적인 삶의 세계로 탐구의 눈길을 돌린다. 《가족, 성, 결혼》은 이러한 작업의 중간 결산서다. 사실 가족과 결혼에 대한 관심은 이전의 저술인 《귀족의 위기》에서도 부분적으로 드러난다. 그는 《귀족의 위기》 11장에서 1560~1640년 시기 귀족 가족의 실태를 묘사한다. 그가 그린 귀족 가족은 가솔과 식객을 포함하는 대집단이었다. 남편 또는 아내의 사망으로 재혼하는 사례가 많았고 부부간의 결혼 기간도 짧았다. 뿐만 아니라 공식 또는 비공식적으로 가족원들이 별거하는 경우가 잦았다. 달리 말하면 가족의 와해가 거의 일상적이었다. 자식들 또한 부모와 함께 사는 기간이 길지 않았다. 어린 시절에는 유모에 의해 양육되었고 소년 시절 이후에는 교육 때문에 집을 떠나기 일쑤였다. 요컨대 이 시기 귀족 가족은 정감과 애정이 아니라 법과 관습과 편의성으로 결합되었던 것이다.[26]

《가족, 성, 결혼》은 그의 초기 관심사였던 귀족층뿐만 아니라 더 광범한 계층을 대상으로 16~18세기에 걸친 장기간의 가족 변화를 살피려는 시도다. 이는 넓은 의미에서 일종의 문화변동이라고 할 수 있는데, 그것은 가족 구성원들이 "배치arrangement, 구조, 관행, 권력, 애정, 성 등의 맥락에서 서로 관계를 맺는 방식"의 변화로 표현된다. 스톤이 주로 되묻는 것은 "개인이 서로를 어떻게 생각하고 취급하고 이용했는가, 신과 관련하여 그리고 핵가족에서 국가에 이르기까지 다양한 수준의 사회조직들과 관련하여 스스로를 어떻게 생각했는가"라는 문제다. 여기에서 그가 가장 중시하는 문화변동은 가족 구성원들 사이의 소원한 관계distance와 복종deference과 가부장제 등에서 이른바 '감성적 개인주의affective individualism'로의 변화다. 실제로 그는 감성적 개인주의의 출현이야말로 "수천 년 서구 역사의 정신세계에서 발생한 가장 중요한 변화"로 간주한다.[27]

스톤은 3세기에 걸쳐 진행된 가족 형태의 변화를 다루면서도, 그 변화를 전체사적 서술을 통해 재구성하려 했다. 이를 위해 적어도 생물학적·사회적·정치적·경제적·심리적·성적 차원 등 여섯 가지 차원의 풍부한 내용들을 기술한다. 생물학적 차원은 출생과 사망 또는 결혼과 같이 가족의 구조를 지배할 뿐만 아니라 가족생활의 감성에 영향을 미치는 사실들로 구성된다. 사회적 차원은 가족과 다른 사회조직, 특히 친족·이웃·학교·국교회 등과 맺고 있는 관계가 주된 내용을 이룬다. 정치적 차원도 무시할 수 없다. 가족 성원 사이의 권력 분배, 어른과 어린이, 남편과 아내, 부모와 자식 간에 존재하는 권위와 복종의 패턴이 핵심 내용이다. 경제적 차원으로는 재산 이전 방식으로서의 결혼, 생산 단위로서의 역할, 소비, 가족원 내부의 분업 등을 들 수 있다. 심리적 차원으로는 개인의 삶에서 가족이 미치는 영향, 부모와 자식 사이의 심리적 관계, 부부관계, 형제관계 등 다양한 심리적 관계망을 다룬다. 마지막으로 성적 차원은 배우자의 선택, 성생활 등의 내용을 포함한다.[28] 그는 이와 같은 여러 가지 차원의 변화를 중심으로 가족 형태의 변화를 기술한다.

800쪽에 이르는 방대한 분량에도 불구하고 《가족, 성, 결혼》에서 스톤이 내세우는 논지는 비교적 단순하다. 1500~1800년의 시기에 영국의 가족은 개방적인 친족가족open lineage family에서 가부장적 핵가족restricted patriarchal nuclear family을 거쳐 폐쇄적인 가정 중심의 핵가족closed domesticated nuclear family으로 변모했다는 것이다.[29] 물론 이러한 변화가 시기적으로 확연하게 구분되는 것은 아니다. 개방적인 친족가족은 1450~1630년에, 가부장적 핵가족은 1550~1700년에, 그리고 폐쇄적인 가정 중심 핵가족은 1640~1800년에 발전하는 것으로 서술된다. 그는 영국 근대 사회에서 가족이 명확하게 구분되지 않고 중첩되긴 하지만 이와 같은 단선적인 변화의 추세를 보여준다는 점을 확신한다.

이 세 가지 가족 형태를 개략하면 이렇다. 먼저 개방적인 친족가족은 매우 애매한 표현인데, 스톤 자신도 적절한 용어가 없어서 이러한 표현을 썼다고 실토한다. 그가 이렇게 부른 것은 두 가지 두드러진 특징, 즉 "외부의 영향에 취약하다는 점"과 "가족 구성원들이 죽은 선조와 살아 있는 친족에 대해 충성심을 가졌다는 점" 때문이다. 당시

개방적인 친족가족
한스 홀바인Hans Holbein the Younger, 〈토머스 모어 경, 그의 아버지, 그의 가족 그리고 그의 자손들Sir Thomas More, his father, his household and his descendants〉, 1593.

가족을 구분하는 주된 경계는 바로 친족이었다. 이것은 "개인의 자율성이나 사생활"이 바람직할 정도로 존중받지는 못한 형태였다.[30] 오늘날의 관점에서 이 가족 형태를 살펴볼 경우 놀라운 사실은 가족 구성원 상호간에 정서적 유대감이 거의 존재하지 않았다는 점이다. 스톤은 이에 관해 다음과 같이 기술한다.

사회적 수준에서 16세기와 17세기 초의 정서적 관계에 관해 확신을 가지고 말할 수 있는 것은 일반적으로 냉랭함, 조종, 복종과 같은 심리적 분위기가 있었다는 것, 높은 사망률이 깊은 가족관계를 쓸모없게 만들었다는 것, 결혼은 경제적·사회적 이유로 부모와 친족이 맺어주며 아이들에 대해서는 최소한의 관심만 가질 뿐이라는 것, 부모와 자식 간의 긴밀한 유대를 입증하는 전거를 찾기가 불가능하지는 않지만 어렵다는 것, 남편과 아내 사이의 친밀한 애정의 증거도 애매하고 드물다는 것 등이다. 게다가 영혼의 불멸과 구원의 희구에 대한 믿음은 아이나 배우자 또는 부모를 잃었을 때 솟구쳐오르는 슬픔을 완화시켰다.[31]

다음으로, 1530~1700년의 시기에 지속된 가부장적 핵가족은 시기적으로 첫째 형태와 겹치면서도 이전에 가족의 경계 안에 포함되던 구성원들, 이를테면 친척과 친족, 후견인이나 이웃과 같은 사람들에 대한 애착이 점차 쇠퇴하는 특징을 보여준다. 이와 같은 종래의 애착은 "특정한 종파나 국교회에 대한 좀 더 보편적인 충성심"으로 대체되었다. 그 결과 가족의 경계에 대한 인식boundary awareness이 핵가족으로만 한정되었고 그에 따라 가족은 친족이나 이웃사람들의 영향에서 벗어나 좀 더 폐쇄적인 특징을 띠게 되었다.

가부장적 핵가족
1600년대 영국 청교도 가족.

이 변화는 16, 17세기에 주로 중간계급과 상류계급의 가족에게서 먼저 나타난 것처럼 보인다. 스톤에 따르면, 가족 경계에 대한 인식의 변화에서 두드러진 특징은 가장家長의 영향력 증대다. 가족 안에서 아버지로서 그리고 남편으로서 가장의 권위를 신장시킨 요인으로는 여러 가지를 들 수 있다. 우선 권위주의적 국가가 가족 안에서 가장의 권위를 강조함으로써 통치 기반을 확고히 하려고 했다. 종교개혁가들 또한 가정을 교회 못지않게 중요한 "도덕적·종교적인 통제기구"로 간주했다. 여기에 칼뱅주의의 원죄론이 전파되면서 "악마를 물리치고 사악함을 응징하기 위해 어린이에게 엄격한 조치를 취할 필요성"이 강조되기도 했다.[32]

이렇게 변화된 핵가족의 기능은 점차 "유아와 어린이의 양육 및 사회화"에, 그리고 "남편과 아내 사이의 경제적·정서적·성적 충족"에 국한되기 시작했다. 좀 더 제한되고 특화된 기능을 가진 이 핵가족 안에서는 아내에 비해 남편에게, 자식들에 비해 아버지에게 권한이 집중되었다. 가장은 이제 친족의 간섭도, 그 자신의 속박이나 아내의 간섭도 덜 받게 되었다. 그는 자녀의 교육에 좀 더 많은 관심을 쏟았고 그에 따라 자녀들에 대해 이른 나이부터 더 심하게 간섭하기 시작했다.[33] 이 과정에서 가부장의 권위가 다시 강해지는 일종의 순환 고리가 형성되었던 것이다.

마지막으로, 가족 변화의 세 번째 단계는 가정 중심의 핵가족 출현이다. 이 형태는 대체로 1640~1800년 사이에 점진적으로 나타났다. 이 형태가 두 번째 단계의 가족과 다른 점은 핵가족을 중심으로 하면서도 가족 안에 새로운 정감과 애정을 매개로 밀접한 유대감이

가정 중심의 핵가족
존 마이클 라이트John Michael Wright, 〈로버트 바이너 경의 가족The Family of Sir Robert Vyner〉, 1673.

조성되었다는 것이다. 스톤은 이러한 정서를 '감성적 개인주의'라고 부른다. 이 단계에 이르면 친족에 대한 유대감은 완전히 사라지고 남편과 아내, 부모와 어린 자녀 사이의 정서적 유대가 강화된다. 이와 동시에 가족들의 자율성이 신장된다. 이처럼 감성적 개인주의가 성장하면서 가부장의 권위는 자연스럽게 약화된다. 배우자 선택에서 자유연애의 풍조가 나타났고, 지참금보다 사랑이 더 중요하게 여겨졌으며, 자녀교육에 대한 관심도 이전보다 한층 더 높아졌다. 스톤은 세 번째 단계의 전반적인 변화를 이렇게 묘사한다.

[이 셋째 단계야말로] 아주 중요한 변화였다. 왜냐하면 이 새로운 가족 형태는 감성적 개인주의 대두의 산물이었기 때문이다. 그것은 개인 자율의 원리를 기반으로 조성된 가족이었고 강한 애정적 결합으로 묶여 있었다. 남편과 아내는 부모의 바람을 지키기보다는 스스로 배우자를 골랐으며, 그 주된 동기는 대체로 친족을 위한 경제적·신분적 편익보다는 오래 지속되는 개인적 감정이었다. 아이들을 양육하는 일에 갈수록 시간과 정력과 돈과 부모의 사랑을 더 쏟게 되었고, 더 이상 어린 나이라고 해서 아이들의 의사를 강제로 무시해도 된다고는 생각하지 않았다.[34]

스톤의 연구에서 핵심은 개방적 친족가족과 가정 중심의 핵가족을 거의 이분법적으로 대조하고 있다는 점이다. 가족 간 유대감이 없는 전근대적 가족에서 애정에 바탕을 둔 근대적 가족으로의 이행이라는 단선적인 진화를 강조한다는 점에서 스톤의 견해는 기본적으로 근대화 모델에 토대를 둔 것처럼 보인다. 그렇다면 전근대적 가족 안에 애정의 감정이 전혀 없이 소원함과 거리감만 퍼져 있었던 까닭은 무엇인가. 스톤은 두 가지 요인을 거론한다. 하나는 가족의 경계가 불분명했다는 점이다. 분명한 경계가 없기 때문에 가족은 "외부나 이웃 또는 친족의 지원, 충고, 감시, 간섭"을 받기가 쉬웠으며 가족 구성원 간의 사생활은 존재할 수 없었다는 것이다.[35] 다른 하나는 인구학적 요인에 따른 가족관계의 불안정이다. 당시에는 부부 한 쪽의 조기 사망으로 인해 부부가 함께 사는 기간도 20년을 넘지 못했고 자녀들이 15세 이전에 사망하는 비율도 거의 30~40퍼센트에 이르렀다.[36] 이 같은 불안정성은 가족관계가 쉽게 깨졌을 때의 충격과 공포를 피하기 위해 사람들이 서로 간에 깊은 애정을 쏟지 않도록 만들었다는 것이다.

스톤이 보기에 당시의 결혼은 "일시적이고도 잠깐 동안의 결합"이었으므로 남편과 아내가 서로에게 깊은 애정을 가지기 어려웠다. 높은 유아사망률 때문에 부모는 "그들의 정신적 안정을 도모하기 위해 아이들과의 심리적 관계를 제한하지" 않을 수 없었다.[37] 특히 자녀에 대한 부모의 냉담함과 무관심은 현대인이 이해할 수 없을 만큼 극심한 것이었다. 스톤은 이렇게 말한다. "설사 어린이들이 진짜 경제적으로 자립하지 못한 귀찮은 존재로 취급받기를 원하지 않았다고 하더라도, 부모가 기대수명이 아주 짧은 아이들에게 정서적으로 깊은 관심을 쏟는다는 것은 무모한 일일 수도 있었다."[38] 사실 전산업 시대 가족 안에서 아동의 위치가 불안정했고 냉담한 정도가 아니라 오히려 가혹하게 취급받았다는 것은 이미 필립 아리에스Philip Ariès가 주장한 바 있다.[39] 스톤은 대체로 아리에스 견해의 연장선에서 16, 17세기 잉글랜드 귀족의 사례를 좀 더 세밀하게 투사한 셈이다.

한편, 스톤은 이같이 냉담한 가족관계가 애정에 바탕을 둔 관계로 바뀌게 된 요인도 인구학적 측면에서 찾는다. 우선 부부의 결혼기간이 이전보다 길어지면서 동반자로서의 부부관계가 정립되기 시작했다. 이미 17세기 전반에 리처드 백스터Richard Baxter나 윌리엄 퍼킨스William Perkins 같은 설교자들이 부부의 동료관계를 강조했다.[40] 또한 수입과 지위에 대한 야심보다 애정적 만족이라는 관점에서 미래의 배우자를 선택하려는 경향이 나타나기도 했다. 자녀에 대한 태도의 변화에 관해서도 스톤은 동일한 관점에서 설명한다.

> 아동 지향적인 사회가 발전하는 데에는 어린이의 갑작스러운 조기 사망이 더 감소하는 것이 필수적이다. 경제학자들의 언어를 사용한다면, 아동의 가치는 그들의 생존 가능성이 개선될 때 높아진다. 비록 그들의 양육비도 동시에 높아지기는 하지만 말이다.[41]

아동에 대한 애정과 관심이 고조되던 시대에 귀족과 젠트리 가족의 자녀 수가 감소한 것은 흥미로운 일이다. 스톤이 지적한 대로, 양육비 상승과 자녀 수 감소 사이에 특정 인과관계가 있는 것일까. 스톤은 그가 수합한 자료를 토대로 평균 자녀 수의 변화를 검토한다. 16세기에 귀족 및 젠트리 가족의 자녀 수는 평균 5명이었다. 그 숫자는 17세기 전반에 오히려 증가하다가 1660년을 정점으로 다시 감소 추세로 반전된다. 1700년경에는 5명 이하로 떨어졌고 같은 세기 중엽에는 4명 수준을 기록하고 있다.[42] 자녀수가 감소할수록 그들에 대한 관심과 애정의 정도가 더 짙어졌으리라는 것은 상식적으로 유추할 수 있다. 요컨대 17세기 이후 감성적 개인주의의 출현과 더불어 오늘날 우리에게 친숙한 가족관계가 널리 퍼진 것이다.

스톤의 연구는 출간 이후 많은 논란을 불러왔다. 이러한 논란은 상당부분 너무나 단정적으로 변화 과정을 설명하는 스톤의 어조 때문에 증폭된 것이었다. 우선 그가 설명하는 가족 변화가 단선적인 진화 모델에 의존하고 있다는 비판이 있다. 물론 스톤도 "공동사회Gemein-schaft에서 이익사회Gesellschaft로의 추세를 정확하게 확인한다고 하더라도 그것이 지속적이고 단선적인 운동은 아니다"라고 스스로 경고하고 있다.[43] 하지만 그의 전반적인 논조는 단선적인 진화 모델이라는 인상을 주기 쉽다. 더 나아가 가족원 사이의 냉담함과 애정을 사망률의 변동에서 찾는 인구결정론적 시각이나 소수의 귀족 및 젠트리 가문의 사례를 일반화하는 성급함에 대한 비판도 있다. 좀 더 근본적으로는, 전근대 사회에서도 부부 간 또는 부모와 자녀 간의 사랑과 애정에 관한 증거들, 가족 구성원의 사망을 애통해하고 비탄에 잠기는 증거들을 많이 찾을 수 있다는 지적 또한 그냥 외면하기는 어려울 것이다.[44]

설사 17~18세기 이후 가정 중심의 핵가족 출현을 인정한다 하더라도 그 과정을 스톤과 다른 시각에서 설명할 수도 있다. 스톤은 귀족과 젠트리 가문의 사례를 통해 정감과 애정으로 연결된 가족의 출현을 언급하지만, 이와 같은 경향은 특히 상인 가정에서 두드러지게 나타났고 상인 계층이 변화를 주도했다는 견해가 있다.[45] 이 견해에서는 18세기 런던 도심에 어떤 시설물이 새로 등장했고 어떤 행사가 주로 진행됐는지에 주목한다. 당시 런던에는 전람회·박물관 등 어린이의 흥미를 자아내는 시설물이 곳곳에 세워졌고, 인형극·서커스 등 어린이를 위한 행사가 많이 열렸다. 이는 당시의 새로운 변화를 반영하는 것이다. 특히 유의해서 볼 점은 그러한 시설의 주요 고객이 런던 상인층이라는 사실이다. 18세기 복음운동evangelicalism 또한 '폐쇄적인 가정'의 출현에 적지 않은 영향을 미쳤다. 이 주장에 따르면, 복음운동은 가정의 평화와 구원을 연결했다. 남편과 아내, 부모와 자녀 사이의 애정과 유대야말로 기독교인이 받는 축복의 징표였다. 구원의 적은 가족 사이의 증오와 질시, 가정의 평화를 깨뜨리는 가정 외부의 온갖 유혹이었다. 복음운동가들은 외부의 유혹에서 멀리 떨어진 가정, 그리고 애정이 충만한 그 가정의 수호자로서 아내의 모습을 내세웠다는 것이다.[46]

## 역사 속의 결혼과 이혼

스톤은 가족사 연구와 함께 결혼 제도의 변천과 이혼의 사회사적 의미를 탐구하는 데에도 관심을 기울였다. 《가족, 성, 결혼》에서도 부분적이기는 하지만 근대 초기 결혼제도와 그 변화 과정을 설명하고 있다.[47] 그러나 스톤이 이 주제에 본격적으로 뛰어들게 된 것은 캔터베리대주교 재판소Court of Arches의 재판기록집Process Books을 마이크로 필름으로 복사하는 작업에 참여하면서부터였다.[48] 산업혁명 이전에 캔터베리대주교 관구는 지도상으로 머시Mersey강에서 험버Humber강까지 대각선으로 이은 선 아랫부분에 위치한 모든 교회를 관할했다. 당시에는 잉글랜드와 웨일스 전체 인구의 약 3분의 2가 이 관구에 거주했을 것이다. 대주교 재판소는 관구에 속한 모든 교회법정의 재판에 대한 항소법정이었다. 스톤은 8년여에 걸쳐 이 재판소 기록뿐만 아니라 노리치, 체스터, 코번트리, 리치필드, 우스터, 글로스터, 엑서터 등지의 교구법정provincial consistory court 기록과 런던교구법정

London consistory court 기록들을 수합했다.[49] 스톤의 《이혼행로》는 이들 기록 중에서 결혼·성·도덕 등과 관련된 소송 사건을 세밀히 검토하여 16세기 이래 오늘날까지 결혼 제도의 변화, 특히 이혼의 제도화 및 관행화를 추적한 저술이다.[50] 이혼의 만연이야말로 근대적 가족이 사실상 해체되고 있다는 유력한 증거가 아니겠는가.

서구 기독교세계에서는 800년 전만 하더라도 아주 제약이 많은 중세 교회법의 도덕률 때문에 이혼은 사실상 불가능했다. 오직 로비와 뇌물을 통해 로마교회로부터 결혼 취소 허가를 받을 수 있는 부유하고 권세 가진 사람들만이 예외였다. 이와 대조적으로 몇 년 전에는 미국의 한 법관이 11년 동안 한 여성에게 16회나 이혼 판결을 내렸다. 오늘날 잉글랜드에서 이혼은 사실상 사법적 절차라기보다는 오히려 행정 절차가 되었으며, 이혼하는 부부의 숫자가 너무 많아서 이혼이 불가피하게 컨베이어벨트와 같이 빠르게 그리고 비인격적인 방식으로 처리되고 있다. 잉글랜드에서는 결혼한 부부 3쌍에 1쌍(미국에서는 2쌍에 1쌍)이 법정 이혼으로 끝맺을 것이다.[51]

스톤에 따르면, 이제 이혼은 죽음이나 세금 못지않게 우리 문화와 삶의 경험에서 핵심적인 문제가 되었다. 그는 이렇게 되묻는다. "이혼을 절대 금지하던 중세적 상황에서 언제 그리고 어떻게 이와 같은 상황으로 바뀌게 되었는가. 간통의 경우에만 정당화되던 이혼이 어떻게 양측의 단순한 성격차이를 비롯하여 결혼생활의 갖가지 결함만으로도 가능하게 되었는가. 공식적인 파경이 어떻게 스캔들에서 알쏭달쏭한 일상사로 변했는가."[52]

《이혼행로》1부는 16세기 이래 결혼의 변화를 다룬다. 1563년 트렌

공식 결혼
윌리엄 호가스William Hogarth, 〈스
티븐 베킹엄과 메리 콕스의 결혼식
The Wedding of Stephen Bechingham
and Mary Cox〉, 1729.

트 공의회The Council of Trent 이래 가톨릭
국가들에서는 혼인법이 근본적으로 바뀌
었다. 사제 및 2~3인의 증인 앞에서 거행
된 공식적인 교회 결혼식을 거쳐 교구대
장에 혼인신고를 한 경우만을 정당한 결혼으로 인정한다는 것이었다.
이는 이전까지 다양하게 치러진 결혼을 교회의 통제 아래 통합하려는

조치였다. 그러나 프로테스탄트 영국에서는 중세 혼인법이 그대로 이어졌다. 1753년 이전만 하더라도 결혼은 상당수가 국가나 교회의 통제 밖에서 이루어졌다.

정상적인 결혼 또한 다양한 절차가 있었다. 상류층의 결혼에서 첫째 단계는 양측 부모들 간의 계약서 작성, 둘째 단계는 증인 앞에서 두 사람의 결혼서약(즉 약혼), 셋째 단계는 3회에 걸친 교회 결혼식, 마지막 단계는 교회 결혼식을 올린 후 잠자리를 함께 하는 것이었다. 교회는 당연히 결혼식을 결정적인 것으로 간주했으나, 법률가들은 오히려 약혼을 더 중시했다.[53]

그러나 세 번에 걸쳐 결혼을 서약하는 약혼의 경우에도 두 가지 서로 다른 방식이 있었다. 당시 교회법은 현재형시제per verba de presenti 서약과 미래형시제per verba de futuro 서약을 구분했다. 두 사람의 서약을 지켜본 증인들의 확인이 있다고 하더라도 "나는 그대를 나의 아내/남편으로 맞습니다"라는 서약은 완전한 구속력을 가진 반면에, "나는 그대를 나의 아내/남편으로 맞이할 것입니다"라는 표현은 이후 잠자리를 함께 갖지 않는 한 구속력이 없는 것이었다. 결국 두 남녀의 성관계가 현재형 서약과 같은 효력을 지녔다고 할 수 있다. 이 밖에도 조건부 서약, 즉 "나는 그대의 부친이 동의한다면 그대와의 혼인을 서약합니다"라는 표현이 있었다. 이 경우 부모나 서약에서 거론된 당사자가 거절하면 구속력이 없었다.[54] 당시 지배엘리트는 약혼을 거쳐 공식적인 교회 결혼식을 올렸지만, 서민들의 상당수는 약혼, 즉 서약결혼contract marriage으로 끝냈다. 교회가 약혼을 인정한 것은 놀라운 일이다. 그러나 이와 같이 복잡한 관행들이 병존했기 때문에 소송 사건이 일어났을 때 법적 해석을 놓고 이견이 분분할 수밖에 없었다.

스톤에 따르면, 14~18세기까지 영국의 혼인법은 혼란 상태나 다름 없었다. 교회가 결혼서약의 법적 효력을 인정한 반면, 관습법상으로 는 공식적인 교회 결혼식을 거치지 않은 채 결혼서약만 했을 경우 재 산 이전 권한을 갖지 못했기 때문이다. 여러 세기에 걸쳐 재산 이전 문제를 둘러싼 분쟁을 다루면서 교회법정은 점차로 서약을 입증하는 일 외에 다른 모든 문제에 대한 판결을 회피하기에 이르렀다.[55] 물론 교회는 공식적인 교회 결혼식을 강력하게 요구했지만, 상류층이 아닌 일반 서민들 사이에서는 결혼서약을 거친 후 교회가 아닌 다른 곳에 서 혼인식을 거행하는, 이른바 비밀결혼clandestine marriage이 성행했 다.[56] 1696~1712년간 의회는 비밀결혼을 막기 위해 여러 가지 노력

비밀결혼
플리트 교도소의 목사Fleet parson가 행한 비밀 결혼식Fleet Marriages. 로 버트 챔버스Robert Chambers의 *The Book of Days*(1864)에 수록.

을 기울였다. 비밀결혼의 성행에 따른 혼 인세와 인지세 수입 감소를 우려했기 때문 이다. 그러나 이를 위한 일련의 입법은 효 력을 거두지 못했다. 특히 런던 시민들 가

운데 교회가 아니라 옛날 플리트 교도소Fleet Prison 건물터에서 비밀
결혼을 거행하는 관행이 선풍적인 인기를 끌었다.[57]

스톤은 1660~1753년간 비밀결혼의 폭발적인 증가에 특히 주목한
다. 국가와 교회의 끊임없는 권유와 강요가 있었음에도 서민층 가운
데 이런 식의 결혼이 성행한 이유는 무엇인가. 당시는 사생활에 대한
요구가 모든 사회계층에게서 점증하고 있었다. 스톤에 따르면, 이러
한 분위기가 "법과 교회법정의 기소와 징벌이라는 방파제"를 무너뜨
렸다.[58] 이 현상은 법과 법의 집행 그리고 공공여론 간의 관계에 대해
많은 사실을 알려준다.

1753년 대법관 하드위크 백작Lord Hardwicke[59]은 비밀결혼을 근절
할 법안을 상정했다. 법안은 교회결혼청첩장bann을 돌리지 않고 교회
의 공식 허가를 받지 않거나 미리 정한 시간에 교회에서 성직자의 집
전으로 의식을 거행하지 않은 모든 결혼을 무효로 하는 내용을 담고
있었다. 이 밖에도 플릿 교도소에서 돈벌이하는 성직자들의 활동을
금지하고, 부모의 동의 없는 21세 미만 남녀의 결혼이나 단순한 서약
만을 거친 약혼이나 교구기록에 등재하지 않은 결혼을 모두 무효화하
는 내용을 포함하고 있었다.[60] 스톤은 1753년 법이 사실상 효력이 없
었다는 점을 인정한다. 사적 자유와 사생활에 대한 요구가 법적 통제
를 무력화한 좋은 보기다.

다음으로 《이혼행로》 2부는 16세기 이래 별거와 이혼의 사례들을
다룬다. 스톤의 설명에 의하면, 근대 초 영국에서 이혼할 수 있는 방
식은 다섯 가지였고, 그 가운데 둘은 법정소송을 포함했다. 첫째 방법
은 교회법정에 별거 소송을 내는 것이었다. 이 경우 간통이나 폭력의
증거가 있으면 즉시 소송에서 이길 수 있었다. 두 번째는 1690년 이후

하드위크 백작
윌리엄 호어William Hoare of Bath RA, 〈필립
요크, 하드위크 백작Philip Yorke, 1st Earl of
Hardwicke〉(18세기). 1753년 하드위크 백작은
비밀결혼 근절 법안을 상정한다.

에 가능했던 방법으로, 의회법에 의거하여 재혼을 서약하는 것을 조건으로 이혼하는 것이었다. 그러나 이 법을 통해 이혼을 얻어낸 경우는 극소수에 지나지 않았다. 세 번째 방법은 사적인 별거였다. 이것은 두 배우자 간의 합의에 의한 것이었다. 이 밖에도 아내를 강제로 내쫓거나 매매하는 경우도 가끔 볼 수 있었다.[61]

이 가운데 스톤이 주목한 것은 법적 절차 없이 부부가 합의하여 갈라지는 사적 별거private separation였다. 사적 별거는 감성적 개인주의의 성장이나 사생활의 확대와 같은 사회 분위기의 변화가 있었음에도 기존의 혼인관련법이 폐쇄적이었기 때문에 특히 18세기에 폭발적으로 늘어난다.[62] 당시 국가와 교회에 변화된 사회 분위기의 수용을 기대할 수는 없었다. 그것은 19세기 중엽에 이르러서야 공적 담론의 주제로 다시 등장했다. 스톤은 별거한 부부들의 사례를 검토하면서 18세기 이후에는 부부 가운데 아내 쪽에서 아이들에 대한 관심이 증폭되고 있었다는 점에 주목하기도 한다. 사적 별거는 1640년대 이전에도 간혹 있었으나, 공식적으로는 1650년대부터 나타난 것처럼 보인다. 스톤이 이렇게 단정하는 근거는 무엇인가. 우선 1658년에 사적 별거의 정당성 여부를 둘러싸고 법정 논란이 치열하게 벌어졌고, 이에 따라 법으로 별거조항을 시행해야 하는지 법률가들이 심각하게 논의하기 시작했으며, 마침내 1730년대에 이 문제에 관련된 표준적인 법률용어가 정착되었기 때문이라는 것이다.[63]

17세기 후반과 18세기 초에 계약contract이라는 개념이 정치적·법적 제도를 통해 널리 퍼졌다. 이는 특히 존 로크John Locke(1632~1704)의 사상에 힘입은 바 컸다. 로크는 계약의 개념으로 국가 형성의 기반을 설명하려고 했지만, 부유한 사람들은 사적 계약을 통해 이혼을 공식화하는 계기를 만들기 시작했다. 스톤은 여러 가지 사례를 들어 사적 별거의 유형을 소개한다. 예컨대 1677년 향신 리처드 알프레이Richard Alfrey와 그의 아내 메리는 별거에 합의했다. 남편의 간헐적인 구타 때문이었다. 아내는 별거를 선택하면서 자신의 장신구며 의복이며 그녀가 원하는 물품을 소지하고 막내아이를 데려가서 8세까지 기를 수 있는 권리를 보장받았다. 남편은 별거한 아내에게 매년 25파운드의 생활비와 아들 양육비 10파운드를 부담하기로 했다. 그 대신에 아내 메리는 별거 기간 동안에는 자신의 채무를 스스로 해결할 책임을 떠맡았다.[64]

왜 사적인 별거가 관심을 끌었는가. 우선 남편에게 아내의 사통에 따른 법적 이혼은 분명 생활비 지급의 의무를 면제받을 수 있는 이점이 있었지만, 그 대신에 집안의 수치스러운 일이 공개될 위험도 존재했다. 이를 꺼려하는 사람이라면 기꺼이 법정 이혼보다는 사적 별거 방식을 택할 것이었다. 이러한 방식은 아내의 유죄를 입증하지 않은 채 아내를 떼어놓으려는 남편들에게 인기가 있었다. 더욱이 매년 일정한 생활비를 지급하면서도 별거 후 아내의 채무에 대해서는 책임을 지지 않았다.[65] 반면 아내도 이전에 없었던 여러 가지 자유를 누릴 수 있었다. 우선 경제적 자유가 있었다. 별거 후에는 독립된 인격으로서 각종 계약의 당사자가 될 수 있었다. 이는 "남편과 아내는 하나이며 남편이 바로 그 하나"[66]라는 부부일체conjugal unity의 원리에 반하는 것이었다. 다음으로, 남편의 지배에서 벗어나 인신적 자유를 획득했다. 자신이 원하는 곳에서 거주할 자유도 있었다.[67] 이처럼 사적 별거는 사통이나 폭력과 같은 유죄의 증거를 밝히지 않고서는 끝낼 수 없는 여러 가지 형태의 파경을 해결할 수 있는 수단이었기 때문에 인기를 끌었다. 스톤에 따르면, 실제로 1857년 이혼법은 이전부터 관행으로 굳어진 사적 별거의 내용과 별 차이가 없었다.[68]

사실 스톤의 혼인과 이혼의 사회사 프로젝트는《이혼행로》의 출간으로 완결되지 않았다. 그는 그 이후에도 결혼, 간통

이혼
이혼 법정을 풍자한 그림.
《펀Fun》 No. 252, 1870년 3월 12일.

등에 관련된 소송사건 기록들을 치밀하게 들춰내서 과거 개인들의 삶의 연대기를 생생하게 재구성했다. 1992년과 93년에 연이어 펴낸 두 권의 저술 《불확실한 혼인》과 《파경의 삶》이 그 결과물이다. 앞의 저술은 주로 1753년 이전의 혼인 사례들을, 뒤의 것은 1857년 이전의 이혼 사례를 소개한다. 스톤은 교회법정 기록을 치밀하게 읽으면서 과거에 살았던 사람들의 마음과 정신에 침투하는 데 관심을 기울인다. 그는 이러한 독법을 '훔쳐보기voyeurism'라고 불렀다. 사실 훔쳐보기는 소설쓰기의 전제조건 중 하나다. 역사가들 또한 작가가 그러하듯이, 죽은 사람의 사생활에 침투해 들어갈 수 있지 않겠는가. 스톤은 훔쳐보기야말로 사회사 서술의 필수적인 기법의 하나가 되어야 한다고 역설한다. 이렇게 함으로써 일찍이 내러티브 역사의 부활을 주장했던 그는 문학적 역사쓰기를 몸소 실천할 수 있었다. 스톤은 《이혼행로》에서 앞으로 펴낼 두 저술을 소개하면서 다음과 같이 자신의 계획을 은밀하게 알려준다.

[이들 두 책의] 사례 연구들에서 망자는 무덤에서 다시 일어나 그들이 보고 듣고 느끼고 생각한 것을 그들 자신의 언어로 우리에게 말해준다. 이들 자료를 읽는 독자들은 사실상 역사적인 엿보기꾼이 되어서, 열쇠구멍이나 밀실의 갈라진 틈 또는 목적을 가지고 의도적으로 뚫어놓은 구멍을 통해 훔쳐보든지, 아니면 벽에 귀를 바싹 들이대고 엿듣는다.[69]

# 스톤을 위한 묘비명

로렌스 스톤, 그는 분명히 20세기 역사학에서 거장의 반열에 오를 수 있는 역사가였다. 그는 유행을 선도하지는 않았지만, 항상 촉각을 곤두세우고 인접 사회과학 분야의 새로운 사조와 학문적 축적에 관심을 기울였다. 청나라 장학성張學誠(1738~1801)은 《문사통의文史通義》에서 역사가에 대해 다음과 같이 말한다. '모름지기 훌륭한 역사가가 되기 위해서는 세 가지 조건을 갖추어야 한다. 하나는 옳고 그름을 판단할 수 있는 의義 또는 분별력이고, 다른 하나는 끊임없이 사실에 접근하여 얻어낸 지식이며, 또 다른 하나는 그것을 표현할 수 있는 뛰어난 문장이다.'[70] 스톤이야말로 이러한 조건을 갖추기에 부족함이 없었던 역사가다. 《귀족의 위기》에서 《파경의 삶》에 이르는 일련의 저작들은 그의 분별력과 사실에 대한 지식과 뛰어난 문장을 여실히 보여준다.

그러면 구체적으로 스톤을 어떤 점에서 훌륭한 역사가라고 할 수 있을까. 우선 스톤은 전형적인 전문 역사가였다. 방대한 사료를 모으고 정리하고 해독하는 지루한 작업을 거쳐 연구 대상으로 삼은 사회를 형상화하고 재구성하는 데 탁월한 능력을 보여주었다. 실증적인 역사가는 먼지 쌓인 문서고에서 밤을 지새우는 것을 망설이지 않는다. 트리벨리언George M. Trevelyan(1876~1962)이 말했듯이, "역사가는 저 불타오르는 열정 때문에 마법의 거울을 응시하여 거기서 매일 새로운 인물들을 보고, 또한 그의 온 생애를 만족스럽게 소진하며, 매일 아침 연인처럼 열심히 도서관과 문서고로 다가선다."[71] 《귀족의 위기》에서 《이혼행로》에 이르기까지 그가 저술의 원재료로 이용한 사료들은 실로 방대한 것이었다. 그는 이 방대한 원재료를 학문적 열정으로 녹여내어 사회사 서술의 풍요로운 내용물로 바꾼 것이다. 그는 마지막까지 성실한 사회사가로서 자세를 잃지 않았다.

다음으로, 스톤의 연구서 대부분은 전체사 서술의 형태를 취하고 있다. 그는 귀족사회나 가족사나 또는 결혼의 사회사 등 어떤 주제를 선택하더라도 해당 주제를 이해하는 데 필수적인 조건과 상황을 살피고, 그 다음에 그 주제 특유의 구조와 변동을 추적한다. 이것은 일종의 건축구조물과 같은 균형미를 느끼게 한다. 사실 전체사 서술은 전 시대 역사가들에게나 가능한 일이었는지도 모른다. 오늘날의 젊은 역사가들에게서 전체사를 서술하려는 시도는 찾아볼 수 없다. 오히려 그들은 이러한 접근을 시대에 뒤떨어진 낡은 방식으로 치부해버리는 경향이 있다. 그러나 역사서술은 궁극적으로 전체사를 지향해야 한다. 특히 사회사가의 경우 더욱더 그렇다.

마지막으로, 스톤은 새로운 방법론과 새로운 분야에 늘 호기심을 가진 상상력이 풍부한 역사가였다. 그는 통계 방법의 도입을 선도했을 뿐만 아니라 인류학의 여러 개념과 연구 방법을 차용하여 역사 연구의 외연을 확대했다. 그러나 말년의 저술들은 이러한 통계적인 접근보다는 그가 이전에 이미 제시했던 내러티브 역사에 좀 더 가까운 것이었다.[72] 자신이 강조한 역사서술의 새로운 방법을 몸소 실천한 셈이다. 물론 그는 포스트모더니즘 또는 해체론적 경향에 우려를 표명하면서 역사학의 위기를 언급하기도 했다.[73] 그러나 이러한 우려는 전문 역사가라면 당연히 가졌음직한 의구심이었을 뿐이다. 그가 걱정한 것은 포스트모더니즘의 다양한 방법들 자체가 아니라 그러한 방법들이 역사학의 본령을 훼손하고 급기야 역사학과 문학의 경계를 무너뜨릴 수도 있다는 점이었다. 오히려 그는 역사 연구에 원용할 수 있는 것이라면 어떠한 방법도 받아들일 수 있는 자유로운 정신의 소유자였다. 자신의 말대로 '마지막 휘그주의자'였던 것이다.

이제 스톤은 자신이 몰두했던 과거로 사라졌다. 하지만 그에 대한 사람들의 기억은 그가 남긴 일련의 방대한 저작과 더불어 오랫동안 남아 있을 것이다. 여기 《가디언》지 기사의 한 구절을 골라 스톤을 위한 묘비명으로 삼는다.

스톤은 역동적이고 왕성한, 재기 넘치고 부드러우면서도 짓궂은 대가였다. 그가 이룩한 업적은 사회사를 흥미롭고도 자극적인 것으로 만들었다는 점, 사회사 연구를 자극하고 고무하면서 새로운 탐구영역과 새로운 사료더미를 들추어냈다는 점에 있다.[74]

영국 런던 출생. 캠버웰 소재 윌슨즈 스쿨을 거쳐 케임브리지대학 크라이스트칼리지를 졸업했다.

존 플럼 밑에서 사이먼 샤마, 린다 콜리, 존 브루어 등과 함께 역사를 공부했으며,

지질학의 역사를 주제로 1974년 박사논문을 제출했다. 1972년부터 처칠칼리지 학감으로 학생들을 지도했으며,

1979년 웰컴의학사연구소로 자리를 옮겨 연구 활동에 전력했다. 이 연구소가 런던대학 유니버시티칼리지UCL 소속으로

바뀐 뒤에는 같은 대학의 흠정교수Regius Professor로 임명되었다.

포터는 다른 누구보다도 역사 지식의 대중화에 관심을 기울여 다양한 활동을 했다.

대중에게 전문역사가뿐만 아니라 칼럼니스트, 서평 집필자, 텔레비전 사회자로도 널리 알려진 것은

이 같은 활동에 힘입은 바 크다. 포터의 저서, 공저, 편저 등은 이루 헤아릴 수 없이 많다. 그 가운데 주요 저서로는

《지질학의 형성 *The Making of Geology*》(1977), 《광기의 사회사 *A Social History of Madness*》(1987),

《에드워드 기번 *Edward Gibbon: Making History*》(1998), 《런던의 사회사 *London: A Social History*》(1994),

《계몽운동: 브리튼과 근대 세계의 창조 *Enlightenment: Britain and the Creation of the Modern World*》(2001) 등이 있다.

*Roy Sidney Porter*
*1946~2002*

2001년 9월 로이 시드니 포터Roy Sidney Porter(1946~2002)가 오십대 중반의 나이에 은퇴할 뜻을 밝혔을 때, 동료들은 처음에는 믿지 않았고 다음에는 충격을 받았다. 그는 연구나 강연 또는 방송 출연과 같은 공식적인 활동을 줄이고, 런던 남쪽의 한적한 교외에서 시골생활을 즐겼다. 은퇴한 지 불과 몇 달 후에 그가 자전거를 타고 가다가 쓰러졌다는 소식이 전해지자 많은 사람들은 또 한 번 충격에 휩싸였다.[1] 2002년 3월 5일자 《가디언*The Guardian*》지는 그의 사망 소식을 이렇게 전한다.

20여 년간 지칠 줄 모르고 수준 높은 책들을 쏟아내어 평단과 학계를 놀라게 했던 역사가 로이 포터가 그제 사망했다. 향년 55세. 그는 이스트 에식스East Essex 주 세인트 레너즈St. Leonards 근처 자신의 농장으로 자전거를 타고 가던 도중에 숨을 거뒀다. 사망 원인은 아직 밝혀지지 않았다. 그는 이전에 '웰컴의학사연구소Wellcome Institute for the History of Medicine'의 의료사회사 담당 교수였다. 그러나 그는 1~2년 간격으로 출판한 20여 권의 저서로, 또 무수한 비평과 편저와 연구논문으로, 그리고 다방면에 걸친 방송 활

동으로 대중에게 널리 알려졌다.[2]

로이 포터를 기억하는 사람들은 대부분 그의 '다산성多産性'을 거의 불가사의한 현상으로 생각한다. '초인superman', 학문에 대한 그의 열정을 묘사하기 위해 떠올릴 수 있는 말은 이것뿐이었다. 그는 수많은 저술을 내놓았을 뿐만 아니라 의학사의 경계를 넘어 사회사, 과학사, 문화사에 이르기까지 끊임없이 연구의 지평을 넓혀온 역사가였다. 그러면서도 '장기 18세기'를 중심으로 그 시대의 다양한 분위기를 세밀하게 되살리는 데 노력을 기울였다. 그가 관심을 쏟았던 대상은 "공간, 지적 운동, 고통의 형식, 광기, 감정, 그리고 사람들"이었다. "역사 만들기making histories"는 그의 삶의 프로젝트였다.[3]

사실 로이 포터의 역사서술에 대한 정확한 평가는 오랜 시일이 지난 후에야 가능할 것이다. 그의 다산성을 고려하면 단순히 저술 연보를 간략하게 작성하는 것도 손쉬운 일이 아니다. 나의 경우 그의 이름을 주목하기 시작한 것은 근래의 일이기 때문에 더욱더 어렵겠다는 생각이 든다. 개인적인 고백을 해야겠다. 1995년 8월 무렵이었을 것이다. 런던의 '웰컴의학사연구소Wellcome Institute for History of Medicine'[4]를 방문한 적이 있다. 한 후배 교수의 부탁으로 그곳에 소장된 몇몇 학술지 논문을 복사하고 유명한 '의학사박물관'을 둘러보기 위해서였다. 하지만 그때까지만 해도 이 분야에 별다른 관심을 두지 않던 나는 부끄럽게도 로이 포터가 그 연구소 교수로 재직하고 있다는 사실을 전혀 모르고 있었다.

내가 로이 포터의 저술을 처음 읽은 것은 그로부터 몇 년이 지난 후, 19세기 런던에 관한 논문을 준비할 무렵이었다. 논문 작성에 도움이 되리라는 기대를 가지고 그의 《런던의 사회사London: A Social History》 (1994)를 읽기 시작했는데, 곧바로 책 속에 빠져들었다. 아쉬움이 밀려왔다. 웰컴의학사연구소를 방문했을 때 그에 대한 관심이 깊었으면 좋았을 텐데, 그를 직접 만날 수 없었더라도 그와 관련된 자료를 모을 수는 있었을 텐데 하는 아쉬움 말이다. 이 글을 쓰기 전에 런던의 웰컴의학사연구소를 다시 찾았지만, 놀랍게도 로이 포터의 흔적은 남아 있지 않았다. 그래서 그가 사용했다는 연구실 문 앞을 잠시 동안 어슬렁거리는 데 만족해야 했다.

이 글에서 로이 포터의 학문세계를 전반적으로 조명하려는 힘겨운 시도를 하지 않겠다. 다만 내가 활용할 수 있는 단편적인 신문기사와 자료[5]를 통해 그의 생애와 학문적 이력을 간단하게 소개한 후, 저술 가운데 대중적으로 널리 알려진 《런던의 사회사》와 최근 저술인 《계몽운동: 브리튼과 근대 세계의 창조Enlightenment: Britain and the Creation of the Modern World》(2001)를 읽은 인상기를 쓰려고 한다.[6]

## 새로운 전설

로이 포터는 《런던의 사회사》 서문에서 자신의 유년 시절을 회상한다. 1946년 12월 31일에 태어난 그는 전쟁 직후 런던 브리지에서 3마일 가량 떨어진 뉴 크로스 게이트New Cross Gate에서 자랐다. 그곳은 노동계층의 집단 거주지였다. 베스널그린Bethnal Green과 같은 이스트엔드 지역은 아니었지만 분위기는 비슷했던 모양이다. 그는 가난하던 시절의 기억을 더듬어 집 주위 풍경을 다음과 같이 아련하게 들려준다. "여러 가지 점에서 옛날의 그 과거는 이제 다른 나라였던 것처럼 보인다. 폭격 맞은 집터며 조립주택이 여기저기 흩어져 있었고, 거리 구석에는 철제 구조물들이 토치카처럼 세워져 있었다. 공동주택 주민들은 우유 배달하는 마차가 오면 그 주위를 둘러쌌다. 누구나 다 서로를 잘 알고 있었다. 캠플린 가Camplin Street의 집들 가운데 일부는 내 유년 시절의 학교가 그러했듯이, 여전히 가스 불을 켰다."[7]

1950년대 말 포터의 부모는 인근의 더 좋은 주택단지의 집을 얻어 이주했다. 그의 어린 시절은 순탄했다. 생활이 어려워 돈 쓰는 데에는 인색했지만 전쟁이 끝나고 완전고용과 경제 호황이 계속되면서 집안 형편도 나아졌다. 그의 서문에는 자신이 태어난 도시 런던에 대한 한없는 애정이 깃들어 있다. 가난하면서도 행복했던 유년 시절의 추억 또한 감동을 준다.

로이 포터의 부모는 보석상점을 운영했고 외아들인 포터의 교육에 헌신적이었다. 포터 역시 그런 부모의 헌신과 기대를 저버리지 않으려고 애썼다. 일찍부터 재주가 뛰어났던 탓에 병원에서 뒤바뀐 아이일 것이라는 헛소문이 돌기도 했다. 서민층 출신인 로이 포터는 경쟁 시험으로 입학하는 공립학교state school 가운데 하나인 '윌슨즈 그래머 스쿨Wilson's Grammar School'에 다녔다. 그의 학생 시절 교사이자 지도신부chaplin였던 데이비드 제퍼슨David Jefferson은 추도식에서 그가 재주 있으면서도 배구를 좋아한 학생이었다고 회상했다.[8] 그 후 1965년 로이 포터는 학부 공개장학금open scholarship을 받고 케임브리지 크라이스츠칼리지Christ's College에 진학했는데, 이것은 윌슨 스쿨 개교 이래 처음 있는 일이었다.

크라이스츠칼리지에서 그는 존 플럼John H. Plumb(1911~2001)의 지도 아래 18세기에 깊은 관심을 갖게 되었다. 《계몽운동》 서문에는 이 시기에 그가 영향을 받았던 플럼과 퀜틴 스키너Quentin Skinner에 대한 감사의 마음이 담겨 있다. 그는 1968년에 칼리지를 우등으로 졸업하고 곧바로 학위논문을 준비하기 시작했으며 1974년에 지질학의 형성을 주제로 논문을 완성했다.[9] 1972년 그는 처칠칼리지Churchill College에서 역사학을 전공하는 학부생들의 지도를 맡는 디렉터director of studies로서 한동안 학생들을 가르치다가 1979년에 케임브리지를 떠나 웰컴의학사연구소로 자리를 옮겼다.

케임브리지는 로이 포터에게 각별한 의미가 있다. 그는 그곳에서 14년의 세월을 보냈다. 박사과정 시절에도 동료들 사이에서 '현인sage'이라는 별명으로 불렸지만, 특히 처칠칼리지의 학생들에게 깊은 인상을 남겼던 것 같다. 그는 거의 매일 5시 30분에 일어나 학생들과 함께 독서에 몰두했다. 그리고 일주일마다 역사를 전공하는 학부생들을 모아서 토론회를 열었다. 그는 그만큼 케임브리지를 마음 깊숙이 사랑했다. 자신의 학문의 고향이었기 때문이다. 그럼에도 왜 갑자기 그곳을 떠났을까? 그 까닭을 정확히 알기는 어렵다. 다만 몇 가지 이유를 짐작해보면, 우선 그는 여러모로 플럼과 같은 학자들의 스타일과 맞지 않았던 듯하다. 한번은 케임브리지의 신비로운 분위기에 빠져들기 싫었다고 말하기도 했다.[10] 결코 우아하거나 유복하다고 할 수 없던 자신의 처지 때문이었을까. 아니, 그보다는 자신을 누르는 케임브리지의 전통의 무게와 너무나 안락한 분위기가 싫어서였던 것 같다.

로이 포터에게 늘 따라다니는 것은 기벽奇癖에 관한 소문이다. 특히 그는 상식을 벗어나는 옷차림 때문에 가끔 구설수에 올랐다. "면직류 재킷denim, 귀걸이, 금목걸이, 대형 반지" 등은 종종 화제의 대상이 되었다.[11] 세 번에 걸친 잦은 이혼과 재혼 또한 성적 탐닉을 연상시켰다. 이 같은 탈인습적인 행보에도 불구하고 그는 보수적인 역사학계에서 인정받았다. 1994년에는 영국학술원British Academy의 펠로우로, 그리고 왕립내과학칼리지Royal College of Physicians 및 왕립정신의학칼리지Royal College of Psychiatrists의 명예 펠로우로 선임되기도 했다. 끊임없는 연구와 왕성한 저술 활동 덕분이었다.

사실 로이 포터는 동시대의 어느 누구도 따라갈 수 없을 만큼 많은 저술을 남긴 역사가다. 그의 저술은 상식적으로 이해하기 어려울 정도로 방대하다. 그는 1977년 첫 저서를 펴낸 이래 1~2년 간격으로 20여 권의 저서 및 공저를 집필했고 그에 못지않은 편저, 기고논문, 서평들을 남겼다. 자신의 설명에 따르면, 1970년대 말 이래 그는 해마다 두세 권의 책을 편집했다. 그리고 해마다 한 권 이상의 책을 저술했고, 2주일에 3편 꼴로 서평을 썼다.[12] 내가 확인한 단독 연구서만 보더라도 로이 포터가 지난 20여 년간 의학사, 과학사, 사회사, 사상사를 아우르는 연구 대상의 다변화를 추구해왔음을 알 수 있다.[13] 의학사 영역의 경우에도 통풍에서 정신병까지, 돌팔이의사에서 경련까지, 몸에서 성의학까지 다양한 주제들을 가로지르며 자신의 연구 영역을 넓혔다.

이와 같이 다양한 로이 포터의 저술 가운데 가장 널리 알려진 것은 광기와 런던에 관한 연구일 것이다. 광기 연구는 그의 의학사 저술의 핵심을 이룬다. 《광기의 사회사A Social History of Madness》(1987)에서 《광기의 역사Madness: A Short History》(1999)에 이르기까지 광기에 관한 그의 일관된 태도는 미쳤다고 알려진 사람과 정상적인 사람 사이의 긴장관계 또는 정신질환자와 그를 둘러싼 세계의 관계라는 시각에서 광기 문제에 접근한다는 점이다.

사실 오늘날 정신질환은 옛 시대의 마녀나 종교적 예언가나 천재시인처럼 정신질환자 자신만의 문제가 아니라, 거의 모든 사람들의 삶과 직결되는 문제가 되었다. 《광기의 사회사》는 정신질환을 앓은 24명의 환자들 이야기다. 로이 포터는 이 책에서 정신이상자로 알려진 사람들의 내밀한 사고와 개인적인 이야기를 탐사한다. 그 이야기들은 정신질환자의 믿음을 그와 그 시대 간 의식의 변증법의 일부로 받아들일 때에만 비로소 이해할 수 있다는 사실을 생생하게 알려준다.

《광기의 역사》는 고대에서 현대에 이르기까지 사회적으로 광기를 어떻게 정의하고 취급해왔는가를 고찰한다. 로이 포터는 그리스·로마의 철학자들이 설파한 정신병에 관한 자연주의적 사고에서부터 이 병을 신의 분노나 악마의 장난으로 보는 기독교 신앙에 이르기까지 정신병에 대한 고대적 해석을 살핀다. 정신병은 마녀사냥의 비극을 거쳐 계몽주의 시대에 와서야 비로소 의학적 차원에서 다루어지기 시작했다. 정신질환에 관한 다양한 보고서들을 원용하면서 로이 포터는 정신병자를 수용하는 여러 시설들에 대한 사회적 관심이 증폭되는 과정과 정신병 관련 갖가지 문화적 현상을 소개한 후, 정신의학의 성립과 처방약의 보급을 이야기한다.

《런던의 사회사》는 그의 여러 저작 가운데 가장 대중적으로 성공을 거둔 책이다. 그는 몇 년간 런던의 역사를 수집하고 집필하는 데 노력을 기울였다. 이 시기에 그는 주말마다 '그레이터 런던Greater London'을 답사하는 데 시간을 아끼지 않았다. 말하자면 그는 런던이라는 도시의 전기를 쓰겠다는 집념으로 이 작업에 뛰어들었다. 《런던의 사회사》에서 런던은 단순한 도시가 아니라 스스로 성장하고 변화를 겪으며 의식하는 유기체적 도시로 탈바꿈한다. 앞에서 말했듯이, 포터가 이렇게 런던의 사회사에 집착한 것은 자신이 런던 출신이기 때문이었을 것이다. 자신이 태어나서 성장한 도시 런던에 대한 깊은 애정과 이해가 책 전체를 관통하고 있다.

자, 그렇다면 로이 포터의 '다산성'을 어떻게 바라보아야 할 것인가. 1990년대 말에는 거의 일 중독증에 걸린 사람과 같았다는 여러 일화가 전해진다. 특히 1990년대 후반 컴퓨터를 이용하면서부터 그는 누에가 실을 토해내듯이 무수한 연구서와 편저를 한꺼번에 쏟아내기 시작했다 마치 "책 읽는 속도보다 더 빠르게 글을 쓰는" 것처럼 보일 정도였다.[14] 이전에도 꾸준하게 책을 내기는 했지만, 이와 같은 속도에는 미치지 못했다. 그의 다산성은 장인적 작업의 결과물이라고는 도저히 믿을 수 없을 정도로 대량생산의 속성을 보여준다. 어쩌면 그는 다산성에 대한 강박관념에 사로잡혀 있었는지도 모르겠다. 다산성은 그의 조기 은퇴와 너무나 대조적이어서 더욱더 불가사의하게 보인다.

1990년대 후반에는 특히 시간의 효율성에 관심을 나타냈다. 포터는 작업에 지장을 주는 시간 낭비를 생활의 모든 면에서 없애려고 노력했다. 세 번째로 이혼한 사실을 주위 사람들에게 일일이 설명하는 것이 귀찮아서 이를 알리는 짧은 메모지를 연구실 앞 게시판에 꽂아놓거나, 방송 출연하는 경우를 제외하고는 언제 잠을 자는지 알 수 없을 만큼 항상 연구실을 지킬 정도였다. 이 모든 것이 그의 탈인습적인 옷차림이나 행동과 맞물려 새로운 전설처럼 회자되기도 했다.

# 영원한 도시 런던

《런던의 사회사》는 튜더 시대부터 오늘날까지 런던의 변화를 다룬다. 런던이 유럽뿐만 아니라 세계에서 중요한 도시로 떠오른 것은 튜더-스튜어트 시대 이후의 일이다. 사실 런던은 로만 브리튼 시대에 이미 브리튼 섬에 주둔하는 로마군의 주요 병참기지였다. 이는 '런던'이라는 이름의 어원에서 나타나듯이 템스강 하구에 위치한 지리적 이점 때문이었을 것이다.[15] 앵글로색슨 시대 이래 런던은 정치적 수도이자 교역 중심지로서의 위상을 계속 유지했으며, 특히 16세기 이후에는 근대국가의 성장과 해외무역의 발전에 힘입어 국제무역의 중심지로서 경제적 번영을 누렸다.

초기자본주의 시대에 이르러 런던 인구도 점차 늘었다. 1600년에 20만 명 수준이던 인구가 한 세기 후에는 50만 명, 18세기 말에는 100만 명을 헤아릴 정도로 증가했다.[16] 1650~1750년 사이에 런던 인구가 잉글랜드 및 웨일스 전체 인구에서 차지하는 비율도 7퍼센트에서 11퍼센트로 높아졌다. 통계를 보면 매년 8,000명 이상의 사람들이 유입된 것으로 나타난다.[17] 런던의 성장은 인구의 단순한 자연 증가를 넘어 주변 지역의 인구를 흡인하는 능력에서 비롯된 것이었다.

왜 이런 변화가 일어난 것일까. 당시 런던이 새롭게 국제무역의 중심지로 발돋움하면서, 구런던시가 무역상인과 자산가들이 운집한 무역 및 상업 활동의 중심무대가 되었기 때문이다. 왕립거래소Royal Exchange는 당시 런던의 무역 활동을 나타내는 증표였다. 해외무역만이 아니다. 국내의 상업 또한 런던으로 집중되는 경향이 더 짙어졌다. 18세기 코벤트 가든을 비롯한 도심가에는 값비싼 소비재를 취급하는

상점들이 연이어 들어서 있었다. 문필가 로버트 사우디Robert Southey
는 유년 시절을 이렇게 회상한다. "런던에서 내 유년의 삶의 흔적을
말한다면, 나는 항상 상점들 때문에 즐거웠던 것 같다. 거기에서는 진
기하고 아름다운 무언가를 언제나 볼 수 있었다."[18] 인구가 급증한 런
던은 이미 거대한 소비시장을 형성하고 있었던 것이다.

　그렇지만 이것만으로 런던의 성장을 설명하기에는 부족하다. 인근
농촌 지역에서 토지와 인간이 함께 얽혀 살아가는 삶의 관행에 변화
가 나타나지 않는 한, 런던으로의 대대적인 인구 유입 물결은 나타나
지 않았을 것이다. 농촌에서 도시로의 인구 이동은 자본주의 초기 단
계에서 농민과 토지의 관계가 얼마나 급속하게 변모하는지에 달려 있
었다. 굳이 마르크스나 칼 폴라니Karl Polanyi를 거론하지 않더라도, 새
로운 자본주의 질서를 낳은 출발점은 농민이 토지와 분리된 데 있었
다. 전통 사회에서 농민들은 집과 주위의 텃밭과 인근 사람들의 연결
망까지 아우르는 삶의 터전에 묶여 살았다. 사실 근대 자본주의의 대
두는 사람들의 경제적인 삶에서 자신과 주위의 모든 것을 포함하는,
말하자면 노동력과 토지와 집과 환경 등이 유기적으로 연결된 질서가

붕괴되고 노동력이나 토지나 집 등 모든 것들이 하나의 단위로서 상품으로 여겨지고 거래될 수 있는 조건이 어떻게 나타나는가에 달려 있었다. 이러한 조건이 대륙에 비해 영국에서 먼저 성숙했다는 것은 잘 알려진 사실이다.

포터는 16, 17세기에 왜 대륙의 다른 도시에 비해 런던에서 인구가 급속하게 증가했는지 상세하게 설명하지는 않는다. 그의 눈길은 볼록 렌즈의 초점처럼 런던이라는 공간에만 맞춰져 있을 뿐 농촌 사회의 변화에 대해서는 주목하지 않는다. 사실 영국의 경우 절대주의 국가 초기에는 지방행정단위의 대부분이 중세 교회의 교구와 일치했다. 당시 지배세력이 국민통합을 위한 지방행정의 지름길을 종래의 교구체제에서 찾았던 것이다. 그러나 17, 18세기에 국가가 발전하고 그에 따라 점진적인 인구 이동이 이루어지면서 교구제는 현실과 맞지 않게 되었다. 이에 유럽 각국은 새로운 변화에 대응하면서 그 변화를 반영할 수 있는 새로운 지방행정조직을 갖추기 시작했다. 이 행정조직이 수도 또는 중앙과 어떤 역학관계를 가

17세기 초 런던
클라스 비세르Claes Janszoon Visscher, 〈런던 전경A panorama of London〉(1616).

지고 있는가, 그리고 지역민의 이동에 대해 어떤 행정상의 조치들을 추구했는가에 따라 중앙-지방 관계가 변화를 겪기도 했다.

영국의 지방행정은 교구, 간이심판소 구역petty sessional division, 주 등 세 가지 중층적 제도에 토대를 두고 있었다. 교구는 지방의 가장 기본적인 행정단위로서 교회 관리, 도로 보수, 빈민 구호 등의 실질 업무가 이루어지는 기초단위였다. 간이심판소 구역은 관행에 따른 행정단위로서 행정상의 편의를 위해 20~30여 곳의 교구를 한데 묶어 관할하는 관할지였다. 주는 지방의 최상위 행정단위로서 주지사가 치안판사를 통솔하여 해당 지역의 법질서를 유지하고 주요 지역정책을 수립했다.

처음에 이들 조직 중에서 일반 사람들의 생활과 밀접하게 관련된 단위는 교구였다. 지역 간 교통과 물자 교류가 이루어지기는 했지만, 교구는 사실상 자립적인 경제단위였다. 이런 상황 아래서 사람들은 예외적인 사례가 있기는 하지만 대부분 교구의 경계 안에서 삶을 영위했다. 사람들이 본원적으로 땅과 밀착해 살아가는, 이른바 '대전환 great transformation' 이전의 상태였던 것이다. 그러나 17세기 이후 경제가 발전하면서 생활권은 뚜렷한 변화를 보여준다. 좀 더 넓은 영역으로 확대되기 시작한 것이다. 이에 따라 간이심판소 구역이 특정한 생활권의 경계와 일치하게 되었다. 이 영역 안에서는 이전보다 좀 더 자유로운 노동력 이동이 가능했다.[19]

18세기에 지주층이 주도한 의회 인클로저 또한 농촌 사회에 급속한 변화를 가져왔고 인구 이동을 촉발했다. 물론 오늘날 역사가들은 이 시기의 의회 인클로저가 이전에 생각했던 것만큼 대규모로 이루어지지 않았다고 주장한다.[20] 실제로 인클로저는 미들랜즈의 몇몇 주에 집중되었고 동남부 지역이나 북부와 서부 지역에는 눈에 띄게 나타나지 않았다. 그러나 인클로저를 겪은 지역과 마을 하나하나, 그리고 그 공간 속에 살았던 사람들에게 그것은 전혀 새로운 경험이었다. 인클로저를 통해 이전보다 생활이 나아진 사람들도 있었다. 그렇지 못한 농민 가족과 젊은이들은 점차 고향을 떠나 런던으로 삶의 터전을 옮겨야 했다.

19세기 후반 이래 런던의 인구 증가는 기본적으로는 산업화와 관련된다. 18세기 말에서 19세기까지 서유럽에서는 적어도 세 차례에 걸쳐 산업화의 물결이 일었다. 이 새로운 변혁은 영국에서 먼저 시작되었고, 프랑스나 독일과 같은 대륙 국가들은 영국의 영향을 받거나 그 사례를 모방하여 산업화 과정에 진입했다. 왜 영국이 가장 먼저 산업화에 성공할 수 있었는지 그 원인을 밝히려는 작업은 지난 1세기 내내 이루어졌지만 아직도 만족스러운 답은 발견되지 않는다. 그래서인지 확률의 문제 또는 우연의 결과라는 해석까지 나올 정도다.[21]

산업화에 따른 가장 눈에 띄는 변화가 인구 증가라는 것은 잘 알려진 사실이다. 전통적인 사회에서 인구는 증가와 감소를 되풀이해왔다. 생산기술의 발전이 인구 증가와 맞물려 이루어지지 않았기 때문이다. 그러던 것이 산업화와 더불어 사회적 생산력이 높아지면서 늘어나는 인구를 감당할 수 있게 된다. 그러나 생산력 발전은 인구 증가의 배후에 있는 좀 더 근원적인 배경일 뿐이다. 19세기 유럽의 인구는 1억 9,300만 명에서 4억 2,300만 명으로 증가했다.[22] 하지만 이 같은 인구 증가의 원인을 생산력 발전에서만 찾아서는 안 된다. 무엇보다 유아사망률과 결혼연령이 낮아졌기 때문에 나타난 것으로 보는 편이 적절하다.

인구 증가와 함께 인구 분포 또한 이전과 다르게 변화한다. 도시 인구가 늘어난 것이다. 잉글랜드와 웨일스의 도시 인구 비율은 1851년에는 50.2퍼센트에 이르렀다. 인구 증가는 수도를 중심으로 소비재산업의 발전을 자극했다. 런던에서 고용을 창출하는 데 가장 커다란 기여를 한 것은 서비스 부문이었다. 19세기 영국 경제는 지역적으로 런던 및 동남부의 상업-금융과 북서부의 공업이라는 '이중경제'의 특징을 띠고 있었다. 18세기 이래 런던 항과 구런던시City는 해외무역의 중심지이자 영국 및 유럽 여러 나라의 투자자본을 처리하는 금융기지였다. 제국의 확대와 함께 해외무역과 금융의 중심지였던 런던의 금융·보험·해운 등 중간계급 직종에서 고용이 증가했다.

로이 포터에 따르면, 철도야말로 19세기 런던의 발전에 중요한 영향을 끼쳤다. 19세기에 증기기관차는 새로운 근대성의 신화였다. 산업화 시대 수도의 팽창 과정에서 철도의 역할은 매우 중요하다. 어느 나라든지 수도가 철도망의 중심축으로 자리 잡았기 때문이다. 수도권을 중심으로 철도망이 방사선형으로 형성될수록 수도로의 인구 집중을 자극했다. 사실 철도는 세 차례에 걸쳐 진행된 산업화의 물결과는 달리 유럽 주요 국가에서 거의 동시에 확장되었다. 철도혁명이 영국 산업화의 종착역이었다면 대륙의 다른 나라에서 그것은 산업화의 시발역이었던 셈이다.

런던에서 철도가 처음 등장한 것은 1836년이다. 개별 철도회사들이 이미 조성된 도심의 근교에 터미널 역을 세우고 철도노선을 깔았다. 당시만 하더라도 철도는 근거리보다는 원거리 수송을 겨냥한 교통수단이었다. 철도사업가들은 터미널 역이 도심에서 멀리 떨어져 있는 점을 별로 심각하게 생각하지 않았다. 귀족 지주와 구런던시의 금융가들 또한 철도가 무질서를 불러올 것이라며 도심에 터미널 역이 들어서는 것을 좋아하지 않았다. 런던과 버밍엄Birmingham을 연결하는 노선의 터미널 역은 지금의 유스턴Euston 역에서 11마일 떨어진 교외의 해로우Harrow에, 대서부철도 노선의 경우도 지금의 패딩턴Paddington 역에서 6마일 떨어진 일링Ealing에 세워졌다.

그러나 앞날을 내다본 도시 계획가들은 철도역이 제멋대로 분산되어 있다는 사실을 개탄했다. 그들의 우려는 곧바로 현실로 나타났다. 도심 간 근거리 교통의 중요성이 높아지면서 터미널 역이 도심 가까운 곳으로 이전되는 경향을 보인 것이다.[23] 하지만 이 같은 변화도 런던 전체의 철도수송체계라는 점에서 보면 아주 비효율적이었다. 유럽 대륙에서처럼 중앙역을 건설해야 한다는 주장이 제기되기도 했지만, 각 노선을 운영하는 여러 철도회사들의 이해를 조정하기에는 너무

유스턴 역
연철 지붕으로 덮인 유스턴 역
Euston Station(1837).

늦은 감이 있었다. 1850년대 중엽 런던의 철도망은 버밍엄, 미들랜즈, 북부, 이스트앵글리아, 남부 해안, 브리스톨 등 전국 각 지방과 연결되었는데, 같은 세기 말 런던에는 유스턴 역, 패딩턴 역, 킹스크로스King's Cross 역, 세인트 팬크라스St Pancrass 역, 차링크로스Charing Cross 역, 빅토리아Victoria 역, 워털루Waterloo 역 등 모두 15곳의 터미널 역이 자리 잡았다.

오늘날 증기기관차는 한풀 꺾인 산업주의의 고색창연한 유물로 남아 있다. 공원이나 유원지에서 호기심 어린 관광객에게 존재감을 드러낼 뿐이다. 사실 증기기관차뿐만 아니라 19세기에 깔린 철도와 그 주변 풍경이 전근대적 인상을 심어주기도 한다. 덜컹거리는 완행열차를 타고 영국의 시골지방을 여행한다고 상상해보라. 창 밖으로 시원스레 펼쳐진 구릉과 한가로이 양떼가 노니는 초원과 밀밭, 이따금씩 차창을 스치고 지나가는 오래된 마을들의 풍경 등, 이런 정경이 곳곳에 펼쳐지는 것이다.

그러나 오늘날 증기기관차 하면 떠올리는 이 같은 고졸적인 풍경과 달리, 19세기 철도는 참으로 대단한 위력을 뿜어내는 존재였다. 수도로 유입 인구가 급증하면서 주거환경은 갈수록 악화되었다. 특히 날품팔이 노동자나 빈곤층이 집단적으로 거주하는 빈민 지역이 확대되었다. 런던의 경우 구런던시 동쪽의 템스강 북안 런던항 인근에 광범한 빈민 지역 이스트엔드East End가 형성되었다. '슬럼slum'은 유입되는 인구에 비해 주택 공급이 부족할 경우 확대되는 것이 일반적이다.[24] 이들 지역은 일용노동시장의 하부구조infrastructure이자 범죄자와 부랑민들의 집단거주지이기도 했다. 런던의 이스트엔드도 마찬가지였다. 날품팔이 노동자와 실업자, 거리의 부랑아와 뜨내기 행상, 창

녀로 들끓었다.

이스트엔드
귀스타브 도레Gustave Doré,
〈Over London by Rail〉, 1870.

18세기에 영국에 호감을 가지고 있던 볼테르는 런던을 사회적 자유와 이동의 요람으로 여겼다. 그러나 영국의 지식인들은 런던의 모습에서 바빌론이나 소돔을 연상했다. 같은 세기에 윌리엄 블레이크William Blake는 그의 시 〈런던〉에서 "굴뚝 청소하는 어린아이의 울음소리"와 "불행한 병사의 한숨"과 "젊은 창녀의 저주"를 읊는다. 당시 사람들은 불결한 도시를 혹wen이라 불렀는데, 런던이야말로 '가장 커다란 혹Great Wen'이었다.[25] 1813년 급진파 인사였던 리처드 필립스Richard Phillips는 런던의 모습에서 미래의 몰락을 예견하기까지 한다.

주민들이 거주할 집들이 너무나 많이 건설되겠지만, 어떤 시구는 걸식과 악덕이 만연하거나 인구가 줄어들 것이다. 이러한 질환은 인간 신체의 소모증처럼 퍼져 나가리라. 곳곳이 폐허로 변해 나머지 주민들이 도시 전체를 혐오하게 될 것이다. 마침내 도시 전체가 폐허더미로 변하겠지. 이것이 과잉성장한 도시 쇠락의 원인이다. 니네베Nineveh, 바빌론, 안티오크, 테베Thebes 등도 폐허로만 남아 있지 않은가. 로마, 델피, 알렉산드리아도 똑같은 필연적인 운명을 공유한다. 그리고 런던도 언젠가 비슷한 이유로 모든 인간적인 것의 숙명에 굴복해야 할 것이다.[26]

포터는 도심뿐만 아니라 근교의 발전에도 주목한다. 런던에서는 이미 18세기 후반부터 부르주아지를 중심으로 도심에서 떨어진 웨스트엔드의 교외 주택단지로 거주지를 옮기는 탈도심 현상이 나타났다. 이러한 도심 탈출은 전통적 도심의 과밀화 때문이었지만, 기독교 가정의 구원을 강조하는 복음운동도 무시하기 어려울 정도로 큰 영향을 끼쳤다.[27] 19세기에는 상층 부르주아뿐만 아니라 중간계급과 노동계급을 겨냥한 교외 주택단지 개발이 꾸준하게 이루어졌다. 19세기에 일반화된 표준형 주택으로 이전의 단독 이층집detached house 외에 한 지붕 아래 두 가구가 붙어 있는 이층집semi-detached house이나 연립이층집terraced house이 대중 앞에 선을 보였다. 이러한 교외 개발은 대부분 철도의 지선을 따라 주택단지를 건설하는 리본식 개발의 특징을 보여준다.

이와 함께 빅토리아 번영의 시기에 도심을 재개발하려는 움직임도 두드러졌다. 런던은 세계에서 가장 커다란 도시였다. 19세기 중엽에는 뉴욕과 파리를 합친 크기였고, 세기말에도 다른 도시들과 비교했을 때 절대적인 우위에는 변함이 없었다. 뿐만 아니라 런던은 해외식민제국의 수도답게 세계 각지에서 흘러들어온 다양한 인종들의 전시장이었다. 당시 영국인들은 런던을 당연히 세계의 중심이라고 생각했다. 런던 외곽의 그리니치천문대를 본초자오선의 기점으로 정한 것도 어쩌면 그들에게는 당연한 일이었다. 파리나 베를린과 같은 경쟁 도시들이 유럽 대륙의 중심 도시를 둘러싸고 경쟁하고 있다면, 런던은 유럽을 넘어서 해외의 모든 지역과 연결되는 도시였다. 개방성과 다양성은 런던만이 내세울 수 있는 새로운 정체성이 되었다.

19세기 후반 런던의 과밀화와 빈곤을 우려하는 지식인들의 목소리는 꾸준히 이어졌다. 하지만 다른 한편으로는 문화적으로 런던의 우월성을 확인하려는 노력도 계속되었다. 도심에 독자적인 문화공간을 조성하려는 움직임은 이 같은 노력의 대표적인 예다. 먼저 런던 도심이 이른바 빅토리아풍의 대형 석조 건물로 채워지기 시작했다. 이들 건축물은 고급스러운 공연이나 전시를 위한 대형 공간으로서 런던 도심 고급문화의 상징이었다. 대영박물관이 신축되었고, 로열 앨버트 홀, 빅토리아 앨버트 박물관, 자연사박물관, 왕립미술관National Gallery 등이 세워졌다. 귀족들의 사유지도 공원이나 광장 형태로 개발하여 일반에 개방했다. 블룸스버리 광장, 레스터 광장, 켄싱턴 파크 등이 이에 해당한다. 도심을 벗어나면 철도 노선을 따라 리본식으로 개발된 교외가 사람들의 눈길을 끌었다. 두세 가지 형태의 이층집들로 단조롭게 형성된 주택단지가 숲과 공원을 경계로 이곳저곳에 들어섰는데, 그 풍경은 세계 최대 규모를 자랑하는 도시에 어울리지 않게 전원적인 분위기를 자아냈다. 존 러스킨을 비롯한 영국의 지식인들이 강조한 '잉글랜드 정원England garden' 이라는 말은 거대도시 런던에도 부분적으로 해당하는 것이었다.

대영박물관(1876)

레스터광장(1750년경)

그러나 로이 포터는 19세기 말 이후 성장이 멈춰버린 런던의 낙조를 예상한다. 첨단과 번영의 표상이던 런던은 어느덧 세계의 인종전시장으로, 그리고 빈곤의 대명사로 자리 잡았다. 특히 2차 세계대전 이후에는 런던의 쇠락이 가속화된다. 이는 곧 영제국의 쇠퇴를 뜻하는 것이었다. 로이 포터는 이 같은 런던의 침체와 조락을 담담하게 받아들인다. 하지만 그러면서도 이 도시가 난관을 뚫고 영원성을 견지하리라는 희망을 버리지 않는다.

## 계몽운동과 행복의 추구

《계몽운동: 브리튼과 근대 세계의 창조》는 로이 포터의 마지막 저술들 가운데 하나다. 이 책은 겉으로는 의학사에서 사회사로 연구 영역을 넓혀간 그의 학문적 궤적과 조금 거리가 있는 것처럼 보인다. 그러나 그가 플럼의 영향 아래 오랫동안 18세기사 연구를 심화시켰다는 점, 처칠칼리지의 디렉터로 지낼 때 학생들과 함께 탐구하고 토론했던 주제가 18세기 계몽운동이라는 점을 고려하면, 이 책이야말로 그가 젊은 시절부터 오랫동안 연구해온 결과물임을 짐작할 수 있다.

오늘날 역사가들은 계몽사상을 단순한 지식인운동으로 생각하지 않는다. 이들은 저자와 독자의 상호성, 그리고 그들이 형성하는 공공영역public realm을 중심으로 이루어지는 공론의 장을 중시한다.[28] 로이 포터 또한 이러한 맥락에서 영국 계몽사상의 흐름을 탐색한다. 그가 이 책에서 주장하는 논지는 비교적 단순하다. 18세기 영국에서는 프랑스나 독일의 계몽사상 못지않게 중요한 계몽운동이 전개되었다는 것이다. 이를 위해 그는 종교, 과학, 인문학, 정치학 등 다양한 분야의 지적 담론을 치밀하게 추적하여 이 시기 영국 계몽운동의 역동성을 드러낸다.

그렇다면 그가 굳이 영국 계몽사상의 중요성을 강조하는 까닭은 무엇인가. 그동안 유럽의 역사서술에서 계몽사상은 단일한 전개 과정을 거친 지적 운동으로 여겨졌다. 이에 따라 프랑스 계몽사상가들을 중심으로 독일과 스코틀랜드에서 전개된 계몽운동이 이 지적 운동의 가장 중요한 서사를 형성해왔다. 영국의 역사가들 또한 신기하게도 잉글랜드의 사례에 대해서는 별다른 관심을 기울이지 않았다. 계몽사상은 오히려 부정적인 의미로 다뤄지기도 했다. 예를 들어《옥스퍼드 영어소사전*The Shorter Oxford English Dictionary*》은 1973년판에 이르러서야 '계몽운동enlightenment'에 대해 "천박하면서도 자기과시적인 주지주의intellectualism"이며 "권위와 전통에 대한 비이성적인 멸시"라고 평가 절하했던 이전의 기술을 수정했다.

계몽운동에 대한 후대 사람들의 평가절하와 달리, 18세기의 지식인들은 영국의 지적 분위기를 높이 평가하고 있다. 볼테르는 잉글랜드를 "철학자의 나라"라고 불렀으며, 대륙의 다른 학자들도 영국을 "근대의 탄생지"로 여겼다.[29] 18세기 내내 대륙의 여러 지식인들이 영국을 방문하고는 당시의 지적 혁신과 분위기에 감탄하는 말을 남겼다. 그렇다면 동시대 사람들이 영국을 계몽주의 시대의 중심지로 바라보았던 것과 달리, 왜 후대의 사람들은 이를 외면했을까? 로이 포터에 따르면, 그것은 계몽운동과 혁명 사이의 관계라는 맥락에서 이해할 수 있다. 프랑스에서 계몽사상은 혁명을 잉태했다고 여겨졌다. 그러나 혁명이 급진적으로 변하면서 그 파국적인 영향을 두려워한 18세기 말 영국의 지배층과 지식인들은 계몽사상의 중요성 자체를 부정하는 경향을 띠게 되었다. 혁명을 계몽사상의 필연적인 결과로 생각하면서 영국에 혁명이 없다는 사실이 계몽사상의 부재를 증명하는 것이라는, 순환논리의 함정에 빠진 것이다.

로이 포터는 이러한 순환논리에서 영국의 계몽사상을 구출하려 한다. 그가 보기에 계몽사상은 '후방가늠자hindsight'에 의해 제멋대로 왜곡되었으며 그 왜곡된 결과가 선입견으로 남아 있다. 그는 이러한 편견을 지적하면서 다음과 같이 말한다. "나는 이 책이 계몽사상을 위한 옹호론이나 변론이 아니라 분석적인 저술로 읽힐 것이라고 굳게 믿는다. 계몽운동은 좋은 것도 또 나쁜 것도 아니다. 그것은 갈채를 받아야 할 것도 또 비난 받아야 할 것도 아니다. 다른 어느 것과도 달리, 영웅이냐 악당이냐 식의 판별주의judgementalism는 불합리한 것이다. 내가 지겨울 정도로 주장하는 것처럼, 단선적인 계몽 기획Enlightenment project은 결코 존재하지 않는다."[30]

18세기 계몽운동과 행복의 추구는 밀접하게 관련된다. 행복이란 무엇인가. 행복의 의미는 고대 이래 시대에 따라 변모해왔다. 고대 희랍어나 중세 영어에서 '행복'을 가리키는 단어는 오늘날과 같은 의미를 갖지 않았다. 예를 들어 희랍어에서 '행복'에 해당하는 'eudaemonia'는 행운luck이나 축복bless의 의미를 포함하긴 하지만, 원뜻은 '선한 정신'에 가깝다.[31] 중세 영어에서도 형용사 'happy'의 어근인 'happ'은 기회chance 또는 행운fortune,[32] 즉 '지금 우리에게 일어나는 것'을 가리켰다. 15세기 이전의 용례에서 행복은 흔히 순진한silly이라는 뜻으로 알려지기도 했다.[33] 르네상스 시대에 이르러서야 비로소 '아주 기쁘고 만족한'이라는 뜻을 가진, 만족 또는 만족한 상태의 형용사로 쓰

이기 시작했다.[34]

고전고대의 지적 전통에서 행복은 주관적 정서가 아니라 객관적인 어떤 상태를 나타낸다. 아리스토텔레스에게 행복은 목적론적 개념이다. 인생이 살 만한 가치가 있다면 그것은 인생 자체에 목적이 있기 때문이다. 우주 만물은 목적을 가지고 있다. 인간의 목적은 이성의 풍성한 경작, 이성에 따라 삶을 영위하는 것, 곧 덕virtue의 실천이다. 행복은 그런 삶을 이루는 것을 의미한다. 그는 《니코마코스 윤리학》에서 행복이란 "덕에 일치하는 영혼의 활동"이라고 정의한다.[35] 그것은 부유하는 감정이나 부질없는 열정이 아니라 완전한 삶의 산물인 것이다. 키케로를 비롯한 로마 시대의 지식인들도 이러한 견해에 동의했다. 심지어 18세기에 고전 교육을 받은 상당수의 저명인사들도 여전히 행복은 감정의 기능이 아니라 덕의 기능이며, 때로는 헌신과 희생이 뒤따르는 것이라고 생각했다.[36]

한편, 중세 기독교 전통에서 진정한 행복은 인간과 신의 관계, 즉 인간이 신의 뜻에 따라 만들어진 존재임을 인식하는 데에서 비롯된다고 보았다. 아우구스티누스는 이성적 영혼이라는 개념을 기독교에 적용한다. 여기에서 인간은 본질적으로 영혼이 있는 존재이고 그의 육체는 오직 영적 목적을 이루는 수단으로만 이용된다. 행복을 덕의 추구 또는 덕의 완성에서 찾는다는 점에서 기독교 전통의 행복관은 고전철학의 인식과 공유점을 지닌다. 덕의 추구가 고귀한 것이며 이를 위해 때로는 헌신과 희생과 고통이 뒤따른다고 보는 점에서도 그렇다.

그러나 중세 기독교는 원죄 때문에 지상에서는 행복의 완성이 불가능하다고 가르쳤다. 인간의 궁극의 목적이 행복이라고 하더라도, 완전한 행복은 육체가 죽은 후에 영혼과 신의 합일을 통해서만 이루어질 수 있다는 것이다. 더욱이 예수 자신이 수난을 통한 구원의 메시지를 전했고, '산상수훈'의 가르침[37] 또한 현실의 가난, 애통, 박해 등에 대한 천국의 보상을 약속했다. 지상의 고통과 천국의 행복이라는 이미지는 현세의 고난을 정당화했다. 이른바 "젖과 꿀이 흐르는 땅"이라는《구약》의 약속이 천국으로 옮겨진 셈이었다. 현재의 행복을 즐기기보다 미래의 행복을 추구하라는 메시지에는 "인생이라는 사막을 방랑하는 순례자로서의 인간상"을 제시하려는 의도가 깃들어 있었다.[38]

여기에 기독교적 행복관의 아이러니가 있다. 기독교는 한편으로는 그리스 고전철학의 전통 일부를 이어받아 덕의 완성에서 행복을 찾고, 완전한 행복을 위해 헌신과 희생을 감수해야 한다고 가르쳤다. 그러나 다른 한편으로는 현세의 고통과 천국의 보상을 연결함으로써 행복의 내용에 세속적 요소를 포함시켰다. 중세 기독교 설교자들의 메시지는 분명했다. "덕을 위해 고통을 겪는다면 그대는 천국에서 영원한 기쁨의 보상을 얻을 것이다." 이 영원한 기쁨이야말로 지고의 행복이 아니겠는가.

행복에 대한 기존의 인식은 르네상스 시대를 거치면서 근본적으로 변화하기 시작한다. 르네상스 지식인들의 상상력은 지금 이 순간의 기쁨을 더 갈구하는 태도를 낳았다. 사실 그들 이전에 토마스 아퀴나스를 비롯한 스콜라 철학자들도 원죄의 결과와 함께 덕의 중요성도 강조함으로써 지상의 삶을 스스로 향상시켜나갈 여지를 남겼다. 물론 완전한 행복*beautitudo perfecto*은 사후의 은총에서 오지만, 인간의 삶의 완성을 향하는 길을 따라 불완전한 행복*beautitudo impertecto*을 고양함으로써 완전한 행복을 미리 준비할 수 있다는 것이다. 이것은 르네상스 시대 에라스무스나 토머스 모어의 견해와 연결된다. 즉 현세는 더 이상 '눈물의 골짜기vale of tears'가 아니며 따라서 지상의 삶도 중요하다는 인식이 확산된 것이다.[39] 어떤 점에서 보면 종교개혁가, 특히 칼뱅주의자들의 의도는 이와 같이 현세에서 기쁨을 추구하는 경향에 제동을 걸려는 데 있었다.[40]

포터에 따르면, 18세기 행복론에 큰 변화를 가져온 계기는 존 로크John Locke의 저술이다. 그는 내란기에 크롬웰을 지지했으나, 정통 칼뱅주의자가 아니었다. 그가 《인간오성론*Essays concerning Human Understanding*》(1689)에서 제시한 메타포 '백지장*tabula rasa*'은 원죄의 타락을 인정하지 않는다는 전제를 깔고 있다. 사람의 정신이란 원죄와 관련 없이 기쁨과 고통의 지각에 의해 형성되는 것이었다. 《인간오성론》 제2권에서 로크는 '행복의 추구pursuit of happiness'라는 표현을 쓰고 있다. 과학지식에 익숙해 있던 그는 자신의 서술 곳곳에서 뉴턴적인 메타포를 사용한다. 낙하하는 돌이나 큐로 맞힌 당구공과 마찬가지로 인간이라는 존재는 삶의 공간을 뚫고 앞으로 나아가는 추진체다. 로크는 그 추진력을 행복에의 열망에서 찾는다. 행복에 대한 열망이 고통과 기쁨을 중력처럼 밀고 당기는 작용을 한다. "우리 안의 기쁨은 우리가 선이라고 부르는 것이고, 우리 안의 고통은 우리가 악이라고 부르는 것이다."[41] 여기에서 완전한 행복이란 결국 인간이 지상에서 누릴 수 있는 지고의 기쁨과 동의어가 된다. 로크는 인간이 이성의 인도를 받아 행복을 합리적으로 추구할 수 있다고 본다.

나는 나 자신에게 추천하는 그 행복, 온갖 순수한 유희와 쾌락을 성실하게 추구할 것이다. 그것이 내 건강에 도움이 되고 나의 자기계발과 나의 상태와 나의 다른 진짜 기쁨인 지식과 평판에 어긋나지 않는 한, 나는 그것들을

즐길 것이다.[42]

삶의 기쁨과 쾌락을 지고의 선이자 행복으로 여기기 시작한 후 계몽사상가들은 그 기쁨에 이르는 수단이 무엇인가를 둘러싸고 논란을 벌였다. 이제 행복과 덕이 반드시 일치해야 할 필요는 없었다. "왜 도덕적이어야 하는가. 그것이 행복에 이르는 유일한 길이기 때문이다." 이전 시대에 자명했던 이 같은 질문과 대답은 더 이상 당연하게 여겨지지 않았다. 행복을 삶의 욕구와 그 욕구의 충족이라는 관점에서 인식하기 시작한 것이다.

계몽주의 시대 사람들은 자신의 삶의 경험에서 지고의 기쁨이나 안락한 상태를 찾고 그것을 행복하다고 여기는 분위기에 점차 익숙해졌다. 행복감이 당위적인 어떤 수준을 전제하지 않고 자신의 삶의 경험에 대한 주관적 정서의 일부로 여겨지게 된 것이다. 오늘날 행복에 관한 논의는 오히려 상투적인 사회조사에서 더 빈번하게 나타난다. "당신은 얼마나 행복하십니까?"라는 설문에 대한 응답 유형은 아주 행복, 상당히 행복, 그다지 행복하지 않음 등으로 구별된다. 이제 대중에게 행복이라는 단어는 상당히 표준화된 내용을 담고 있다. 소득, 생활수준, 가족관계, 건강, 직업만족도 등이 행복이라는 주관적 정서를 결정하는 주요 척도로 인식된다.[43]

18세기 계몽운동은 구체적으로 사람들의 삶에서 어떻게 행복을 추구하는 경향을 낳았을까. 로이 포터는 우선 18세기의 주목할 만한 사회 분위기의 하나로 종교적 감수성의 변화를 지적한다. 17세기까지만 해도 이성과 신앙은 하나이며 함께 있어야 한다는 주장이 강했다. 국교회 중심의 전통에서 종파적인 균열 또한 용납하기 어려웠다.[44] 1646

년 국교회 주교 토머스 에드워즈Thomas Edwards는 이렇게 말했다. "종교적 관용은 모든 악덕 가운데 가장 악한 것이다. 그것은 처음에는 교리에 대한 회의와 인생의 도피를 낳고 다음에는 무신론을 낳을 것이다."[45] 그러나 18세기에 종교와 신앙은 이성을 통해 분석해야 할 대상이 되었다. 이러한 객관화·객체화야말로 종교적 관용과 다원주의로 나아가는 길을 닦았다. 또한 국교회 중심주의에 대한 비판이 이전보다 더 설득력을 갖게 되었다. "만일 종교가 합리적이고 근본 진리가 명백하다면 그것을 정당화하기 위해 강제할 것이 있겠는가." 종교적 관용을 주장하는 측에서는 이러한 의문을 가졌고, 그 의문은 곧바로 많은 사람들 사이에 널리 퍼졌다. 1689년 제정된 관용법Toleration Act도 이런 분위기와 태도를 반영한다.[46] 이와 함께 로크를 비롯한 지식인들은 성서의 권위에 직접 도전하지는 않았지만, 이성에 입각해 성서를 해석하려고 했다. 이 또한 성서의 모든 말이 성령의 계시에서 비

**관용법**
1689년 윌리엄 3세가 관용법을 재가하는 모습.

롯된다는 프로테스탄트 성서주의에 대한 회의론으로 연결되었다.

계몽된 정신은 신앙과 일단의 계율체계 — 돌에 새겨졌거나 성서를 통해 전파되었거나 신앙에 의거하여 받아들였거나 또는 교회가 강제한—를 더 이상 동일하게 보지 않게 되었다. 믿음은 개인의 이성이 법적 관용에 따라 용인된 다종교문화 안에서 판단해야 할 개인적 결단의 문제가 되었다. 이 사이에 국교회는 교육과 도덕 진흥에 대한 독점적 지위를 잃었다. 종교가 이성에 종속되면서 기독교는 더 이상 '주어진' 것이 아니었고 분석과 선택 의 문제가 되었다. 어떤 이에게 그것은 회의주의 또는 부정을 의미했다.[47]

다음으로 포터가 강조하는 것은 '감성적 개인주의affective individual-ism' 라고 불리는 새로운 태도다. 명예혁명 이후 인신보호율 같은 새로운 법령의 제정과 함께 개인의 자유, 법의 지배, 종교적 관용 등의 새로운 질서가 정착되었다. 여기에서 개인의 자유로운 삶이 중요한 어젠다로 등장한다. 완고한 전통과 연장자의 권위, 가부장적 가족의 규제, 귀족의 지배 등으로부터 개인의 해방을 추구하는 경향이 시대 조류로 점차 뚜렷하게 나타났다.[48] 개인의 감성과 그것에 기초를 둔 자유로운 삶의 추구, 이것이야말로 '감성적 개인주의'와 밀접한 연관이 있는 것이었다. 그리고 지식인 외에 이런 풍조를 선도한 집단은 해외 무역과 상업 분야에 진출해 부를 축적하고 새로운 세계에 눈을 뜬 상인들이었다. 포터는 이렇게 말한다.

영국Albion의 예절바르고 상업화된 사람들은 스스로를 돋보이게 하고, 칼뱅주의와 관습과 친족이라는 철제 새장에서 벗어날 수 있는, 심지어 일시적 충동에 탐닉할 수 있는 기회를 얻었다. 물질적 욕망, 쾌락 추구, 감성적이고 에로틱한 자아 발견, 사회적 출세, 유행의 즐거움 등이 죄와 벌과 심판이라는 도덕적·종교적 의상을 벗겨냈다.[49]

물론 개인주의와 자유로운 일탈에 대한 두려움도 여전히 강했다. 개인주의가 자신의 무덤을 파지 않을까 염려하는 사람들도 있었다. 소돔과 고모라, 바빌론과 로마 모두 멸망에 이르지 않았는가. 포터에 따르면, 계몽주의 시대 영국 지식인들은 "자아 해방과 쾌락 추구"가 반드시 "도덕적 폐해와 사회적 혼란"을 초래하지는 않는다는 사실을 입증할 필요가 있었다.[50] 명예혁명이야말로 개인의 권리를 보장받은 정치적 기제이며, 시장경제 또한 혼란을 미연에 방지할 조화의 원리에 기초를 두고 있었다. 이들은 나아가 인간의 본질이 기쁨과 쾌락을 추구하고 고통을 피하려고 작동하는 기계와 같다는 기계적 모델을 제시하기도 했다. 맨더빌Bernard de Mandeville은 이렇게 말했다. "모든 사람은 이기적 쾌락을 추구한다." 이기심이 공공의 덕을 확립하는 데 적절하다는 역설은 맨더빌 이후 데이비드 흄과 애덤 스미스에게까지 그대로 이어졌다.[51]

마지막으로, 포터는 감성적 개인주의가 소비 및 쾌락의 정당화와 연결되는 지적 계보를 보여준다. 이러한 정당화를 통해 세속적 행복이 바로 '지고의 선summum bonum'이라는 등식이 널리 퍼져 나갔다. 사실 계몽주의 시대 이전까지만 하더라도 쾌락주의hedonism는 금욕주의asceticism의 위세에 눌려 사회 분위기의 주류로 떠오를 수 없었다. 쾌락주의는 고전고대의 전통에서 에피쿠로스학파나 바카날리아 Bacchanalia(바쿠스 축제)를 통해 명맥을 유지했지만, 플라톤주의자와

스토아학파에 의해 비판의 대상이 되었
다. 이들은 진정한 축복은 오직 절제와
금욕에서 나온다고 말했다. 중세 교회도
현세의 욕망이 에덴동산의 추방, 즉 원죄

감성적 개인주의
연회장에서 숨은 연인을 찾는 모습.
〈Hide and Seek〉, *The Illustrated London
news*, 1896년 12월 25일.

에서 비롯되었다는 점을 암암리에 주입시켰다. 또한 '죽음의 무도
*danse macabre*'나 '죽음을 기억하라*memento mori*' 같은 언어를 통해 현

세에서는 노동이 타락의 저주를 환기하는 것이고 이기주의란 악덕이
며 스스로의 자존심을 벗어 던져야 한다고 가르쳤다. "사망의 음침한
골짜기에서는 육신의 고행과 금욕만이 정신의 해방을 가져온다"[52]는
것이다.

그러나 이제 사람들은 청교도적 엄숙주의를 조롱하는 분위기에 점
차 익숙해졌다. 그렇다고 쾌락 추구가 무조건적으로 용인되었던 것은
아니다. 청교도 엄숙주의 못지않게 쾌락에 대한 지나친 탐닉도 경계
의 대상이 되었다. 소비와 쾌락에 관한 가장 합리적인 해결책은 중도
의 길을 택하는 것이었다. 사회 속에서 합리적 쾌락을 적절하게 추구
하는 것이 지속적인 기쁨을 가져다준다는 것이다. 문필가 조지프 애
디슨의 이름에서 따온 이른바 애디슨주의Addisonianism는 런던을 비롯
해 번영하는 상업도시를 중심으로 "도회성, 예절, 합리성, 온건함" 등
을 강조하는 경향을 일컫는 말이었다. 애디슨주의자들은 가벼운 독
서, 차 마시며 환담하기, 도시의 적절한 향락 등이 사회 전체의 조화
와 연결되리라고 믿었다. 세련된 스타일과 멋 또한 삶에서 긴요한 요
소로 자리 잡았다.[53]

사람들은 소비와 쾌락을 통해 행복에 이를 수 있다고 믿었다. 영국
의 시장경제는 개인주의와 소비주의에 힘입어 더욱더 탄력을 받게 되
었다. 런던뿐 아니라 지방 소도시들의 재흥과 번영, 교통 및 서비스산
업의 발전, 정보 및 레저의 산업화에 따라 이전보다 한층 더 증가한
소비자들이 전통적으로 엘리트에게만 허용되었던 여흥에 참여했다.
"행복이란 살아 있는 인간에게 오직 유일하게 가치가 있는 것이다. 부
도 권력도 지혜도, 지식과 강함도, 아름다움과 덕과 종교와 심지어 삶
그 자체도 행복을 낳는 데 기여하지 않는다면 전혀 중요하지 않다."[54]

시인 알렉산더 포프Alexander Pope의 다음과 같은
선언이 전혀 낯설지 않게 들리는 시대에 접어들
게 된 것이다.

애디슨주의
1822년 왕립 영국 궁수
Royal British Bowmen
양궁 클럽 모임.

오, 행복이여. 우리 인간의 궁극의 목적이여.

선, 쾌락, 편리, 만족! 그 무엇이든 그대의 이름일진저.[55]

실제로 18세기 일반 서민이 행복을 추구하는 세속적 경향은 가정, 부
모와 자녀관계, 사교, 각종 여흥 행위 등을 통해 쉽게 확인 가능하다.
먼저 가족 형태 또는 가정생활에 관해서는 로렌스 스톤Lawrence Stone의
고전적 연구가 있다.[56] 그가 제시하는 영국인의 가족 변화는 단선적인

진화 모델이다. 개방적인 친족가족open lineage family에서 가부장적 핵가족patriarchal nuclear family을 거쳐 가정 중심의 핵가족closed domesticated nuclear family으로 변모했다는 것이다. 18세기에 주류가 된 세 번째 형태는 바로 감성적 개인주의에 바탕을 둔 가족이었다. 스톤에 따르면, 그것은 개인 자율의 원리에 기반을 두었고 강한 애정적 결합으로 묶여 있었다. 남편과 아내는 스스로 배우자를 선택했으며 자녀를 양육하는데 이전보다 더욱 많은 시간과 정력과 돈과 사랑을 쏟았다.

스톤의 견해는 귀족 편향성, 선별적인 자료 예시, 지나친 단순화 때문에 많은 비판을 받고 있다.[57] 그러나 18세기에 부부 사이의 결합이 더 굳건해지고 부모와 자녀관계도 보호와 애정에 토대를 두기 시작했다는 증거는 많다. 특히 도제 수업을 마친 젊은 상인들은 자신의 선호에 따라 배우자를 고르는 경향이 짙어졌다. 18세기 런던 도심 곳곳에서 어린이의 흥미를 자아내는 박물관 등의 시설물이 세워지고 전람회, 인형극, 서커스 등의 행사가 열렸는데, 이 또한 당시의 새로운 변화를 반영한다. 18세기 복음운동evangelicalism도 새로운 가족의 출현에 적지 않은 영향을 미쳤다. 복음운동은 가정의 평화와 구원을 연결했다. 남편과 아내, 부모와 자녀 사이의 애정과 유대야말로 기독교인이 받는 축복의 징표였다. 가족 사이의 증오와 질시, 가정의 평화를 깨뜨리는 바깥의 온갖 유혹은 구원의 적이었다. 복음운동가들은 외부의 유혹에서 멀리 떨어진 가정, 그리고 애정이 충만한 그 가정의 수호자로서 아내의 모습을 내세웠다.[58]

여기에서 포터는 애정에 바탕을 둔 가정의 출현에 관해 특히 로크의 영향을 중시한다. 17세기까지만 하더라도 귀족층 집안의 경우 어린이에 대한 태도가 아주 전제적이고 난폭했다. 부모와 자식 간 애정의 증거도 찾기 어려웠다. 이런 상황에서 로크의 팸플릿《교육에 관한 성찰Some Thoughts concerning Education》(1693) 출간은 적지 않은 변화를 불러왔다. 로크는 무엇보다도 인간을 유연한 존재, 그리하여 특정한 방향으로 변화할 수 있는 존재로 파악했다. 인간은 학습 경험을 통해 만들어진다. 그는 이렇게 말한다.

> 우리가 만나는 사람들의 열에 아홉은 선하거나 악하거나, 유익하거나 그
> 렇지 않거나 간에 교육에 의해 그렇게 된 것이다. 사람들 사이에 커다란 차
> 이를 낳는 것은 바로 이 교육이다.[59]

로크는 어린이의 정신을 자신의 메타포 '백지장'의 전형적인 사례라고 생각했다. 어린이야말로 원하는 대로 주조하고 형성할 수 있는 존재가 아니겠는가. 그렇기 때문에 로크에게는 무엇보다도 부모의 역할이 중요했다. 부모는 아이의 소유자가 아니며, 신이 요구한 대로 아이를 합리적이고 책임감 있는 기독교인으로 양육할 책무가 있다는 것이다.[60] 그는 특히 어머니의 역할을 강조한다. 그렇다고 해서 그가 어린이의 순수성을 절대시한 것은 아니다. 그는 후일 낭만주의자들의 어린이 숭배와는 다른 견해를 가졌다. 포터에 따르면, 로크의《교육에 관한 성찰》은 유럽 각국에서 열광적인 관심을 불러일으켰다. 처음 발간 후 70년 사이에 그의 책은 영국에서 25쇄, 프랑스에서 16쇄, 독일 3쇄, 이탈리아 6쇄, 네덜란드 2쇄 등 증쇄를 거듭했다. 뿐만 아니라 1762~1800년간 영국에서 출간된 교육에 관한 팸플릿과 책자 200여 종의 대부분이 로크의 교육관을 언급하기도 했다.[61]

포터는 18세기 행복 추구가 곧바로 사교, 여흥, 여가의 상업화로 이

어졌다는 점을 강조한다. 그는 식사와 사교파티에서의 맛과 멋에 대한 관심, 성애소설을 비롯한 에로틱문화의 확산, 자유연애, 정원에 대한 애호 열기 등을 다양하게 소개한다. 이를테면, 파인애플과 같은 이국의 산물이 싼 가격으로 들어오면서 식사에서의 즐거움이 더 배가되었다. 식탁에서 도수 높은 술을 마시는 것 또한 새롭게 등장한 흥취였다. 실제로 새뮤얼 존슨은 식탁에서의 음주야말로 인생의 두 번째 즐거움이라고 자랑한 바 있다.[62] 이들 여흥은 주로 새롭게 조성된 정원 안에서 이루어졌다. 18세기의 잉글랜드풍 정원은 이 다양한 행복 추구 방식을 종합한 무대인 셈이었다. 같은 세기 중엽 런던만 하더라도 휴식과 여흥을 즐길 수 있는 정원이 200여 곳에 이르렀다. 넓은 정원과 유원지는 양어장, 불꽃놀이, 음악회, 가면무도회, 밀회장소이기도 했다.[63] 복스홀Vauxhall은 최초의 상업적 유흥지였을 것이다.

극장도 정원 못지않은 여흥의 중심지였다. 포터에 따르면, 극장은 전형적인 근대성의 제단이었다. 영국 내란기에 극장은 신의 질서를 위협한다는 비난으로 인해 잠시 폐쇄되기도 했다. 왕정복고 후에는 런던의 유서 깊은 극장들이 주로 왕실 및 귀족의 후원으로 운영되었다. 이처럼 부침이 심했던 극장이 18세기에 들어와서는 눈에 띄게 확장되었다. 수요 증가에 따라 공연장을 넓혔으며, 더 광범하고 다양한 관객의 취향을 고려하기 시작했다. 18세기 후반 대표적인 극장 중의 하나인 드루어리레인Drury Lane극장은 3,611석을 갖추었고 헤이마켓Haymarket극장도 드루어리레인극장에 못지않았다.[64]

한번 물꼬가 터지면서 여가의 상업화는 시대적 추세가 되었다. 포터가 보기에, 일부 비판이 있었음에도 "사회 변동과 상업적 편의주의"가 도덕론을 앞질렀다. 새로운 여흥 양식은 싫든 좋든 유행을 타게

드루어리레인극장(1809)

마련이었다. 극장, 크리켓 경기, 상금 걸린 격투기, 구경거리, 온천장에 열광하면서 사람들은 떼를 지어 몰려다녔다. 전문배우, 극장관리인, 화가, 운동가, 예술품 거래인, 비평가들이 주도하는 여흥 산업이 나타났으며 그것을 일단의 문화 상인들이 뒷받침해주었다.[65] 이 모든 변화의 배경에는 시장이 있었다. 포터는 이렇게 말한다.

이런 발전에서 중요한 것은 시장의 힘이었다. 조지 왕들 치세 하의 잉글랜드에서 박물관과 미술관 열풍은 레저 및 교육사업가로부터 나온 것이었다. 그들은 자신의 기물들을 사람들에게 열람시키고 진기한 것, 골동품, 돈벌이 기회, 경험을 쌓고자 하는 일반 공중의 욕구 등을 이용해 이윤을 얻고자 했다. 이 여가의 상업화는 전통적인 민중 여흥을 도태시킨 것은 아니지만, 실제로 어떤 점에서는 아마추어나 공동체 활동을 고양시키기도 했다.[66]


## 다산성을 다시 생각한다

2001년 11월 30일 영국 학술원은 로이 포터의 《계몽운동》을 비롯한 여섯 종의 저서를 '학술원 저작상British Academy Prize' 수상작으로 뽑았다. 잘 알려진 대로, 영국 학술원은 1902년에 국왕 칙령에 의해 설립된, 인문학 및 사회과학 분야의 학술단체다.[67] 학술원 저작상은 학술적으로 뛰어나면서도 비전문가 독자층이 쉽게 읽을 수 있는 연구서의 저술과 출판을 장려하여 인문학 및 사회과학에 대한 대중의 이해를 높이려는 목적으로 2001년에 처음 제정되었다. 《계몽운동》에 대한 심사평은 다음과 같다.

로이 포터는 계몽운동 연구가 근대사에서 가장 불분명한 것 가운데 하나라고 주장한다. 그는 브리튼이 18세기에 사상, 과학, 무역, 상업, 문학 등에서 세계를 이끌었음을 인지할 때가 되었다고 말한다. 그는 역사가들이 어떻게 스코틀랜드 계몽운동을 추켜올리는 반면에 경계 남쪽(잉글랜드)의 활동을 무시하고 있는지를 보여준다. 그는 이성의 후견 아래 한 시대에 내재하는 '로마적인Roman' 견해가 그 시대의 진정한 정신을 무시하고 있다고 주장한다. 그 시대는 커뮤니케이션이 번창하고 매체가 확대되고 개념들이 미신을 대체하고 근대가 나타나고 있었다. 정치권력이 교회와 궁정으로부터 새롭게 번영하는 미들 클래스와 제4신분으로 급속하게 이동하는 시대이기도 했다. 무엇이 실제로 계몽운동을 추진시켜나갔는가? 번영, 무역, 매체가 결정적이었다. 이 시대의 핵심은 아주 커다란 영향을 주는 존재, 지식인이었다. 존슨 박사, 존 로크, 데이비드 흄과 같은 선각자들이 있었다. 그러나 또한 그들의 이상을 열심히 흡수한 무수한 개인들이 존재했다. 전문인들이 토론할 때임을 알아차린 '시끄러운 계급들chattering classes'이 태어난 최초의 시대였던 것이다.

로이 포터는 제1회 영국학술원 저작상을 받은 지 몇 달 후에 세상을 떠났다. 나는 여기에서 한 역사가의 삶과 죽음을 다시 생각한다. 겉으로 보면 그는 제도권 학계에서 벗어나 있었지만, 그렇기 때문에 오히려 일생동안 연구에 매진할 수 있었을 것이다. 그러면서도 그의 다산성과 탈인습적인 행동은 우리가 알 수 없는 어떤 심리적 요인과 밀접하게 관련되어 있는 듯이 보인다. 물론 다산성은 역사가로서의 뛰어난 자질 없이는 불가능하다. 그는 탁월한 역사가였다. 여기저기 흩어져 있는 단편들을 한데 모아 일관된 서사로 꿰어 맞추는 뛰어난 재주를 가지고 있었다. 그는 탐사 중인 시대의 자료를 만나면 어느 것이든지 미다스Midas왕의 손끝처럼 자신의 역사서술의 원재료로 녹여낼 수 있었다. 그는 동시대 기록은 물론이고, 필요하다면 문학작품, 만평carica-ture, 인구자료, 편지, 일기 등 갖가지 형태의 역사적 단편들까지 끊임없이 동원한다.

그러나 거의 일중독증처럼 보이는 그의 다산성은 뛰어난 자질의 결과만은 아니다. 나는 그의 다산성에는 다분히 심리적인 요인이 작용했다고 생각한다. 하지만 그 요인이 구체적으로 무엇인지는 알기 어렵다. 그는 18세기 비평가 새뮤얼 존슨Samuel Johnson을 높이 평가했는데, 존슨 또한 다산성으로 널리 알려진 문필가였다. 로이 포터는 끊임없이 텍스트를 생산함으로써 텍스트에 대한 불신을 지우려고 했던 것 같다. 그는 '고전'이라는 텍스트를 불신했다고 한다. 어떤 역사서술이든지 후대에 나온 것보다 더 나을 수 없다. 그는 자신의 텍스트에 대한 불신을 넘어서기 위해 누에가 실을 토하듯이 또 다른 텍스트들을 내놓은 것처럼 보인다. 텍스트의 불완전성, 그가 유난히 공저와 편저에 집착한 것도 이와 관련이 있을지 모른다.

로이 포터의 다산성은 역사가의 광기다. 이런 점에서 우리 모두가 광기를 가질 수 있다는 그의 메시지는 매우 시사적이다. 그가 오십대 중반의 나이에 갑자기 은퇴하기로 한 것은 바로 텍스트에 대한 강박관념에서 비로소 벗어날 수 있었기 때문이다. 그것은 아마도 오랜 시간 구도의 길을 걷던 사람이 어느 날 갑자기 얻어낸 깨달음 같은 것이 아니었을까. 우리는 알 수가 없다. 그 요체要諦는 오직 그 자신만이 들려줄 수 있었을 것이다. 언젠가 한 동료가 왜 일찍 은퇴하느냐고 질문했을 때, 그는 트럼펫을 비롯한 몇몇 악기를 연주하고 정원을 가꾸며 자전거를 타기 위해서라고 말했다고 한다. 이 대답은 농담이 아니라 진실로 들린다. 일종의 선문답禪問答처럼.

# 04 | 에드워드 톰슨, 탈계급 시대에 《영국 노동계급의 형성》을 다시 읽다

1924년 영국 옥스퍼드 출생. 1942년 영국 공산당에 입당했다. 1956년 '헝가리 혁명' 당시 소련의 군사적 개입에 실망해
공산당에서 탈당했고, 이후 영국 좌파의 수장으로 활동했다. 1956년에 공산당 내 비공식 잡지인 《합리주의자The Reasoner》를 발간했으며,
탈당한 뒤 1957년에는 좌파에 기생하고 있는 스탈린주의를 비판하는 잡지 《새로운 합리주의자The New Reasoner》 창간을 주도했다.
그 후 이 잡지는 《대학과 좌파 평론Universities & Left Review》지와 통합되어 《신좌파평론New Left Review》으로 다시 태어났는데,
톰슨은 편집·구성 문제를 두고 페리 앤더슨 등과 알력을 빚으면서 잡지 편집 활동을 그만두었다.
1960년대부터 1970년대 말까지 지속적으로 핵무기 감축운동을 벌였으며, 1980년대에는 유럽 반핵운동을 주도하는
지성으로 활약함으로써 자신의 '경험적 실천론'을 몸소 실행했다. 대표 저서로 윌리엄 모리스 평전이자 역사 연구서인 처녀작
《윌리엄 모리스: 낭만주의자에서 혁명가로William Morris: Romantic to Revolutionary》(1955),
계급의 형성 과정을 노동자 주체의 능동적 관점에서 기술한 《영국 노동계급의 형성The Making of the English Working Class London》(1963),
18세기 영국 민중사를 다룬 《휘그파와 사냥꾼들Whigs and Hunters: The Origins of the Black Act》(1975),
알튀세르 철학의 모순과 약점을 철저히 논파한 《이론의 빈곤The Poverty of Theory and Other Essays》(1978) 등이 있다.

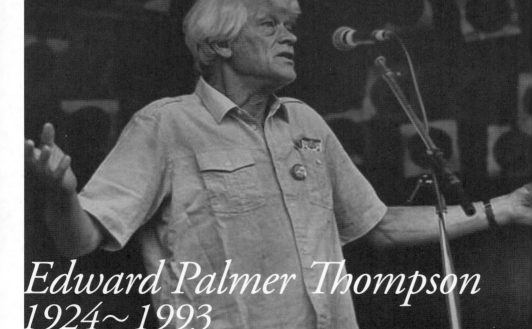

*Edward Palmer Thompson*
*1924~1993*

에드워드 파머 톰슨Edward Palmer Thompson(1924~93)의 《영국 노동계급의 형성》[1](이하 《형성》)은 2차 세계대전 이후 영국 역사학계에서 내놓은 가장 뛰어난 역사서술 가운데 하나로 꼽힌다. 이 책은 출판 직후부터 이미 시대의 고전이 되었다. 톰슨은 이 한 권의 책으로 현대 역사학에 '아래로부터 역사history from below'라는 새로운 방향을 제시했다. 그는 다음 세대의 역사가에게 끊임없는 영감을 불어넣어준 지적 원천이었다.[2] 《형성》은 우리나라 서양사 연구자들에게도 깊은 관심의 대상이었다. 유신 시대 이래 서양사 분야의 역사가들은 톰슨의 지적 세례를 받으며 자신의 학문세계를 넓혔다.[3] 젊은 연구자들의 상당수는 톰슨의 책을 이해하지 않으면 안 된다는 강박관념에 시달리기도 했다.

계급을 자본주의 사회의 '구조'나 '범주'가 아니라 스스로 형성해나가는 '흐름fluency' 또는 '과정'으로 봐야 한다는 톰슨의 주장은 전통적인 견해와 차이가 있다. 이전의 마르크스주의 역사가들은 생산관계에 따라 결정된 계급으로부터 계급의식을 지닌 계급으로의 이행을 강조해왔다. 그러나 톰슨은 이러한 견해를 비판한다. 생산관계가 새로운 계급 경험을 낳긴 하지만 그것이 곧바로 계급으로 연결되지는 않는다는 것이다. 계급의식은 "그 경험들이 문화적 맥락에서 조정되는 방식, 즉 전통, 가치체계, 관념, 여러 제도적 형태 등으로 구체화되는 방식"이다.[4] 그는 역사 속에서 스스로를 형성해나간 노동계급의 역사를 복원하고자 했다. 그가 보기에, 영국의 노동계급은 객관적 실재라기보다는 계급 경험에 대한 주체적 대응을 통해 스스로를 만들어간 '현상'이었다. 톰슨은 그 '현상'을 재현하는 데 초점을 맞추었다.

1960년대 이래 사회사가 역사학의 중심 분야로 떠오르면서 노동사 연구 또한 활발하게 이루어졌다. 또한 노동자들의 공동체, 문화, 의식과 저항을 강조한 톰슨의 영향은 젊은 세대 연구자들에게서 뚜렷하게 나타났다. 이들은 노동계급의 일상생활의 관행과 실천에 주로 관심을 기울였다. 노동자들의 삶 자체뿐 아니라 그 기반을 이루는 사회문화적 조건을 밝히는 데 힘을 쏟았다. 나아가 그들은 노동계급의 승리에 관한 서사를 넘어 자본주의에 대한 이념적 도전의 실패까지 연구의 지평을 넓혔다. 톰슨이 서술을 멈추었던 1830년대 이후 노동계급의 좌절과 노동운동의 실패도 중요한 연구 대상이었다.[5]

그러나 오늘날 사회사의 전반적인 퇴조와 함께 노동사 연구도 이전의 활력을 대부분 상실했다. 영국 사학계에서 노동사 자체에 관심을 가진 연구자를 찾기 어려울 정도다. 이는 무엇보다도 역사 연구의 패러다임이 사회에서 문화로 바뀐 데 따른 자연스러운 현상이기도 하다. 동유럽 사회주의권의 붕괴와 함께 사회주의적 가치가 외면당하고 노동운동의 전망이 불확실해진 점도 영향을 주었을 것이다.[6] 물론 이러한 상황 변화에 역사가들 스스로 적극 대응하지 못한 책임도 있다. 그동안 역사가들은 노동자들의 일상생활에 관해 지나치게 미시적인

연구에 집착하고 거시적 접근의 전통을 외면함으로써 전문화와 파편화의 한계를 넘어서지 못했다.[7]

　노동과 노동운동이 퇴조한 오늘날 굳이 톰슨의《형성》을 다시 읽을 필요가 있을까. 아마 1960~70년대 유럽의 사회사가들이나 1980년대 한국의 젊은 서양사학자들이《형성》을 읽으면서 느꼈던 그 충격과 영감을 이제는 더 이상 발견하지 못할 것이다. 그러나 오히려 노동해방과 노동운동에 대한 강박관념이 사라진 지금 이 책은 좀 더 깊이 있게, 그리고 성찰적으로 읽을 수 있다.


## 생애와 학문

톰슨의 부친 에드워드 톰슨Edward John Thompson(1886~1946)은 자유주의적 성향의 감리교 선교사로서 인도에서 활동했다. 그는 시인이자 타고르의 예찬자였다. 옥스퍼드에서 어린 시절을 보낸 톰슨은 케임브리지의 코퍼스크리스티칼리지에서 문학과 역사를 공부했다. 2차 세계대전이 일어나자 학업을 중단하고 형 윌리엄William Frank Thompson(1919~44)과 함께 입대했다. 톰슨은 전차부대 장교로 이탈리아 전선에 참전했다. 그러나 그의 형은 불가리아의 반나치 전쟁에서 포로로 사로잡혀 총살당했다. 부친의 가르침과 형의 비극은 그의 일생에 큰 영향을 주었던 것 같다. 케임브리지에 돌아와 학업을 마친 후 그는 자원봉사자 신분으로 유고슬라비아의 철도 건설에 참여하기도 했다. 이 경험 또한 그의 역사서술과 사회운동에 중요한 자산으로 이어진 것으로 보인다. 1948년 그는 아내 도로시Dorothy Thompson와 함께 요크셔 핼리팩스로 거주지를 옮겼다. 그곳에서 그는 10여 년간 리즈대학의 성인교육 프로그램 강사직을 맡아 노동자 교육운동에 헌신했다.[8]

전후 케임브리지에서 역사를 공부하던 시절부터 톰슨은 영국공산당 역사가 모임의 일원으로 활동했다. 이 모임이 영국 좌파 지식인 사회의 밑거름이자 정신적 토대를 이뤘다는 사실은 잘 알려져 있다. 톰슨은 이 모임의 창설회원으로 10여 년간 주도적인 활동을 폈다.[9] 여기에 참여한 젊은 역사가들은 영국 노동운동의 역사를 탐구해 서술하고 싶다는 열망을 지녔으며, 당시 영국공산당은 이들의 노력을 적극 장려하기도 했다. 1956년 헝가리 사태가 일어나자 톰슨은 영국공산당을 탈당한 후 세빌John Saville과 함께 《뉴 리즈너New Reasoner》를 간행하고 곧이어 다른 좌파잡지를 합쳐 《신좌파평론New Left Review》을 창간했다. 이와 함께 냉전기 핵 대결이 본격화하던 시기에 반핵운동을 이끌었다.

에드워드 톰슨의 반핵운동
1980년 반핵 시위를 주도하는 에드워드 톰슨.

핼리팩스에 거주하면서 성인교육운동에 종사한 경험은 그가 노동계급 역사를 연구하는 데 여러모로 도움이 되었다. 우선 성인교육 강사는 일종의 정규직이었다. 사실 젊은 시절의 톰슨은 정치적 실천과 학문 연구 사이에서 갈등을 겪었던 것처럼 보인다. 그는 좌파 지식인으로서 사회 문제에 적극 참여하고 행동하면서도 다른 한편으로는 노동계급의 형성에 관한 연구에 갈증을 느꼈다. 그가 리즈대학과 연계된 성인교육 강사직을 얻은 시기는 영국에서 아직 매카시 광풍이 불기 전이었다. 그것은 어쩌면 "공산주의자로 낙인찍힌 지식인이 얻을 수 있는 마지막 정규직"이었다.[10] 1950년대의 분위기에 관해 홉스봄 E. J. Hobsbawm은 이렇게 술회했다. "냉전 시작과 함께 블랙리스트가 작성되었다. 그 후 10여 년간 공산주의 지식인에게는 대학에서 가르칠 기회가 전혀 주어지지 않았다."[11] 다음으로, 요크셔 지역은 근대 초기부터 모직물공업의 중심지였다. 특히 웨스트라이딩West Riding 지역은 농촌공업에 기반을 두고 모직업이 번창한 곳이었다. 산업혁명 초기에도 오히려 공장 제도의 출현에 힘입어 번영을 누리는 한편, 수공업적 전통이 상당기간 남아 있던 곳이기도 했다. 그는 핼리팩스를 비롯한 전통적인 모직업 도시를 찾아가서 전승으로 내려오는 노동요(발라드ballade)를 채집했으며, 아직도 남아 있는 노동자들의 관행과 생활에 더 가까이 다가설 수 있었다.

톰슨 이전의 전통적인 노동사가들은 정치적 민주주의와 산업자본주의의 발전에 따른 노동운동의 전개 과정을 설명하는 것을 주된 과업으로 생각했다. 노동조합과 노동자정당의 대두 및 발전이 그 핵심 내용이었다. 노동자 조직과 제도가 성숙할수록 노동계급의 주체적 역할도 증대되리라는 낙관적인 신념이 역사 연구의 저변에 깃들어 있었다.[12] 예를 들어, 웹 부부S. and B. Webb는 "근로생활의 여러 조건을 유지하거나 개선하기 위한 임금노동자들의 지속적인 결사"를 연구 주제로 삼았다. 그들은 노동조합이 지방적 차원에서 전국 조직으로 확대되는 과정을 추적하고 그 구조와 방법을 탐색했다. 나아가 그들 조직의 민주성과 경제적 효율성을 확인하는 데 초점을 맞췄다.[13] 이와 달리 톰슨은 공장노동자와 노동조합보다는 몰락 중인 수공장인과 노동자들의 의식세계를 이해하는 데 관심을 가졌다. 《형성》을 출간하기 몇 년 전 그는 노동사 서술에 대한 자신의 입장을 분명하게 표명한 바 있다.

> 노동계급의 가장 혁명적인 집단은 마르크스가 추정한 것과 달리 공장 프롤레타리아가 아니라 몰락하고 있는 수공노동자들이었다. 대산업도시를 포함해 여러 도시들에서 노동운동의 중핵 부분은 주로 숙련 제화공, 마구 제조공, 건축노동자, 서적상, 소매상 등으로 이루어졌다. 더욱이 이들은 머뭇거리는 쁘띠부르주아의 속성을 지니기는커녕 노동계급운동에서 일관되고 자기헌신적인 참여자였다.[14]

톰슨은 산업혁명 초기 수공업 장인들의 세계까지 추적하면서 과거의 전통과 산업화 과정에서 그들이 다 함께 겪은 경험들이 상호작용함으로써 스스로 하나의 계급을 형성하는 장대한 서사를 그려냈다. 여기에서 공통의 경험들은, 반드시 그렇지는 않겠지만 때로는 넓은 의미에서 비슷한 수준으로 묶을 수 있는 어떤 성향과 자의식을 수반한다. 둘 사이는 인과적이라기보다는 상호작용의 관계라고 보는 것이 타당하다.

톰슨이 보기에, 계급은 자본주의 생산양식의 당연한 결과로서 형성되는 것이 아니었다. 그것은 고정된 '범주'가 아니라 끊임없이 유동하는 어떤 '흐름'이자 '현상'이다. 계급은 계급의식과 분리된 실체 thing가 아니다. 앞의 것은 뒤의 것의 계기가 아니며 반대의 경우도 그렇다. 계급과 계급의식은 모두 다른 계급들과 관계를 맺는 끝없는 과정에서 형성되는 것이다.[15] 톰슨은 사실상 노동계급의 형성을 그 계급의 집단적 자의식 형성과 동일한 맥락에서 이해한다. 노동계급의 집단적 자의식은 그들 사이에서는 이해의 동질성을 느끼고 다른 집단과는 이해가 같지 않다고 보는 인식이다. 이는 산업혁명기 공통의 경험들에 기반을 둔 것이지만, 특히 정치적 경험과 밀접하게 관련된다. 프랑스혁명 이후 영국 정부의 반동적인 억압과 탄압을 받으며 형성되었다는 것이다.

사실, 톰슨뿐 아니라 홉스봄 또한 이미 1940년대 말부터 노동사 서술의 새로운 방향을 모색하고 있었다. 톰슨이 산업혁명 초기 수공업 장인들의 삶과 의식에 초점을 맞춘 것과 대조적으로 홉스봄은 독자적인 생활방식과 사고방식을 지닌 산업노동자 계급의 등장을 조명하고 이 과정에서 나타난 노동자 항의와 집단행동에 관심을 기울였다. 홉스봄은 19세기 노동운동에 대해 양면적인 태도를 지닌다. 노동의 대두를 진보정치의 발전보다는 자본주의 공고화를 보여주는 현상으로 파악한다. 그의 관심은 왜 개량주의 정치가 노동계급 안에서 다른 운동을 압도하게 되었는가라는 것이었다. 그 귀결이 '노동귀족' 문제였다.[16] 이런 차이가 있음에도 톰슨과 홉스봄은 모두 이전의 노동사 서술 전통, 즉 노동운동에 관한 제도적 접근을 탈피해 노동계급 자체를 연구 대상으로 삼아야 할 필요성을 강하게 제기했고 후대의 사회사가들에게 큰 영향을 미쳤다.

수공장인들의 삶에 접근하기 위해서는 무엇보다도 사료 문제가 중요했다. 그들은 스스로에 관한 기록을 별로 남기지 않았을 뿐만 아니라 간헐적으로 남긴 기록조차 그들의 어법과 의식세계를 이해하지 않는 한 자칫하면 그릇되게 해석할 여지가 많았다. 여기에서 톰슨은 랑케식의 '사료 비판'이라는 표현을 쓰지 않는다. 그는 "사료가 자신을 지배하도록 해야 한다"고 천명했다. 역사가는 사료가 그 자신에게 이야기하는 것에 귀를 기울여야 하고 그럴 경우에만 "사료 자체가 그를 통해 말하는" 경지에 이른다는 것이다.[17] 모름지기 역사란 '맥락 context'의 학문이다. 역사가가 대하는 사료와 그것을 낳은 현실은 죽은 실체가 아니라 지금 살아가는 사람들과 맺는 생생한 관계 속에서 자신을 드러낸다. 현실이란 복잡한 인과관계와 구조, 모순의 운동을 가진 과정임과 동시에 인간적·문화적 현상으로 실재하는 것이다. 역사가는 현실을 대할 때 시적 영감과 지혜를 동원하지 않으면 안 된다.

오랫동안 핼리팩스에서 성인교육 강사로 활동하던 톰슨은 도로시와 함께 워릭대학으로 자리를 옮겼다. 톰슨은 이 대학에서 사회사연구소Centre for the Study of Social History를 운영하는 직책을 맡았다. 그러나 1970년 학생들이 교육 과정의 민주화를 요구하며 행정관에서 시위 농성하는 사태가 빚어졌을 때 그는 학교 당국과 심각한 마찰을 빚었다. 그해 2월 11일 농성 중인 학생들이 행정자료에서 학생과 교수를 사찰한 문건을 발견하고 이 사실을 톰슨에게 알렸다.[18] 그는 사찰 기록 가운데 핵심적인 내용을 복사해 동료 교수와 학생들에게 열람시켰다. 행정 당국의 비난이 뒤따랐고 톰슨은 이러한 비난에 대해 자신의 행위를 옹호한 후 마침내 학교를 떠났다.[19] 제도권 학계를 떠난 후 그는 좀 더 자유로운 입장에서 글을 쓰고 18세기 사회사를 연구했으며[20] 반핵운동을 비롯한 진보적인 사회운동에 적극 참여했다. 1993년 사거할 때까지 수공장인들이 꿈꾸었던 민주적이고 자발적이며 헌신적인 세계를 현실에서 구현하고자 노력했던 것이다.

## 노동계급 '형성'의 배경

톰슨이 보기에, 계급은 역사적 현상이자 흐름이며 "인간관계에서 실제로 일어나는 어떤 것"이다. 그는 노동계급의 형성을 추적하면서 1790년대 프랑스혁명의 영향을 받아 불온하고 정치 개혁을 향한 열정을 지닌 수공장인들의 세계에서부터 그 장대한 서사를 시작한다. 그가 책의 서두에 다루는 대상은 '런던교신협회'라고 알려진, 주로 장인들을 회원으로 둔 단체였다. 그들 대다수는 산업화의 물결에 따라 새롭게 떠오른 직종 종사자라기보다는 오히려 전통적인 수공업 세계에서 살아온 사람들이었다. 톰슨은 이들의 정신과 일상적인 삶의 세계와 행동까지를 깊이 이해하고자 한다.

나는 가난한 양말 제조공, 러다이트운동에 가담한 전모공cropper, 시대에 뒤떨어진 수직공, '유토피아적' 장인 등을 후손들의 지나친 멸시condescension에서 구해내려는 것이다. 그들의 재주와 전통기술이 사라져가고 있을지도 모른다. 새로운 공업화에 대한 그들의 적대감이 퇴영적 관점이었을지도 모른다. 공산사회를 지향하는 그들의 이상이 공상에 지나지 않았을지도 모른다. 그들의 폭동 모의가 무모한 짓이었을지도 모른다. 그러나 그들은 그 격심한 사회적 혼란기를 살아 넘겼다. 우리가 살아 넘긴 것이 아니다. 그들의 소망은 그들 자신의 경험에서 볼 때 타당한 것이었다. 그리고 그들이 만일 역사의 희생자였다면, 그들은 자신의 생존 시에 선고받은 그대로 지금까지 여전히 희생자로 남아 있다.[21]

'런던교신협회'는 보통선거권운동을 주된 목적으로 삼고 있었다. 회원 가입 절차에서 가장 중요한 질문은 선거권에 대한 것이었다. "당신은 …… 이성을 가지고 있고 범죄로 자격을 상실하지 않은 모든 성인이 의원 선출을 위한 투표권을 가져야 한다고 굳게 믿습니까?" 1794년 5월, 런던교신협회에 대한 정부의 탄압이 전격적으로 이루어졌다. 협회를 주도한 사람들은 체포된 직후 런던탑을 거쳐 뉴게이트 감옥에 수감되었고 반역죄로 재판에 넘겨졌다. 그러나 재판 과정에서 배심원단이 무죄를 결정해 석방되었다.[22]

정부가 불온하다고 여긴 단체들에 대대적인 탄압을 행한 것은 프랑스혁명에 대한 불안감 때문이었다. 하지만 그렇다 하더라도 수공장인들의 세계에서 불온한 분위기가 조성되고 있다는 우려가 없었다면 이런 탄압을 자행하지 못했을 것이다. 사실 보통선거권 문제는 이미 17세기 영국혁명기에 수평파가 주장한 정치적 요구와 크게 다르지 않았다. 그렇다면 정부는 왜 수공장인들의 움직임에서 불온한 분위기를 느꼈을까. 1790년대 수공장인들이 직면한 경제적 현실은 산업화와 그에 따른 자본주의 생산관계의 확대였다. 이 변화는 그들의 생활세계에 직간접으로 영향을 주었으며 새로운 경험으로 다가왔다. 톰슨에 따르면, 경제적 변화가 노동자들에게 새로운 경험을 낳았을 때 그들의 경험에 작용하는 고유의 전통과 문화가 매우 중요하다. 톰슨은 이

시기 노동자들에게 영향을 준 세 가지 전통을 예시한다. 17세기 이후 영국 사회에 뿌리깊이 내려온 '반국교'의 전통과 민중 항의, 그리고 영국인으로서의 생득권과 자유를 당연시하는 전통이 그것이다.

런던교신협회
제임스 길레이James Gillray,
〈놀라는 런던교신협회London
Corresponding Society alarm'd〉,
1798.

산업혁명의 변화하는 생산관계와 노동조건들은 원료[순수한 노동자]에 작용한 것이 아니라, '자유인으로 태어난 영국인', 그러니까 토머스 페인이 버리고 떠났으며 또 감리교도들이 그 틀을 만들어낸 바로 그 '자유인으로 태어난 영국인'에게 작용했다. 공장 일꾼이나 양말제조공은 또한 존 버니언의 후계자였고 대대로 내려오는 촌락공동체의 여러 권리, 법 앞의 평등이라는 관념, 수공업 전통을 아울러 가지고 있었다. 그들은 대대적인 종교적 교화의 대상이자 정치적 전통의 창출자였다. 노동계급은 만들어진 만큼 스스로를 만들어냈다.[23]

수공장인들에게 영향을 미친 전통 가운데 반국교파dissenters[24]운동은 신앙의 자유와 국교의 개혁을 요구하는 설교, 소책자, 항의의 형태로 사람들의 급진적 정서를 부추겼다. 영국혁명기에 이들의 항의는 절정으로 치달았다. 톰슨은 혁명 실패 이후 반국교도 신앙의 내면화 과정을 면밀하게 추적한다. 현세에서 자신들의 왕국을 실현하겠다는 열망은 이제 '내면의 왕국'에 대한 환상으로 바뀌었다. 청교도의 '적극적 활력'이 반국교도의 '자기보존적 후퇴'로 변한 것이다. 반국교도는 현실 개혁의 열망을 버리고 세상의 고난을 참으려는 무수한 교파들로 분열했다.[25] 톰슨에 따르면, 이 변화는 존 버니언John Bunyan (1628~88)의《천로역정The Pilgrim's Progress》에서 극명하게 드러난다. 고난을 겪으면서 시온 성을 향하는 주인공 '크리스천'이야말로 천년왕국의 도래를 대망하며 현실의 고통을 인내하는 반국교도의 표상이었다. 버니언의 메시지는 분명하다. 내세가 현세의 삶보다 더 중요하고 확실하다는 것이다. 내세에 대한 믿음은 수공장인들에게 현재의 고통에 대한 정서적 보상을 가져다주었다. 압제자들이 내세에 당할 고통

《천로역정》삽화

처자를 버린 채 등에 무거운 짐을 지고 손에는 한 권의 책(성서)을 들고 고향인 '멸망의 도시'를
떠나는 크리스천. "The man with the burden", illustration from *John Bunyan's dream story*,
abridged by James Baldwin, 1913, p. 18.

을 상상함으로써 얻는 위안도 있었다.[26]

이와 함께 톰슨은 18세기 감리교 신앙의 영향을 덧붙인다. 감리교 또한 정치적으로는 퇴행적이었다. 이 운동이 오히려 산업혁명기 혁명을 가로막았다는 엘리 알레뷔Elie Halévy의 견해는 그런 면에서 수긍할 만하다. 하지만 감리교는 또 다른 측면을 지녔다. 감리교 조직이 민중의 자신감과 조직 역량의 성장에 기여했다는 점이 특히 그렇다. 그것은 "결사를 만들어 자치 규약을 제정하고 기금을 걷고 왕국 내 한 지역에서 다른 지역으로 연락을 취하는 일" 등을 하층민에게 가르쳐주었다. 웨슬리John Wesley의 가르침과는 정반대로, 감리교는 수공장인과 노동자 사회에 민주적 정신, 교리와 조직 지배에 맞서 싸우는 민주적 분위기를 고양시켰던 것이다.[27]

다음으로, 톰슨은 폭동과 같은 집단항의의 전통을 중시한다. 폭동은 특정한 문제에 불만을 가진 사람들이 모여 시정을 요구하고 그것이 이루어지지 않았을 때 집단항의를 통해 해결하려는 군중행동이다. 톰슨은 이러한 군중행동을 '도덕경제moral economy'의 개념으로 설명한다. 식량 소동의 예를 들어보자. 생필품 가격은 수요와 공급 곡선의 접점이 아니라 '공정가격'의 원리에 입각해 정해져야 했다. 민중의 생활에서 식비의 비율이 높기 때문에 식량 가격의 상승은 저항을 불러오기 마련이었다. 곡물폭동은 식료품 값을 정상적인 수준으로 묶으려는 의도에서 특히 매점했으리라 의심되는 제분업자나 빵집 또는 중매상을 공격하는 방식으로 전개되었다. "민중의 마음속에서는 식료품 가격을 올릴 생각으로 자행되는 그 어떤 착취성 행위들도, 특히 도매상인, 제분업자, 제빵업자, 모든 중간상들의 행위도 다 이 같은 범법 행위에 포함되는 것이었다."[28]

톰슨은 18세기 후반 빵 가격, 도로세, 강제 징모 등의 불만에서 촉발된 민중폭동 급증 현상에 주목한다.[29] 여기에서 두 가지 경향을 추측할 수 있다. 한편으로는 산업화 초기의 사회경제적 변화가 민중의 삶에 이전보다 더 커다란 충격을 안겨주었다는 점이다. 다른 한편으로는 민중이 새롭게 확대된 '시장경제market economy'에 맞서 이전의 도덕경제를 회복하기 위한 최후의 노력을 기울였다는 사실이다. 이러한 행위의 이면에는 그것을 정당화하는 일종의 '권리 개념'이 깃들어 있었다.[30] 18세기 말에는 원초적 형태의 산업 반란, 즉 수직기 파괴, 공유지 울타리 부수기, 곡식더미 방화 등에 대해 최고 사형을 구형하는 법률들이 잇달아 제정되었다. 그럼에도 배심원들은 사형선고 판결을 꺼렸다. 18세기 후반에 사형선고를 받은 죄인들 가운데 실제 처형당한 비율도 감소 추세를 보여준다. 그 이유는 무엇인가. 톰슨은 도덕경제의 권리를 주장한 범법자에 대한 일반 민중의 동정심과 동류의식을 지배

공개처형
윌리엄 호가스William Hogarth, 〈게으른 견습공, 티번에서 처형당하다The Idle 'Prentice Executed at Tyburn〉, 《근면과 태만the Industry and Idleness》 동판화 시리즈(1747).

Edward Palmer Thompson

층이 두려워했기 때문이라고 본다. 18세기 사형장으로 향하는 민중의 행진은 일종의 제식행위처럼 널리 알려졌다. 남자들은 화려한 옷으로, 여자들은 흰옷으로 치장한 후 죄인의 행렬에 꽃과 오렌지를 던졌다.[31] 사형 집행을 중심으로 벌어지는 민중의 집단적 제식행위는 일종의 축제였고 지배층에 대한 항의와 분노를 상징하는 것이었다.

마지막으로, '자유인으로 태어난 영국인free born Englishman' 이라는 관념 또한 수공장인과 노동자들이 지닌 중요한 전통이었다. 자유라는 관념은 '생득권' 개념이다. 군주정으로부터 자유, 체포로부터 자유, 법 앞의 평등, 양심의 자유에 관해 어떤 도덕적 합의가 있었다는 것이 톰슨의 주장이다. 이러한 합의는 일찍이 영국혁명기 수평파의 팸플릿과 퍼트니 논쟁에서도 표출되었고, 18세기 말에는 특히 토머스 페인 Thomas Paine(1737~1809)의 《인간의 권리》가 널리 읽히면서 민중의 이데올로기로 굳건하게 자리 잡았다. 페인은 군주정 자체를 강력하게 비난하고 세습 제도를 사라져야 할 구악으로 단정했다. 그에게 정부는 궁정을 무대로 하는 기생적 존재에 지나지 않았다. 이러한 수사는 일종의 무정부주의처럼 보인다. 그러나 페인은 《인간의 권리》 2부에서 민중을 위한 대의제 정부의 가능성을 제시한다. 정부 예산을 삭감함과 동시에 누진소득세에 따라 거둔 세금으로 빈민을 위한 지출을 확대할 것을 주장한다. 가족보조금, 아동교육기금, 노령연금, 출산보조금, 신혼부부보조금, 장례보조금, 실업자를 위한 작업장 등 오늘날 복지국가의 사회보험과 국가부조 체계를 연상시키는 대안들이 그것이다.[32] 이 같은 페인의 평등주의적 수사와 표현은 수공장인과 노동자들에게 '자유인으로 태어난 영국인' 이라는 관념을 더욱더 각인시켰다.[33]

《형성》 1부 마지막 장 '자유의 나무 심기' 는 이 책의 구성에서 각별

자유인으로 태어난 영국인
조지 크룩섕크George Cruikshank, 〈자
유인으로 태어난 영국인A Free born
Englishman!〉, 1819년 12월 15일.

한 의미를 갖는다. 이전까지는 1790년대
의 급진운동이 프랑스혁명의 불온한 분
위기를 두려워한 피트 정부의 탄압에 의
해 지하로 숨어들었다고만 여겨왔다. 반
면 톰슨은 런던교신협회를 비롯해 이제껏 알려지지 않은 급진파 조직
과 관련자들의 행적을 재구성한 후, 그 시기가 탄압에도 불구하고 오

히려 역동적이고 영웅적인 투쟁으로 이어졌음을 밝히고 있다. 지배층이 불온한 분위기를 두려워할 근거는 충분했다. 《인간의 권리》 2부는 1792년 출간된 이래 이듬해까지 무려 20만 부 이상이 팔렸다.[34] 주 독자층은 주로 수공장인이었을 것이다. 그 책이 수공장인과 노동자 사회에 불러온 영향은 전국적이고 대단한 것이었다. 이를 두려워한 시골 유지와 신사층은 오히려 농촌의 민중을 자극해 반페인 선동에 나서기도 했다. '교회와 국왕Church and King' 시위가 대표적인 예다.

1793~94년에는 천년왕국의 환상이 민중 사이에서 폭발하기도 했다. 리처드 보더스Richard Bothers라는 인물은 〈요한계시록〉을 인용해 당시의 말세적 상황을 묘사했다. 그는 민중에게 자신이 본 말세의 환상과 계시를 소개했다. 많은 사람들이 프랑스혁명의 소용돌이와 전쟁의 확산 등 정치적 혼란과 말세적 상황을 동일시했다. 이 천년왕국운동 또한 별로 알려지지 않았지만 사회에 미친 영향은 컸다. 이를 두려워한 정부는 일련의 탄압법을 제정한다.[35] 톰슨은 이 탄압 국면에서 급진파와 민중이 받은 억압의 경험을 상세하게 묘사한다. 이러한 억압 아래서도 런던교신협회, 셰필드협회 등을 중심으로 끈질긴 투쟁과 저항이 있었다.[36] 이런 저항 과정은 수공장인과 노동자들이 지녀온 이전의 전통과 문화를 새롭게 녹여내는 일종의 용광로였다.


## 노동계급 '형성'의 서사

《형성》 2부 '아담에 대한 저주'는 산업화 시기의 착취와 노동자들의 경험을 검토한다. 이들의 경험을 구체적으로 분석하기에 앞서 톰슨은 산업혁명에 대한 낙관적인 해석을 비판한다. 존 클래펌John H. Clapham이나 토머스 애슈턴Thomas S. Ashton 같은 경제사가들은 아놀드 토인비Arnold Toynbee, 폴 망투Paul Mantoux, 해먼드 부부J. L. and Barbara Hammond로 이어지는 전통적인 비관론을 비판하면서 산업혁명기 노동자의 생활수준이 전반적으로 향상되었다는 낙관론을 폈다.[37] 톰슨은 이 낙관론을 공격하고 특히 평균의 허구성을 지적한다. 그가 보기에, 클래펌을 비롯한 낙관론자들은 노동자의 생활수준을 다룰 때 지나치게 평균치에 의존한다. 그러나 평균은 사실을 은폐하며 산업혁명기에 노동자들이 겪었던 착취를 덮는다. 평균으로 계산된 수치는 실제 일어나지 않은 것이며 일종의 통계적 희석이다.[38] 이를테면 인클로저 통계는 인클로저운동이 벌어지지 않았던 지역과 급속하게 전개된 지역의 차이를 숨겨버리고, 노동자의 임금 또한 생활수준이 높은 소수와 낮은 임금을 받던 다수 사이의 격차를 보여주지 않는다.[39] "인간들의 관계를 판단하려면, 상충하는 주관적 증거들 사이에서 우리의 길을 찾아야 한다." 톰슨 스스로 평균치로부터 멀리 이탈하는 것이 애초의 의도였다고 천명한다.[40]

2부는 계속해서 농업노동자(7장), 수공장인(8장), 직조공(9장)이 겪은 착취와 그에 대한 경험을 형상화한다. 이들은 이전과 달리 산업화와 함께 새롭게 전면적으로 시장관계 아래 포섭되었다. 톰슨은 이들의 노동, 작업장 변화, 수공기술의 도태, 가족의 붕괴 등 다양한 경험을 검토한 후 직조공이 가장 극심한 착취를 경험했음을 강조한다. 톰슨이 직조공 사회를 특히 주목한 것은 핼리팩스 거주와도 관련이 있을 것이다. 핼리팩스에 거주하면서 그는 전통적으로 모직물업 중심지였던 요크셔 지방 노동자들의 생활세계에 더 가까이 다가갈 수 있었다.

그는 독립적인 직조공들이 산업화 전개 과정에서 직물업자에게 예속되는 과정을 상세하게 묘사하면서, 이른바 '직조공의 황금시대'의 실체를 검토한다. 낙관론자들은 산업혁명 초기 '황금시대'는 일종의 신화에 지나지 않는다고 비판한다. 공장노동자들이 열악한 조건에서 노동했던 것과 마찬가지로 직조공 사회도 직물업자에게 무자비하게 착취당했다는 것이다.[41] 그러나 톰슨은 낙관론자들이 장인에서 빈곤에 허덕이는 선대제 노동자로 전락하는 직조공의 신분 변화를 포착하지 못했다고 지적한다.[42] 그는 이후 기계와 경쟁, 직물업자의 수탈이라는 이중적 어려움 속에서 전개되는 직조공의 조락을 묘사하는데,[43] 이 책에서 가장 인상적인 장 가운데 하나라고 해도 좋을 것이다.

톰슨에 따르면, 산업화 초기 직조공들은 비록 궁핍하고 가난했지만 수공장인으로서의 체통과 긍지를 지니고 있었다. 그들은 모임에서 지방 뉴스와 가십거리를 소재로 잡담을 나누고 일상적인 일거리나 유아세례와 성인 침례 가운데 무엇이 옳은지 논쟁을 벌이기도 했다. "사회적 보수주의, 지역적 자부심, 그리고 문화적 교양의 독특한 혼합"이 직조공 사회의 삶을 풍요롭게 만들었다. 물론 그 이면에는 뒤떨어진 사투리와 지방 관습, 의학적 무지와 미신이 깃들어 있었다. 하지만 그렇다 하더라도 그들의 삶 전체를 조망하면 후진성이라는 개념으로 모든 것을 재단할 수 없음을 알게 된다. 톰슨은 독학으로 교양을 쌓은 직조공, 생물학과 수학, 음악과 지질학의 소양을 갖춘 직조공들의 세계로 우리를 안내한다.[44] 기하를 가르치고 미적분학을 토론하는 외딴 촌락의 직조공들은 감리교와 정치적 급진주의를 혼합한 듯한 의식세계를 보여주며, 이는 후일 차티스트운동에 자양분을 제공하기도 했다. 무엇보다도 이들의 삶을 후대의 노동자들과 구별 짓게 만든 것은 촌락과 작업장의 공동체적 전통이었다. 그러나 이 공동체적 가치, 철야제와 축제와 민중놀이와 상호부조의 전통은 산업화와 지배층의 조직적인 비난에 몰려 사라지고 만다. 톰슨은 이렇게 말한다.

산업혁명 초기에도 노동자들의 한해살이는 여전히 주기적인 곤궁과 식량 부족으로 이루어져 있었지만, 간간이 고기와 마실 것이 좀 더 풍부하고 아이들에게 오렌지와 리본 같은 사치품을 사줄 수도 있었으며 춤과 구혼과 흥겨운 상호 방문과 축제행사 등이 벌어졌던 축제날이 끼어 있었다.[45]

《형성》 3부 '노동계급의 성장'은 표제 그대로 계급의식적 계급의 발전을 다룬다. 그는 19세기 초 결사법Combination Act 아래에서 암약한 지하조직과 운동들, 러다이트운동, 햄프던 클럽Hampden Clubs과 같은 정치토론회, 피털루 사건, 케이토 가街 음모 사건 등 일련의 집단 항의와 사건 연대기를 동시대의 다양한 비밀문서, 기록, 수고手稿 등을 활용해 생생하게 재현한다.[46] 톰슨에 따르면, 이와 같은 일련의 운동과 저항을 통해 영국의 노동자들은 계급의식적 계급으로 성장했다. 나아가 그것은 1820~30년대 노동자들의 다양한 급진주의 문화와 급진파 인사들의 언어에 힘입어 더욱더 뚜렷해졌다.

3부에서 가장 흥미롭게 읽히는 부분은 14장 '불의를 바로잡는 군단'이다. 이 장의 상당부분은 1810년대 노팅엄, 웨스트라이딩, 랭커셔 등지에서 발생한 러다이트운동의 실체를 규명하는 내용으로 채워져 있지만, 처음은 1803년 2월 에드워드 데스파드Edward Despard 육군 대령과 동료 6명이 국가반란죄로 사형당하는 장면으로 시작된다.[47] 아일랜드 출신인 데스파드는 능력이 있음에도 승진가도에서 탈락한 군 장교의 전형이었다. 재판 과정에서 그가 소속된 비밀조직은 회원의 입회선서를 받을 때 "브리튼과 아일랜드의 독립, 권리의 평등, 투쟁 중 사망한 유공자 가족에 대한 보상, 공로에 대한 보상 등의 목표를 위해 단결하겠다"는 서약을 요구했다.[48] 밀정들의 보고에 따르면, '검은 램프단'이라고 알려진 이 비밀결사는 여러 곳에 지부를 설치하고 준군사적 조직을 결성했다. 기소 내용에는 그 이상의 음모도 포함되어 있었다. 혁명군이 런던탑과 은행 습격, 감옥 파괴, 병영 장악, 국왕 암살 또는 감금과 같은 음모를 꾸몄다는 것이다.[49] 톰슨은 이 음모 사건의 실체가 무엇이었는가를 면밀하게 추적한다.

휘그적 역사가들은 이 사건이 완전히 날조된 것이라고 주장한다. 반동적인 정부가 스파이들의 왜곡된 보고에 근거해 사건을 조작했다는 것이다. 그러나 톰슨은 이 실체가 드러나지 않은 '검은 램프단'이 단순한 소요 이상의 계획을 가졌으리라 추측한다. "정황을 고려할 때 음모가 있었으나 데스파드가 주도하기는커녕, 그 정체에 대해 그가 충성스럽게도 함구로 일관했던 그 사람들의 음모에 끌려들어갔다고 볼 수 있다."[50] 여기에서 중요한 것은 어떤 음모가 있었고, 정보 조직 등을 통해 상당한 진행 과정을 파악한 당국이 데스파드 같은 고위장교를 희생양으로 삼아 음모 사건을 분쇄했다는 사실이다. 이런 가정을 받아들인다면 이 사건은 19세기 초 영국 정치사에서 중요한 의미를 갖는다. 이 사건에 대한 톰슨의 결론은 다음과 같다.

그것은 아일랜드 민족주의자들의 투쟁을 런던 노동자, 잉글랜드 북부의 전모공 및 직조공의 분노와 결합시킨 사건이었다. 그것은 1790년대의 옛 자코뱅주의의 마지막 불꽃으로서 데스파드와 더불어 치명적인 패배를 겪은 것이다. 그 사건으로 인해 정부의 소요 예방 정책과 민중의 자유를 제약하는 정책은 정당화되었다. 그것은 또한 자코뱅 강경파의 소그룹들이 쿠데타 전략을 택하도록 하는 계기가 되었다.[51]

19세기 초 일련의 탄압 입법에도 불구하고 전국적으로 소요와 집단항의가 속출했다. 단순한 폭동 형태가 지배적이었지만 조직화 시도도 있었다. 이렇게 산발적으로 진행된 다양한 집단항의가 1810년대에 기계 파괴라는 형태로 폭발했다. 톰슨은 그 이전 시기 전국적으로 지하운동이 전개되었고 다양한 집단항의가 있었다는 점을 강조한다. 이러한 경험이 그 후 러다이트운동의 강력한 동력으로 작용했다는 것이다. 톰슨은 러다이트운동에 대해서도 휘그사가들의 해석, 이를테면 해먼드 부부의 해석을 비판한다. 해먼드 부부가 기계파괴운동에는 애초부터 혁명적 봉기 계획이나 음모가 없었으리라는 가정 아래 접근했다는 것이다. 이들은 설령 봉기 계획이 있었다고 하더라도 그것은 무책임한 극단분자의 소행에 지나지 않았으며 무가치한 행위였다고 본다.[52] 그러나 톰슨은 19세기 초 결사법 아래에서 오히려 불법적인 노동조합이 지하운동의 형태로 뿌리를 내렸고 이 움직임이 자코뱅 급진파와 연결되었다고 강조한다. 톰슨에 따르면, 러다이트운동에는 본질적으로 두 가지 형태의 집단항의가 공존하고 있었다. 하나는 평화적인 의회개혁운동이고 다른 하나는 폭동이었다. 노팅엄 러다이트운동의 경우 1811년과 다음해 5월까지는 후자의 형태가 주도권을 장악했다.[53] 그렇기 때문에 정부는 급기야 대규모 군 병력을 동원할 수밖에 없었던 것이다.

톰슨도 이 운동에 대해서는 관련 사료가 매우 불투명하다는 사실을 인정한다. 불법적인 지하운동, 불법 노동조합, 자코뱅 단체들에 관련된 정보원 보고들이 다수 남아 있기는 하지만, 치밀하게 읽어야 한다. 정보원의 상당수는 이중첩자였고, 내무성 문서로 보관된 그들의 정보 보고서는 정보원의 처지와 성향에 따라 과장되거나 축소되는 경우가 흔했기 때문이다. 톰슨은 이들 보고서가 "찌그러진 거울"에 지나지 않는다고 하더라도 치밀하게 읽는다면 19세기 초 지하운동에서 러다이트운동에까지 이르는 운동의 전모를 어렴풋이나마 밝힐 수 있다고 말한다.[54] 그는 철저한 사료 비판을 통해 운동의 실체에 가까이 접근한다. 내무성 문서 가운데 그럴듯한 것과 허구적인 것을 식별하는 일이 무엇보다도 중요했다. 정부는 상당수 지하운동 조직에 대한 정보를 수시로 입수했으며, 조직의 주동자나 지도자들은 철저하게 감시 대상이 되었다. 문서는 당시 지배계급의 대응이 매우 치밀했음을 알려준다. 즉 거꾸로 이들 정보 보고를 통해 급진적 지하운동의 면모에 가까이 접근할 수 있다는 것이다.

톰슨은 불법 노동조합을 비롯한 지하운동 조직의 비밀입회식과 비밀서약이 18세기 말과 19세기 초에 급증했을 뿐 아니라 유행처럼 번져간 사실에 주목한다. 후대의 노동조합 관계자들은 "들판 안쪽 모퉁이에서 애국자들의 심야집회, 땅에 묻어놓은 기록들의 상자, 비밀서약" 등 낭만적인 전설을 익히 들어 알고 있었다. 비밀의식이 확산되면서 심지어 선술집에서 은밀하게 서약을 치르기도 했다. 이러한 비밀스러운 모임은 이전 프리메이슨단의 전통에서 유래되었지만, 이 시기에 특히 확산된 것은 바로 정부의 극심한 억압과 탄압입법 때문이었다.[55] 탄압의 경험이 혁명적 운동에 활력을 제공한 것이다.

최초의 본격적인 러다이트운동은 1811년 3월부터 다음해 2월까지

노팅엄의 편물공들이 일으켰다. 한 해 동안 약 1,000여 대의 편물기가 파괴되었다. 의회는 기계 파괴에 사형을 선고할 수 있는 법률

러다이트운동 지도자
〈러다이트운동 지도자The Leader of the Luddites〉(1812).

을 서둘러 통과시켰다. 편직공들은 처음에는 양말업자들의 사치와 협잡을 근절할 법안을 제정하기 위한 합법적인 청원운동을 벌였지만, 그 전망이 불투명해지자마자 기계 파괴로 전환했다. 기계 파괴를 요구하는 협박장, 예고된 날의 습격과 기계 파괴가 노팅엄과 인근 지역

으로 삽시간에 번졌다. 그 후에 일어난 웨스트라이딩 지역 전모공들의 운동과 랭커셔 방적공들의 운동은 처음부터 기계 파괴의 형태로 전개되었다.[56] 톰슨은 노팅엄의 사례가 그들에게 교훈을 주었으리라고 추측한다. 그는 노팅엄의 운동에 뒤이어 요크셔 전모공, 랭커셔 방적공의 러다이트를 장대한 서사로 재현한다.[57] 협박장의 주인공 '네드 러드Ned Ludd'는 노동자들의 관습과 권리를 옹호하는, 이른바 '불의를 바로잡는 자'이자 '위대한 집행자'의 표상이었다.[58]

그렇다면 러다이트운동은 시대의 추세에 역행하는 퇴행적이고 반동적인 소요였는가? 물론 겉으로 보면 그 운동은 옛 관습과 온정주의적 입법으로 되돌아가고 옛 권리들을 부활시키려는 시도 이상도 이하도 아니다. 그러나 톰슨은 이 운동에서 과거 지향적이면서 동시에 미래 지향적인 면모를 발견한다. "온정주의적 공동체에서 민주적 공동체로 이행"하려는 면모를 보여준다는 것이다.[59] 이런 민주공동체 안에서는 공업 성장이 윤리적 우선순위에 따라 규제되어야 하고 이윤 추구는 인간적인 요구에 종속되어야 마땅한 것이었다.

우리는 이 시기를 하나의 분수령, 물줄기 하나는 튜더 시대로 거슬러 올라가고 다른 하나는 그 이후 100년간의 공장법 제정을 향해 흘러가는 그런 분수령으로 보아야 한다. 러다이트운동은 최후의 길드조합원의 면모를 가짐과 동시에 10시간운동에 이르는 운동을 시작한 최초의 사람들의 면모를 갖고 있었다. 이 두 방향 모두에는 자유방임의 정치경제와 도덕에 대항하는 대안적 정치경제와 도덕이 있었다. 산업혁명의 결정적인 수십 년간 노동자들은 역사상 인간적으로 가장 비열한 도그마의 하나인 무책임하고 무제한적인 경쟁이라는 도그마의 공격을 받았으며, 수세대에 걸쳐 선대제

노동자들은 그런 공격을 받아 죽어갔다.[60]

러다이트운동 이후 1820년대에 결사법이 폐지되면서 무수한 지하운동 조직과 불법 노동조합이 공개적으로 활동하기 시작했다. 노동계급이 긴 탄압기의 경험으로 스스로를 형성한 것이다. 톰슨에 따르면, 이 시기 이후의 의회개혁운동과 차티즘운동은 이를 배경으로 전개되었다.

## 논점과 비판

《형성》에서 우선 검토해야 할 것은 계급 개념이다. 톰슨에 따르면, 계급의식이란 "그들 사이의 이해관계가 동일하고 다른 계급들의 이해관계에 대한 그들의 이해관계가 동일하다는 인식"이다.[61] 《형성》의 전체 서사를 관통하는 흐름은 계급 또는 계급의식이란 결국 혁명적 의식으로 나아가는 지향성을 보여준다는 것이다. 이런 점에서 톰슨은 기존의 계급 개념을 비판하면서도 실제로는 즉자적 계급과 대자적 계급이라는 마르크스주의적 계급관을 완전히 탈피하지 못했다고 비판받는다.[62] 실제로 이 같은 집단적 자의식은 구체적인 역사에서는 혁명적 의식보다 오히려 비혁명적 형태가 우세했다. 계급은 그들이 계급 정체성(동질성), 다른 계급에 대한 적대감이나 상반된 감정, 전체성, 대안전략 가운데 어느 것까지를 인식하는가에 따라 네 차원으로 나눌 수 있다.[63] 여기에서 계급 동질성은 19세기 노동자들의 집단적인 상호연결망과 결사문화를 통해 강화되었고 집단적 자의식의 네 가지 차원 가운데 가장 일반적인 형태였다. 의료, 교육, 여가와 관련된

광부
조지 워커George Walker, 〈미들턴 광부
A Middleton miner〉, 1814.《영국 노동
계급의 형성》초판 표지 그림.

여러 자조 조직이 이를 반영한다. 그러나 지역과 직종의 경계를 넘어 전국적 조직화(전체성)를 시도하거나 새로운 사회의 전망(대안적 전략)을 제시하려는 노력은 특정한 시기에 간헐적으로 나타났을 뿐이다. 이런 점에서 톰슨이 1820~30년대에 형성되었다고 보는 계급의식은 실제로는 사회 변혁의 수단보다는 노동자들이 산업자본주의에 대응하고 절충하는 수단으로 작용하는 경우가 더 흔했다.[64]

톰슨의 서술은 몰락 중인 집단에 주로 초점을 맞추고 정작 공장노동자를 다룬 내용은 풍부하지 않다는 인상을 준다. 산업혁명에 관한 수정주의 연구와 관련지을 경우 이 문제를 어떻게 보아야 하는가. 1970년대 이래 수정주의 연구는 기계와 공장 제도의 보급이 점진적

이었고 수공기술이 널리 사용되었다는 점을 강조한다. 새로운 기술혁신이 있다고 하더라도 전파 속도가 매우 느렸기 때문이다. 그렇다면 이와 같이 기계화가 지체되고 수공기술이 오래 지속된 까닭은 무엇인가. 수정론자들은 노동력이 풍부했고, 기계 대신에 수공기술만을 사용하더라도 생산성 향상이 가능했으며, 분업을 통해 개별 작업을 단순하게 할 수 있었다는 점을 지적한다.[65] 더욱이 공장 제도 자체가 수공기술과 양립할 수 있었다. 상당수 공장들은 관련 직종의 수공장인과 일종의 '공생관계'를 맺고 있었다.[66]

　수정주의 연구를 고려하면 톰슨의 연구는 이중의 맥락에서 검토의 대상이 된다. 한편으로, 수공장인의 세계를 강조한 그의 서술은 편향된 것이 아니라 올바른 방향이었다는 평가가 가능하다. 그러나 다른 한편으로 톰슨이 언급한 착취가 과장된 서술이라는 의구심을 갖게 한다. 《형성》은 공장노동자들에 초점을 맞추지 않았음에도 산업혁명기의 급속한 사회 변동을 전제로 삼는다. 산업화의 격랑 속에서 근로민중이 겪었던 극심한 착취의 경험이 서사의 밑바탕을 이룬다. 그러나 기계와 공장 제도가 몇몇 산업 분야에 제한적으로 전파되고 전통적 생산방식이 지배적이었던 세계에서 착취의 경험을 지나치게 강조한 것은 아닐까.

　톰슨이 강조한 전통적 요소 또한 주의 깊이 따져보아야 한다. 산업화가 오랜 기간에 걸쳐 점진적으로 진행된 사회의 경우 노동계급의 형성에 전통이 중요한 영향을 주었다는 톰슨의 견해는 설득력이 있다. 그러나 산업화가 급속하게 진행된 경우는 어떠한가. 영국에 뒤이은 유럽 국가들은 대부분 영국보다 더 급격한 산업화 과정을 겪었다. 노동계급의 형성에서 산업화 초기 자본주의의 발전 수준이 중요한 고려사항이라는 카츠넬슨. Katznelson의 주장은 이런 점에서 주의 깊게 살펴볼 필요가 있다.[67] 노동계급 형성에 관한 톰슨의 서사는 영국이라는 특수한 조건 아래서 전개된 현상인 것이다.

한편, 1830년대에 영국의 노동자들이 단일한 계급을 형성했다는 톰슨의 명제도 더 깊은 검토를 필요로 한다. 러다이트운동을 비롯한 집단항의는 톰슨의 서사에서 계급으로 나아가는 중요한 징검다리다. 경험의 축적이라는 점뿐만 아니라 스스로를 형성시킨 과정이라는 점에서 그렇다. 톰슨은 항의의 음모성, 대규모 군대를 동원한 정부의 강경 진압, 비밀지하조직과 비밀혁명집단 등을 근거로 이 항의가 경제적 차원을 넘어 그 이상의 목적을 지닌 혁명적 운동의 성격을 지녔다고 진단한다. 그러나 아직까지 이러한 서술은 추측의 단계에 머물러 있다. 러다이트운동은 산업분쟁, 특히 "폭동을 통한 집단협상"이라는 견해가 있고,[68] 톰슨 이후의 연구에서는 해먼드 부부의 시각을 이어받아 무계획적으로 진행된 산업투쟁으로 보기도 한다.[69]

1820~30년대에 계급의식적 계급이 출현했다는 톰슨의 명제는 후대 사회사 연구들에 의해 재검토의 필요성이 더욱 높아졌다. 그의 명제가 설득력을 갖는다면, 빅토리아 시대 중기에 영국 노동계급이 보여준 개량주의적 경향을 어떻게 바라보아야 할 것인가. 후대의 노동사가들은 다음과 같은 문제제기를 통해 이를 검토하려고 했다. 노동운동의 혁명적 잠재력에 변화를 가져온 요인은 '노동귀족'의 출현인가,[70] 아니면 노동 과정의 급속한 변화인가. 전자를 강조하는 견해에 따르면, 노동귀족은 부르주아지에 의해 만들어졌고 그들의 지배도구로서의 역할을 수행했다. 그들은 중간계급의 가치와 문화를 모방했으며 이를 전 노동계급에게 퍼뜨림으로써 지배구조의 안정화에 이바지

했다.[71] 후자를 중시하는 역사가들은 19세기 중엽 생산 과정의 변화, 즉 '형식적 종속'에서 '실질적 종속'으로의 변화가 노동자들의 계급의식을 약화시켰다고 주장한다. 형식적 종속 아래에서 노동계급은 작업장의 자유를 누리고 급진적인 의식을 배양하지만, 실질적 종속 아래에서 노동 과정의 통제권을 잃고 탈정치화하며 임금투쟁에 힘을 쏟게 된다는 것이다.[72]

1980년대 이후에는 계급을 존재론적 실재라기보다 '담론적 현실 discoursive reality'로 보는 경향이 뚜렷하게 나타났다. 계급은 언어로 형성된 개념일 뿐이기 때문에 언어적 맥락에서 분석할 수밖에 없다는 것이다.[73] 이들 연구는 19세기 노동자와 관련된 텍스트에서 계급에 대한 명확한 인식이 없었음을 드러냄으로써 비계급적 집단이나 인간의 능동적 행위를 강조하는 경향을 보여준다. 생산에서 착취의 담론은 나타나지 않았고 전통적인 급진주의 정치언어가 노동자들의 삶과 의식세계를 지배했다는 것이다. 이를테면, 스테드먼 존스G. Stedman Jones는 차티즘의 언어를 분석한 후, 그들이 경제적 차원이 아니라 정치의 장에서 권력의 수혜자와 희생자의 대립구도를 설정했다고 결론 내린다. 차티즘의 언어에서 사회집단은 자본가와 노동자가 아니라 선거권을 가진 사람과 그렇지 못한 사람들로 구분된다는 것이다.[74] 이런 점에서 보면 차티스트운동은 톰슨의 견해와 달리, 근대적 노동계급운동이라기보다는 18세기 급진적 정치운동의 마지막 형태라고 할 수 있다.

# 톰슨의 유산

톰슨의 《영국 노동계급의 형성》은 많은 사람들이 '노동의 전진'과 역사의 진보를 굳게 믿었던 1960년대의 낙관적인 분위기를 반영함과 동시에 그 분위기를 심화시킨 촉매제였다. 반세기가 지난 후 시대의 패러다임은 바뀌었다. 사람들은 더 이상 노동의 해방이나 전진을 언급하지 않는다. 세계화와 신자유주의 영향으로 부의 양극화와 사회적 불평등은 더욱더 심화되고 있으나, 전통적인 계급 개념과 시각을 통해 이러한 문제를 분석하거나 조직노동운동으로 대안을 제시하기에는 그것이 너무 복합적이고 다층적인 현상임이 분명해지고 있다. 오늘날의 탈계급적 경향은 현실 사회주의의 붕괴와 현대 자본주의에서 노동의 위축 같은 사회 변화에서 비롯된 것이지만, 해체론과 다문화주의의 영향 또한 간과할 수 없다.

해체론은 '실재reality'의 이면에 자리 잡은 '구조'가 그 실재를 설명하는 데 가장 중요하다고 보는 구조결정론(또는 사회환원론)을 비판한다. 전통적인 사회에서는 계급이나 생산양식과 같은 중심개념을 통해 사회를 설명하려고 한다. 톰슨의 경우도 예외가 아니다. 사회경제적 변화는 경험을 낳는다. 그리고 그 경험은 사람들이 이전부터 지녀온 문화와 전통이라는 여과막을 거쳐 쌓인다. 톰슨의 방법 또한 자본주의라는 구조 위에 경험이라는 중심개념을 설정한 것이다. 해체론은 전통역사학의 이러한 방법에 근본적인 의문을 던진다.

한편, 다문화주의는 지금까지의 역사 지식이 지배계급이나 특정 사회세력의 이해를 반영할 뿐이라고 비판한다. 사회 안의 다양한 집단들은 제각기 역사에 대해 자기 나름의 정당한 시각과 전망을 가지며,

그렇기 때문에 기존의 역사 지식에 대응해 독자적인 역사를 구성할 수 있다는 것이다. 여기에서 기존의 계급 중심의 역사 대신에 다양한 사회적 정체성을 중심으로 역사를 재구성하려는 시도가 나타난다. 인종, 성, 동성애, 사회적 일탈자, 기타 소수자의 시각에서 역사를 새롭게 서술하려고 한다. 반세기 전에 톰슨은 역사학의 새로운 지평을 열었다는 찬사를 받았다. 그러나 오늘날의 시점에서 보면 톰슨이야말로 전통역사학에 가장 충실한 역사가였다는 느낌을 지울 수 없다.

역사학에 대한 신뢰가 다른 어느 때보다 약화된 지금, 톰슨의 《형성》을 이전과 같은 열광의 눈길로 읽어나가기는 어렵다. 현대 사회의 탈계급화 현상은 노동사의 연구 대상이 앞으로도 남아 있을지 심각한 회의를 불러일으킨다. 육체노동의 감소, 자동화 및 정보통신혁명에 따른 전통적 노동 개념의 변화는 분명 오늘날의 탈계급화 추세를 보여준다. 이제 노동사는 계급이 아니라 노동자들의 역사를 기술할 수밖에 없는 상황에 직면한 것이다.

톰슨의 책은 내용 면에서 그대로 받아들일 수 없는 부분이 있다는 것을 인정해야 한다. 그렇더라도 그의 실천적인 삶은 물론, 그의 장대한 서사 형식, 인간의 능동적 행위agency를 중시하는 시각, 그리고 사료를 대하는 겸손한 태도는 후대의 역사가들에게 여전히 귀감이 된다. 역사가들은 그의 서술에서 문학적 상상력과 표현의 중요성을 다시 깨달을 수 있다. 노동계급의 전진에 대한 전망을 거두고 노동의 위축을 시대의 추세로 받아들인다 하더라도, 자신의 시대를 걱정하는 사람이라면 톰슨이 "후대 사람들의 멸시"에서 구하려고 한 그 대상들을 외면할 수 없다. 계급 중심의 역사를 벗어나더라도 우리는 여전히 어느 시대에나 '사회적 약자'의 문제를 외면할 수 없기 때문이다.

이집트 알렉산드리아 출생.

유대계 폴란드인 아버지와 유대계 오스트리아인 어머니 사이에서 태어나 빈과 베를린에서 생활했다.

12세, 14세라는 어린 나이에 부모를 차례로 잃고 여동생 낸시와 함께 친척에게 입양되었다.

히틀러가 집권하면서 홉스봄 가족은 1933년 베를린을 떠나 영국에 정착했다.

세인트 메리번St. Marybourne 그래머 스쿨을 거쳐 케임브리지대학 킹스칼리지에서 수학했다.

2차 세계대전이 발발하자 왕립육군에 입대하여 정훈부대에서 근무했으며,

전후에는 케임브리지를 떠나 런던 정경대학LSE에서 박사학위를 받았다.

1947년부터 1982년까지 런던 버크벡칼리지에서 교수로 일했다.

주요 저서로는 유명한 3부작 《혁명의 시대The Age of Revolution》(1962),

《자본의 시대The Age of Capital》(1975), 《제국의 시대The Age of Empire》(1987) 외에

《노동의 전환점Labour's Turning Point: extracts from contemporary sources》(1948),

《노동하는 인간Labouring Men: studies in the history of labour》(1964),

《만들어진 전통The Invention of Tradition》(공저, 1983), 《노동자들: 노동의 세계Workers: worlds of labor》(1985),

《1780년 이후의 민족과 민족주의Nations and Nationalism since 1780: programme, myth, reality》(1990),

《극단의 시대: 단기 20세기사Age of Extremes: the short twentieth century, 1914~1991》(1994),

《역사론On History》(1997), 《저항과 반역 그리고 재즈Uncommon People: resistance, rebellion and jazz》(1998),

《세상을 어떻게 바꿀 것인가How to Change the World: Tales of Marx and Marxism》(2011) 등이 있다.

*Eric John Hobsbawm*
*1917~2012*

15년여 전에 우리는 20세기를 마감하고 다음 세기로 들어섰다. 서력 기원에 익숙한 사람들에게 그것은 세 번째 천년기를 맞이하는 시점이 기도 했다. 새 천년을 대망하는 축제와 기념식이 지구촌 곳곳에서 벌어지던 광경이 기억에도 새롭다. 그러나 다시 생각하면 새로운 세기는 기대보다는 불안을, 희망보다는 절망을 안겨주었다. 이 세계에 불확실성이 가득하고 시간이 지나면서 그것이 증폭되고 있다는 느낌을 떨칠 수 없었기 때문이다. 과연 인류는 어디에 와 있으며 또 어디로 나아가고 있는가. 이러한 물음이 떠오를수록 지난 20세기를 성찰해야 할 필요성을 절감한다.

에릭 홉스봄Eric John Hobsbawm(1917~2012)의 《극단의 시대*The Age of Extremes*》는 이러한 필요에 부응하는 역사서술이다.[1] 특히 현재의 경험을 과거와 연결 짓기 싫어하는 오늘날의 몰역사적 분위기 속에서 이 책은 한층 더 중요한 의미를 가진다. 《극단의 시대》에서 홉스봄은 1차 세계대전 이후의 '단기短期 20세기'를 세 시기로 구분하는데 이것은 책의 구성과 일치한다. 홉스봄의 표현에 따르면, 이 '단기 20세기' 는 일종의 샌드위치 역사다(19쪽). 왜냐하면 1부 '파국의 시대' 와 3부

'산사태' 사이에 단기간의 '황금시대'가 들어가 있기 때문이다. 책의 1부와 3부는 그야말로 혼돈으로 점철되어 있다. 반면 2부는 유례없는 경제적 번영을 누렸던 시대였다.[2] 이와 같이 단기 20세기는 파국과 번영의 두 극단을 오가는 시계추의 궤적을 보여준다.

홉스봄의 학문적 이력은 소개할 필요가 없을 만큼 널리 알려져 있다. 그는 일찍이 에드워드 톰슨Edward Palmer Thompson과 함께 영국 노동사 연구의 새로운 지평을 열었다. 그는 여기에서 더 나아가 근대 자본주의 사회의 발전에 대한 전체사 서술을 시도하여 학문적인 명성을 얻었다. 《혁명의 시대The Age of Revolution》, 《자본의 시대The Age of Capital》, 《제국의 시대The Age of Empire》로 이어지는 그의 저술들은 이른바 '장기 19세기'의 자본주의 세계를 다룬 것이다.[3] 《극단의 시대》 또한 이전의 3부작과 마찬가지로 종합적인 서술을 추구한다. 여기에서 특히 사람들의 주목을 끄는 것은, 이 책이 종합의 차원을 넘어 진보적인 마르크스주의자로서 치열한 삶을 살아온 한 역사가의 자전적 체험이 녹아 있는 동시대사 서술이라는 점이다.

홉스봄의 남다른 유년기 체험은 '파국의 시대'의 불행과 겹쳐 있다. 그는 1917년에 이집트에서 태어나 어린 시절을 빈과 베를린에서 보냈다. 유태계였던 홉스봄은 히틀러가 집권한 직후 가족을 따라 영국으로 이주했으며 2차 세계대전기에는 케임브리지에서의 학업을 중단하고 군대에 복무하기도 했다.[4] 그러니까 홉스봄은 유년기부터 유럽의 중심 국가들을 전전해온 문화적 주변인이었다. 그는 '파국의 시대'를 몸으로 겪으면서 자연스럽게 사회주의 이념을 수용했고 자본주의의 붕괴와 사회주의의 승리를 대망하는 좌파 지식인으로 활동해왔다. 그러나 《극단의 시대》는 그의 이러한 정치적 신념과는 달리 노

역사가의 회한의 감정만이 짙게 배어 있는 것처럼 보인다.

## 20세기의 풍경화

《극단의 시대》에서 홉스봄이 그리고 있는 20세기의 역사는 일반인에게도 상당히 익숙한 것이다. 홉스봄은 이 익숙한 과거를 풍경화처럼 재구성함으로써 우리 시대의 궤적을 다시 성찰할 수 있는 계기를 제공한다. 우선 '파국의 시대'는 전쟁과 학살의 고통스러운 기억으로 이어진다. 두 차례의 전쟁은 세계 인구의 대부분이 관련된 총력전의 형태로 나타났다. 수많은 젊은이들이 전쟁터에서 죽었고 또 다른 수많은 사람들이 전시경제 아래에서 효율적인 전쟁을 위한 노역에 동원되었다. 참혹한 전쟁과 대량학살은 인간이 다른 피조물보다 얼마나 더 잔인할 수 있는가를 검증하려는 무대인 것 같았다. 한편 두 전쟁 사이에는 경제적으로 매우 불안정한 시기가 가로놓여 있었고 여러 나라에서 고도로 억압적인 지배체제가 들어섰다. 대량실업과 파시즘의 공포가 일상생활을 지배했다. 이와 함께 자본주의의 대안을 추구하는 이상주의자들의 열정이 곳곳에서 혁명으로 폭발하기도 했다. 그러나 이 과정에서 많은 사람들이 혁명을 위해 스스로를 희생했으며 그보다 더 많은 사람들은 혁명 때문에 목숨을 잃었다.

다음으로 '황금시대'는 겉으로 보면 지속적인 경제성장, 과학기술의 발전, 생활수준의 향상, 제3세계의 근대화 등으로 이어지는 번영기였다. 전 지구적 차원의 세계경제가 국민경제들을 대신해서 번영을 이끌었다. 그러나 그 번영의 이면에는 급속한 사회문화적 변동이 있었다. 농민층의 감소, 학생층의 증가, 여성의 사회 참여와 같은 일련의 사회적 변화와 더불어 전통적인 핵가족의 위기, 성의 개방, 청년문화의 성장, 기존 도덕률의 전면적인 해체 등 일련의 문화적 변화가 뒤를 이었다.

마지막으로 '산사태 시대'는 자본주의의 불안정과 사회주의의 조락이 함께 겹친 음울한 모습으로 그려진다. 1973년 석유위기 이후 자본주의는 저성장, 만성적인 실업, 인플레이션으로 대표되는 구조적 경제침체의 징후를 나타냈다. 이는 이전의 번영기에 팽창한 자본주의 세계경제가 스스로 위기에 대응하고 조절할 수 있는 통제 기제를 결여한 데서 비롯한 것이었다. 이와 함께 자본주의의 대안으로서 사회주의도 체제 경쟁에서 경직성을 드러냈고 급기야는 전면적인 붕괴로 귀결되었다. 두 경제체제의 위기는 정치적 불안정과 표리관계를 이루었다. 한편에서는 사회주의 세계의 당 지배체제가 붕괴되고, 다른 한편에서는 의회민주주의가 한계를 보여주었다.

사실 20세기의 여러 변화는 유럽중심주의에 익숙한 서구의 지식인들에게는 더욱더 위기로 받아들여질 수밖에 없다. 유럽의 비중이 정치, 경제, 사회, 문화 등 모든 영역에서 낮아지고 있기 때문이다. 유럽연합을 출범시키고 유럽의 정체성을 새롭게 모색하려는 유럽인들의 노력이 바로 이 같은 위기의식을 단적으로 보여준다. 아직도 국민국가의 강고한 경계들이 남아 있지만, 그것을 넘어 인간 활동의 파편화와 다양화를 이끌어내는 전 지구화 경향이 기존 제도들의 분해를 촉진하고 있다. 여기에서 홉스봄은 이전 세기에서 물려받은 제도와 구조의 위기뿐만 아니라 그것들을 만들어낸 정신과 신념의 위기를 강조한다. 세계경제와 민주주의 정치체제와 과학기술 문명의 바탕에는 합리주의의 신념이 있었다. 그런데 바로 그 신념이 송두리째 무너진 것이다(27쪽).

이와 같이 홉스봄이 그린 '단기 20세기'의 풍경화는 전체적으로 음울한 색조로 뒤덮여 있다. 이 책의 서두에 실린 저명한 지식인 12인의 논평들이 대부분 20세기를 비극의 시대로 규정한 것도 따지고 보면 놀랄 만한 일이 아니다. 홉스봄은 세기말의 세계가 "역사적 위기의 시점"에 이른 징후들을 발견한다. 그것은 특히 과학기술에 기반을 둔 자본주의 경제가 "인류생활의 물질적 토대"를 모두 파괴하기 시작했다는 사실에서 분명하게 드러난다(799쪽). 그런데 정작 문제가 되는 것은 그 위기들이 과거의 성찰을 통해서는 해결할 수 없다는 점이다. 홉스봄의 탄식은 여기에서 비롯한다. 이 세계는 더 이상 과거가 자신의 역할을 할 수 있는 곳이 아니며, 인류를 안내해온 "이전의 지도와 해도"는 이제 새로운 항해의 나침반이 될 수 없다는 것이다(34쪽).

## 사회주의와 자본주의

《극단의 시대》에서 특히 관심을 끄는 것은 무엇인가. '단기 20세기'는 1차 세계대전과 볼셰비키혁명으로 막이 올랐고 현실 사회주의의 붕괴와 함께 끝났다. 그 역사는 사회주의와 자본주의 사이의 대립, 갈등 및 경쟁을 통해 변화해왔다. 그러므로 사회주의와 자본주의의 변화는 20세기 역사의 전체상을 파악하기 위해 다른 무엇보다 먼저 생각해야 할 주제다. 이와 아울러 홉스봄은 2차 세계대전 이후 '황금시대'에 이루어진 사회문화적 변동을 중시한다. 이 변동이야말로 신석

기혁명 이래 인류가 경험한 변화 가운데서도 가장 극적인 내용을 포함하고 있다는 것이다.

먼저 사회주의혁명과 현실 사회주의의 붕괴를 살펴보자. 20세기가 끝나기도 전에 현실 사회주의가 붕괴하리라는 것을 아무도 예견하지 못했듯이, 1917년 러시아에서 사회주의혁명이 성공할 것이라고 전망한 사람들 또한 거의 없었다. 홉스봄에 의하면, 후진국 러시아에서 혁명이 성공한 것은 마르크스주의 사회이론의 우월성 때문이 아니었다. 그보다는 오히려 혁명가들의 자기헌신과 전위당의 능동적인 활동 덕분이었다. 레닌과 그의 동료들은 "대중이 원하는 것을 파악하는 뛰어난 능력"을 가졌을 뿐만 아니라 "중앙집권적이고 규율 잡힌 당조직"을 통해 혁명운동을 전개했다. 요컨대 레닌의 혁명이 지속될 수 있었던 것은 공산당이라는 조직의 유용성에 힘입은 것이었다. 그밖에 애국적인 러시아인들에게 유

러시아혁명
1920년 5월 5일 모스크바 스베르들로프 광장Sverdlov Square에서 연설하는 볼셰비키 지도자 블라디미르 레닌Vladimir Lenin.

일한 정부였다는 점과 농민에게 토지 보유를 약속함으로써 그들의 지지를 얻었다는 점도 지적할 수 있다(92, 96쪽).

혁명가들은 초기 기독교도들이 그러했듯이 "불행과 억압, 불평등과 부정이 없는 사회를 가져올 묵시록적 변화"의 도래를 믿었다. 그들이 보기에, 마르크스주의는 "천년왕국에 대한 희망"에 "과학과 역사적 필연성"을 제공해주었다. 10월혁명은 그 같은 대변화가 시작되었음을 알려주는 유력한 증거였다(107쪽). 이러한 신념은 러시아혁명 이후 여러 세대의 혁명가들이 공유해온 정신적 자산이었다. 혁명에 대한 열망은 한 세대 이상 무수한 사람들을 사로잡았다. 특히 볼셰비즘은 레닌주의 이외의 모든 급진운동을 주변으로 내몰았으며, 혁명가란 레닌의 이념과 10월혁명을 따르는 사람을 뜻하게 되었다(110쪽). 새로운 사회를 대망하는 젊은이들이 코민테른의 지도나 모스크바의 노선에 동조하면서 자신의 조국에서 혁명운동의 열정을 불태웠다. 특히 공산당 조직이야말로 이 혁명운동에서 가장 긴요한 요소였다. 그것은 "20세기 사회공학이 낳은 강력한 혁신물"로서 매우 효율적인 것으로 드러났다. 언제 어디서나 당은 조직원들에게 군대의 규율이나 응집력보다도 더 엄청난 헌신과 자기희생을 요구할 수 있었고, 조직원들은 혁명의 대의를 위해 이러한 요구에 부응할 준비가 되어 있었다(112쪽).

그러나 볼셰비키혁명은 국가권력을 장악한 그 순간부터 반혁명과 내전, 자본주의 국가들의 간섭과 경제적 혼란 등 넘기 어려운 상황에 직면했고, 이에 대응하는 과정에서 순수성을 잃었다. 혁명 지도자들은 그들의 정책이 혁명의 미래에 어떠한 영향을 미칠 것인지를 고려할 만한 여력이 없었다. 홉스봄은 혁명의 변질을 불가항력적인 것으로 이해한다. 스탈린주의는 그러한 변모의 결과 중 하나였다. 그렇다고 해서 홉스봄이 스탈린체제를 정당화한 것은 아니다. 전위당의 존재가 독재적인 요소를 포함하고 있는 상황에서 당내 민주주의의 포기는 민주집중제를 단순한 집중제로 만들었다. 스탈린체제는 사실상의 군주제였고 소련의 발전은 스탈린의 "유아독존적인 신념"을 바탕으로 "총력전의 원리"를 사회주의 국가 건설에 적용한 데 힘입은 것이었다(538쪽).

스탈린 시대 이래 사회주의권은 일종의 "자기완결적 소우주"였다. 1960년대에 사회주의 국가 무역의 3분의 2는 역내 무역이었다. 물론 이것은 냉전의 결과이기도 했지만, 소련 사회주의의 계획경제와 중공업 위주의 경제개발의 결과이기도 했다. 물론 이것은 마르크스-엥겔스의 유산이 아니다. 홉스봄이 보기에, 소련 사회주의는 경제적으로 생활수준의 최소한의 상승을 이루긴 했지만 농업의 생산성 향상 면에서는 성과를 거두지 못했다. 장기적으로 보면 사회주의체제는 강제적 집단화, 관료제의 부작용, 체제의 경직성과 더불어 여러 문제들에 시달렸으며 점차 자본주의세계와의 체제 경쟁에서 뒤떨어지기 시작했다. 요컨대 소련체제는 그 나라 인민이 "최소한의 사회적 수준을 보장해주는 생활수준"과 "최저생활수준을 약간 넘는 물질적 생활"에 만족할 것이라는 가정 아래 매우 후진적인 미개발국을 급속하게 공업화하려는 목적으로 설계된 체제에 지나지 않았다(530쪽). 더욱이 소련의 경제적 결함은 미국과의 대결에서 "군사적 초강대국으로서의 지위가 요구하는 것" 때문에 악화되었다(656쪽).

1980년대에 소련의 집권세력은 위로부터의 개혁을 시도했으나, 그것은 오히려 체제의 근간을 이루는 당과 국가기구의 약화만을 가져왔다. 홉스봄은 소련체제를 군대에 비유한다. 원래 군대는 민주화한다

고 해서 효율성이 높아지지는 않는다. 그렇다
고 군대 방식이 아닌 민간 방식을 따를 경우 기
존 체제의 붕괴를 가져올 위험이 있었다. 홉스

페레스트로이카
페레스트로이카 우표(1988).

봄에 따르면, 고르바초프의 개혁은 본질적으로 효율성을 제고하기 위
한 것이었지만 군대를 떠올리게 하는 소련체제 자체의 문제가 고르바
초프의 개혁이 당면한 비극이었다(658~59쪽). 고르바초프의 개혁 아
래에서 법의 지배와 시민적 자유를 의미하는 글라스노스트가 시장경
제의 개혁, 즉 페레스트로이카보다 더 나아간 점이 문제였던 것이다.

그렇다면 현실 사회주의는 어떤 역사적 맥락에서 이해해야 하는

가. 홉스봄은 공산주의의 이름으로 이루어진 혁명들이 이제 지칠 대로 지친 상태라는 점을 인정하면서 현실 사회주의 실험의 종국을 선언한다. 이 실험들은 되풀이되지 않을 것이다. 그것은 원래 "자본주의에 대한 세계적 대안"이 아니라 후진 러시아와 같이 낙후된 나라의 "특별한 상황에 걸맞은 일련의 특정한 대응"이었기 때문이다(681쪽). 물론 생산수단의 사회적 소유를 비롯한 사회주의적 가치들은 현실 사회주의의 실패와는 별개로 남겠지만 운동으로서의 사회주의는 다시 살아나기 어려울 것이다. 홉스봄이 스탈린 비판운동 이후에도 다른 마르크스주의 역사가들과 달리 영국공산당에 잔류하여 사회주의운동의 가능성을 옹호했다는 점을 상기하면, 이 같은 단언은 그의 정치적 입장의 선회를 단적으로 보여준다.

다음으로, 현대 자본주의는 어떠한 궤적을 그려왔는가. 1973년 이후 자본주의 세계경제의 불안정을 목도하면서 홉스봄은 경제정책 담당자들이 이와 같은 장기불황의 가능성을 전혀 예상하지 못한 사실을 놀라워한다. 그들은 자본주의가 이전 세기부터 이미 콘트라티에프의 장기파동을 보여주었다는 사실을 전혀 고려하지 않았기 때문이다. 빅토리아 시대 후기의 불황과 1930년대의 대공황은 이러한 장기파동에 들어맞는 것이었다. 물론 대공황을 겪으면서 경제이론가들은 자본주의 시장이 스스로 자동조절 기능을 가지고 있다는 환상에서 깨어났다. 케인즈 이후의 경제이론은 자본주의 시장의 불완전성을 전제로 하는 것이었다. 그럼에도 지난 20여 년 사이에 순수한 시장 기능을 강조하는 신보수주의 경제정책이 다시 우세를 점한 것은 "경제학의 이론가와 실천가들 양쪽 모두가 기억력이 놀랄 만큼 부족하다는 사실"을 일깨워준다(147쪽). 아마도 이것은 2차 세계대전 이후 장기호황의

## 블랙 프라이데이
1873년 5월 9일(블랙 프라이데이) 빈 증권거래소의 모습.

## 대공황
알 카포네가 시카고에 문을 연 공황무료급식소에 길게 늘어선 실업자들(1931).

인상이 너무나 깊었기 때문일 것이다. 이 시기에 세계경제는 중심부 국가들을 비롯하여 제3세계의 일부 지역까지 경제발전이 두드러졌다. 국민총생산 지표가 지속적으로 상승했고, 선진자본주의 세계는 다른 어느 시기보다 더 높은 생활수준을 누렸다. 홉스봄에 의하면, 이와 같은 장기호황에서 결정적인 역할을 한 것은 역시 급속한 기술혁신이었다(364쪽).

그런데도 장기호황을 누리던 자본주의는 마치 콘트라티에프 장기파동을 입증이라도 하려는 듯이 다시금 불안정한 상태로 빠져들었다. 《극단의 시대》는 이러한 변화의 요인들을 구체적으로 알려주지 않는다. 현대 자본주의의 재생산구조를 설명할 수 있는 새로운 학문적 패러다임과 분석틀이 정립되지 않은 상태에서 홉스봄에게 그것을 기대하는 것 자체가 잘못이다. 이런 한계가 있음에도 부분적인 설명은 가능할 것이다.

홉스봄은 자본주의 이전부터 인간의 경제 활동에 자리 잡은 어떤 속성들의 변화에 주목한다. 그동안 자본주의는 한편으로는 시장의 작동기제 아래 움직이면서도 다른 한편으로는 인간의 이윤 추구와 직접 관련되지 않는 성향들, 이를테면 노동의 습관, 미래의 보상을 위해 현재의 만족을 기꺼이 참으려는 태도, 상호신용의 관습과 성취 등 전자본주의 세계에서 유래한 여러 성향들에 의존했다. 좀 더 넓게 말한다면 그것은 이전 시대부터 내려온 권리와 상호의무, 선행, 희생과 양심 등 일반적인 도덕률에 바탕을 두고 발전해왔다. 이윤 추구와 자본 축적은 자본주의 발전의 필요조건이지만 충분조건은 아니었다. 자본주의는 자본주의적이지 않았기 때문에 성공했던 것이다(475쪽).

굳이 홉스봄의 견해를 거론하지 않더라도, 자본주의 발전 초기에 기존 사회의 종교적 전통이 중요한 역할을 했다는 것은 잘 알려진 사실이다. 예를 들어, 막스 베버가 프로테스탄티즘의 윤리와 자본주의 정신의 상호관계에 주목한 것은 19세기 후반 독일의 비약적인 경제발전을 해명해야 할 현실적인 필요성 때문이었다. 시장관계 아래에서 생활할 때에도 사람들은 여전히 개신교의 직업윤리에 충실했고, 이 전자본주의적 윤리가 자본 축적과 경제발전에 역동성을 가져다주었다. 루터와 칼뱅이 가르친 것, 즉 직업을 신의 소명으로 인식하고 끊임없이 직업에 매진하는 것이야말로 근본적으로는 자본주의와 관련이 없으면서도 자본주의의 발전을 촉진하는 원동력이 되었던 것이다. 비슷한 사례를 18세기 영국 사회에서도 찾을 수 있다. 영국의 산업화 초기 제철이나 요업, 섬유업 분야의 기술혁신과 자본 축적에서 비국교도 출신들이 중요한 역할을 담당했다는 사실 말이다.[5]

그러나 임계선을 넘어 팽창하면 할수록 자본주의는 점차 사람들의 생활 전반에서 전자본주의적 도덕률을 잠식하기 시작한다. 원래 자본주의는 삶을 둘러싼 모든 사물과 모든 조건들을 시장경제라는 이름 아래 통합하는 경향이 있기 때문이다. 이러한 경향 아래에서 전통적인 것들은 대부분 사라지고 해체된다. 홉스봄에 따르면, 오늘날 자본주의의 불안정성이 갈수록 높아지는 것은 바로 이 전자본주의적 성향들의 급격한 쇠퇴와 관련이 있다. 과거로부터 물려받은 이러한 성향은 지금까지는 마치 당연한 것처럼 간주되었다. 사람들은 공기가 희박해졌을 때 생명과 공기의 관계를 알 수 있다. 그와 마찬가지로 이 전자본주의적 성향들이 약화되었을 때 비로소 우리는 그것이 자본주의에서 차지하는 중요성을 인식할 수 있다.

## 사회문화적 변동

《극단의 시대》에서 홉스봄이 사회주의와 자본주의의 변화 못지않게 관심을 기울여 상술하는 주제는 2차 세계대전 이후 서구 여러 나라에서 전개된 사회문화적 변동이다. 이것이야말로 신석기혁명 이래 인류가 경험한 변화 가운데서도 가장 극적인 내용을 포함하고 있다는 것이다. 실제로 이 부분은 홉스봄의 책에서 가장 돋보이는 서술이다.

사회 변화는 산업화의 영향을 받은 점진적인 과정임에는 분명하지만, 그것이 전 지구적 차원으로 확대된 것은 2차 세계대전 이후의 일이었다. 그러니까 산업화의 결과는 20세기 후반에 이르러서야 비로소 가시적으로 나타났다고도 할 수 있다. 홉스봄은 사회적 변화의 주된 내용으로 농민층 감소, 교육 기회의 확대 및 학생층 증가, 기술혁신에 따른 노동의 위축, 여성의 사회참여 증가를 들고 있다. 특히 '황금시대'의 변화가 주목을 끄는 것은 변화의 정도가 이전과는 비교할 수 없을 뿐만 아니라 변화 자체가 전 세계적인 차원에서 진행되었다는 사실 때문이다.

우선 농민층 감소를 살펴보면, 이 시기에 중심부 국가에서 농민층은 거의 사라졌으며 한국을 비롯한 동아시아의 신흥공업국들에서도 더 이상 사회세력의 범주로 인정할 수 없을 만큼 위축되었다. 역사상 처음으로 인류의 절대 다수가 비농업적 생활 아래에서 삶을 꾸려나가게 된 것이다. 인류는 오랫동안 땅을 삶의 터전으로 삼아 생활해왔다. 땅은 단순히 식량 생산의 토대를 넘어 사람의 삶을 직접 규정하는 공간이었다. 그러나 이제 절대다수의 사람들이 땅의 직접적인 지배에서 벗어나서 생활하게 된 것이다. 그 결과는 거대도시, 메가폴리스megapolis

의 출현이다. 거대도시들을 연결하고 소
통하는 교통혁명과 함께 사람들의 이동성
은 더욱더 증대되기 시작한다(402~5쪽).

농민층 감소
압구정동 현대아파트 주변 농지에서
밭을 가는 농민(1978).

　다음으로, 선진국이나 개발도상국 모두에서 중등 및 고등교육의 기
회가 지속적으로 확대됨에 따라 학생 인구의 비율이 급속하게 높아졌
다. 2차 세계대전 이전에는 서유럽 주요 국가들에서 대학생 수가 전
인구의 0.1퍼센트에 지나지 않았다. 오직 선택받은 소수만이 고등교
육의 기회를 가졌을 뿐이었다. 그러나 이들 국가에서 고등교육은 이
미 대중화의 단계에 들어섰다. 미국은 더 일찍부터 대중교육의 면모
를 드러냈다. 홉스봄에 따르면 고등교육 인구의 이 같은 증가는 근대
화 및 산업화에 따른 수요 증가 때문이지만, 정도를 넘어선 것이었다.
이는 아마도 교육 소비자들의 열망과 압력 때문이리라(412쪽). 더욱이

황금시대에 경제 번영이 지속되면서 교육 인구의 증가는 거의 장기 지속적인 추세로 굳어졌다. 제3세계 국가들에서도 교육은 사회 이동의 가장 유력한 수단으로 떠오른 지 오래다.

대학 인구의 증가가 사회 전반에 미친 영향은 매우 컸다. 우선 대학생들은 시민 가운데 정치적 행동을 위해 결집할 수 있는 유일한 집단으로 성장했다. 1960년대에 이들의 정치 성향은 좌파로 기울었는데, 원래 젊은이는 권위에 반항하고 과도적이며 진취적인 데다가 무질서의 중심에 서 있는 경우가 많다. 더욱이 이전과 달리 비엘리트 출신이 대거 대학에 입학함으로써 학생들 사이에 특권계급에 대한 귀속의식이 약해졌다. 홉스봄은 이렇게 말한다. "이 새로운 학생 대중은 말하자면 사회의 나머지 부분과 어색한 관계를 가지는 위치에 있었다. 그들은 여타의 오래된 기성계급이나 사회집단과는 달리 안정된 사회적 위치도 또 사회와 안정된 형태의 관계도 갖지 못했다"(418쪽). 1960년대 후반의 학생운동은 어쩌면 필연적인 수순이었을 것이다. 대학생 집단의 증가 자체가 기존 사회에 대한 문제제기를 함축하

대학생
미국의 베트남전 참전에 반대하는
플로리다주립대 학생들(1970).

는 것이었고 이러한 문제제기가 사회 비판으로
전화하는 것은 시간 문제였기 때문이다.

포디즘
포드 공장의 어셈블리라인
assembly line(1914).

　한편, 노동의 위축 또한 이전의 기술혁신에 따
른 결과와는 비교할 수 없는 것이었다. 포스트포디즘, 유연생산전략,
자동제어 생산공정, 정보통신혁명 등 일련의 기술혁신에 따른 노동
감소는 노동계급의 정체성을 약화시킴으로써 계급의 해체를 가져왔
다(422쪽). 노동의 위축이 1950년대 이래 심화되었음에도 이 문제가
근래에 이르러 논란이 된 이유는 무엇인가. '황금시대'에는 경제성장
에 의한 취업인구의 양적 증가가 그 현상을 일시적으로 은폐했기 때문
이다(372쪽). 사실 19세기와 20세기 전반까지 유럽 사회사에서 가장
특징적인 현상의 하나는 노동의 대두였다. 산업화 과정에서 급증한

노동자들은 자신의 계급 정체성을 구현하는 데 어느 정도 성공했다. 사회주의와 급진주의의 여러 분파 활동이 나타났지만, 어느 경우든지 그 토대를 이루는 세력은 노동계급이었다. 홉스봄은 이를 계급의식의 표지, 즉 노동자들의 의복이며 말투며 생활방식에서 확인할 수 있었다고 단언한다. 그러나 이러한 표지들이 2차 세계대전 이후에 급격하게 사라지고 있었다. "선진국의 경우 2차 세계대전이 끝날 무렵 계급의식은 절정에 달했고 황금시대에 그러한 응집성의 거의 모든 요소가 토대부터 침식되었다"(425쪽). 그렇다면 그 이유는 무엇인가. 장기호황과 생활수준 상승 때문인가. 홉스봄은 이 문제에 대해 즉각적인 답변을 내놓지 않는다. 한마디로 규정할 수 없는 복합적인 요인이 작용했기 때문일 것이다.

마지막으로, 여성의 사회참여 또한 주목할 만한 사회적 변화다. 홉스봄에 따르면, 여성의 사회참여가 가속된 가장 직접적인 요인은 여성교육의 확대다. 여성운동 또한 이러한 추세에 불을 질렀다. 그러나 여성의 사회참여는 계급에 따라 차이를 보여준다. 중간계급 출신 여성이 유급 노동시장에 진출하려는 시도는 이데올로기적인 성격을 지녔다. 중간계급에 속하는 기혼여성들의 사회참여 동기는 "자유와 자율성에 대한 요구, 즉 기혼여성이 남편과 가족의 부속물로서가 아니라 자기 이름에 걸맞은 인간이 되겠다는 요구, 세상 사람들로부터 인간이라는 한 종의 일원이 아니라 한 개인으로 평가받는 사람이 되겠다는 요구"에서 비롯했다. 반면 노동계급 여성의 경우 생활전선에 진출한 것은 아동노동에 대한 규제와 국민교육의 제도화에 따라 아이들이 더 이상 일터에 나가지 않게 되었기 때문이다(440~41쪽).

이와 같은 사회 변화는 문화적 변동과 밀접하게 관련된다. 홉스봄

Eric John Hobsbawm

은 문화변동 가운데 특히 가족의
붕괴와 청년문화의 대두 그리고
문화 전반의 반도덕적 경향을 강
조한다. 우선 가족의 붕괴를 살펴
보자. 아마 20세기 후반의 사회상

여성운동
'여성에게 투표권을Votes For Women' 플래카드를
들고 있는 여성사회정치연맹WSPU(Women's
Social and Political Union) 지도자 애니 케니Annie
Kenney(왼쪽)와 크리스타벨 팽크허스트Christabel
Pankhurst(1908년경).

을 살펴보면, 이혼의 증가와 독신자의 증가가 가장 주목할 만한 현상
의 하나일 것이다. 홉스봄은 구체적인 수치를 들어 가족의 붕괴를 설
명한다. 예컨대 영국에서 1938~80년 사이에 결혼건수와 이혼건수의

|
5장 에릭 홉스봄, 20세기를 돌아보다
185
|

비율은 55 대 1에서 22 대 1로 변했다. 미국의 경우는 더욱 심각하다. 1960~80년간에 고전적인 부부가족이 전 가구에서 차지하는 비율은 44퍼센트에서 29퍼센트로 떨어졌으며 그 추세는 더 가속되고 있다 (446쪽). 가족의 위기는 성적 행동, 배우자관계, 출산을 지배하는 공적 기준 등의 극적인 변화와 관련된다. 이와 함께 사생아 출산, 편부 및 편모가정의 증가가 심각한 사회 문제를 유발한다.

둘째, 홉스봄은 청년문화의 대두와 그 영향을 집중적으로 설명한다. 록음악과 청바지로 대변되는 청년문화는 세대 간의 위기 또는 세대관계의 변화를 나타낸다. 물론 이 청년문화는 학생집단의 증가와 관련된다. 사실 어느 시대나 세대 간의 긴장과 청년 문제가 있기 마련이다. 그러나 홉스봄에 보기에 20세기 후반의 청년 문제는 이전의 그것과 다른 특징을 지녔다. 청년기가 "성

청년문화
1969년 8월 열린 우드스탁 페스티벌Woodstock festival 에 참여한 청년들의 모습.

년의 준비단계"가 아니라 어떤 점에서 "한 인간이 발전하는 최종단계"로 인식되었던 것이다(451쪽). 뿐만 아니라 청년문화가 이전과 달리 선진자본주의 국가들에서 지배적인 문화로 자리 잡았다. 이는 청년문화와 관련된 상품 수요가 급증하면서 관련 상품시장이 확대된 데 힘입은 것이다. 청년문화를 경험하고 그 흔적을 자신의 삶에 각인한 사람들은 성년이 된 후에도 청년문화를 버리지 않았다(452쪽). 게다가 록음악과 청바지는 경계를 넘어서는 특징을 보여준다. 먼저 청년문화는 하층계급의 의상과 노래를 흡수하면서 민중 모방의 성격을 띤다. 아울러 인종이나 국경의 벽을 넘어 전 세계의 지배적인 문화로 자리 잡으면서 국제주의의 면모를 드러낸다. 청년문화야말로 국가와 민족의 경계를 넘어선 진정한 의미의 국제문화였던 셈이다.

마지막으로, 홉스봄은 청년문화에 내재된 "도덕률 폐기론적 경향"에 주목한다(459쪽). 여기에서 '도덕률 폐기론적'은 기존 문화에 대한 반문화적 내용을 함축하고 있다는 뜻이다. 달리 말하면 "금지하는 것"을 금지하려는 경향을 의미한다. 젊은이들이 하층계급의 의상과 생활방식과 노래를 모방한 것도 이런 맥락에서 이해해야 한다. 하위문화는 이전에 기성계급이 경원했기 때문에 오히려 환영받은 것이다. 상층 또는 중간계급 출신 젊은이들은 이러한 하위문화를 앞다투어 받아들임으로써 반문화적 속성을 그대로 드러냈다. 이는 또한 개인과 사회의 동시적 해방을 뜻하는 것이기도 했다. 1960년대 이후 청년문화에서 "국가, 부모와 이웃의 힘, 법, 인습 등의 굴레를 타파하는 가장 분명한 방식"은 섹스와 마약이었다(461쪽). 섹스는 개방과 해방을 뜻했고, 이전에 하층민의 기호품이었던 마약을 통해 불법행위를 시도하고 그럼으로써 기존 권력에 도전한 것이었다. 홉스봄에 따르면, 동성애의 성행이나 극단적 개인주의 경향도 이와 동일한 맥락에서 이해할 수 있다. 그리고 이 모든 도덕률 폐기론적 경향은 새로운 상품시장의 창출을 통해 더욱더 심화되었다.

요컨대 청년문화는 기존 문화에 대한 반문화적 성격을 표출하면서 개인의 전면적인 해방을 지향한다. 이 같은 문화혁명은 사회에 대한 개인의 완전한 승리를 반영한다. 그것은 "인간을 사회라는 직물로 짜넣은 모든 실 가닥"을 끊었다(464쪽). 문화혁명의 파국적 결과는 바로 이 점에 있다. 홉스봄이 자본주의의 불안정과 관련하여 특히 강조한 것, 즉 전자본주의적 성향의 약화야말로 문화혁명과 더불어 가속화된 것이었다.


## 동아시아를 보는 눈

서구 역사가들의 세계사 서술에서 공통되게 나타나는 현상이지만, 홉스봄의 《극단의 시대》에서도 20세기의 모든 변화는 유럽 주요국가와 미국에 의해 주도된다. 사회주의혁명의 진원지인 러시아혁명에 대한 상세한 서술에 비해 중국 사회주의혁명이 간략하게 다뤄진 것도 러시아가 유럽의 일부라는 인식과 어느 정도 관련이 있는 듯 보인다. 2차 세계대전 무대에서도 주연과 조연은 유럽과 미국이었고, 아시아는 단역에 지나지 않았다. 물론 일본이 무대의 중앙에 등장하는 경우가 있긴 하지만 전반적인 흐름을 바꿀 만큼 비중 있게 취급되지는 않는다.

그러나 과연 아시아, 아프리카, 라틴아메리카의 광활한 지역을 역사의 무대에서 배제한 세계사 서술, 그것도 20세기사 서술이 가능할

까? 홉스봄은 동시대의 다른 역사가들에 비해 세계사 서술의 중요성을 강조했고 스스로 실천해왔다. '장기 19세기'를 다룬 그의 3부작도 사회 전 분야를 총체적으로 재구성하려는 전체사 서술과 공간적으로 유럽 몇몇 나라의 경계를 넘어 전 지구적 전망을 제시하려는 세계사적 서술을 동시에 지향하고 있다. 그럼에도 유럽과 미국 경계 밖의 나라와 사람들의 역할이나 활동이 크게 늘어난 20세기의 경우 《극단의 시대》에서 그만큼의 비중으로 다뤄지고 있는지 의문이다. 사실 이러한 지적은 어리석은 것일지도 모른다. 사람은 자신의 환경과 상황을 초월할 수 없다. 홉스봄이 제아무리 유럽 외부세계와 제3세계 사람들에 대한 관심을 견지하고 있다고 하더라도 그가 유럽중심주의라는 역사적 상상력의 범위를 넘는 것은 어려운 일이기 때문이다.

《극단의 시대》에서 동아시아는 구체적으로 어떻게 그려지고 있는가. 우선 중국과 일본 그리고 한국이 20세기 세계사에서 비중 있게 취급될 수 있는 주제로는 제국주의 일본의 대두, 중국 사회주의혁명, 동아시아 지역에서의 반파시즘운동, 황금시대 일본의 경제성장, 냉전 초기 한국전쟁의 영향, 1970년 이후 신흥공업국 한국의 발전 등을 꼽을 수 있을 것이다. 이들 주제는 다음 장들, 즉 '총력전의 시대'(1장), '세계혁명'(2장), '공동의 적에 대항하여'(5장), '냉전'(8장), '황금시대'(9장), '제3세계'(12장) 등에서 중요하게 언급될 만한 내용을 담고 있다.

그러나 이들은 대부분 간과되거나 소략하게 취급될 뿐이다. 예를 들어 중국혁명은 전격적인 혁명이 아니라 장기적인 게릴라전으로 전개된 혁명운동의 한 사례로 취급되지만, 1920~30년대에 마오쩌둥과 그의 추종자들이 벌인 대대적인 혁명투쟁은 반쪽 분량으로 간략하게 소개하는 수준에 그쳤다(116쪽). 세계 사회주의혁명의 역사에서 중국혁명이 차지하는 비중과는 너무나 동떨어진 모습이다. 제국주의 일본 역시 마찬가지다. 2차 세계대전에서 주축국 일본이 차지하던 위상에 비해 '총력전'에서 일본의 사례는 거의 설명하지 않는다. 이와 함께 20세기 전반에 일본이 주요 제국주의 국가들의 반열에 올라설 수 있었던 요인이나 배경에 대한 관심도 부족하다. 또 2차 세계대전 이후 세계경제의 발전은 미국 주도의 세계경제라는 차원에서만 분석한다. 황금시대 일본의 발전은 이러한 미국 측 전략의 종속변수에 지나지 않는다. 홉스봄은 이렇게 스스로 묻는다. "미국이 일본을 한국전쟁, 그리고 1965년 이후 또다시 베트남전쟁을 위한 공업기지로 삼지 않았다면 일본 경제가 어떠한 속도로 회복되었을까?"(384쪽) 홉스봄이 이 책을 저술한 시점에서 일본의 경제규모는 영국, 프랑스, 독일의 경제력을 합친 것에 버금갈 정도였지만, 이를 분석할 필요성을 느끼지 않고 있는 것 같다. 요컨대 위에서 지적한 내용들은 홉스봄의 책에서 비중 있는 주제로 다뤄지지 않는 것이다.

물론 동아시아의 역사적 경험들을 여기저기에서 단편적으로 언급하기는 한다. 한국에 관한 사항들만 짚어보자. 홉스봄은 산업화의 확산에도 불구하고 제국주의 국가들이 식민지에서 공업화를 적극 시도한 사례는 드물다고 지적하면서 일본이 1911년 한국의 국권을 피탈한 뒤 한국과 만주에 공업화를 추진한 것을 유일한 예외로 꼽는다(한일병탄의 연도가 잘못되어 있는데 이는 저자의 착오로 보인다). 이러한 해석은 아마 일본 역사서술의 영향을 받은 결과가 아닐까 싶다. 홉스봄은 농민 감소 현상을 다루면서 농민의 도시 유입에 따른 거대도시의 출현 사례로 테헤란, 카라치, 자카르타, 마닐라와 함께 서울을 명시한다(408쪽). 이밖에도 1980년대 한국에서 급진적 학생운동이 전개되었

고 1970년대 이후에도 한국과 같은 후발공업국에서 노동자층이 지속
적으로 증가했다고 언급한다. 그러면서 급속한 사회변동 과정에서도
전통적인 면모를 잃지 않고 있는 나라로 묘사한다. 예를 들어 이혼의
급증을 다루면서 홉스봄은 한국의 경우 그렇게 빨리 변하는 나라치고
는 유별나게 전통적인 상태로 남아 있다고 언급한다.[6]

홉스봄은 대체로 한국에 관해 상당한 관심을 기울이고 있는 것처럼
보인다. 무엇보다도 고등교육의 확대에 관한 부분에서 한국의 사례를
좀 더 자세하게 소개한다. 1975~83년 사이에 한국의 대학생이 전체
인구에서 차지하는 비율이 0.8퍼센트에서 3퍼센트로 상승하는데, 이
는 세계에서도 유례가 없을 만큼 급속한 증가라는 것이다.[7] 그는 한국
의 고등교육에 관해 다음과 같이 덧붙인다. "한국의 교육 기적은 소농
들이 자신의 자녀를 명예롭고 특권적인 식자층의 지위로 상승시키기
위해 팔아버린 암소의 시체에 기반을 둔 것이라고 전해진다"(412쪽).
아마 한국의 사립대학을 '우골탑牛骨塔'이라고 불렀다는 에피소드를
전해 들었던 모양이다.

홉스봄이 한국의 경험에서 특히 중시하는 것은 급속한 공업화다.
이 주제에 관한 한 그의 평가는 매우 호의적이다. 한국은 제3세계의
일부이면서도 제1세계에 근접하고 있는 몇 안 되는 나라 가운데 하나
다. 한국은 "공업화 면에서 역사상 어느 사례 못지않게 눈부신 성공
담"을 보인 대표적인 국가다. 그는 이 압축적인 산업화가 어떤 배경
아래에서 가능했는지를 상세하게 분석하지는 않는다. 아마 그것은 불
가능한 일일 것이다. 그럼에도 한국을 황금시대 이래 국제분업과 세
계화의 추세에 가장 잘 적응한 나라로 꼽는다. 1950년대 말까지만 하
더라도 한국은 노동인구의 80퍼센트가 농업 부문에 종사했고 국민총

생산에서 농업의 비중이 4분의 3 수준이었다. 그러던 한국의 공업이 1980년대 말에는 비공산주의 세계에서 8대 공업국으로 부상할 만큼 비약적으로 발전했다는 것이다(501쪽).

그러나 홉스봄이 몇몇 주제에서 한국을 호의적으로 평가하고 있다고 하더라도《극단의 시대》전체에 미루어보면 지엽적인 것에 지나지 않는다. 한국을 포함한 동아시아 지역 사람들이 그들의 정체성을 새롭게 정립하려는 갖가지 시도나 이 지역의 새로운 전망에 대한 관심은 지나치리만큼 인색하다. 홉스봄이 보기에 20세기 세계사를 이해하기 위해서는 유럽과 미국의 주도 아래 전개된 역사적 경험을 재구성할 수밖에 없다. 동아시아의 정체성을 드러내고 이 지역의 전망까지를 포함하는 새로운 세계사 서술은 역시 동아시아 역사가들의 작업을 통해서만이 가능할 것이다.


## 성찰 뒤에 남는 것

이상에서 살펴보았듯이 홉스봄은 '단기 20세기'에 관해 뛰어난 종합을 보여준다. 그러나 역사적 변화들에 대한 분명한 설명틀을 제시하지는 않는다. 사회주의의 붕괴와 자본주의의 변화에 대해 정교한 분석 작업을 시도하지도 않는다. 사실 《극단의 시대》에서 이들 주제에 관해 체계적인 설명을 기대하는 것은 무리다. 홉스봄은 그것에 접근하기 위한 첫걸음을 내디뎠을 뿐이며 이후의 작업은 다음 세대 연구자들의 몫이다. 20세기의 사회주의와 자본주의 문제에 관한 한, 오늘날의 혼돈을 걱정하는 사람이면 누구나 관심을 가져야 한다. 아쉽게도 내가 이 주제들에 관해 홉스봄이 전혀 포착하지 못한 새로운 현상들을 제시하기는 어렵다. 다만 평소에 느꼈던 몇 가지 의문점을 열거하고자 한다.

우선 현실 사회주의를 붕괴시킨 요인들은 대체로 확인할 수 있다. 홉스봄의 지적대로, 사회주의 붕괴는 자본주의의 공세, 민주집중제의 변질, 생산과정의 비능률성, 중앙집중적 계획경제의 난점 등이 중첩되어 나타난 결과다. 예를 들어 사회적 소유에 기반을 둔 생산과정 아래에서는 위계적 분업과 그에 따른 관료적 경직화가 노동 동기를 약화시키고 비능률성을 낳았다. 계획생산의 경우도 사회구성원 간의 욕구 수준의 차이와 변화를 모두 고려할 수 없었다. 계획경제는 특히 초기 산업화 단계를 지난 이후에 개인의 소비 욕구 변화라는 중대한 문제에 직면하기에 이르렀다. 이러한 난점을 해결하기 위해서는 생산에 관련된 구성원들의 자발성과 주체적 참여 그리고 사회주의적 가치를 우선시하는 이타적인 자기 극기가 필요하다. 말하자면 기존의 이기적 인간 본성과 다른 새로운 본성을 가진 인간이 육성되어야 한다. 더욱이 자본주의 세계의 영향을 받는 상황 아래에서 '사회주의적 인간화'를 고려하지 않고서는 사회주의의 이상이란 실현하기 어려운 것이었다. 사회주의적 인간은 이룰 수 없는 꿈에 지나지 않았던 것인가. 설령 그렇다고 하더라도 현실 사회주의권은 그것을 지향하는 움직임을 보여주었어야 했다. 그러나 움직임은 없었다.

고르바초프와 페레스트로이카 이론가들은 민주집중제와 계획경제의 모순을 해결하기 위한 방안으로 의사소통의 개방과 시장경제 도입을 통한 경제개혁을 주장했다. 그러나 의사소통의 개방은 결과적으로 아래로부터의 비판적 여론의 형성과 권위주의적 관료집단의 이데올로기 대립을 격화시켜 체제 위기를 심화시켰다. 또 시장경제의 도입은 부분적으로만 실시됨으로써 생산의 활력을 조성하기보다는 오히려 상품화폐경제의 일반적 경향, 즉 경쟁을 통한 생산자 분해, 소유의 집중, 경제적 불평등, 새로운 착취관계 등만을 가져오는 데 머물렀다.

1980년대 소련의 개혁 과정에서 나타난 이러한 부작용을 막기 위해서는 적어도 이론상으로는 다음과 같은 두 가지 방법을 설정할 수 있을 것이다. 하나는 사회성원 개개인의 이기적 일탈행위를 감시할 수 있는 전 사회적 통제장치, 즉 19세기 제러미 벤담이 행정의 효율성을 높이기 위해 상상한, 수백 명의 죄수를 효율적으로 감시할 수 있는 원형감옥panopticon과 같은 체제를 구축하는 방법이다. 다른 하나는 시장교환관계에 참여하는 사람들을 사회주의적 인간으로 교화하는 것이다. 첫째 방법은 이미 역사적 유물이 된 스탈린주의로의 복귀를 뜻한다. 만일 정책으로 결정되었다면 엄청난 민중적 저항을 초래했을 것이다. 둘째 방법 또한 사회주의 국가 건설의 오랜 실험을 통해 실현 불가능한 몽상임이 밝혀졌다.

볼셰비키혁명 이래 소련의 마르크스주의자들은 인간의 물질적 조건의 변혁을 통해 사회주의적 가치를 실현하고자 노력해왔다. 그들은 경제결정론이나 경제주의의 오류를 지적하고 그 폐해를 경계했다. 하지만 사회주의로의 변혁이 경제적 조건과 인간의 주체적 의지 사이의 상호작용을 통해 상승한다는 자명한 진실은 도외시했던 것 같다. 이제 현실 사회주의는 역사고고학의 유물로 전락했다. 그것은 해방·정의·평등과 같은 사회주의적 가치를 실현하는 데 실패했을 뿐만 아니라 그것을 구현하려는 지향성조차 보여주지 못했다. 그렇다면 이들 가치 또한 역사고고학의 유물에 지나지 않는가. 홉스봄은 이 문제에 대해 명확한 답변을 하지 않는다. 물론 우리는 현실 사회주의를 국가자본주의의 한 형태로 평가절하하면서 '진정한 사회주의'를 대망하는 트로츠키파의 견해를 수용할 수 없다. 그렇지만 사회주의적 가치가 어떤 운동의 형태로, 어떤 사회세력의 열망과 더불어 재현될 수 있는가를 따져보아야 한다. 사회주의적 가치는 우리가 역사의 진보를 믿는 한 결코 포기할 수 없는 것이기 때문이다.

다음으로, 현대 자본주의는 아래와 같은 몇 가지 특징을 보여준다. 첫째, 세계체제론적 관점에서 보면 자본주의 세계경제는 현실 사회주의가 붕괴한 이래 제3의 팽창기에 들어섰고 이 과정에서 중심부 국가의 헤게모니가 강화되고 있다. 둘째, 전통적인 국민경제의 개념으로 설명할 수 없는 초국가적 경제 활동이 급속하게 발전하고 있다. 초국적기업, 세계경제 차원에서 자본 이동의 고속화, 기타 생산요소의 국제적 결합, 금융자본의 거대화 및 세계화 등이 이에 해당한다. 이러한 현상은 특히 오늘날 정보통신기술의 혁신과 함께 급속하게 이루어졌다. 셋째, 1980년대 이래 전 세계적 차원에서 기술혁신에 따른 노동의 위축이 심화되었을 뿐만 아니라 전통적인 노동의 개념 또한 변모하고 있다.

더욱이 홉스봄도 주목했듯이, 《극단의 시대》가 출간된 이후 세계화라는 이름 아래 더 급속하게 진행된 전 지구화 경향은 현대 자본주의의 미래에 대한 전망을 더 불투명하게 만든다. 사실 지난 10여 년간 전 세계의 모든 사람들을 지배해온 화두는 지구화globalization라는 말이었다.[8] 이 말은 1990년대 초 WTO체제의 출범과 함께 세계적 규모의 시장 통합을 뜻하는 경제적 용어로 사용되었으나, 이를 넘어 지식과 정보와 문화 일반의 통합까지 포함하는 광범한 의미를 갖게 되었다. 지금까지 세계화는 모든 나라를 세계시장으로 끌어들이고 이와 함께 국가의 기능을 약화시키는 방향으로 이루어졌다. 근래에 세계화 추세는 신자유주의 이데올로기, 동유럽 사회주의권의 붕괴, 정보통신 분야의 기술혁신과 같은 몇몇 계기들과 겹치면서 더욱더 맹위를 떨치고 있다. 즉 시장을 신성시하는 신자유주의 이념과 동유럽 사회주의 몰락이 미국 주도의 세계화를 더 촉진시켰고, 인터넷 이용에 따른 정보의 공유와 확산으로 자본에서 문화까지 모든 요소들의 시장통합이 가능해진 것이다.

이러한 현상들은 자본주의의 작동 기제를 파악하는 작업을 거의 불가능하게 만들고 있다. 국민경제를 연구 대상으로 삼는 근대경제학의 패러다임은 현대 자본주의 분석에 무력함을 드러낼 뿐이다. 오늘날 우리 사회가 겪고 있는 경제적 위기가 이를 여실히 보여준다. 이제 사회주의 붕괴 이후 자기조절적인 통제장치마저 상실한 세계경제의 무한한 자본축적운동이 어떤 불안정과 혼란을 야기할 것인지 아무도 예측할 수 없다. 물론 그에 따른 지구 환경의 파괴 또한 위험의 경계를 넘어섰다. 자본주의가 현 상태로 자기발전을 계속하는 한 인류 절멸의 위기에 이를 수밖에 없다는 경고는 이미 현실로 나타났다. 자본주의를 제어할 수 있는 방법을 모색하려면 우선 자본주의 분석을 위한 새로운 학문적 패러다임을 정립하지 않으면 안 된다. 그리고 이러한 작업에 역사학이 기여할 수 있는 부분이 무엇인가를 숙고할 필요가 있다.

그렇다면 이와 같은 비관적 성찰 뒤에 남는 것은 무엇인가. 그동안 많은 지식인들이 극단의 세기를 경험하면서 '근대적인 것'에 대한 회의를 나타냈다. 역사적으로 보면 서양의 근대는 신의 섭리나 주술에 기대어 현실에 적응하던 이전 시대의 삶의 양식을 벗어나서 이성에 의한 합리적 기획을 통해 전체 사회의 진보를 지향하는 특징을 보여준다. 근래에 탈근대의 문제가 대두한 것은 바로 합리적 기획으로 표현되는 근대화가 더 이상 사회의 진보를 위한 프로그램이 될 수 없다는 심각한 회의에서 비롯한다. 근대화가 남긴 것은 진보가 아니라 인류의 생존을 위협하는 위험의 증대뿐이었다. 계몽과 근대화의 불안정은 바로 그 근대적 기획을 이끌었던 가치체계와 사회이론에 대한 회의로 이어진다. 홉스봄은 분명 이러한 현상의 영향을 받은 것처럼 보인다. 《극단의 시대》에서 가장 뚜렷하게 느낄 수 있는 것은 '근대적인 것'의 쇠락과 사멸을 비통해하는 노역사가의 탄식이다. 홉스봄은 다음과 같이 미래에 대한 절망을 토로한다.

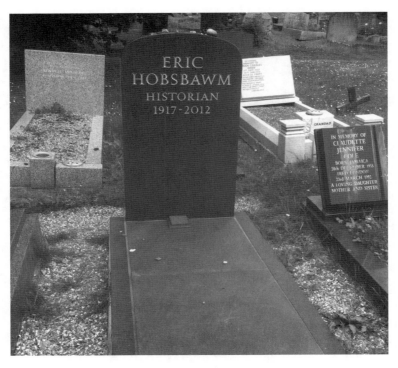

우리는 지난 2~3세기를 지배해온 자본주의 발전의 거대한 경제적·과학기술적 작용에 의해 장악되고 뿌리가 뽑히고 변화된 세계에 살고 있다. 우리는 그러한 발전이 무한정 계속될 수 없다는 것을 잘 알고 있으며 적어도 그렇게 가정하는 것이 합리적이다. 미래는 과거의 연속일 수 없다. 또한 이제 역사적 위기의 시점에 이르렀다는 징후들이 외적으로 그리고 말하자면 내적으로도 발견된다. 과학기술 경제가 낳은 힘들은 오늘날 환경을, 즉 인류생활의 물질적 토대를 파괴할 정도로 커졌다. 인간 사회의 구조 자체가 인류의 과거로부터 물려받은 것의 잠식을 통해서 이제 막 파괴되려 하고 있다(799쪽).

과거가 자신의 역할을 잃어버린 세계에서 우리는 희망의 미래를 열수 있는 새로운 방법을 알지 못한다. 그러나 우리의 과거와 현재에 대한 철저한 검토가 선행되지 않는다면 그것을 알 수 있는 가능성마저막히고 만다. 과거와 전혀 다른 새로운 방법이 아니면 위기를 벗어날수 없다는 홉스봄의 경고는 오히려 역설적으로 역사를 성찰할 필요성을 일깨운다. 과거와 단절하고 그 유산에서 자유로워지기 위해서도우리는 극단의 세기를 좀 더 철저하게 되씹어야 한다. 홉스봄은 이러한 작업의 초석을 깔았다. 그가 미완으로 남긴 것들은 다음 세대의 역사가들에게 열려 있다. 그 미완의 작업을 해결한 후에야 비로소 우리는 구세기보다 훨씬 더 낫고 더 정의로우며 활력이 있는 미래의 세기를 논의할 수 있을 것이다.

# 니얼 퍼거슨,
# 제국과 앵글로벌리즘

1964년 영국 글래스고 출생. 옥스퍼드대학에서 수학한 후
18세기 경제사 및 금융사 분야에서 일찍 두각을 나타냈으며,
옥스퍼드대 교수를 거쳐 현재 하버드대 경제학부 교수로 재직 중이다.
옥스퍼드대학 선임연구원, 스탠퍼드대학 후버연구소 선임연구원을 겸하고 있다.
《뉴스위크》와 블룸버그 텔레비전에도 정기적으로 기고하고 있다.
최근의 경제 위기를 예측해 전 세계적으로 널리 알려졌다.
《타임》지 선정 '가장 영향력 있는 100인'에도 오른 그는 확고한 신념과 남다른 시각으로
세계의 역사와 경제의 거대한 흐름을 읽어냄으로써 우리 시대 최고의 지성이자 21세기 최고의 경제사학자로 인정받고 있다.
주요 저서로 《종이와 쇠*Paper and Iron: Hamburg Business and German Politics in the Era of Inflation, 1897–1927*》(1995),
《로스차일드: 세계의 은행가(1849–1999)*The House of Rothschild: The World's Banker, 1849–1999*》(1999),
《전쟁의 연민*The Pity of War*》(1999),
《현금의 지배*The Cash Nexus: Money and Power in the Modern World, 1700–2000*》(2001),
《제국*Empire: How Britain Made the Modern World*》(2003),
《거대한 석상*Colossus: The Rise and Fall of the American Empire*》(2004),
《증오의 세기*The War of the World: History's Age of Hatred*》(2006),
《금융의 지배*The Ascent of Money: A Financial History of the World*》(2008),
《하이 파이낸셔*High Financier: The Lives and Times of Siegmund Warburg*》(2010),
《문명*Civilization: The West and the Rest*》(2011) 등이 있다.

*Niall Ferguson*
*1964~*

세계화/지구화globalization라는 말은 원래 세계적 규모의 시장 통합을 뜻하는 경제용어이나 오늘날에는 이를 넘어 지식, 정보 및 문화 일반의 통합까지 포함하는 광범한 의미를 갖게 되었다. 근래에 세계화 추세는 신자유주의 이데올로기, 동유럽 사회주의권 붕괴, 정보통신 분야의 기술혁신 같은 몇몇 계기들과 겹치면서 더욱더 맹위를 떨치고 있다. 특히 그것이 미국의 주도 아래 가속화되었다는 점 때문에 아메리카 제국 정책과 세계화 사이의 상호관계를 둘러싼 논란이 일고 있다.

미국의 현재를 이해하려는 시도는 자연스럽게 우리를 이전 제국들과의 비교로 이끈다. 특히 19세기 영제국英帝國의 유산은 오늘날 미국 주도의 세계화에 직간접적으로 영향을 미쳤다. 사실 영제국의 성립은 불가사의의 하나다. 이 제국은 절정기에 세계 인구의 4분의 1을 지배했고 비슷한 비율의 대륙을 장악했다. 유럽의 북서해안에 떨어져 있는 이 작은 군도가 어떻게 세계를 지배하게 되었는가. 이는 영국사뿐만 아니라 세계사에서도 중요한 문제다. 영어, 국제적인 자본이동, 자유무역시장 등은 이미 전세기에 영제국이 다른 세계에 도입한 문화적 형성물이며 오늘날 세계화의 전통으로 자리 잡고 있기 때문이다. 따라서 영제국의 분석은 미국의 현재를 이해하는 데 도움을 준다. 21세기 초 영제국의 성격을 새롭게 분석한 일련의 연구가 이루어진 것도 이러한 필요성에서 비롯하지 않았나 싶다.[1] 이 가운데 특히 니얼 퍼거슨Niall Ferguson의 《제국: 영국은 어떻게 근대세계를 만들었는가》는 여러 면에서 주목할 만하다. 이 책은 영제국의 역사적 경험과 미국의 현재를 연결함으로써 미국의 신보수주의 이론가들, 이른바 '네오콘'의 정책 결정에도 상당한 영향을 미친 것으로 알려졌기 때문이다. 그는 대체로 영제국의 세계 지배를 긍정적으로 평가하면서 미국의 신보수주의자들을 향해 영제국의 과거에서 미국 세계전략의 좌표를 찾아야 한다고 역설한다.

퍼거슨은 누구인가. 1964년 글래스고 출생인 그는 옥스퍼드에서 수학한 후 18세기 경제사 및 금융사 분야에서 일찍 두각을 나타냈으며, 옥스퍼드대 교수를 거쳐 현재 하버드대 경제학부 교수로 재직 중이다.[2] 이런 학문 이력을 고려하면 그는 현재진행형의 역사가다. 2005년 10월 영국의 시사잡지 《전망Prospect》지는 세계에서 가장 영향력 있는 지식인 100인을 선정해 발표했다. 물론 명단에 오른 지식인들은 영미권 학자들이 대부분이었지만, 이 책에서 소개하고 있는 역사가도 두 명 포함되어 있었다. 바로 에릭 홉스봄과 퍼거슨이다. 이는 그가 단순히 촉망받는 젊은 역사가들의 반열을 넘어 영어권 세계에서 가장 영향력 있는 지식인 가운데 한 사람으로 평가받고 있음을 알려준다.

퍼거슨의 《제국》은 원래 영국 상업텔레비전방송(채널 4)의 6부작 프로그램으로 기획된 것이다. 미국의 이라크 침공이 임박했던 시점에 방영된 이 프로그램은 처음부터 대중의 관심을 끌었다. 방송 종영 후에 곧이어 출간된 《제국》은 누구나 부담 없이 쉽게 읽을 수 있는 장점을 지녔다. 이 책 1장은 해적과 상인들의 해외 진출을 다룬다. 영제국은 기본적으로 경제적 현상, 상업과 소비에서 비롯된 것이다. 상인들은 설탕을 좇아 카리브해와 아메리카로, 향료와 차를 좇아 아시아로 진출한다. 2장은 영국인 이민 과정을 탐사한다. 서유럽의 다른 제국과 달리 영제국은 처음부터 식민화에 관심을 기울였다. 이민의 원인은 다양했지만, 이들의 이민 자체가 제국의 외연을 확대하면서 동시에 제국 지배를 강화시켰다. 3장은 민간인의 제국 건설을 다룬다. 기독교 전도 같은 문명화 사명이 이에 해당한다. 4장은 식민지 관료제나 교육 등 제국의 식민통치 방법을, 5장은 제국의 군사력을 구체적으로 소개한다. 마지막 6장은 영국이 세계제국의 지위에서 밀려나는 과정을 다룬다.

 퍼거슨의 책을 전체적으로 일별하면, 제국의 연대기는 다른 연구서와 별다른 차이가 없다. 오히려 제국 형성의 구체적 과정에 관한 설명이 너무 산만하고 소략하다는 인상을 준다. 다만 주목을 끄는 것은 영제국과 세계화의 관련성을 강조한다는 점이다. 퍼거슨 자신도 인정했듯이, 《제국》의 각 장은 상품시장의 세계화, 노동시장의 세계화, 문화의 세계화, 정부 및 행정의 세계화, 자본시장의 세계화, 전쟁의 세계화로 환원될 수 있다. 주도세력의 측면에서 보면 그것은 해적의 세계화, 농장주의 세계화, 선교사의 세계화, 관료의 세계화, 은행가의 세계화, 파산자의 세계화라고 해도 무방할 것이다.[3] 퍼거슨은 처음부터 다음과 같은 질문을 던진다. 세계화는 오늘날의 현실이다. 그렇다면 영제국이 세계화에 기여한 것은 무엇인가. 그리고 영제국의 세계 지배는 궁극적으로 인류에게 선한 것이었는가 아니면 그 반대인가.

 결국, 퍼거슨의 책이 주목받은 것은 그가 단순히 영제국의 형성과 그 유산을 설명하는 선에서 더 나아가 영국이 미국에게 물려준 제국의 유산이 무엇이고, 미국은 영제국의 역사적 경험을 통해 어떤 교훈을 얻을 수 있는가라는 좀 더 현실적인 문제를 제기하고 있기 때문이다. 전문역사가들에게는 진부하게 들리겠지만, 과거를 성찰해 현재를 진단하려는 그의 태도가 미국의 식자층에게 커다란 호소력을 지녔다는 점을 부인하기는 어렵다.

## 영제국의 형성

퍼거슨은 영제국의 형성을 어떻게 개괄하고 있는가. 《제국》 1장 '왜 브리튼인가?'는 이 문제에 집중한다. 그는 영제국이 처음에는 무계획적이고 우연한 계기들의 산물이었다고 지적한다. 이러한 견해는 근래 영국 사학계의 통설로 자리 잡고 있다. 실제로 튜더-스튜어트 시대에 영국의 해외 진출 주역은 정부가 아니라 해적이었다. 영국인 해적들은 서로 "해안의 동업자"라 불렀으며, 그들 나름대로 노획물에 대한 정교한 분배 제도와 부상에 대비한 보험 제도를 갖추고 있었다. 이들은 주로 서인도제도를 무대로 무역선을 공격하여 귀금속과 선적된 거래상품을 약탈했다. 엘리자베스 시대에 정부는 유명한 해적들의 약탈 행위를 눈감아주었을 뿐만 아니라 사나포선 선원 자격을 부여함으로써 은밀하게 지원하기까지 했다.[4] 정부의 입장에서 해적 활동은 에스파냐와 포르투갈을 상대로 예산을 적게 들이면서 타격을 입힐 수 있는 비정규적 전쟁이었다.

그렇다면 왜 영국인 해적들이 많았을까? 퍼거슨에 따르면, 영국인

들은 에스파냐나 포르투갈의 선원들과 달리
평소에 북해의 험한 파도를 헤치며 항해한
경험이 있었다. 그들은 대양에서 장기간 항
해하는 데 뛰어난 적응력을 가지고 있었다.

16세기에는 영국에도 돛대가 셋 달린 무장범선이나 속력이 빠른 소형
범선caravel이 도입되었다. 그 덕분에 이들은 더욱더 거리낌 없이 주로
신대륙 무역로를 노리고 해상 활동을 벌일 수 있었다.[5]

　해적의 뒤를 이어 무역상인들이 진출했다. 퍼거슨은 담배, 커피, 설
탕, 차와 같은 기호품 시장에서 영국 상인들이 중개무역상으로서 지
위를 굳혀나간 과정을 상세하게 기술한다. 17세기 이래 런던은 기호
품 거래의 중심지가 되었다. 예를 들어 1770년대에 영국에서 수입한
담배 가운데 85퍼센트는 유럽의 다른 지역으로 재수출되었다. 이렇게
서인도제도의 기호품 교역으로 벌어들인 현금은 인도산 면직물을 수
입하는 대금으로 쓰이기도 했다.[6] 퍼거슨에 따르면, 상품시장의 세계

화는 이들 영국 상인이 주도적으로 이룩한 것이다.

영제국의 팽창은 18세기에 들어와 더 가속화되었다. 그 계기는 프랑스와 치른 일련의 전쟁이었다. 명예혁명 이후 나폴레옹 몰락기까지 영국과 프랑스의 전쟁 연대기는 잘 알려져 있다. 에스파냐 왕위계승전쟁(1701~14)은 루이 14세의 손자인 필립이 에스파냐의 왕위 계승자로 지명되자 두 나라의 제휴에 위구감危懼感을 가진 영국, 네덜란드, 오스트리아가 프랑스와 벌인 전쟁이었다. 오스트리아 왕위계승전쟁(1740~48)과 7년전쟁(1756~63)은 슐레지엔의 영유권을 둘러싼 프로이센-오스트리아의 대립에 영국과 프랑스가 개입하면서 벌어진 전쟁이었다. 두 전쟁에서 함께 제휴한 프로이센과 영국이 오스트리아, 프랑스, 에스파냐 연합군에 승리를 거두었다. 퍼거슨은 특히 7년전쟁에서 윌리엄 피트William Pitt와 같은 정치가와 해군의 역할을 강조한다. 1755년 피트는 하원에서 다음과 같이 말했다.

우리는 선전포고하기 전에 가능한 한 우리 해군을 최상의 인력으로 완전 충원해야 합니다. 전쟁이라는 낭떠러지에 몰려 있기 때문에, 우리는 원기 왕성하고 전문적인 능력을 가진 선원이 해군에 복무하도록 온갖 수단을 동원할 필요가 있습니다. 이미 전쟁은 시작되었습니다. 프랑스군이 북미의 우리 군대를 공격했지요. 이번에는 우리 해군이 그곳에서 프랑스 해군을 공격했습니다. 이게 전쟁이 아닌가요?[7]

피트는 의회의 동의를 얻어 해군 5만 5,000명을 충원할 수 있었다. 영제국의 함대는 105척으로 증강되었고 그 과정에서 포츠머스의 왕립조선소는 세계에서 가장 커다란 작업장으로 변모했다. 퍼거슨에 따

르면, 당시 피트를 비롯한 정치가
들은 조선, 야금, 대포 제작 등 영
국이 우월한 분야를 전쟁 목적에
가장 적절하게 활용할 수 있었다.

윌리엄 피트
윌리엄 호어William Hoare of Bath RA, 〈윌리
엄 피트William Pitt, 1st Earl of Chatham〉
(1754년경). 윌리엄 피트는 해군 충원을 적극
주장하여 7년전쟁 승리의 토대를 닦았다.

과연 전쟁의 승리는 피트나 로버트 클라이브Robert Clive 같은 개인들
의 지도력과 영웅적인 활약에 좌우되었던 것일까? 여러 차례에 걸친
전쟁에서 영국이 연이어 승리를 거둔 것은 개인의 활동을 넘어 구조
적 요인 또는 영국 국가체제의 특이한 성격에 힘입었다고 보는 편이
타당하다.

퍼거슨도 금융혁명의 중요성에 관해 다음과 같이 언급함으로써 전쟁과 영국 경제의 관련성을 시사한다. "1688년 잉글랜드−네덜란드 합병으로 영국인들은 네덜란드 사람들이 개척한 여러 중요한 금융제도들을 도입했다. 1694년에는 국민 통화뿐만 아니라 정부의 부채를 관리하기 위해 잉글랜드은행을 설립했다. …… 런던은 네덜란드의 국채제도를 도입할 수 있었다. 이로써 정부가 상당히 낮은 이자율로 돈을 차입할 수 있게 되면서 전쟁과 같은 대규모 국사를 훨씬 더 쉽게 수행할 수 있었다."[8] 그러나 퍼거슨은 정부와 금융시장의 관계나 18세기 국가 성격에 관해 더 이상 상세한 설명은 하지 않는다.

그렇다면 영토와 인구에서 열세를 면치 못했던 영국이 프랑스와의 전쟁을 승리로 이끈 원인은 무엇인가. 사실 한 세대 전까지만 하더라도 18세기 영국 국가의 성격과 변화에 관해서는 근대화론의 시각에서 설명하는 것이 일반적 경향이었다. 이를 요약하면 다음과 같다. 18세기 영국의 국가체제는 왕실의 위엄을 높이고 귀족과 젠트리gentry의 기득권을 보장하는, 작고 아마추어적이며 부패한 체제에 지나지 않았다. 이러한 국가의 성격이 18세기 말과 19세기 초 근본적인 변화를 겪기 시작한다. 산업화와 더불어 사회 문제를 비롯한 여러 난제들이 누적되면서 국가의 성격에 변화의 바람이 일게 된 것이다. 정부의 역할이 사회의 여러 분야에서 증대되기 시작했고, 통치제도가 전문성을 띤 기제로 바뀌었다. 수상직, 각의, 하원조사위원회, 왕립위원회와 같은 제도적 관행을 비롯해 관료체제가 좀 더 전문적이고 효율적으로 정비되기 시작했다. 이러한 변화를 선도한 세력은 종래의 귀족과 젠트리가 아니라 탁월한 재능과 교양을 지닌 부르주아 출신이었다.[9]

그러나 이 근대화 모델만으로는 작은 정부의 영국이 2차 백년전쟁

에서 프랑스를 누르고 여러 차례 승리를 거둘 수 있었던 까닭이 무엇인지 설명할 수 없다. 오히려 18세기 영국은 간헐적으로 발발하는 전쟁에 대처하는 과정에서 강력한 국가기구를 발전시켜나갔다고 봐

2차 백년전쟁
1815년 워털루전투The Battle of Waterloo. 웰링턴Arthur Wellesley Wellington의 영국군과 블뤼허Gebhard Leberecht von Blücher의 프로이센 연합군이 벨기에 남동부 워털루에서 나폴레옹 1세의 프랑스군을 물리치면서 2차 백년전쟁이 끝나게 된다.

야 한다. 사실 전쟁은 원래부터 의도된 것이라기보다는 해외시장의 기득권을 유지하려는 목적에서 벌어진 것이 대부분이라 주된 전장은 아메리카나 인도와 같은 해외 식민지였다. 영국은 강력한 해군과 육군을 유지할 필요성에서 재정 지출을 점차 늘렸고, 늘어난 재정 지출을 해결하기 위해 물품세 부과와 국채 발행이라는 수단에 의존했다. 이러한 조치가 효력을 발휘할 수 있었던 것은 당시 런던을 중심으로 진행된

Niall Ferguson

금융혁명 덕분이었다. 이 시기의 국가는 일종의 효율적인 전쟁기구였다. 따라서 국가 성격은 한마디로 '재정-군사국가fiscal-military state'라 할 수 있다.[10]

한편, 영제국의 형성은 이민 또는 노동력 이동과 밀접하게 관련된다. 《제국》2장 '백색의 역병'은 이민 문제를 다룬다. 흔히 노동력 이동 하면 가장 먼저 노예무역을 떠올리지만, 퍼거슨은 그보다 영국인의 해외 이주를 더 중시한다. 퍼거슨에 따르면, 1600~1950년 사이에 2,000만 명 이상이 브리튼 섬을 떠나 다른 대륙에서 새로운 삶을 시작했다. 해외로 떠났던 영국인 중 일부가 다시 모국으로 돌아오긴 했지만 백인 생활권의 개척과 확대는 시대적인 추세였다. 영제국이 유럽의 여타 식민제국과 달랐던 것은 제국의 팽창과 백인 정착지의 확대가 맞물려 전개되었다는 점이다. 퍼거슨은 다음과 같이 말한다.

그들의 항해는 위험이 가득했다. 모든 것을 편도항해권에 걸어버린 그들의 결정을 우리로서는 이해하기 어렵다. 그러나 그들 중 일부는 자발적으로 구입하고 다른 일부는 그렇지 않았던 이 수백만 장의 편도항해권이 없었다면 영제국은 나타나지 않았을 것이다. 영제국의 필수적인 토대는 인류사상 최대 규모의 대량 이민이었기 때문이다. 브리튼 섬에서의 탈출이야말로 세계를 변화시켰다. 그것은 모든 대륙을 백인의 땅으로 만들었다.[11]

영제국이 유럽 다른 나라와 상이한 발전 과정을 밟았던 것은 바로 이 대대적인 식민 때문이다. 백인 정착지와 백인 생활권의 공간적 확대는 영제국이 세계를 지배할 수 있는 토양을 제공했다. 퍼거슨은 영국인 해외 식민의 출발점을 16세기 아일랜드에서 찾는다. 크롬웰 시대에 아일랜드 북부에 대대적으로 정착한 경험이 곧바로 다음 세기 신대륙 식민과 플랜테이션 개척으로 이어졌다는 것이다. '플랜테이션plantation'이라는 말 자체가 아일랜드 정착지에 기원을 두고 있다. 아일랜드는 "영국인 식민의 실험실"이었고, 섬 북부의 얼스터Ulster는 "플랜테이션의 원형"이었다.[12]

퍼거슨은 아일랜드 사례를 언급한 후 서인도제도, 북아메리카의 뉴잉글랜드와 버지니아, 케이프타운, 오스트레일리아, 뉴질랜드 등 백인 정착지 확대 과정을 개괄한다. 여기에서 주목을 끄는 것은 백인 생활권의 팽창에 초점을 맞춘 결과, 미국 독립을 그러한 팽창 과정에서 생긴 에피소드 중 하나로만 간주한다는 점이다. 당시 아메리카 식민지인들은 자신의 처지를 합병 전 스코틀랜드에 비유했다. 독립전쟁기 '대표 없는 과세 없다'라는 유명한 슬로건도 실제로는 영제국에 대한 거부가 아니라 대서양

영국 이민 출발 모습
식민지로 떠나는 영국인 이민 행렬.
*The Illustrated London News* 1850년 7월 6일.

양안 국민의 동등한 자유를 확보하려는 메시지를 담고 있었다.[13] 아메리카 독립전쟁이 처음부터 급진사상의 토대 위에서 시작된 것은 아니라는 설명이다. 더욱이 전쟁 당시에도 아메리카 식민지 백인의 상당수는 여전히 영국 왕실에 대한 충성심을 드러내고 있었다. 전쟁이 끝난 후 이들의 주류는 펜실베이니아를 떠나 더 북쪽으로 진출한다. 퍼거슨에 따르면, 영제국은 아메리카에서 상처를 입었지만 그 대신에 캐나다에서 새로운 백인 생활권을 확보함으로써 예기치 않은 수확을 거두기도 했다.[14] 유럽 제국주의 역사에서 영국처럼 자국인의 해외 식민에 노력을 기울인 사례는 흔치 않다. 19세기 후반 영국 경제의 무게중심이 제조업에서 상업 및 금융으로 옮겨졌는데, 이러한 변화도 주로 백인 정착지와의 밀접한 교류에 힘입은 것이었다.[15]

영제국의 역사에서 빠뜨릴 수 없는 것이 특히 19세기에 열렬히 타올랐던 교화 또는 문명화라는 슬로건이다. 퍼거슨은 《제국》 3장 '선교'에서 주로 아프리카와 인도의 사례를 통해 빅토리아 시대 사람들의 선교 열정을 소개한다. 사실 18세기만 하더라도 영제국은 식민지 원주민들의 삶과 문화에까지 눈길을 돌리지 않았다. 그들은 단지 아시아, 아메리카, 아프리카 식민지의 토지나 원주민에 대한 수탈에 관심을 기울일 뿐이었다. 그러나 빅토리아 시대 사람들은 좀 더 고양된 도덕적 열망을 가지고 있었다. 그들 가운데 일부는 세계 지배보다는 세계의 교화를 꿈꾸는 사람들이었다. 이들의 열망이 제국의 팽창과 함께 펼쳐졌던 것이다. 이들은 다른 종족에 대한 착취가 아니라 그들의 문명화, 즉 기독교화가 제국 지배의 사명이라는 환상에 사로잡혀 있었다.[16]

퍼거슨은 18세기 아프리카나 인도 주민의 삶이 그들을 관찰한 영국인 여행가들이 생각했던 것보다 훨씬 더 높은 수준에 있었다는 점을 인정한다. 그럼에도 빅토리아 시대 사람들이 아프리카를 미개 지역으로 바라본 것은 원주민의 다신교 신앙, 열병 창궐, 노예 수출 지역이라는 이미지 때문이었다. 영국이 주도하는 삼각무역의 발전과 더불어 아프리카인이 포획과 매매의 대상으로 전락했다는 것은 잘 알려진 사실이다. 이러한 전시대의 수탈을 뒤로 하고 아프리카인의 교화에 뛰어든 사람들이 있었다. 저 유명한 데이비드 리빙스턴David Livingstone (1813~73)은 그 전형이었다. 언젠가 리빙스턴은 자신의 문명화 열망에 대해 이렇게 썼다.

저 자신이 처음 복음의 가치를 깨닫게 되었을 때, 모두가 그 은총을 향유할 수 있도록 만들어야 한다는 열망이 마음에 가득했고, 모든 기독교인에게 그 자신의 구원 다음으로 이것[선교]이 주된 목적이 되어야 할 것 같았습니다. 제가 이해하는 바로는, 선교사의 의무는 주로 설교, 권유, 개종, 젊은이에 대한 훈화 등 능력껏 자신의 모든 수단을 다 기울여 복음을 알리는 데 노력을 기울이는 것이겠지요. 그리고 사람들에게 문명의 기예와 과학을 소개하고 기독교를 그들의 귀와 양심에 권유하기 위해 모든 능력을 다함으로써 그가 헌신하고자 애쓰는 사람들의 현 상태를 개선하는 것이겠지요.[17]

그러나 이 같은 열망은 비현실적인 것이었다. 리빙스턴은 아프리카에 상업과 기독교와 문명의 빛이 전파되기를 기대했지만, 퍼거슨은 그것이 정복과 함께 전해졌다는 점을 시인한다. 리빙스턴이 죽은 후에, 그것도 미들로디언Midlothian 유세를 통해 오스만제국의 불가리아인 학살에 미온적으로 대처한 보수당 정부를 준열하게 꾸짖으며 총선

데이비드 리빙스턴
짐마차 위에서 설교하는 데이비드
리빙스턴(1800년대 중반).

에서 승리한 윌리엄 글래드스턴이 오히려 아프리카 분할에 본격적으로 착수했다는 것 자체가 일종의 아이러니다.

　또 다른 선교사들은 아프리카에 뒤이어 인도인의 문명화에 관심을 기울였다. 그러나 인도는 고대문명의 발상지로서, 다신교와 유일신 신앙의 전통을 동시에 간직하고 있었다. 19세기에 윌리엄 윌버포스 William Wilberforce(1759~1833)를 비롯한 일단의 복음운동가들이 인도 선교와 기존 관습 타파(예컨대 여아 살해나 망자의 아내 화형)에 진력했지만, 강력한 저항에 직면했다. 바로 세포이의 저항운동이었다. 흔히

인도의 독립전쟁으로 알고 있는 이 운동
은 독립전쟁이라기보다는 인도인 고유의
인습과 관행에 간섭하는 영국인들에 대한

저항에서 비롯된 것이었다. 퍼거슨은 이를 "문명의 충돌"로 표현한
다.[18] 세포이의 저항운동 이후 인도 선교에 대한 빅토리아인들의 열
망은 사라졌다.

《제국》의 4장 '천국의 종족'은 식민지 행정조직을, 5장 '맥심제 무
기의 위력'은 군사력을 소개한다. 퍼거슨은 4장에서 주로 19세기 후
반에 시행된 인도문관시험을 중심으로 영제국이 식민지 통치에 도입

한 행정체계를 검토한다. 인도문관시험은 특히 세포이의 저항 이후 인도를 직접 지배하는 데 필요한 행정인력을 충원하려는 것이었다. 이전까지 영국 정부 부처의 관리나 동인도회사 직원은 연줄과 추천에 따라 임용되는 것이 일반적이었다. 그러나 1850년대에 동인도회사, 재무부, 내무부 등 정부기관이 앞다투어 공개경쟁시험을 통해 관리를 충원하기 시작한다. 이는 물론 청렴하면서도 능력 있는 인사를 등용하기 위한 것이었다.[19] 퍼거슨은 이들이 주도하는 행정이 합리적으로 이루어졌다는 점을 강조하면서 이를 통해 인도인 관리가 대대적으로 충원된 점을 중시한다.[20]

한편, 퍼거슨은 제국의 군사적 위력에 관해 남아프리카 공략의 첨병 역할을 맡았던 세실 로즈Cecil Rhodes(1853~1902)의 사례를 들어 설명한다. 로즈가 남아프리카에서 신무기로 사용한 것은 맥심제 기관총 Maxim gun이었다. 퍼거슨은 이 기관총의 탄생 과정에서 영제국의 성격을 성찰한다. 원래 이 총은 미국의 발명가 하이람 맥심Hiram Maxim 이 만들었다. 그는 런던에서 수년간 공력을 기울여 효율적인 기관총을 개발했으며 영국 육군에 제공했다. 이 기관총의 제작·보급에 필요한 자금은 로스차일드 은행이 제공했다. 이는 19세기 후반 영국의 제국주의가 금융자본과 공생관계를 이루고 있었다는 사실을 상징적으로 보여준다.[21]


## 제국 지배의 공과

이상에서 살펴보았듯이, 영제국의 형성 과정에 관한 퍼거슨은 설명은

기존의 통설을 정리하는 선에 머물러 있으며 때로는 진부하다는 인상
을 준다. 원래 일반 시청자를 대상으로 제작된 방송물이었기 때문에
이러한 한계는 어쩌면 당연한 것이라 할 수 있다. 그렇다면 이 책이
출간된 후에 왜 논란의 초점이 되었을까? 이는 영제국의 지배에 대한
그의 적극적인 평가 때문일 것이다.

지난 한 세대 동안 영제국을 다룬 실증적 연구들은 이전과 다른 새
로운 경향을 보여준다. 영제국의 박애정신과 온건한 식민지 지배를 강
조하던 전통적인 역사서술을 대신해서, 탈식민이론, 특히 서발턴 연구
의 영향을 받은 일부 역사가들은 제국주의 지배의 이면에 짙게 드리워
진 폭력성을 강조한다. 이와 함께 제국 경영이 오히려 정치 및 경제 면
에서 영국의 과거와 현재에 지체를 불러왔다는 부정적인 견해가 새롭
게 나타났다. 제국 경영의 가치와 비용에 대한 손익계산서를 다시 작
성하려는 이 같은 경향은 특히 19세기 말 이래 영국 경제의 쇠퇴 원인
을 밝히려는 학계 분위기와 어느 정도 관련이 있었다. 예컨대 랜스 데
이비스Lance E. Davis와 로버트 허튼백Robert A. Huttenback은 광범한 자
료들을 수합하여 검토한 끝에 1884~1914년간 제국의 해외투자 이윤
이 국내투자와 비교할 때 다소간 낮은 수준이었다는 결론을 내렸다.[22]
또 다른 경제사가들도 19세기 후반 영국의 자본 수출이 국내 산업 부
문의 근대화에 동원해야 할 자원을 고갈시켰다고 강조했다.[23]

제국 경영의 결과에 대한 부정적인 평가는 차치하더라도 영제국이
자행한, 관용이나 박애정신과는 거리가 먼 반인간적 범죄 또한 적지
않다. 가장 먼저 떠오르는 것은 역시 노예무역이다. 17세기 영국에서
는 국내의 정치 불안과 맞물려 대대적인 이민의 물결이 일었다. 신대
륙으로 이민을 떠나는 이민 노동자들이 증가했다. 그러나 이들 지역

이민 노동자의 사망률은 매우 높았다. 이 열악한 상황이 알려지면서 이민 물결이 줄어들기 시작했다. 대안으로 등장한 것이 아프리카 노예무역이었다. 퍼거슨도 영제국의 부정적 유산인 노예무역을 중시한다. 그는 개신교 목사 존 뉴턴John Newton(1725~1807)의 사례를 들어 노예무역의 실상을 소개한다.

뉴턴 목사는 전 세계 기독교인들이 널리 애창하는 찬송가 〈놀라운 은총Amazing Grace〉의 작사가로 유명하지만, 그가 6년간 노예무역에 종사했다는 사실은 별로 알려지지 않았다. 그는 시에라리온에서 서인도제도로 흑인노예를 공급하는 무역업에 종사했다. 그의 찬송가는 복음주의적 회개를 상징한다. 그러나 그는 회심한 후에도 한동안 이 업종에서 일했다. 퍼거슨에 따르면, 당시

존 뉴턴
존 뉴턴은 복음주의적 회개를 상징하는 찬송가의 노랫말을 지었지만 6년간 노예무역에 종사하기도 했다.

사람들은 노예무역에 대해 오늘날 우리가 느끼는 것과 같은 죄의식을 갖지 않았다. 1662~1807년간 영국 노예상인의 무역선을 통해 대략 350만 명의 아프리카 흑인이 아메리카와 서인도제도로 끌려왔다. 퍼거슨 자신도 소개하고 있듯이, 2001년 여름 더반Durban에서 열린 '인종주의, 인종차별, 이국인혐오 및 불관용에 반대하는 유엔회의'는 노예제와 노예무역을 "반인간적 범죄행위"로 규정하고 이를 주도한 국가들의 사과와 보상을 요구했다. 회의 참가자들은 과거 비극의 희생자들을 추모하면서 특히 영국 여왕이 영연방과 그밖의 다른 지역을 돌며 과거 영국인의 범죄에 대해 사죄할 것을 촉구하기도 했다.[24]

퍼거슨의 《제국》은 이러한 부정적 평가와는 거리를 둔다. 그는 오히려 영제국이 근대세계의 형성에서, 특히 세계화와 관련해서 커다란 기여를 했다는 점을 강조한다. 이 책은 제국에 대한 영국인들의 노스탤지어를 자극하면서 이전의 식민지 지배자들이 추구했던 문명화 사명을 새롭게 부각하고 있다. 그의 결론은 너무나 분명하다. 한마디로, 영제국은 과過보다 공功이 많다는 것이다.

그렇다면 퍼거슨은 영제국을 어떤 점에서 긍정적으로 평가하는가. 우선 그는 영제국이 다른 유럽국가에 비해 상대적으로 더 관대했다는 점을 내세운다.[25] 그는 20세기 초 독일의 한 잡지에 실린 만화를 소개한다. 독일 식민지에서는 기린과 악어까지도 제식훈련을 받고 있다. 프랑스 식민지에서는 인종들 간의 성관계가 너무 문란하다. 벨기에 식민지의 경우 원주민을 통째로 구워 만든 요리가 레오폴드 국왕의 식탁에 오른다. 영국의 식민지는 대체로 복잡한 장면을 보여주는데, 이를테면 한쪽에서 사업가가 원주민에게 위스키를 권하는가 하면 다른 쪽에서 선교사가 강제로 설교를 듣도록 하고 또 다른 한쪽에서는

병사가 원주민의 동전 한 닢까지도 손에 쥐려고 한다.[26]

사실 어느 면에서는 독일이나 일본의 제국주의 지배가 더 가혹했다고도 할 수 있다. 퍼거슨에 따르면, 영제국은 19세기 말 이래 제국적 지배에 뛰어든 일본, 독일, 러시아에 비해 피를 덜 흘리는 지배를 추구했다. 이들 국가와 비교하면 영국은 원주민의 인권에 더 관심을 기울였다. 이를테면 중국 대륙에서 영국과 일본의 대립은 "인권에 대한 존중심을 가진 제국"과 "이방인을 돼지나 다를 바 없다고 보는 제국" 간의 충돌이었다.[27] 그는 한국에 대한 일본의 가혹한 지배도 소개한다. 3·1운동 당시 한국인 시위자 가운데 6,000명 이상이 학살당했다.[28] 어쩌면 1차 세계대전과 2차 세계대전은 영국이 좀 더 악한 제국의 지배를 끝장내려고 헌신한 전쟁이기도 했다. 그리고 그 후유증으로 영제국은 제국의 지위에서 내려오지 않을 수 없었다.[29]

그러나 퍼거슨의 이런 항변을 있는 그대로 받아들이기는 어렵다. 영국인 또한 다른 제국 못지않게 참혹한 전쟁을 치렀다. 맥심제 기관총의 최초 시연장이었던 남아프리카 마타벨레Matabele전쟁에서 소수의 영국군 병사들은 5,000명 이상의 부족 전원을 몰살시켰다. 이 밖에 인도, 아프가니스탄, 북아프리카에서 영국군이 벌인 원주민과의 전쟁도 잔인하기는 마찬가지였다. 세포이의 저항, 자메이카 모란트Morant만 흑인노예 봉기, 심지어는 1950년대 케냐인의 반란에 대해서도 영국군은 폭력으로 대처했다.

다음으로, 퍼거슨은 영제국이 세계화라는 측면에서 결정적인 기여를 했다고 주장한다. 오늘날 세계화 추세의 기본틀은 대부분 영제국 지배의 산물이다(이런 점에서 보면 미국은 오히려 영국의 기여에 무임승차한 셈이다!). 그는 영국에서 세계로 확산된 제도나 관행으로 영어, 영국

식 토지 소유, 영국식 은행, 보통법 체계, 개신교, 축구를 비롯한 단체 경기, 의회제도, 자유의 이념 등을 꼽는다. 이와 함께 상품·자본·노

마타벨레전쟁
리처드 케이튼 우드빌 2세Richard Caton Woodville, Jr., 〈샹가니 전투The Battle of the Shangani〉(1893년 10월 25일).

동의 자유로운 이동, 이른바 세계시장의 성립, 법의 지배, 효율적인 행정과 통치도 빼놓을 수 없는 영제국의 영향이다. 이것들은 모두 영제국이 식민화 과정에서 여러 지역에 확산시켰다. 이런 점에서 세계화란 사실상 영국이 주도한 세계화, 즉 '앵글로벌리즘Anglobalism'이다.

영제국이 없었을 경우 오늘날의 세계화 현상은 일어나지 않았을 것이다. 그렇다면 의도하지 않은 결과로 나타난 영제국이 어떻게 이 같은 기여를 할 수 있었는가. 여기에서 중요한 것은 영국 정부다. 영제국은 일련의 상업적 관계를 통해 시작되었지만, 곧이어 정부는 해외 상업 분야에서 영국인 투자의 안전을 확보하려면 제국이 해외 식민지에 대한 직접 통제를 강화해야 한다는 점을 깨달았다. 이 직접 통제야말로 철도에서 공장에 이르기까지 투자의 안전을 보장하는 것이었고,

오늘날의 관점에서 보면 제1세계에서 제3세계로 자본이동을 순조롭게 하는 것이었다. 이런 점에서 그는 기존 학계가 영제국을 인종주의와 성적 착취로만 비난하는 것은 잘못되었다고 주장한다.

마지막으로, 퍼거슨은 영제국의 경험과 유산이 근대성 자체라는 점을 내세운다. 달리 말하면 영제국은 근대성 또는 근대세계의 요람이다. 이렇게 말할 수 있는 이유는 영제국이 세계 육지 면적의 20퍼센트, 세계 인구의 25퍼센트를 지배했기 때문이다. 퍼거슨은 오늘날 사람들이 영제국에서 영화로웠던 빅토리아 시대, 이미 사라져버린 그 시대만을 떠올리는 것을 안타까워한다. 20세기와 21세기 세계의 주요 특징들이 영제국의 팽창과 제국의 경제 및 문화의 확산 과정에서 비롯되었다. 경제적 세계화를 넘어 교통통신혁명과 다인종국가, 인도주의와 민주정치에 이르기까지 중요한 근대적 제도들이 영제국에 기원을 둔다는 것이다. 결국 그에게 영제국에 관한 서사는 단순히 노스탤지어의 주제가 아니라 오늘날의 세계에 교훈을 제시하는 셈이다. 그는 이렇게 말한다.

영제국의 세계 지배가 없었어도 자유주의적 자본주의 구조가 세계의 무수한 서로 다른 경제에 그렇게 성공적으로 정착되었으리라고 믿기 어렵다. 다른 모델을 채택했던 제국들, 러시아와 중국은 자국의 국민들에게 엄청난 불행을 안겨주었지 않는가. 영제국 지배의 영향 없이 의회민주주의 제도가 오늘날과 같이 세계의 다수 국가들에 받아들여졌으리라고 믿기 어렵다. 세계 최대의 민주주의국가 인도는 영국 지배에 대해 알고 있는 것보다 훨씬 더 많은 빚을 지고 있다. 명문학교, 대학, 관료제, 군대, 언론과 의회 제도 이 모두는 아직도 영국 모델을 분명히 따르고 있다. 마지막으로 영어가 있다. 영어야말로 아마도 지난 300년간 단일품목으로는 가장 중요한 수출품이 아닐까 싶다. 오늘날 3억 5,000만 명의 사람들이 영어를 제1언어로 사용하고 있고, 4억 5,000만 명의 사람들이 제2언어로 사용한다. 지구인 7명 중 한 명꼴로 영어를 알고 있는 것이다.[30]

## 앵글로벌리즘과 미국의 역할

영제국은 어떻게 해체되었는가. 《제국》 6장 '팔려고 내놓은 제국'은 이 문제를 다룬다. 20세기에 일어난 두 차례의 세계대전은 영제국의 해체를 가져온 촉매제였다. 사실 이들 전쟁은 동부전선과 서부전선이라는 명칭이 말해주듯 유럽전쟁으로 간주된다. 그러나 유럽 못지않게 중동 지역과 아프리카에서도 총력전이 펼쳐졌다. 1차 세계대전 당시 독일은 영국의 인도 지배를 잠식하고자 했다. 이런 목적으로 이슬람 세계의 성전을 자극했으며 터키와 동맹을 맺었다. 아프리카에서도 전쟁은 치열하게 전개되었고 모든 것을 파괴했다. 퍼거슨은 영제국의 해체가 미국과 관련된다는 점을 지적한다. 특히 2차 세계대전 중에 미국의 정치가들은 독립 이래 전통으로 굳어온 신념, 즉 식민지 지배는 악이라는 신념에 사로잡혀 있었다. 루스벨트는 처칠보다는 오히려 스탈린을 신뢰했으며, 영국인들에 대해서는 "세계 어디서라도 땅이 있으면 그것이 바위든 모래톱이든 모두 점령할" 사람들이라고 생각했다.[31] 전쟁 중에 미국의 정치가들은 영제국의 해체를 시사하는 외교적 언사를 동원하기 일쑤였고, 전후 영국의 경제 복구 과정이나 수에즈 위기 때에는 영국을 돕는 조건으로 제국의 해체를 요구하기까지

했다.[32] 일찍이 19세기 중엽에 케임브리지의 역사가 존 실리John Seeley 는 영제국 형성의 역사를 다룬 책[33]에서 제국의 불길한 미래를 감지하고 있었다. 퍼거슨은 실리에게서 역사가의 예측력을 발견한다.

> 만일 미국과 러시아가 향후 50여 년간 계속 단합해나간다면, 반세기 후에 이들 나라는 프랑스나 독일과 같은 오래된 유럽 국가들을 왜소하게 만들고 2등국으로 전락시킬 것이다. 이들 나라는 영국에 대해서도 같은 영향을 미칠 것이다. 만일 50년 후에 영국이 여전히 스스로를 단순히 하나의 유럽국가로만 생각할 경우에 말이다.[34]

영제국은 해체되었지만, 그래도 문화적 유산을 공유하는 미국에게 세계경찰의 역할을 넘길 수 있었다. 퍼거슨에 따르면, 문화적 전통을 공유하는 미국이 영제국의 지휘권을 승계한 것이야말로 세계화의 전개 과정에서 다행스러운 일이었다. 미국이 근대성의 새로운 수호자로서의 역할을 제대로 수행하려면 영제국에서 교훈을 얻어야 한다. 퍼거슨은 묻는다. 미국은 영국의 경험에서 무엇을 얻어야 하는가. 19세기 영국과 마찬가지로 세계에서 가장 성공적인 국민경제를 가진 나라는 그보다 덜 발전한 사회에 자신이 선호하는 가치를 주입할 수 있다. 1차 세계대전 직전 영국이 세계경제에서 차지하는 비중은 8퍼센트였다. 1980년대 말 미국의 비중은 22퍼센트에 이른다. 미국은 19세기의 영국보다 더 강력하게 자신의 가치를 여타 세계에 권유할 수 있다.[35]

근대세계를 대변하는 자본주의와 민주주의는 자연스럽게 만들어지지 않는다. 법과 질서라는 강력한 제도적 기초를 필요로 한다. 퍼거슨은 오늘날 미국의 시대적 사명이 이 제도들을 필요한 곳에 수립하는

일이라 말한다. 경우에 따라서는 군사력도 이용해야 한다고 강조한
다.[36] 이뿐만이 아니다. 그는 여기에서 더 나아가, 미국이 제국 역할이
라는 멍에에 실패할 경우 혼돈스런 결과가 일어날 것이라고 경고한
다. 미 제국은 해외 나라들을 수십 년간 오래 점유할 수 있도록 군사
력을 활용해야 한다. 그리고 해외에 미국인을 진출시켜야 한다. 이들
이 여타 세계에 서구의 가치를 불어넣기 때문이다.

현실적으로 미국은 여러 가지 결함을 지니고 있다. 19세기 영제국
은 자본과 인력 수출에 바탕을 두고 영향력을 행사할 수 있었다. 그러
나 미국은 현재까지도 자본수입국이며 전 세계에서 인구가 유입되는
국가다. 한 세기 전 영국은 자본과 인력 수출을 이용해 강력한 지배력
을 행사할 수 있었지만, 오늘날 미국은 그렇지 않다. 퍼거슨은 이렇게
단언한다.

오늘날 세계를 통치하는 제국은 영국인 선대보다 나은 점도 있고 못한 점
도 있다. 그 제국은 훨씬 더 큰 경제, 더 많은 사람들, 훨씬 더 대규모의 병
기창을 가지고 있다. 그러나 그 제국은 자본, 인간, 문화를, 이를 필요로 하
고 방치할 경우 제국의 안전에 큰 위협을 안겨줄 후진 지역에 내보낼 추진
력이 부족하다. 요컨대 그것은 제국이라는 이름을 과감하게 말할 용기가
없는 제국이다. 제국을 부인하는 제국인 것이다.[37]

이 같은 편향된 견해가 학계의 논란을 야기하면서도 일반 대중의
관심을 끈 것은 아무래도 오늘날의 시대상황 탓이 아닐까 싶다. 우선
네오콘을 비롯한 미국의 보수주의자들이 제국의 힘을 행사하려는 모
습에서 자극을 받았을 것이다. 실제로 많은 사람들이 미국의 패권적

지배를 비판하면서도 다른 한편으로는 세계의 혼란을 정리하고 종식시킬 수 있는 초월적 권력기구를 대망한다. 전 지구적 규모로 확대된 자본주의에 걸맞은 새로운 권력기구가 필요하다는 것이다. 퍼거슨은 미국의 세계 지배 현상과 앞으로의 과제를 해명하기 위해 역사에서 선례를 찾는다. 이뿐만 아니라 앵글로-아메리카니즘이라는 시각에서 미국의 세계 지배를 연속적으로 파악하며 그 지배를 장기지속적인 세계화 과정으로 이해한다.

퍼거슨이 미국 부시 행정부의 정책 결정자들에게 적지 않은 영향을 끼치고 있다는 것은 잘 알려진 사실이다. 그의 견해가 신보수주의자들의 관심을 불러일으키기도 했지만, 퍼거슨도 자신의 견해와 전망을 피력하고 알리는 데 적극적이다. 퍼거슨은 《거대한 석상Colossus》(2004)에서 자신의 견해를 종합해 제시한다. 왜 '거대한 석상石像'인가. 이 책의 제목은 반세기 전 영국의 정치사상가 해럴드 라스키Harold J. Laski의 언명에서 따온 것이다.

> 미국은 거대한 석상colossus처럼 세계를 굽어보고 있다. 절정기의 로마제국도, 경제적 지배력이 최고조에 이르렀던 시기의 영제국도 이렇게 심도 있으면서도 광범위한 영향력을 직접적으로 행사하지는 못했다.[38]

1947년에 이렇게 말했을 때, 라스키는 점점 다가오는 거대한 제국의 그림자에서 로도스Rhodos 섬을 위풍당당하게 굽어보았던 석상의 이미지를 연상했을 것이다. 반세기가 지난 후 퍼거슨은 미국이 제국이었다는 것을 당연시한다. 그는 현재까지 세계가 미국의 지원과 도움을 받아왔다고 단언한다. 퍼거슨에 따르면, 오늘날 세계에 필요한 것은 '자유주의적 제국liberal empire'이다. 자유주의적 제국은 "상품, 노동, 자본의 자유로운 국제적 교환"을 보장하고, "평화와 질서, 법의 지배, 청렴한 정부, 안정된 금융화폐정책" 등 시장 작동에 필수적인 조건들을 마련하며, "교통기반시설, 병원, 학교 등의 공공재"를 제공하는 제국이다.[39] 퍼거슨은 이 책에서 미국이 과연 이러한 역할을 감당할 수 있는지 되묻는다.

미국의 역사를 보면 왜 미국의 정치가들과 식자층이 제국의 역할에 대해 우유부단한 입장을 취해왔는지 이해할 수 있다. 퍼거슨에 따르면, 미국은 제국의 지배 아래에서 배태되었으며 토머스 제퍼슨은 '자유의 제국'을 열망했다. 미국의 역사에는 항상 공화주의의 이상과 제국적 힘의 행사 사이에 긴장관계가 나타나곤 한다. 미국이 제국의 힘을 발휘하면서도 멈칫거리는 인상을 주는 것은 이 때문이다. 스스로 제국임을 부정하는 담론은 미국의 정치가

토머스 제퍼슨
존 트럼불John Trumbull, 〈독립선언The Declaration of Independence〉, 1819.

와 지식인 사이에 하나의 전통이 되었다.[40] 《거대한 석상》 5장은 반제 국적 이상을 가졌던 프랭클린 루스벨트와 식민지의 완전한 자치를 주 장한 허버트 모리슨Herbert Morrison의 연설을 서두에 인용하면서 '자 유주의적 제국'의 역할을 논의한다. 첫머리의 이 같은 인용은 의미심 장하다. 결국 미국의 전통적인 정치지도자들은 미국의 현실과 세계에 서 제국의 필요성을 예감하지 못했다. 제국은 역사에서 부정적인 것 이 아니다. 퍼거슨은 인류 역사에서 제국이 장기지속적 현상임을 지 적한다.

> 국민국가란 제국들에 비하면 새로운 것이다. 문자 출현 이래 제국들이 있 었다. 물론 식민화, 즉 대규모 조직적인 이주자들이 주도한 새로운 정착지 건설은 기록된 역사에 더 앞섰던 과정이다. 도시와 복잡한 사회구조를 가 진 문명은 기원전 4000년까지 소급해 올라갈 수 있다. 그러나 제국은 그보 다 좀 더 정교한 그 무엇이다. 한 문명의 확산은 보통 군사력을 통해 다른 민족을 지배하는 것으로 이루어진다. 제국이 나타났다가 사라지는 것은 역사의 자명한 이치 가운데 하나다.[41]

퍼거슨은 미국의 정치가들에게 자신감과 단호한 정책 결정과 일관 성을 주문한다. 미국은 역사상 다른 어느 때보다 더 강력한 힘을 행사 할 수 있는 조건을 갖추고 있다. 미국만이 현재 전 지구적인 문제를 해결할 능력이 있다. 보스니아나 코소보 사태에서 드러났듯이, "미국 의 군사적 리더십만이 이런 도전에 대한 효과적인 해결책"이다.[42] 퍼 거슨은 미국이 좀 더 적극적으로 세계의 공공선을 위해 군사력을 이 용해야 한다고 본다. 이라크 문제 해결에 관해서도 이집트의 사례를 들어 해결책을 제시한다. 영국은 72년간 군대를 주둔시키면서 이집트를 근대화시켰다. 마찬가지로 미국도 이라크에 좀 더 많은 미군을 파견해서 장기간 새로운 국가 건설을 진두지휘하지 않으면 안 된다는 것이다.[43] 미국의 정치가들은 대규모 군대를 파견했을 때 뒤따르는 대량의 사상자 발생을 두려워한다. 이와 맞물려 그들의 조급성, 근시안적 단견 등이 적극적 제국 정책을 수행하는 데 장애요인으로 작용한다는 주장이다.[44]

퍼거슨이 절박한 어조로 미국의 제국적 역할을 강조하는 것은 현대 세계의 미래에 대한 그의 불길한 진단에서 비롯한다. 그는 빅토리아 시대 후기와 에드워드 시기에 진행된 세계화의 추세가 오늘날의 그것과 매우 흡사하다는 점을 주목하라고 말한다. 그 시대의 자유무역, 이민 허용, 자본이동의 자유화, 낮은 인플레이션, 교통통신 및 에너지 분야의 기술혁신 등은 오늘날의 세계경제 변화와 매우 비슷하다. 그러나 전세기 초까지 진행되던 세계화 추세는 전쟁과 더불어 멈췄다. 전쟁이 끝난 후에도 세계는 대공황과 2차 세계대전, 동서냉전기를 거치면서 다시 국민경제 또는 블록경제권이 서로 장벽을 쌓은 상태로 퇴행했다. 세계화 추세가 다시 가속화된 것은 지금부터 한 세대 전의 일이다.

퍼거슨이 보기에, 오늘날의 세계는 1차 세계대전 직전의 세계와 흡사하리만큼 위험한 상태에 놓여 있다. 그는 최근의 한 논문에서 두 시기의 위험한 조건들을 비교한다. 1차 세계대전 직전 유럽은 영제국 군사력의 분산 배치, 강대국 경쟁, 불안정한 동맹체제, 불량국가의 테러 후원(사라예보 사건 등), 자본주의 세계경제에 반발하는 혁명적 테러조직(볼셰비키) 등의 특징을 보여준다.[45] 이러한 상황은 오늘날에도 다시 재현되고 있다. 미국 군사력이 지나치게 산개된 상태이고, 미국과 중국 간의 적대적 경쟁, 미국과 유럽연합의 경쟁이 갈수록 심화될 위험이 있다. 더욱이 이슬람 근본주의에 집착하는 불량국가들이 존재하고 이들의 테러조직 또한 증가하고 있지 않은가.[46]

## 비판과 성찰

퍼거슨의 논지를 다시 정리해보자. 대大브리튼은 처음에는 비의도적이고 무계획적으로 형성된(즉 우연하게 나타난) 제국이다. 영제국의 지배는 선한 것이었다. 이는 전혀 과실이 없다는 것이 아니라 다른 제국주의 국가에 비해 상대적으로 낫다는 것을 뜻한다. 오늘날 세계화는 대부분 영제국이 해외 백인 정착지와 공식적인 제국에 주입한 제도들에 바탕을 두고 촉진된 것이다. 자본·노동·상품의 자유로운 이동, 민주주의, 효율적인 행정, 개신교, 영어 등이 이에 해당한다. 이 같은 세계화 추세의 중심 내용이야말로 근대성 그 자체다. 세계화는 20세기 후반에 갑자기 시작된 것이 아니라, 앞선 세기 말에 진행되었다가 중단된 움직임이 재현된 것이다. 영국과 문화적 전통을 공유하는 미국이 세계질서를 주도한 것은 세계화의 역사에서 다행한 일이다. 그러나 미국은 자신감 없는 제국이다. 미국 지배집단의 자각이 필요하다.

퍼거슨의 견해에서 당혹스러운 것은 그가 이 같은 논지를 펼치면서 별다른 논증이나 전거를 제시하지 않는다는 점이다. 말하자면 이것은 학술적 탐구의 결과라기보다는 그의 신념처럼 보인다.[47] 이럴 경우 비판적으로 성찰하기란 쉬운 일이 아니다. 그렇더라도 퍼거슨의 편향된 시각은 학문적으로 엄정한 비판을 받아야 한다. 그는 식민지인들의 경험에 관해서는 전혀 눈길을 주지 않는다. 식민지인은 철저하게 영제국의 식민화 대상일 뿐이다. 그는 발전이라는 보편사적 개념을 설정하고 그 매개자로서 영제국의 역할, 즉 문명화 사명, 리빙스턴과 같은 사람들의 세계관을 회고적 수법으로 되살리고 있는 것이다.

따라서 퍼거슨은 나와 '타자'의 만남에서 쌍방향의 작용 또는 영향을 무시한다. 우열의 차이가 있다고 하더라도 나와 '타자' 사이에는 어떤 형태로든 서로 영향을 주고받는 변용 과정이 있게 마련이다. 그러나 퍼거슨의 '만남'에는 오직 일방적인 영향력 행사만이 있을 뿐이다. 이 같은 퍼거슨의 연구는 1980년대 이래 '영국성Englishness'에 집착해온 영국 역사가들이나 문화계 인사들의 작업을 연상케 한다.[48] 이들의 작업은 영국과 여타 세계의 관계보다는 영국적인 것을 이루는 핵심, 어떤 에센스를 포착하는 데 초점을 맞춘다. 왜 이러한 경향이 나타났는지는 나도 확연하게 알지 못한다. 어쩌면 신문화사에 대한 영국 역사가들의 새로운 대응일 수도 있고, 자기탐닉적인 나르시시즘과 관련이 있을지도 모르겠다.[49]

이보다 더 문제는 그의 시대착오적인 태도다. 세계는 영제국이 팽창하던 19세기에 비해 너무나 많이 변했다. 퍼거슨도 인정하듯이, 영국인은 폭력을 통해 제국을 건설했다. 이러한 일들은 대부분 문명의 중심과 거리가 먼 오지에서 발생했으며 사람들에게 알려지지도 않았다. 그러나 이제 이러한 폭력은 은폐될 수 없다. 오늘날 폭력은 미국이 아닌 다른 세계의 테러를 통해서도 자행된다. 19세기 영제국이 세계 지배의 모델을 제공한다는 주장은 비현실적이다. 역사는 교훈을 주지만 그것은 어디까지나 선별적이다. 새로운 현실은 새로운 해결책을 필요로 한다. 퍼거슨은 지난 세기에 이미 실패한 제국 모델을 강조할 뿐이다.

미국에 대한 주문도 마찬가지로 시대착오적이다. 미국은 주저하고 머뭇거리는 제국이 아니라 적극적이고 패권적인 제국이다. 포함외교로 상징되는 19세기만 하더라도 군사력으로 국제적인 문제를 해결할 수 있었다. 그러나 오늘날의 세계는 그렇지 않다. 미국이 베트남전쟁이나 이라크전쟁에서 고전을 겪은 것은 대규모 군사력을 사용하지 않았기 때문이 아니다. 대규모로 병력을 투입하고서도 문제를 해결할 수 없는 조건들이 상존하는 것이다. 퍼거슨은 군대 주둔을 통해 이집트를 근대화한 영제국의 경험을 언급한다. 그러나 이라크를 이런 방식으로 해결하려면 더 커다란 저항과 국제적인 비판에 직면할 것이다. 세계화 시대에는 제국 혼자 존립할 수 없다. 세계화가 미국 주도로 전개되었다고 하더라도 그 과정에서 국가 간의 상호의존성은 더욱 심화될 수밖에 없다. 이것이 미국의 제국적 역할에 제약을 가하는 것이다.[50] 퍼거슨은 이런 측면을 무시한다.

더욱이 영제국의 통치가 다른 제국주의 국가에 비해 상대적으로 선했다는 주장이나 20세기의 세계대전이 사악한 제국과 맞서 싸운 영국의 헌신적 노력과 관련이 있다는 견해는 극단적인 자기중심주의다. 이는 2차 세계대전 시기에 대동아공영권을 주창한 일본 군국주의자들의 발언과 비슷하다. 일본은 동아시아 민중에게 백인의 위협을 강조함으로써 같은 아시아인에 대한 보호(지배)를 합리화했다. 퍼거슨에게는 제국주의자들만 존재한다. 제국주의 지배 아래에서 삶을 살았던 식민지인들에 대해서는 별다른 관심이 없다. 그는 영제국의 자기 헌신에 힘입어 전 세계의 다수 지역이 사악한 제국주의 지배에서 벗어날 수 있었다는 점을 강조한다. 사악한 제국들과 영제국의 차이가 그렇게 심대했던가? 노골적이고 조야한 강압과 정교하면서도 교묘한 착취 사이에 엄청난 차이가 있을 것 같지 않다. 제국 지배에 서로 다른 계보가 있는 것은 아니다. 제국주의는 말 그대로 한 국민국가가 자국의 경계를 넘어 다른 지역을 정치 또는 군사적으로 지배하려는 운동이기 때문이다.

또한 퍼거슨은《제국》곳곳에서 영제국이 다른 지역에 전파한 자유의 가치를 강조한다. 사실 자본주의 경제 활동 자체가 개인의 자유를 바탕으로 한다. 영국 근대사의 전개 과정에서 특히 자유의 개념이 확산되고 또 변화의 중요한 동인으로 작용했다는 것은 잘 알려진 사실이다. 그러나 영제국이 식민지인에게 제시한 자유는 소수의 협력자들에만 해당되는 것이었다. 영제국은 식민지 사회의 협력자들에게 자유를 주는 대신, 그들과 그들이 기득권을 가진 전통적 제도를 통해 식민지를 좀 더 수월하게 통치할 수 있었다. 이런 점에서 영제국이 전파한 자유 개념이 오히려 후일 민족주의운동의 산파가 되었다는 그의 견해는 진실을 은폐한 것이다.

퍼거슨은 영제국의 형성 과정을 승리와 성취의 역사로만 서술한다. 좌절이 있긴 했지만 그것은 더 나은 발전을 향한 중간 과정일 뿐이다. 미국의 독립마저도 하나의 에피소드로 평가절하한다는 것은 이미 앞에서 지적한 바 있다. 과연 영제국을 승리의 역사로만 파악할 수 있는가. 적어도 19세기 전반까지만 하더라도 제국의 팽창은 승리와 좌절이 뒤섞인 복합적인 과정이었다. 여기에서는 18~19세기 좌절의 역사를 재구성한 린다 콜리Linda Colley의 연구를 소개하는 것만으로도 족할 것 같다.[51]

콜리는 원주민의 포로가 된 영국
병사와 민간인들의 기록을 통해 영국
의 제국 경험을 재구성한다. 그녀는
영제국이 초기만 하더라도 인구, 영
토, 경제 면에서 보잘것없었다는 점
을 강조한다. 약소성smallness이야말로 초기 제국의 역사를 이해하는
데 중요한 개념이다. 오히려 제국의 외향성과 탐욕과 폭력은 바로 이
같은 특징에 따른 대응이었다. 콜리의 《포로들》은 17~18세기 북아프
리카, 아메리카, 1760~1840년간 인도와 아프가니스탄 등 세 지역에
서 포로로 잡힌 사람들의 기록과 문헌을 수집하여 이제까지 역사가들
이 주목하지 않았던 새로운 측면을 탐사한다. 포로들의 서사와 기록
은 제국의 변방과 최전선에서 일어난 사건의 설명이면서 동시에 초기
영제국의 의미를 이해하는 자료다. 콜리는 각 지역의 포로 수와 사회
학적 분석 그리고 영제국의 경계라는 맥락을 고려하면서, 개인의 삶
과 생애사를 제국 형성의 무수한 일화로 변용한다. 감금과 함께 문화

접변을 겪는 사람들의 개인사를 영제국주의의 본질을 이해하는 원재료로 이용하고 있는 것이다.

그렇다면 약소국 영국이 어떻게 세계를 지배하게 되었는가. 콜리는 역경, 폭력, 타자의 조력, 브리튼인이라는 정체성 등 네 가지 요인을 강조한다. 역경은 자신의 힘이 미치지 않는 곳까지 뻗어나갈 경우 항상 위험이 뒤따르며 고생을 겪는다는 의미다. 폭력은 취약성에 대한 불안과 미래에의 두려움 때문에 더 극단적인 폭력을 행사한다는 뜻이다. 타자의 조력은 원주민을 가리키고, 브리튼이라는 정체성은 고도의 중앙집중적 국민국가의 형성과 인적 자원을 효과적으로 배치할 수 있게 만드는 강력한 국민 이데올로기를 의미한다.

여기에서 나는 콜리의 연구가 더 설득력을 가진다고 주장하지는 않겠다. 다만 가능한 한 다양한 시각에서 대상을 바라볼수록 그것에 대해 좀 더 깊이 이해할 수 있다는 상식적인 사실을 언급하려는 것뿐이다.

## 남은 이야기

세계화와 앵글로벌리즘을 동일시하는 퍼거슨의 견해를 어떻게 평가할 것인가. 영국식 금융제도, 의회제도, 자유무역주의, 팀 스포츠 등 오늘날 세계에 널리 확산된 제도와 관행 중에서 영국에 기원을 둔 것들이 많다는 데에는 이견이 없을 것이다. 그러나 그밖의 다른 관행들, 이를테면 자유의 개념, 법의 지배, 효율적인 정부까지 영국적 기원을 강조하는 것은 지나치다. 이들의 일부는 어느 사회에서나 보편적으로 발전할 수 있는 것이고, 유럽으로 한정하더라도 19세기 이후 유럽 각국에서 점진적으로 나타난 특징이었다. 그럼에도 퍼거슨이 영미우월주의 견해를 피력한 것은 세계제국의 지위를 공통의 문화적 전통을 지닌 미국이 이어받았기 때문일 것이다.

우리는 역사에서 교훈을 찾으려 한다. 개인이나 국가나 과거를 통해 현재를 성찰하는 것은 이 때문이다. 그러나 앞에서 밝혔듯이 19세기 영제국의 경험에서 미국의 좌표를 찾기는 어렵다. 패권적인 제국들이 서로 경쟁하며 헤게모니를 행사하던 시대, 무거운 근대성이 지배하던 시대의 제국 경험을 오늘과 그대로 비교할 수는 없다. 새로운 세기는 탈중심성을 특징으로 한다. 세계화가 특정한 제국의 주도로 전개되었다고 하더라도 그것은 탈중심주의로 향하는 도정의 길을 열었다. 오히려 오늘날 제국의 이미지는 무겁고 고정되며 집중적인 권력이 아니라 항상 유동하고 유연하며 곳곳에 산재한 네트워크 권력에 깃들어 있다. 이것은 전 지구적 규모로 확대된 자본주의에 걸맞은 새로운 권력기구, 즉 세계적 차원에서 경제 및 문화의 교환이 일반화되는 새로운 시대에 그 교환을 매개하고 규제하는 주권이다.[52] 이 주권을 처음에는 미국이 조종하고 통제했겠지만, 시간이 지남에 따라 미국의 독점권은 점차 사라질 수밖에 없다. 한마디로, 견고한 제국의 모습은 사라지고 그 기억만 남을 것이다.

퍼거슨은 되물을 것이다. 제국과 같은 중심 권력 없이 이 세계의 질서와 평화가 유지되겠는가. 현실은 그렇다고 답한다. 아니, 오히려 반대라고 맞받는다. 근대세계에서는 제국의 힘이 강력할수록 그만큼 전쟁과 위험이 증대되었다. 미국이 제국의 역할을 강화하면서 오히려 국제적 긴장이 더 높아지고 있다. 새로운 세기는 한 나라의 독주와 헤게모니만으로 평화를 달성할 수 없다. 이 탈중심적 상황은 한편으로는 세계화에 의해, 다른 한편으로는 급속한 정보통신혁명에 의해 조성된 것이다. 패러다임이 바뀐 만큼 그에 따른 발상의 전환이 필요하다. 지금 우리 모두에게 절실하게 필요한 것은 소통이다. 개인과 개인, 국민과 국민, 문명과 문명, 모두가 서로를 이해하기 위해 소통해야만 한다. 소통의 기법과 소통의 기술이 다른 어느 때보다 필요하다. 오늘날 인문학의 현실적 함의는 여기에서 찾아야 할 것이다.

# 데이비드 캐너다인, 귀족과 제국

1950년 영국 버밍엄 출생. 중간계급 하층 집안 출신으로,
케임브리지대학 클레어칼리지에 입학해 역사를 전공했다. 학부 졸업 후 옥스퍼드로 옮겨 학위논문을 썼다.
학위를 받은 다음 그는 케임브리지로 돌아와 크라이스츠칼리지에서 학생들을 가르쳤다.
1990년대에는 예일대학에 자리 잡은 아내 콜리를 뒤따라 미국으로 건너가 컬럼비아대학 사학과에서
학생들을 가르치면서 귀족의 몰락을 다룬 대작과 트리벨리언의 평전을 펴내는 등 생산적인 연구를 계속했다.
컬럼비아대학 사학과 학과장을 역임하고 한동안 런던역사연구소 소장을 역임한 후 프린스턴대학 사학과에서 학생들을 가르치고 있다.
《역사 연구Historical Research》, 《역사 서평Reviews in History》의 편집자이기도 하다.
저술 집필 외에도 비평가, 칼럼니스트, 방송 해설가 등 다방면에서 연구 활동을 계속하고 있다.
지은 책으로《영주와 지주Lords and Landlords: the aristocracy and the towns, 1774 – 1967》(1980),
《과거의 즐거움The Pleasures of the Past》(1989),
《영국 귀족의 쇠퇴와 몰락The Decline and Fall of the British Aristocracy》(1990),
《트리벨리언: 역사 속의 삶G. M. Trevelyan: A Life in History》(1992),
《우리 시대의 역사학History in Our Time》(1998),
《장식주의: 영국 사람들은 자신의 제국을 어떻게 보았는가Ornamentalism: How the British Saw their Empire》(2001),
《분리되지 않은 과거: 차이를 넘어선 인간성The Undivided Past: History Beyond Our Differences》(2013),
《조지 5세George V》(2014) 등이 있다.

*David Cannadine*
*1950~*

2008년 6월, 런던 다우닝 가街 10번지 수상 관저에서 영국을 공식 방문한 부시 미대통령을 환영하는 공식만찬이 열렸다. 그 자리에 데이비드 캐너다인David Cannadine과 앤드류 로버츠Andrew Roberts 등 영국 역사가들이 모습을 나타냈다. 이들은 아카데미즘과 저널리즘의 경계를 넘나들어 일반 독자에게도 널리 알려진 역사가들이다. 영국에서는 역사가와 대화를 즐기는 정치인들을 자주 볼 수 있는데, 수상 관저의 저녁만찬에 이들이 초청 받은 것도 이런 이유 때문이다.

오늘날 영국의 전후세대 역사가들은 과거 인간의 삶을 진지하게 성찰하면서도 아카데미즘의 좁은 활동공간을 벗어나서 가독성이 높은 저술과 비평 활동을 통해 일반 독자에게 가까이 다가서고 있다. 캐너다인은 귀족의 몰락에 관한 방대한 저술로 명성을 얻었고, 로버츠는 정치사 분야의 일련의 저술로 독자들의 관심을 끌었다.[1] 이들 외에도 로이 포터Roy Porter, 올랜도 파이지스Orlando Figes, 미국에서 활동 중인 사이먼 샤마Simon Shama, 존 브루어John Bruer, 린다 콜리Linda Colley 등도 이런 학자군에 속한다.[2]

이 역사가들은 대부분 케임브리지에서 학부 시절을 보냈다. 이들은 젊은 나이에 출세작을 내놓아 명성을 얻었는데, 18세기를 중심으로 근대사를 다루면서도 효율적인 사료 작업과 거침없는 상상력으로 과거를 재현하는 솜씨를 보여주었다. 이 전후세대 역사가들이 일찍부터 명성을 얻은 것은 역사서술에서 자신만의 독특한 개성을 드러냈기 때문이다. 그들은 학술지와 연구논문을 중시하는 아카데미즘의 전통을 넘어, 독자들에게 역사 속에 깃들어 있는 중요한 의미와 교훈을 전달하는 데 노력을 기울였다. 대학제도 안에 자리 잡은 인문학에 대한 관심이 점차 줄어드는 오늘날 이들의 저술 활동은 인문학의 새로운 지향점을 제시한다는 점에서 주목을 받고 있다.

사회적인 영향력 면에서 최근 가장 두드러지게 활동하는 사람은 런던역사연구소Institute of Historical Research의 캐너다인이다.[3] 이전에 웰컴의학사연구소Welcome Institute of the History of Medicine의 포터가 그랬듯이, 그는 활발한 저술 활동 외에도 예리한 비평가이자 칼럼니스트, 방송 해설가로 널리 알려져 있다. 정치권과 대화를 나누거나 역사 지식을 해설하는 경우 대체로 그가 주도한다. 오랫동안 귀족층을 연구해온 그는 왕실 행사가 임박할 무렵에는 자주 방송에 등장한다. 그가 대중에게 친숙한 역사가로 유명한 것은 이 때문이다.


## 학문 이력

캐너다인은 1950년 버밍엄에서 태어나 그곳에서 유년 시절을 보냈다. 중간계급 하층 집안 출신인 그는 가족 중에서 처음으로 문법학교에 들어가 대학 진학의 꿈을 키웠다. 문법학교 시절에는 특별히 역사에 심취하지 않았고 오히려 수학, 지리, 신학 과목 등에 흥미가 있었다. 후일 한 인터뷰에서 그는 역사를 전공하지 않았다면 성직자의 길을 걸었을지도 모른다고 술회한 적이 있다.[4] 어쨌든 그는 케임브리지 대학 클레어칼리지에 입학해 역사를 전공했는데, 이런 결정을 내린 데에는 문법학교 역사교사였던 그래엄 버틀러Graham Buttler의 영향이 컸다. 그는 학부 졸업 후 옥스퍼드로 옮겨 피터 머타이어스Peter Mathias의 지도 아래 학위논문을 썼다. 논문을 준비하는 동안 프린스턴에서 1년간 체류하기도 했는데, 그곳에서 로렌스 스톤Lawrence Stone의 영향을 크게 받았다.

학위를 받은 후 그는 케임브리지로 돌아와 크라이스츠칼리지에서 학생들을 가르쳤다. 당시 이 칼리지에는 18세기 역사에 정통한 존 플럼John H. Plumb이 재직하고 있었다. 1960년대 이래 그의 주위에는 샤마, 브루어, 포터, 콜리 등 재기발랄한 젊은 역사학도들이 몰려들었다. 트리벨리언의 제자였던 플럼은 실증적인 연구를 중시하면서도 역사서술에서 가장 중요한 것은 문장과 문학성이라는 점을 강조했다. 후일 이 젊은 역사가들의 저술이 독자층의 관심을 끌었던 것도 이러한 가르침과 무관하다고 할 수 없다. 캐너다인 또한 크라이스츠칼리지 시절에 플럼의 후견 아래 있었다. 플럼은 캐너다인에게 콜리를 소개해 두 사람의 결혼 중매를 서기도 했다.

캐너다인은 예일대학에 자리 잡은 아내 콜리를 뒤따라 미국으로 건너간 후 컬럼비아대학 사학과에서 학생들을 가르쳤다. 캐너다인 부부는 1990년대 대부분을 미국에서 지냈다. 두 사람은 대학 소재지인 뉴욕과 뉴헤이븐을 번갈아 오가며 바쁜 생활을 보냈지만, 여름 휴가철에는 영국 노퍽의 한적한 시골에 머물기도 했다. 미국 대학에 재직

David Cannadine

하던 1990년대에 캐너다인은 귀족의 몰락을 다룬 대작과 트리벨리언의 평전을 펴내는 등 생산적인 연구를 계속할 수 있었다.

1998년 캐너다인은 런던역사연구소 소장직을 맡게 되었다. 그가 소장으로 초빙 받은 것은 전문역사가로서 학계에서 평판이 높았을 뿐만 아니라 독자층에게도 널리 알려져 연구소 운영의 적임자라고 여겨졌기 때문이다. 전문역사학자와 대중저술가를 동시에 추구하는 것은 캐너다인 같은 전후세대 역사가들에게는 자연스러운 일이었다. 그가 케임브리지 역사가 조지 트리벨리언의 평전 《트리벨리언: 역사 속의 삶G. M. Trevelyan: A Life in History》(1992)을 쓴 것도 전문성과 대중성을 겸비한 역사가의 전형을 확인하려는 시도였다.

캐너다인은 크라이스츠칼리지에서 교분을 나누었던 동료 역사가들과 마찬가지로 매우 부지런한 사람이다. 런던역사연구소에 부임한 직후 가진 인터뷰에서 그는 연구소 운영에 열성을 기울이겠지만, 그럼에도 연구자로서의 직분을 소홀히 하지 않겠다고 여러 차례 다짐했다.[5] 그 다짐대로 소장으로 재직하면서도 그는 역사 탐구에 매진했다. 수많은 비평과 에세이를 썼고, 묵직한 주제를 다룬 연구서들은 언제나 독자들의 열띤 호응을 얻었다. 우리나라에서도 번역 소개된 《굿바이 E. H. 카》(2005)도 그의 활발한 학술 활동을 보여주는 단적인 사례다. 이 책은 에드워드 카의 《역사란 무엇인가?》 발간 40주년을 기념하여 런던역사연구소가 기획한 심포지엄의 발표문을 엮은 것이다. 이 심포지엄 또한 그의 주도 아래 진행되었다.

이처럼 다양한 주제에 관심을 기울여왔지만, 그럼에도 캐너다인의 본령은 역시 귀족의 쇠퇴 또는 귀족과 사회의 관계였다. 캐너다인은 역사 연구를 처음 시작하면서부터 귀족층을 주된 주제로 삼았다. 학위논문인《영주와 지주*Lords and Landlords*》(1980)는 19세기와 20세기 초 버밍엄의 귀족 캘소프Calthorpe 가문의 쇠퇴를 다루면서 이를 버밍엄 사회의 변동과 관련지어 해석한다. 이 연구의 문제의식이 후일 그의 대작《영국 귀족의 쇠퇴와 몰락*The Decline and Fall of the British Aristocracy*》(1990)으로 연결되었다. 미국 생활을 청산하고 영국으로 돌아온 이후 그는 처칠에 관한 실증적인 연구를 계속하면서도 영제국의 성격을 규명하는 작업을 시도했다. 특히 제국 문제를 다룬《장식주의 *Ornamentalism*》(2002)는 학계와 일반 독자층 사이에 대단한 반향을 불러일으켰다. 제국을 바라보는 그의 시선이 종래의 연구와 매우 다르면서도 새로운 상상력을 불러일으켰기 때문이다.

## 귀족의 몰락

미들 클래스 하층 집안 출신 젊은이가 왜 귀족을 연구 대상으로 삼았을까?《영국 귀족의 쇠퇴와 몰락》서문에서 캐너다인은 자신의 연구 동기를 밝히고 있다. 우선 오늘날 영국 사회에 널리 퍼져 있는 과거의 전통 또는 "국가 유산national heritage에 대한 과도한 열광"에 이의를 제기하는 데 목적이 있었다. 이와 함께 "변화 대신 지속을 너무 강조하는" 근래 역사서술에 도전하려는 의도도 내비친다.[6]

캐너다인이 언급했듯이, 오늘날 영국 사학계에는 변화보다 지속을 강조하는 경향이 있다. 이는 근대사회 형성에서 영국의 주도적 역할에 초점을 맞춘 전통적 역사서술과 대조적이다. 1950~60년대 영국 역사가들은 대체로 영국 근대사가 혁명적 변화를 통한 진보의 과정임

David Comadine

을 입증하는 데 노력을 기울였다. 튜더 행정혁명, 17세기 정치혁명, 상업혁명, 농업혁명, 산업혁명, 노동운동, 19세기 도시화, 빅토리아 시대 행정혁명 등 여러 시기에 일어난 개혁과 혁신이 영국사뿐만 아니라 세계사의 진보를 이끈 중요한 계기였다는 것이다.[7] 이러한 해석은 상당부분 마르크스주의 역사인식에서 비롯되었지만, 이념의 차이를 떠나 일반적인 통설로 자리 잡았다. 따라서 19세기 중엽 산업자본과 부르주아지의 승리는 당연한 사실로 받아들여졌다.

그러나 이 같은 전통적 해석은 지난 한 세대에 걸쳐 수정주의 연구의 거센 도전을 받았다. 근래의 역사가들은 영국 근대사회의 혁명적 변화보다는 점진적이고 지속적인 성격을 강조한다. 수정주의 연구에 따르면, 17세기 말에 성립된 귀족 주도의 정치체제는 적어도 19세기까지 지속되었다.[8] 대체로 18세기 초부터 1830년대까지 토지귀족의 정치적 지배를 지탱하는 긴요한 전략은 '오랜 부패관행Old Corruption'이었다. 이것은 귀족 지배층이 영입할 가치가 있는 사람들에게 "부조금, 명예직책, 수당" 등을 부여하는 관행으로서 "토지귀족과 중간계급의 일부를 연결하는 접착제"였다.[9]

물론 1832년 의회개혁 이후 이 관행은 사라진다. 중간계급의 비판과 더불어 정부 부처에 새로운 행정개혁의 바람이 일었다. 그럼에도 토지귀족은 약화되기는커녕 오히려 단일한 지배구조를 강화해나갔다. 역설적이긴 하지만, 산업혁명과 더불어 토지귀족은 경제적으로 더욱더 강력해졌다. 의회개혁 때부터 19세기 말까지는 토지귀족 지배의 절정기였다.

수정주의 역사가들은 근대 영국의 경제 발전에 관해서도 이전과 전혀 다른 해석을 제시한다. 이들에 따르면, 영국 자본주의 발전 과정에

**젠트리**

리처드 브래스웨이트Richard Brathwait, 〈영국 젠틀맨English Gentleman〉, 1630.

서 주도세력은 부르주아지보다는 대토지를 소유한 귀족과 젠트리 gentry였다. 이들은 상업적 농업의 발전에 따라 자본제적 지대를 늘려 나가는 세력으로 성장했다. 17세기 이후 그들은 시장의 철학을 적극 받아들여, 농업 이윤뿐만 아니라 광산 개발, 도시 주택의 임대소득, 나아가 해외투자와 무역에도 관심을 기울였다. 지주세력의 경제 활동에 나타나는 두드러진 특징은 돈을 벌어들이는 데 매달리지 않아도 상당한 수준의 수입이 보장된다는 점이다. 이들은 시장을 통해 이윤을 추구하면서도 "일상적인 노동세계"를 멀리하면서 여가와 아마추어 정신을 숭상했다. 이 경제 활동은 흔히 '신사적 자본주의gentlemanly capitalism'라 불린다.[10] 이는 '신사의 규범'을 지키면서 시장을 통해 부를 축적하는 경제 활동을 뜻한다. 18세기 이후에는 토지귀족사회 외부에 있던 부유한 화폐자산가와 무역상인들이 신사적 자본가의 대열에 합류했다. 18세기 이후의 해외팽창 또한 이들의 경제활동과 밀접하게 관련된다.

지금까지 약술했듯이, 19세기까지 귀족과 젠트리의 지배구조는 영국 사회에 뿌리 깊이 잔존해 있었다. 한 통계에 따르면, 1861년 하원의원의 76퍼센트가 젠트리 이상의 토지소유자였고 1868~96년간 각료를 지낸 125명의 인사 가운데 76명이 토지귀족이나 그 방계혈통에 속했다.[11] 토지소유의 기반도 전혀 흔들리지 않았다. 1870년 잉글랜드 사유지 가운데 80퍼센트를 7,000명의 지주가 소유했다. 1만 에이커 이상을 소유한 대토지귀족 360명의 토지를 합산할 경우 그 면적은 전체 사유지의 25퍼센트에 이르렀다.[12]

영국 근대사에서 '변화'를 다시 복원하려는 의도를 가졌음에도, 캐나다인의 귀족 연구 출발점은 수정주의 해석의 연장선에 있었다. 캐너다인의 문제의식은 이렇다. "19세기 마지막 사반세기가 시작되었을 때만 하더라도 귀족 칭호를 가진 전통 지주층은 영국에서 아직도 가장 부유하고 강력하며 가장 출신 좋은 사람들이었다. 그러나 오늘날 그들은 일찍이 다른 사람의 추종을 불허했던 부와 권력과 지위의 일부만을 가지고 있을 뿐이다."[13] 그 이유는 무엇인가? 사실 1880년대 이후 그들의 정치적·경제적 영향력은 급속하게 쇠퇴했으며 20세기에 들어와 귀족의 퇴장은 너무나 당연하게 여겨지고 있다. 왜 그들의 영향력은 그처럼 급속하게 쇠퇴했을까. 이를 해명하는 작업 또한 '변화'의 복원과 연결될 것이다.

《영국 귀족의 쇠퇴와 몰락》은 1880년대에서 2차 세계대전기까지 "귀족의 쇠퇴와 몰락, 분열과 무질서"를 다룬다.[14] 이와 더불어 귀족제 몰락이 불러온 부정적인 영향을 평가한다. 캐너다인은 1880년경 적어도 1천 에이커 이상의 토지를 소유한 1만 1,000여 명의 귀족과 젠트리를 추적한다. 이들이 소유한 토지는 영국 전 사유지의 3분의 2를 상회했던 것으로 보인다. 그는 이들 중 작위를 가진 580여 세습귀족에 초점을 맞춰 개별 가문에 관련된 자료들뿐만 아니라 귀족의 회고록을 집중 분석해 귀족가문의 쇠퇴를 탐사한다.

그렇다면 한 세기도 채 안 되는 짧은 시기에 귀족의 몰락을 가져온 구조적인 동인은 무엇인가. 캐너다인에 따르면, 1870~80년대 농업공황이야말로 귀족 몰락의 근본 요인이었다. 농업공황이 계속되면서 귀족계급의 부의 가장 중요한 원천인 토지 가격이 급속하게 떨어지기 시작했다. 1930년대에는 19세기 중엽 가격의 3분의 1 수준으로 폭락했다.[15] 여기에 19세기 말 아일랜드 토지법 제정이 귀족의 경제위기를 심화시켰다.[16] 지주계급은 토지를 시장에 내놓고 런던의 저택을 방매

David Cannadine

아일랜드 토지법
아일랜드 토지법 제정을 위해 애쓰는 글래드
스턴William Gladstone 수상의 모습을 풍자한
그림. *Punch* 1870년 2월 26일, p. 79.

함과 동시에 자신의 소비지출을 줄
여나갈 수밖에 없었다. 캐너다인은
잘 알려진 귀족가문의 사례를 통해
이들의 삶의 변화를 재조명한다.

오늘날 최상층에 속하는 귀족 작위 보유자가 직접 소규모 사업을 벌
이거나 생활전선에 뛰어드는 경우를 자주 접하는데, 이는 한 세기에
걸친 귀족경제 위기를 극명하게 보여주는 사례라는 것이다.

귀족의 정치적 기반 또한 1884년 선거법 개정과 더불어 급속하게
잠식당하기 시작했다. 대중정치의 시대가 열리면서 정치에서 귀족세
력의 조락은 너무나 분명하게 예견할 수 있었다. 더욱이 20세기에 들
어와 여성선거권 확대와 1911년 의회법 개정으로 세습작위를 가진
귀족의 정치적 권한은 급속하게 약화되었다. 상속재산 또한 이전과

달리 보호막이 없어졌다. 1894년 8퍼센트에 지나지 않던 상속세율이 1939년에는 60퍼센트에 이르렀다. 1차 세계대전 중에 귀족과 그 상속인 가운데 20퍼센트가 사망하고 귀족가문에 고용되었던 전통적인 집사층이 급속하게 소멸한 점 또한 귀족계급의 조락을 가져온 여러 요인들 가운데 하나였다. 일부 정치인, 예컨대 로이드 조지 같은 이는 공공연하게 귀족에 대한 적대감을 드러내기도 했다.

　이러한 분위기를 귀족층은 어떻게 받아들였는가. 귀족의 쇠락을 가져온 시대적 추세는 거의 불가항력적인 것이었다. 귀족과 그 인척의 일부는 이러한 현실을 인정하면서 새로운 삶의 방식을 개척해나갔다. 캐너다인에 따르면, 가장 흔한 진출 분야는 그들의 식견과 경험을 활용할 수 있는 직종이었다. 작위귀족의 일부는 이전에는 생각할 수 없었던 분야, 즉 박물관 디렉터, 시장, 시의회 의원, 식민지 총독으로 진출했고 경우에 따라서는 사업가로 변신했다. 그러나 그보다 더 많은 사람들은 새

의회법 개정
사무엘 베그Samuel Begg, 〈의회법 상원 통과 Passing of the Parliament Bill in the House of Lords〉(1911).

로운 삶을 개척하기보다는 자신들의 부와 권력과 신분의 조락을 그대로 받아들이며 쓸쓸하게 퇴장했다. 결국 캐너다인은 영국 상류계급의 몰락을 있는 그대로 재현함으로써 이 시대에 귀족은 더 이상 계급으로 존재하지 않는다는 점을 강조한다. 귀족 그리고 귀족 전통에서 비롯된 국가 유산에 대한 열광은 사실 시대착오에 지나지 않는다는 것이다.


## 제국을 보는 시각

19세기 영제국은 불가사의한 역사적 현상 가운데 하나다. 유럽의 북서쪽에 자리 잡은 이 작은 섬이 어떻게 세계 육지의 5분의 1을 지배하는 거대제국을 형성했는가. 그 동인을 정확하게 파악하기란 어려운 일이다. 제국 팽창에 관해 가장 널리 알려진 이론은 홉슨−레닌 식의 경제적 해석이다. 이들은 제국 팽창의 동력을 경제적 측면에서 찾는다. 그러나 식민지의 경제적 수익성이 보잘것없었다는 실증 연구가 축적되면서 이 해석의 설득력은 크게 줄어들었다.[17]

주변부이론은 경제적 해석의 이러한 문제점을 극복하려는 시도다. 경제적 해석에서 19세기 전반은 제국주의 시대와 같은 팽창이 나타나지 않은 조용한 시기였다. 그러나 주변부이론은 이러한 해석이 공식적인 식민지만을 제국으로 간주하는 오해에서 비롯되었다고 본다. 19세기 전반에 영국이 식민지 획득에 나서지 않은 것은 '자유무역'으로 이익을 실현할 수 있었기 때문이다. 주변부이론에 따르면, 19세기 후반에 새롭게 신제국주의가 나타난 것이 아니라 전 시기에 걸쳐 제국 정책이 지속되었고 다만 이전에는 그 정책이 비공식적 제국inform empire의 형태로 표출되었을 뿐이다.[18]

한편, 주변부이론가 로빈슨R. Robinson은 19세기 후반 제국 팽창이 주변부의 현실에서 비롯했으며 제국 팽창의 동력도 주변부 세력의 협력에 기반을 둔 것이라고 주장한다. 토착세력의 협력이 적은 비용으로 제국을 경영할 수 있는 방안이었으며, 이 협력관계야말로 "제국주의를 규정하는 메커니즘"이라는 것이다.[19] 그러나 이 이론은 제국주의 팽창을 주변부 자체의 위기와 연결 지어 해석하면서도, 왜 19세기 말에만 여러 지역에서 주변부 위기가 나타났는지에 대해서는 해명하지 못한다.

근래 탈식민주의 연구자들은 제국 지배에 깃들어 있는 유럽중심주의와 인종주의를 들춰내는 데 주력해왔다. 이와 함께 포스트모더니즘의 영향 아래 유럽 제국주의의 이면에 남아 있는 인종, 성별, 지역 차별의 고정관념stereotype을 폭로하는 담론 분석에 치중했다. 이에 따라 제국 중심부에 대한 학문적 관심은 더욱더 약화되었다.[20] 그러나 분명한 것은 제국이 중심부의 능동적인 역할에 의해 창출되었다는 사실이다. 이념적 차원을 떠나 제국 현상을 이해하기 위해서는 중심부에 대한 분석 그리고 중심부와 주변부 사이의 상호관계 및 그 규정성에 관심을 기울이지 않으면 안 된다.

원래 '식민지'라는 말은 로마 시민이 새로 획득한 땅에 정착한다는 뜻의 라틴어 '콜로니아colonia'에서 비롯했다. 일반적으로 '식민주의colonialism'라는 말은 대항해 시대 이래 서구인들의 "탐험과 발견, 정착, 지리적으로 떨어진 타자에 대한 지배, 그리고 그 결과로 나타난 자본주의의 불균등 발전"을 가리키는 말로 사용되고 있다.[21] 19세기 영제국은 그 전형에 해당한다. 잘 알려진 대로, 영제국에 속한 지역들은 백인 정착지white settlement, 자치령dominion, 왕실령crown colony, 속령

David Cannadine

백인 정착지
제임스 포브스James Forbes, 〈콜라바 섬에서
본 봄베이(뭄바이) 전경View of Bombay from
Colaba Island〉(1773).

dependency, 보호령protectrorate, 공동통치령condoinium, 신탁통치령mandate 등 다양한 이름으로 불렸다. 그리고 이에 못지않게 각 지역을 외무부Foreign Office, 식민부Colonial Office, 인도정청India Office, 해군성Admiralty, 육군성War Office 등 다양한 부서가 맡았다. 여러 부서들이 식민지 경영에 참여했기 때문에 지배 방식에서 어떤 일관성도 찾기 어려웠다. 식민지 지배는 현지 사정과 상황에 따라 다양하게 이루어졌다. 그렇더라도 중심부에 대한 주변부의 종속적 관계는 제국 전체를 아우르는 기본 원칙이었다.

제국 경영과 식민지 지배의 경험은 영국인들의 삶과 문화에 어떤 영향을 미쳤을까. 식민지인들이 '영국적인 것'에 자극을 받은 것처럼 영국 문화 또한 타문화와 접촉과 만남을 통해 변화를 겪었을 가능성이 높다. 그럼에도 이 문제에 관해 영국 역사가들은 오랫동안 진지하게 검토하지 않았다. 일찍이 파농Frantz Fanon은 근대 유럽의 발전이 외부세계의 희생을 대가로 전개되었다고 천명했다. 여러 세기에 걸쳐 아시아, 아프리카, 아메리카 지역의 귀금속, 석유, 비단, 면화, 목재 및 그밖의 생산물을 기반으로 부를 쌓아올린 것이다. "유럽은 글자 그대로 제3세계의 창조물이다."[22] 식민주의 없이는 근대 유럽도 없었다는 파농의 선언은 1960년대에 나왔지만, 서구 지식인들이 이 선언을 음미하는 데에는 많은 시간이 필요했다.

에드워드 사이드Edward Said의 《오리엔탈리즘Orientalism》(1978)[23] 출간 이후 문예이론 분야에서 뚜렷한 지적 전통으로 떠오른 탈식민담론은 외부세계에 대한 근대 유럽인들의 인식과 지식체계에 근본적인 문제를 제기한다. 근대 유럽인들은 외부세계 사람들을 항상 자신보다 열등한 '타자'로 인식했으며, 이 '타자'에 대한 담론을 통해 자신을 스스로 규정했다는 것이다. 탈식민 연구는 이러한 전제를 입증하기 위해 이른바 식민담론colonial discourse을 분석한다. 식민담론이란 "서구가 주변 지역, 특히 식민 지배 아래 있던 지역과 문화에 관한 지식을 산출하고 성문화한codified 다양한 문헌 형태"를 뜻한다.[24] 사이드에 따르면, 계몽운동기 이래 유럽문화는 "정치적·사회적·군사적·이념적·과학적으로, 또 상상력으로써 오리엔트를 관리하거나 심지어 그것을 생산해왔다." 유럽 지식인들은 오리엔트를 지식의 대상으로 삼아 이 지역의 연구를 기반으로 오리엔트 담론을 꾸준하게 만들었다. 이 담론은 사람들이 오리엔트에 관해 쓰고 생각하며 행동할 때 그들의 사고와 행동에 영향을 미쳤다. 역사학·인류학·문헌학 등 학문적 외피를 입은 이 지식체계가 식민지 지배에 중요한 기능을 행사하

David Cannadine

고 기여했다는 것이다.[25]

사이드의 문제제기는 푸코Michel Foucault의 지식/권력 모델과 밀접하게 관련된다. 지식은 권력을 낳지만 그와 동시에 권력의 작동에 의해 그 지식이 생산되기도 한다. 사이드는 푸코의 담론 개념을 차용해 서로 달리 간주되던 지리, 정치, 문학, 인종학, 언어학, 역사학 분야의 전통적 텍스트를 오리엔탈리즘이라는 단일한 표제 아래 수합할 수 있었다. 지식과 권력이 밀접하게 관련된다는 것은 오리엔탈리즘 담론의 형성 과정을 통해서도 분명하게 알 수 있다. 사이드가 분석한 18세기 이래 다양한 분야의 텍스트들은 여행, 무역, 학술, 발굴, 묘사 등을 시도할 수 있는 유럽인의 능력, 이른바 오리엔트에 대한 유럽 권력의 확장 없이는 나타나지 못했을 것이다. 바로 그 텍스트들이 형성하는 오리엔탈리즘 담론이 다른 세계에 대한 유럽의 지배 권력을 강화하는 데 기여했다.[26]

사이드 이래 문예비평 분야에서 축적된 탈식민이론은 기본적으로 언어·문화중심주의와 관련된다. 이 경향은 인간의 삶 자체를 문화로 본다. 따라서 인간과 사회를 이해하려면 무엇보다도 문화적 차원에서 접근하지 않으면 안 된다. 문화는 단순히 정신 활동의 결과물만을 뜻하는 것만 아니라, 활동 과정과 일련의 실천을 포함한다. 문예비평가들이 보기에 문화는 주로 의미, 즉 '세계에 대한 인간 인식'의 생산과 교환에 관련된다. 의미는 언어들에 의해 구성되고 언어는 재현representation을 통해 작동한다. 언어는 기호와 기의記意(signified)를 다른 사람들이 해독decode하고 해석할 수 있도록 하는 방식으로 인간의 관념과 감정을 재현하고 드러낸다. "의미의 생산과 유통이 발생하는 것은 문화와 언어를 통해서다."[27]

캐너다인의 《장식주의》는 종래의 제국 연구가 가진 한계를 극복하려는 시도다. 그는 경제적 해석, 주변부이론, 탈식민이론을 넘어 19세기 영국인들이 자신들의 제국을 어떤 형태로 주조하려고 했으며 또 어떻게 인식했는가라는 문제를 집중적으로 탐사한다. 이런 문제에 접근하기 위해서는 우선 백인 정착지를 살피고 다음으로 제국 경영에서 가장 중요한 지역(특히 인도)을 검토하는 것이 효율적이다. 실제로 캐너다인은 이런 방식으로 서술하고 있다.[28]

미국 독립 당시 식민지인들이 내세운 이념은 공화주의였다. 그들은 전통 지향적 위계사회인 식민지 모국과 달리, 새로운 국가는 민주적이고 평등해야 한다고 생각했다. 이렇게 보면 다른 백인 정착지인 캐나다, 남아프리카, 오스트레일리아, 뉴질랜드 같은 지역에서도 새로운 사회 모델은 공화주의 원리에 기초를 둘 수도 있었다. 실제로 백인 정착지는 두 가지 사회 모델의 전망을 지니고 있었다. 하나는 공화주의에 기초를 둔 미국 사회, 다른 하나는 영국 사회를 본뜬 전통 지향적이고 위계적인 사회였다.[29] 백인 정착지의 경우 미국의 사례처럼 공화주의 모델이 더 지배적이었을 것이라고 생각하기 쉽다. 그러나 이들 지역에서 궁극적으로 더 우세한 것은 전통 지향적 사회모델이었다.

캐너다인은 백인 정착지 대부분과 인도를 비롯한 제국 식민지 사회가 영국의 전통과 사회적 위계를 충실히 따르는 방향으로 나아갔다는 점을 강조한다. 예컨대 캐나다는 독립전쟁 당시 영국 왕실을 지지해 온타리오로 이주한 세력을 중심으로 형성되었다. 당시 영국 정부는 "민주적인 뉴잉글랜드"를 닮지 않도록 온갖 수단을 동원하여 "본국에 대한 적절한 존경과 충성" 또는 "문명 사회에 필요한 순종"의 분위기를 퍼뜨리기 위해 노력했다. 이러한 원칙은 캐나다뿐만 아니라 다른

David Connadine

백인 정착지에도 비슷하게 적용되었다.[30]
그 결과 백인 정착지에서 영국 사회의 전통과 특징이 그대로 재현되었다.

사회적 위계
조지 크룩섕크George Cruickshank,
〈영국 벌집The British Beehive〉
(1840). 빅토리아 시대 영국의 노동
체계를 풍자한 그림.

19세기 유럽인들은 유럽 외부 사람들을
항상 자기와 다르고 이국적이며 열등한 '타자'로 인식했다고 알려져
있다. 그들은 이 '타자'에 대한 담론을 통해 자신을 규정했다. 빅토리
아 시대 영국인들 중에는 제국의 주변부가 중심부보다 열등하고 다르

다는 전제 아래 '타자'를 바라보려는 사람들이 많았다. 그러나 다른 한편으로, 주변부 사회가 중심부와 비슷할 수 있다는 가정 아래 주변부에서 낯익고 내국적인 것을 찾으려는 움직임도 있었다. 사람들은 이국적인 것에서 오히려 유사성, 동질성, 모방성을 찾고 이들을 체계화했다는 것이다. 말하자면 '이국적인 것의 내국화domestication of the exotic'라고 할 수 있다.

그렇다면 빅토리아 시대 영국인들은 주변부에서 무엇을 친숙하게 생각했을까? 엥겔스는 19세기 중엽 영국 사회를 분석하면서 부르주아지와 노동계급만을 관심의 대상으로 삼았다. 귀족과 지주층을 언급하지 않은 것은 그들이 중요성을 상실했다고 보았기 때문이다. 그러나 귀족과 지주는 19세기 후반까지도 가장 강력한 사회세력으로 남아 있었다. 더욱이 빅토리아 시대 영국 사회는 지배층과 서민의 이분구조나 귀족, 부르주아, 노동계급의 삼분구조처럼 단순한 위계가 아니라 무수하게 세분화된 중층적인 위계로 이루어져 있었다. 빅토리아 시대 사람들은 자본가와 노동자라는 양대 계급보다는 귀족, 젠트리, 상인, 서민, 하인, 빈민 등 다양한 위계로 구성된 사회를 생각했다. 캐너다인이 주목한 것은 바로 이 '사회적 위계social hierarchy'다. 그들이 주변부 지역 고유의 사회 위계를 낮게 생각한 것도 여기에서 비롯한다.

유럽 지식인들은 19세기 영국인들이 자신의 사회를 개인주의적이고 평등한 사회로, 주변부 사회를 위계적이고 후진적인 사회로 바라보았으리라고 추정한다. 그러나 캐너다인에 따르면, 이런 단순한 대조야말로 잘못된 전제에 바탕을 두고 있다. 19세기에 인종주의는 뿌리 깊었지만, 그것 못지않게 사회적 위계도 중요하다는 인식이 널리 퍼져 있었다. 주변부에 대해서도 "피부색이라는 문화적 코드"보다는

"개개인의 사회적 위계"에 더 관심을 보였다.[31] 주변부 사회는 중심부와 비슷한 사회적 위계를 가졌다는 점에서 낯익은 세계였다.

예컨대 인도와 아프리카의 경우 군주와 귀족과 평민 등 영국인들에게 낯익은 위계로 이루어진 사회였다. 영국 귀족들은 인도의 토착제후와 아프리카 식민지 추장들을 '타자'라기보다는 동일한 위계로 인정했다. 특히 인도에서는 카스트 제도가 각별한 관심을 끌었다. 영국인들에게 카스트는 영국의 사회 위계보다도 더 위계적인 것으로 보였다. 세포이 저항 이후 영국인들은 이 제도를 적극 평가했을 뿐만 아니라, 그 위계를 영국의 사회 위계와 관련짓기에 이르렀다. 이를테면 각지역의 부왕viceroy이나 총독은 국왕의 대리자로, 토착제후는 귀족 신분으로 대우했다.[32] 간접 통치는 값싼 지배를 위한 수단이었지만, 이런 인식에 바탕을 둔 것이기도 했다. 위계체제야말로 중심부와 주변부를 잇는 연결고리였다. 식민지 주민 다수는 영국인들에게 멸시받는 존재였음에도 국내 노동계급과 빈민을 멸시의 눈으로 바라보았다.

주변부의 전원적 풍경도 빅토리아 시대 영국인들이 친숙함을 느끼는 대상이었다. 당시 영국은 산업사회에 진입했지만, 귀족과 젠트리에게 제국은 여전히 전원적이고 농업적인 풍경으로 남아 있었다. 이에 따라 빅토리아 시대 후기에 백인 정착지에서 영국적 사회 위계를 만들고 지주세력의 주도 아래 영국식 전원 풍경을 조성하려는 움직임이 널리 퍼졌다. 1870년대 농업 불황기를 맞아 경제적 기반을 상실한 귀족과 젠트리 또는 그 인척들이 백인 정착지로 이민을 떠났는데, 이들은 시골저택과 농장, 도시의 클럽하우스 등 모국의 생활스타일을 그대로 재현하는 데 앞장섰다.[33]

영국의 엘리트 집단이 사회적 위계를 통해 중심부와 주변부의 공유점을 발견했다는 것은 어떤 의미를 지니는가. 캐너다인에 따르면, 이는 영국 귀족과 젠트리가 백인 정착지에 비슷한 집단을 만들고 식민지의 전통 지배세력도 같은 반열로 인정했음을 뜻한다. 영국 지배자들은 같은 반열에 해당하는 주변부 인물들에게 각종 칭호를 수여함으로써 제국의 정체성을 형성함과 동시에 그들의 협조를 얻을 수 있었다. 캐너다인은 이러한 제국 경영 방식을 '장식주의ornamentalism'로 표현한다.

'장식주의'라는 말은 사회적 위계구조를 결합해 제국의 질서를 세우려는 노력의 결과물을 묘사하기 위해 만든 것이다. 즉 칭호, 서훈, 퍼레이드, 축전, 장식의상 등 외양과 의례와 치장을 통해 제국의 통일성과 정체성을 확인하는 일련의 작업을 의미한다. 캐너다인은 이렇게 말한다. "장식주의란 가시적이고 내재적이며 실제적인 것이다. 기사도와 의식, 왕실과 장엄함, 이런 수단에 의해 이 광대한 세계가 서로 연결되고 통합되고 신성하게 된 것이다."[34] 이제 영국왕이 귀족과 젠트리에게 수여하던 서훈 의례가 주변부 전 지역으로 확대되었다. 백인 정착지의 귀족과 그 방계가문 인물은 물론, 식민지 행정을 맡은 영국인 관료가 우선적인 서훈 대상이었다. 토착 제후들도 다양한 칭호와 훈장을 받았다. 이를 위해 이전의 서훈체계를 다시 정비해 그 대상을 식민지 인사에게까지 넓혔다.[35]

캐너다인은 ''사회'와 '문화'의 관점에서 역사가 어떻게 해석될 수 있는가'라는 문제를 제기한다. 'ornamentalism'이라는 조어 사용은 에드워드 사이드가 계급과 신분에 대한 고려를 하지 않았다는 점을 비판하기 위함이었다. 사이드는 문화적으로 세계를 이해하는 방법을 제시한다. 그 방법은 사회적 세계의 중요성을 인정하지 않는다. 이에 비해 사회사가로서 캐너다인은 역사의 계급적 차원을 중시해왔다. 장식주의라는 말은 영국인이 계급과 신분체계라는 프리즘을 통해 자신의 제국을 이해했음을 강조한다. 그들에게는 제국이 인종의 차이로 구조화된 세계로 보이지 않았다는 것이다. 계급과 신분이라는 프리즘을 통한 세계의 인식은 문화적 차원에 해당한다. 그러나 이러한 인식은 복잡한 세계를 지나치게 단순화한다. 사회는 그렇게 단순하지 않다. 세계에 대한 이해는 여러 복잡한 요인들의 상호작용을 통해 이루어진다. 캐너다인은 젠더, 종교, 지리 등 다양한 요인들을 무시하고 계급 또는 신분 차원만을 고려하는 일종의 환원주의에 빠져 있다.[36]

장식주의는 광대한 영제국이 통일성을 유지할 수 있었던 이유를 설명하기 위한 개념이다. 물론 캐너다인이 강조하듯, 영제국의 경영이 오직 이러한 수단과 방식에 근거해 유지되었다고 단언할 수는 없다. 게다가 장식주의는 영국만이 아니라 다른 제국주의 국가들에서도 찾아볼 수 있는 공통된 현상이다. 이를 영국만의 특성으로 내세울 수 있을지 의문이다. 그러나 캐너다인의 시도는 지배와 착취 또는 식민과 탈식민이라는 이원적 대립구조로 제국을 설명하려는 종래의 연구 경향에 새로운 자극을 주었다. 제국을 단순히 지배와 종속의 관계가 아니라 일종의 네트워크로 이해한다면, 그의 해석은 일본의 제국 지배에 관심을 기울여온 동아시아 역사가들에게도 적지 않은 자극을 줄 것이라 생각된다.


## 진행형의 역사가

캐너다인은 저명한 전후세대 역사가 가운데 젊은 그룹에 속하는 현재

진행형의 역사가다. 최근에는 런던역사연구소 경영 일선에 물러나 영국사 석좌교수로서 교육과 연구에 매진하고 있다. 그의 학문적 관심은 제국 정체성에서 자연스럽게 19세기 후반 이래 영제국과 지구화의 문제로 옮겨가고 있다.[37] 오늘날 영국의 몇몇 역사가들은 지구화 경향이 20세기 후반에 새롭게 나타난 현상이 아니라 이미 한 세기 전에 전개된 운동이라는 점을 강조한다.[38] 한 세기 전의 지구화 경향은 비록 중단되기는 했지만 1차 세계대전 이전까지 급속하게 전개되었다. 노동력 이동, 자본 이동을 허용하는 등 상당한 수준으로 지구화가 진행되었다는 것이다.

그렇다면 지구화의 영국적 기원을 밝히는 작업은 어떤 현실적 함의를 갖는가. 그것은 과거의 사례에서 오늘의 현실을 이해할 수 있는 교훈과 식견을 얻어야 한다는 영국 역사학의 전통과 밀접한 관련이 있다. 지구화의 기원과 전시대의 지구화 전개 과정, 그리고 그 좌절을 새롭게 조명하는 것이 오늘날 미국 주도의 지구화가 어떤 문제점을 가지고 있으며 또 어떤 방향으로 나아가고 있는가라는 문제의 해답을 도출하는 데 도움을 주리라고 기대하는 것이다. '장식주의'라는 개념을 통해 영제국의 정체성과 경영 방식을 이해하려는 캐너다인의 연구는 아직 심층적인 분석과 비판이 이루어지지 않았다. 그의 연구에 깃들어 있는 잉글랜드 중심주의의 오류가 무엇인지, 공통된 사회 위계의 재수립만으로 여러 대륙에 걸친 광대한 영제국의 정체성을 확립할 수 있었다는 주장이 타당한지에 대한 평가는 아직 보이지 않는다. 오히려 그 평가는 장식주의에서 지구화로 점차 이동하는 그의 학문적 관심이 한층 더 심화된 연구 결과를 낳은 이후에야 가능할 것이다.

# 사이먼 샤마, 영상으로서의 역사

리투아니아 유대인 이민 2세인 그는 1945년 12월 런던에서 태어났다.
케임브리지대학 크라이스츠칼리지에서 플럼의 지도 아래 역사학을 공부했으며,
대학 졸업 후 미국으로 건너가 하버드대 교수를 거쳐 현재 컬럼비아대 예술사 및 역사학 교수로 재직하고 있다.
처음 프랑스혁명기 네덜란드 사회사에 관심을 두었던 그는 후에 전혀 새로운 형식으로 프랑스혁명을 서술하기도 했고
여러 지역의 자연환경과 민속 기억의 관계를 성찰하는 저술을 통해 주목을 끌었다.
최근에는 《뉴요커the New Yorker》지에 정기적으로 기고한 미술비평을 모아 책을 펴내기도 했다.
특히 샤마는 근래 저술뿐만 아니라 텔레비전 역사물 분야에서도 정력적으로 활동하면서 널리 주목을 받았다.
BBC, PBS, 히스토리채널에서 존 던에서 톨스토이에 이르는 주제를 다룬 40편이 넘는 텔레비전 다큐멘터리를 쓰고 진행했다.
그중 〈파워 오브 아트〉는 2007년 미국 텔레비전예술과학 아카데미가 주는 에미상을 수상했다.
주요 저서로는 《부자들의 당혹감: 네덜란드 문화 황금기에 대한 해설The Embarrassment of Riches:
An Interpretation of Dutch Culture in the Golden Age》(1987),
《시민들: 프랑스혁명 크로니클Citizens: A Chronicle of the French Revolution》(1989),
《확실성의 죽음: 부당한 추측Dead Certainties: Unwarranted Speculations》(1991),
《풍경과 기억Landscape and Memory》(1995), 《렘브란트의 눈Rembrandt' s Eyes》(1999),
《영국의 역사A History of Britain》(전3권, 2000~2002),
《난폭한 항해: 영국, 노예들과 미국혁명Rough Crossings: Britain, the Slaves and the American Revolution》(2005),
《파워 오브 아트Simon Schama' s Power of Art》(2006),
《미국의 미래The American Future: A History》(2009) 등이 있다.

*Simon Schama*
*1945~*

2000년 초 BBC 방송은 밀레니엄 사업의 일환으로 컬럼비아대학 예술 사 교수 사이먼 샤마Simon Schama에게 텔레비전에서 방영할 영국사 다큐멘터리 제작을 의뢰했다. 2000~2년간 세 차례로 나뉘어 방영된 〈브리튼의 역사A History of Britain〉는 총 15부작에 이르는 대형 역사 다 큐멘터리로서 시청자들의 대단한 반향을 불러일으켰다. 이 프로그램 은 지금도 BBC가 발매하는 역사물 DVD 가운데 가장 잘 팔리는 상품 의 하나로 알려져 있다. 프로그램 방영 후 곧바로 출판된 《브리튼의 역사A History of Britain》(전3권) 또한 일반인들의 많은 관심을 끌었다. 그 러나 이 책에 대한 학계의 반응은 비교적 냉담한 편이었고, 전문역사 가들은 의도적이라고 할 만큼 논평 자체를 꺼려했다. 이는 오늘날 전 문역사학과 이른바 텔레비전 역사 사이의 거리를 보여주는 것 같다.

샤마는 누구인가. 리투아니아 유대인 이민 2세인 그는 1945년 12월 런던에서 태어났다. 케임브리지대 크라이스츠칼리지에서 플럼의 지 도 아래 역사학을 공부했으며, 대학 졸업 후 미국으로 건너가 하버드 대 교수를 거쳐 현재 컬럼비아대 예술사 및 역사학 교수로 재직하고 있다. 처음 프랑스혁명기 네덜란드 사회사에 관심을 두었던 그는 전혀 새로운 형식으로 프랑스혁명을 서술하기도 했고 여러 지역의 자연환경과 민속 기억의 관계를 성찰하는 저술을 통해 주목을 끌기도 했다.[1] 최근에는 《뉴요커the New Yorker》지에 정기적으로 기고한 미술비평을 모아 책으로 펴내기도 했다.[2]

1960년대 케임브리지의 크라이스츠칼리지는 영국 사학계에서 일종의 불가사의처럼 보인다. 그 시절 이곳에는 플럼의 지도를 받는 재기발랄한 젊은이들이 몰려 있었다. 샤마를 비롯해 데이비드 캐너다인David Cannadine, 로이 포터Roy Porter, 존 브루어John Brewer, 린다 콜리Linda Colley 같은 젊은이들이 역사 연구에 전념했다. 당시만 하더라도 학부를 최우등으로 졸업하면서 뛰어난 논문을 제출한 학생은 곧바로 칼리지의 학감don으로 지명되어 학생들을 지도할 수 있었다. 캐너다인, 샤마, 포터 등은 모두 이와 같은 경력을 쌓았다. 플럼은 실증적인 연구를 강조하면서도 역사서술에서 가장 중요한 것은 문장과 표현이라고 가르쳤다. 샤마를 비롯해 캐너다인, 포터, 콜리 등의 저술이 일반 독자들의 관심을 끌었던 것도 젊은 시절 이 같은 플럼의 가르침을 받은 것과 무관하다고 할 수 없을 것이다.[3]

그러나 근래 샤마가 널리 주목을 받는 것은 저술뿐만 아니라 텔레비전 역사물 분야에서도 정력적으로 활동하면서 두 마리 토끼를 쫓는 데서 비롯한다. 2003년 그는 300만 파운드의 선금을 받고 BBC 방송 및 하퍼-콜린스 출판사와 공동계약을 체결해 화제를 모았다. 두 가지 텔레비전 프로그램을 제작함과 동시에 책으로 출판하기로 한 것이다. 프로그램 가운데 하나는 대서양을 건너 아메리카에 진출한 이민들의 역사를 재구성하는 것으로서 여기에는 아일랜드 기근과 노예해방 등의 중요한 사건들도 포함된다. 다른 하나는 BBC 방송에서 정기적으로 〈사이먼 샤마의 예술의 힘〉이라는 이름의 예술비평 프로그램을 진행하는 일이었다. 이를 통해 그는 아메리카 이민들의 역사를 재현하고 저명한 여덟 명의 예술가와 그들의 작품을 탐사하는 작업을 계속했다.[4]

텔레비전의 영상역사물 제작에 주도적으로 참여하면서 그 결과를 다시 책으로 출판해온 샤마의 작업이 과연 성공적인지 아직은 판단할 수 없다. 그렇지만 그가 저명한 역사가의 경계를 넘어 이른바 텔레비전 역사가라는 새로운 분야로 활동 영역을 넓혀감으로써 더 광범위한 대중에게 영향을 미치고 있는 것은 주목할 만한 점이다. 텔레비전 역사가로서 샤마의 활동을 중간 평가할 수 있을까. 여기에서 분석 대상으로 삼는 것은 〈브리튼의 역사〉다. 이를 위해 먼저 영상 역사물에 대한 기존의 일반적인 견해를 살펴본 후 〈브리튼의 역사〉를 검토하려고 한다. 방대한 내용이라 전체를 살피기 어렵기 때문에 이 글에서는 내 관심 분야를 고려해 19세기 영국 사회가 〈브리튼의 역사〉에서 어떻게 재현되었는지만을 분석하고자 한다.[5]

## 영상언어와 문자언어

근래 문자언어와 문헌 대신에 영상언어의 영향력이 증대되고 있다. 영상언어란 빛을 통한 인지신호로서 이미지, 색, 움직임, 명암, 형태, 음향 등을 갈무리하여 사물을 이해할 수 있도록 하는 유추언어다. 라틴어 이마고imago는 원래 '모방하다' 라는 뜻의 'imitari' 에서 파생된 것으로서 어떤 사물을 유사하게 재현한 현상을 가리킨다. 그렇다면 문자언어에서 영상언어로의 중심 이동은 어떤 의미를 갖는가. 영상언어는 이성으로부터 감각의 해방을 추구하는 이 시대의 욕구와 풍조를 반영한다.[6] 그래서인지 영상언어의 비중은 전자미디어의 등장과 더불어 지속적으로 높아지고 있다.

일반적으로 문자언어는 이성 중심의 논리와 선형적 서사를 지향한다. 시각적 표현에 비유한다면, 문자언어는 원근법에 해당한다. 원근법은 반드시 한 지점을 선택한 후 나머지를 차례로 배치하는 방식이라는 점에서 논리적이며 그 이외의 다른 가능성은 모두 억압한다. 구텐베르크 이후 활자문화는 이러한 경향을 더 심화시켰다. 서구문화의 이성중심주의는 이를 반영한다. 일찍이 토크빌Alexis de Tocqueville은 프랑스혁명 과정에서 인쇄 문헌이 어떻게 프랑스 국민을 동질적인 집단으로 만들었는가를 검토한 적이 있다. 그가 보기에, 프랑스혁명은 획일성, 연속성, 선형이라는 인쇄언어의 논리가 구술의 지배 아래 있던 봉건사회의 복합적인 특성을 무너뜨린 혁명이었고, 이를 주도한 사람들은 당대의 문필가와 법률가들이었다.[7]

역사학을 비롯한 근대학문은 인쇄언어에 바탕을 두고 발전해왔다. 역사학이 존립 근거로 내세우는 '객관성'은 텍스트에서 갖가지 고안물을 통해 표현된다. 근대 역사서술의 권위는 바로 이 일련의 고안물과 관련된다. 예를 들어, 역사학자 자신의 목격, 검증, 인용의 전범으로 자리 잡은 각주도 기실 일종의 수사학적 사고에 뿌리를 두고 있다. 제아무리 각주가 역사의 진실성과 신뢰도를 높이는 표현이라 하더라도 그것 역시 역사적 고안물에 지나지 않는다. 이는 역사 연구 및 서술의 주관성이나 편견을 둘러싸고 벌어지는 외부의 비판을 회피하려는 학문 전략에서 비롯된 것이다.[8]

문자언어와 달리 영상언어는 논리에서의 해방을 추구한다. 그것은 감각적이고 비선형적인 것이며 유추언어다. 이 때문에 문자언어에 익숙한 사람들은 영상언어 위주의 매체나 커뮤니케이션을 경시해왔다. 예컨대 1990년대 초 대영도서관을 이전할 무렵 전통적인 도서관과 전자도서관을 둘러싼 논란이 있었다. 당시 대다수 인사들은 전통적인 도서관 신축에 관심을 나타냈다.[9] 그러나 영상언어도 사람들이 공통의 생활양식과 경험을 가지고 있을 때에는 문자언어 못지않게 의사소통의 수단이 될 수 있다. 눈이 많이 내리는 곳에서 어린 시절을 보낸 사람은 눈에 관한 것이라면 영상언어이든 문자언어이든 관계없이 곧바로 이해한다. 문자언어가 단일한 의미를 특징으로 하는 분절적인 면을 지니는 언어임에 비해 영상언어는 공간과 시간을 동시에 포함하는 언어로서 그만큼 다양한 의미를 함축할 수 있다.

지난 반세기를 지나오면서 우리의 문화생활과 의사소통은 이전과 달리 문자언어보다 영상언어의 영향을 더 많이 받게 되었다. 영화, 텔레비전, 컴퓨터, 인터넷 연결망 등 전자매체의 발전과 더불어 이제 의사소통뿐 아니라 지식과 정보의 습득에 이르기까지 영상언어와 이미지, 그리고 그것들이 제시하는 환경에 더 크게 의존하는 실정이다. 이러한 변화는 역사학과 같은 인문학의 영역에도 직접적으로 영향을 미치고 있다. 이미 한 세대 전부터 영화와 텔레비전이 영상역사물을 제작·방영하는 경향이 늘고 있다. 근래 영상역사물에 대한 대중의 인기가 급속하게 높아지면서 종래의 전통적인 역사서술보다 오히려 영상역사물이 역사학에 더 커다란 영향을 미치고 있다고 해도 지나친 말이 아니다.

그럼에도 역사가들은 이런 현상에 각별한 주목을 기울이지 않았다.

역사가들은 영화나 다큐멘터리 같은 영상물이 "제작자와 시청자의 무의식적인 가치를 반영하는 거울"에 지나지 않는다고 봤다.[10] 그들은 특별히 영상물 제작에 참여한 사람들의 의도나 역사관 또는 저자의 역할 등을 인정하지 않았다. 영상물은 기껏해야 문자언어로 쓴 저서와 논문의 일부 내용을 되풀이할 뿐이라고 생각했기 때문이다.[11]

전문역사가들이 영상물에 무관심했던 까닭은 다음 두 가지 측면에서 정리할 수 있다. 우선 그들은 영상물 제작이 독창적인 작업이 아니며 영상물이 역사를 다루더라도 역사 이해보다는 여흥이나 오락 성격이 강하다는 선입견을 가지고 있다.[12] 이 때문에 역사가들은 역사영화에서 학문성과 미학적 차원 사이의 긴장을 우려한다. 영상물 제작자가 아무리 진지하고 정확하다 하더라도 최종적으로 스크린에 나타나는 영상언어들이 역사가를 만족시킬 가능성은 희박하다. 문자언어를 영상언어로 바꾸는 과정에서 불가피하게 미학적 차원 또는 상업적 차원의 변용이 포함된다는 것이다.

다음으로, 역사가들은 역사학의 정체성과 영상언어가 본질적으로 어울리지 않는다는 편견을 가지고 있다. 이것은 역사와 같은 인문학 지식을 교육하고 습득할 때 문자언어가 우월하다는 생각을 고집한 데서 비롯한다. 동영상은 원래부터 빈약한 정보 전달의 통로일 뿐이며, 역사학에서 가장 중시해야 할 담론성이 미약하다는 것이다.[13] 역사가들은 특히 역사의 섬세한 측면이 모호하고 희미하면서도 이해하기 어렵기 때문에 텔레비전에 걸맞지 않다고 본다. 아무리 노력하더라도 텔레비전은 복잡한 것은 단순하게 바꾸고 추상적인 것은 인간적인 것으로 만들며 이념적인 것은 감상적인 것으로 전락시킨다는 주장이다.

그러나 시대의 패러다임은 바뀌고 있다. 인터넷이 일반화되면서 젊은 세대의 경우 문자언어보다는 영상언어에 더 친숙한 편이다. 책도 외면당하는 실정이다. 머지않아 문자언어에 바탕을 둔 인문학이 사멸하지 않을까 우려하는 목소리가 심심치 않게 들려온다.

점증하는 시각매체의 위협을 생각하면, 역사학도 신이 사멸하는 식으로 사멸하고 말 것이라는 혼란스러운 상념에 빠진다. 또는 기껏해야 그 신봉자들, 즉 역사학을 하나의 직업으로 추구하는 우리들에게나 남아 있을지도 모를 일이다. 우리가 가르치는 학생들이나 대부분의 사람들이 과연 역사에 관해 알거나 관심을 기울이는 것일까 하고 반문하는 사람은 비단 나만이 아닐 것이다.[14]

영상과 이미지가 만들어내는 문화가 이미 사회를 지배하고 있는 상황에서 역사가들이 더 이상 영상역사물을 외면해서는 안 된다는 절박한 호소다. 더욱이 미국에서 나탈리 데이비스Natalie Z. Davis 자신이 직접 자문에 참여한 영화 〈마르탱 게르의 귀향Return of Martin Guerre〉(1983)이 크게 센세이션을 일으킨 후에 영상역사물, 특히 역사영화를 바라보는 시각이 달라지기 시작했다. 데이비스의 텍스트와 영화가 과연 중세 후기 프랑스 농촌 사회의 진실을 담고 있는지를 둘러싸고 열띤 논란이 빚어진 것 자체가 이러한 분위기를 반영한다.[15] 사실 문자언어 위주의 '역사서술historiography'에 대응해, 영상언어로 작성된 역사를 뜻하는 '영상역사물historiophoty'이라는 말이 처음 만들어진 것도 1980년대였다. 헤이든 화이트Hayden White에 따르면, 이 말은 "역사와 역사에 관한 우리의 생각을 영상 이미지와 영화 담론으로 재현한 것"이다.[16] 로버트 톨핀Robert Tolpin은 영상역사물이 종래의 역사

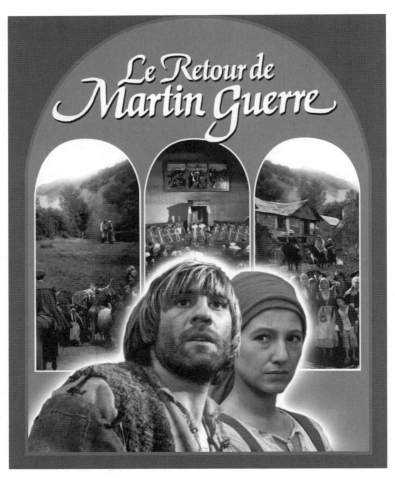

〈마르탱 게르의 귀향〉
영화 〈마르탱 게르의 귀향Le Retour
De Martin Guerre〉(1982) 포스터.

서술처럼 역사가의 주된 생산물로 자리
잡아야 한다고 주장한다.

더욱이 전문역사학이 일반 독자들의
외면을 받는 이유가 주로 상상력의 빈곤 때문이라는 자기비판의 목소
리가 높아지면서, 그 대안으로 영상언어를 주목하는 움직임이 대두하
고 있다. 완벽을 추구하는 역사가라 하더라도 모든 부분을 사료와 전

거에 입각해 쓸 수 없다. 사료로 채울 수 없는 무수한 공간과 여백은 상식과 경험과 자신의 삶의 단편들에서 우러난 지혜로 메워야 한다. 영상언어는 삶의 다양한 면모를 제시함으로써 사료 부족으로 벌어진 여백을 보완한다. 로버트 로젠스톤Robert A. Rosenstone이 말했듯이, "풍경과 자연의 소리와 개인이나 집단의 갈등"을 통해 특정한 역사적 시점을 더 잘 드러낼 수 있는 것이다.[17] 특히 일상생활이나 인간 내면의 심리 등 "복잡하고 다차원적인 세계"를 표현할 경우 영상언어야말로 더없이 적절한 수단이다.[18]

영화 제작자의 접근을 고려하는 것은 학자들의 커다란 책무에 한 걸음 더 다가서는 것을 의미한다. 영상역사물이 앞으로 사람들의 더 커다란 관심을 끈다면, 역사가들은 영상물을 좀 더 세밀하게 조사하기를 원하게 될 것이다. 이 작업은 미디어의 관점을 판단하는 기준에 대해 폭넓은 대화를 하지 않았고 영상물에 기대할 것과 기대하지 않을 것에 관한 폭넓은 논의를 거치지 않았다. 역사가들은 상당기간 영화를 사람들의 의식적·무의식적 사고를 반영하는 상징으로만 생각해왔다. 그렇지만 그들이 과거를 재창조하는 데 어떤 기대와 결함이 있는지 관심을 기울이지 않은 것은 놀라운 일이다.[19]

이제 역사학의 존립을 위해서라도 역사가들이 영상세계와 관련을 맺는 것은 자연스러운 일이 되었다. 그들은 시각매체의 위력과 광범위한 시청자들의 반응을 지켜보면서 문자언어의 환경에서 맛볼 수 없는 새로운 자극을 경험한다. 그럼에도 스크린에 재현되는 그 '역사'가 과연 자신들의 의도대로 될 것인지 우려한다. 영상역사물, 특히 극영화의 경우 한 사람이 아닌 여러 사람의 협업과 집단적 참여로 이루어지

Simon Schama

기 때문이다. 역사가의 역할이 미미해질 가능성이 높아지는 것이다.

사실 지금까지 역사학과 영상언어의 관계를 둘러싼 논의는 주로 극영화에 집중되었다. 우리나라에서도 사정은 마찬가지였다.[20] 하지만 영상역사물에는 극영화뿐 아니라 역사다큐멘터리도 있다. 특히 근래에 주목을 끄는 것은 다큐멘터리다. 물론 극영화와 드라마도 역사 지식, 역사적 진실을 말하는 유력한 도구다. 그러나 그것은 사실과 허구의 경계를 넘나드느냐 마느냐의 논쟁과 다른 차원에서 역사가의 본령은 아니다. 제작에 도움을 줄 수 있겠지만, 그것은 제작자와 영화감독의 창조물이다. 역사가의 본령이 발휘될 수 있는 역사영상물은 다큐멘터리다. 이미 샤마나 니얼 퍼거슨Niall Ferguson이 이러한 가능성을 분명하게 보여주었다.[21] 다큐멘터리의 경우 사료, 로케이션, 스토리텔링, 삽입되는 드라마적 장면 등 모든 과정에 역사가가 주도적으로 참여할 수 있다. 여기에서 영상기법과 음향과 카메라 등은 보조적인 역할에 머무는 경우가 많다. 문제는 이것이 텍스트 같은 역사서술처럼, 역사가의 독창성과 독자성을 담보할 수 있는가다. 샤마의 경우를 살펴보기로 하자.


## 19세기의 형상화: 영상역사물 〈브리튼의 역사〉 분석

처음 BBC에서 〈브리튼의 역사〉 제의를 받았을 때 샤마는 두 가지 조건을 요구했다고 한다. 하나는 제작 전 과정에 적극적으로 참여하겠다는 것, 다른 하나는 영상역사물의 타이틀을 정관사 the 대신에 부정관사 a로 표기하겠다는 것('브리튼의 한 역사')이었다. 이는 프로그램

제작을 영상언어로 역사를 서술하는 과정으로 생각하겠다는 의미다. 또한 표준적이고 교과서적인 영국사가 아니라 자신이 영국사의 주제를 선별해 자기만의 스타일로 서술하겠다는 뜻이다.

샤마는 이미 《시민: 프랑스혁명의 연대기》(1989), 《풍경과 기억》(1995) 등 일련의 저술로 여러 저술상을 수상했을 뿐만 아니라 독자들에게 많은 인기를 누리던 저명한 역사가였다. 그러면서도 그는 문자언어의 한계를 넘어 역사서술의 새로운 형식을 실험하고자 했다.[22] 물론 그는 산문의 우월성을 믿는다. 문자언어는 매혹과 설득의 원초적 도구다. 그러나 다양한 사람들과의 소통이라는 점에서 보면 한계를 갖는다. 샤마는 이런 한계를 넘어설 수 있는 가능성을 영상역사물에서 찾았던 듯하다.

샤마는 영상역사물에서 어떤 가능성을 찾았는가. 2001년 그는 텔레비전 역사 프로듀서들의 한 모임에서 영상역사물에 대한 자신의 견해를 밝힌 바 있다.[23] 그는 영상역사물 또는 텔레비전 역사에서 네 가지 요소를 강조한다. 직접성immediacy, 감정이입empathy, 도덕적 의무moral engagement, 시적 연관성poetic connection이 그것이다. 직접성이란 시청자가 동시대의 목격자가 될 수 있도록 서사구조를 구성하는 것이다. 감정이입은 드라마적 기법을 통해 시청자들의 공감을 불러일으키기 위한 것이다. 도덕성 또한 다수의 시청자를 대상으로 하기 때문에 아무리 강조해도 지나치지 않는다. 샤마는 국민 정체성, 문화다원주의, 시민적 관용 등의 덕목을 프로그램을 통해 전달해야 한다고 믿는다. 마지막으로, 시적 연관성은 영상미학의 추구를 뜻한다.

BBC가 제작한 〈브리튼의 역사〉 중 2000년 방영분인 제1편(B. C. 3100~1603)은 총 7부작이며 같은 해 9월 30일부터 11월 8일까지 매

Simon Schama

주 방영했다.[24] 2001년 방영분인 2편(1603~1750)은 총 4부작으로 5월 8일부터 같은 달 29일까지 매주 방영되었다. 2002년 방영분(1780~2000) 역시 4부작이며 5월 28일부터 6월 18일까지 매주 시청자들에게 선보였다.[25] 프로그램 제작은 BBC 역사채널History Channel의 마틴 데이비드슨Martin Davidson, 음악은 존 할John Harle이 맡았다. 샤마의 해설을 중심으로 하고, 역사적 사건을 영상으로 재현할 필요가 있을 때에는 몇몇 배우들이 그 장면을 연출하는 진행 방식을 따랐다.

2002년에 방영된 제3편은 다음과 같은 내용으로 구성된다. 제12부 '자연의 위력'(2002년 5월 28일 방영)은 1780~1832년의 시기를 다룬다. 영국은 프랑스가 겪었던 혁명을 치르지는 않았지만 그와 비슷한 상황에까지 이르렀다. 1770년대 이후 브리튼에는 급진 정치사상과 정치개혁에 대한 관심이 증폭되었는데, 이러한 분위기는 잉글랜드 풍경의 재발견 움직임과 밀접하게 관련된다. 낭만주의 지식인들이 서민의 삶에 관심을 두면서 그것이 혁명적 분위기로 이어졌다. 13부 '빅토리아 여왕과 그 자매들'(6월 4일 방영)은 1830~1910년의 시기를 다룬다. 기술혁신, 산업화의 진전, 새로운 풍경의 등장 등에 초점을 맞추면서 사회구조의 변화, 여성의 역할 변화 등의 내용도 담고 있다. 14부 '선한 의도를 가진 제국'(6월 11일 방영)은 1830~1925년 동안 영제국의 문제가 주제다. 아일랜드에서 인도에 이르기까지 제국 지배는 어떠했는지에 대해 기본적으로 자유주의적 제국이라는 관점에서 접근한다. 문명, 물질생활의 향상, 억압과 기근으로부터의 해방이 주된 주제다. 마지막으로 15부 '두 사람의 윈스턴'(6월 18일 방영)은 20세기를 조명한다.[26]

먼저 12부를 개괄하면 아래와 같다. 1780~1832년의 시기는 격동의
시대, 준혁명의 시대였다. 정치적으로는 프랑스혁명의 영향 아래 급진
주의 이념이 널리 퍼졌고 사회경제적으로는 산업화와 함께 새로운 노
동계급이 사회의 전면에 떠올랐다. 서두에서 화면은 스코틀랜드와 웨
일스의 이국적이면서도 아름다운 풍경을 보여준다. 풍경의 발견이다.
지금까지 해외로만 눈을 돌렸던 사람들이 7년전쟁 이후 잉글랜드와
웨일스, 스코틀랜드 지역을 답사하고
자연풍경을 관찰하기 시작했다.

샤마는 특히 루소의 영국 방문과 그
영향을 언급한다. 루소가 영국의 지식

《샌드퍼드와 머튼의 이야기》
토머스 데이Thomas Day, 《샌드퍼드와
머튼의 이야기History of Sandford and
Merton》(1783) 삽화.

인들에게 미친 영향은 매우 컸다. 어린이를 존중하고 그들의 교육에 관심을 나타내며 단순한 삶을 예찬한 그의 저술은 당시 많은 사람들에게 읽혔다. 목판화가이자 박물학자인 토머스 데이Thomas Day(1748~89)도 그런 사람들 가운데 하나였다. 그는 자신의 소설《샌드퍼드와 머튼의 이야기History of Sandford and Merton》(1783)에서 농촌 주민의 비참한 생활을 묘사하면서도 자연의 중요성과 자녀에 대한 사랑, 교육을 강조한다. 이 소설은 45쇄를 거듭할 만큼 대중의 인기를 얻었으며 젊은 부모가 자녀들에게 꼭 읽어줘야 할 필독서로 자리 잡았다.[27]

이어서 화면은 토머스 뷰익Thomas Bewick(1753~1828)이라는 인물을 소개한다. 그는 주일학교에서 아이들을 가르치면서 조류를 관찰한 박물학자로서 잉글랜드의 조류에 관한 책[28]을 펴내 사람들의 관심을

토머스 뷰익
〈돼지, 닭 그리고 빨래를 널고 있는 여인 Hanging Washing with Pigs and Chickens〉,《영국 새의 역사History of British Birds》(1797) 삽화.

끌었다. 그의 책이 공감을 불러일으킨 것은 무슨 까닭인가. 잉글랜드 자연의 아름다움과 조국에 대한 사랑이 깃들어 있었기 때문이다. 샤마는 여러 지역을 답사하면서 잉글랜드와 스코틀랜드 자연을 재발견한 사람들을 주목한다. 그들이 국내의 풍경을 다시 바라보기 시작한 데에는 나폴레옹전쟁도 어느 정도 영향을 미쳤을 것이다. 이 같은 자연과 풍경에 대한 관심의 고양은 곧바로 애국적인 정서로 이어졌다. 여행과 답사는 조국애를 뜻했다.

샤마는 프랑스혁명이 영국의 낭만주의 지식인들에게 미친 영향도 다룬다. 화면은 윌리엄 워즈워스William Wordsworth, 토머스 페인 Thomas Paine, 메리 울스턴크래프트Mary Wollstonecraft 등 급진파 지식인들을 차례로 보여주면서 그들이 느꼈던 혁명의 인상이 무엇이었는지를 추적한다. 왜 자연과 풍경이 그들에게 애국으로 연결되고 급기야 급진 정치개혁의 요구에까지 연결되었을까. 자연은 민중의 삶의 본고장이고 그들의 권리다. 페인의 메시지는 인간의 자연권이었다. 그리고 그 자연권은 풍경의 재발견과 밀접하게 관련된다.

샤마는 특히 울스턴크래프트의 젊은 시절을 감동적으로 묘사한다. 1792년 12월 초 그녀는 혁명에 대한 열정을 이기지 못해 직접 프랑스를 방문한다. 위험을 무릅쓰고 낭만적인 여행을 시도하면서 혁명에 참여하기도 하고 프랑스인과 사랑에 빠지기도 한다. 그러나 당통 과도정부 아래서의 파리 상황은 오히려 절망적으로 변했다. 그녀의 친지는 투옥되었고 길로틴의 이슬로 사라졌다. 좌절 끝에 영국으로 돌아온 그녀는 자살을 기도하는 등 음울한 날들을 보낸다. 이런 날들을 보내면서도 그녀는 펜을 놓지 않았다. 그러나 결국 두 번째 아이를 낳다가 죽음을 맞는다. 37세의 나이였다.

샤마는 장면을 옮겨 워즈워스의 젊은 시절을 회상한다. 그 또한 혁명의 열정을 간직한 채 프랑스에 머물렀다. 워즈워스는 물론 사무엘 콜리지Samuel Coleridge도 처음에 혁명에 열광했지만, 곧이어 공포정치에 실망한 후 낭만주의 시작詩作에 전념한다. 샤마는 이 방황하는 젊은이들의 모습을 통해 1790년대 영국 사회를 우회적으로 묘사한다. 이것은 일찍이 에드워드 톰슨이 《영국 노동계급의 형성》에서 생생하게 묘사했던 불온한 사회상과는 대조적이었다.

장면은 다시 나폴레옹전쟁으로 이어진다. 여기에서 샤마는 주로 자원병을 강조하는데 이 또한 애국적인 분위기 탓이다. 대규모 군사동원이 있었다. 당시 1,500만 명 인구 가운데 징집 대상자는 320만 명이었다. 약 80만 명이 무장했으며, 이중 38만 6,000명이 자원 입대자였다. 그전까지만 해도 인기를 누리지 못했던 조지 3세는 조국수호전쟁을

피털루 학살사건
조지 크룩생크George Cruickshank, 〈피털루 대학살The Massacre of Peterloo〉(1819). 기마대의 잔혹한 진압 장면을 묘사한 그림.

직접 이끌면서 인기를 되찾는다. 1803년 하이드파크의 열병식에는 수만 명의 런던 군중이 몰려들었고, 워즈워스도 애국적인 시를 발표한다.

기나긴 나폴레옹전쟁이 끝난 후 다시 급진 정치운동이 전개되었다. 샤마는 윌리엄 코빗을 비롯한 급진파 인사들을 소개하면서, 특히 11명이 죽고 100여 명 이상이 부상당한 1819년 피털루 학살사건을 자세하게 취급한다. 그는 극영화 방식을 통해 맨체스터 제대군인을 동원한 진압 음모와 학살사건을 재현한다. 화면에서는 새뮤얼 뱀퍼드 Samuel Bamford의 회상기가 기마대의 잔혹한 진압 장면과 겹쳐진다. 뱀퍼드는 이렇게 기술했다.

> 기마대는 당황했다. 사람과 말의 무게까지 더해 밀집한 사람들을 뚫고 지나갈 수 없었다. 그들은 군도를 휘두르며 가로막은 사람들의 맨손과 머리를 베면서 길을 텄다. 그러자 토막 난 팔과 칼에 배인 상처가 난 두개골이 눈앞에 펼쳐졌다. "아아, 아아, 저럴 수가! 흩어져, 저놈들이 사람을 죽이고 있다. 저놈들을 막을 수 없어"라는 외침이 들렸다. 모두 흩어지라고 외치며 울부짖었다.

13부 '빅토리아 여왕과 그 자매들'은 어떻게 전개되는가. 1851년 5월 런던에서 역사상 처음으로 만국박람회Great Exhibition가 열렸다. 이 박람회야말로 1848년 혁명을 겪은 프랑스와 대조적으로 영제국의 번영을 말해주는 것이었다. 유리와 철골만을 이어서 세운 박람회장 수정궁Crystal Palace은 당대의 기술 수준으로도 불가사의처럼 보였다. 화면은 수정궁의 전경과 내부를 재현해 보여주고는 산업화를 상징하는 증기기관과 철도와 톱니바퀴와 덜컹거리는 거대한 기계들로 초점을 옮

만국박람회
〈하이드파크 수정궁 내부의 모습
Sketch of the interior of the Crystal
Palace at Hyde Park〉(1851).

긴다. 샤마는 박람회가 특히 여왕의 부군인 앨버트 공의 주도 아래 진행되었다는 점을 강조한다. 영상은 자연스럽게 소녀 시절의 빅토리아로 넘어간다. 상대적으로 많은 분량을 할애한 소녀 빅토리아 서사에서 샤마는 감수성이 예민한 어린 시절의 빅토리아를 재현하면서 그 내면세계를 들여다본다. 주된 수단은 일기라는 사료다. 다음은 소녀 빅토리아가 버밍엄을 방문했을 때 받은 충격을 기록한 일기의 일부다.

남녀, 어린아이들, 시골과 집들이 모두 검다. 그러나 어떤 묘사를 해도 나는 그 이상하고 비정상적인 모습을 연상하도록 할 수는 없다. 그곳은 어디서나 너무 황량했다. 여기저기 석탄더미가 널려 있고, 풀밭이 시들고 검게 그을려 있었다. 나는 이제 불을 내뿜는 이상야릇한 건물을 보고 있다. 그곳은 계속 검고 엔진이 돌아가고, 불타는 석탄더미가 어디에나 가득하고, 그

석탄더미가 연기를 내며 타오르고, 그 옆에 버려진 오두막과 넝마를 입은 가엾은 어린이들이 보였다.

영상은 다시 1837년 여왕 대관식으로 이어진다. 이듬해 앨버트 공과 결혼하는 젊은 빅토리아의 사랑의 감정과 내면세계를 잔잔하게 해설한다. 국민의 사랑을 받는 젊은 여왕은 어느새 '잉글랜드의 장미'라는 닉네임으로 불렸다. 젊은 여왕의 즉위식과 결혼, 이 화려한 왕실 행사의 뒤편에서는 맨체스터를 비롯한 공업도시를 중심으로 새롭게 급진 정치운동이 펼쳐지고 있었다. 공업도시의 열악한 상황에서 비롯된 운동이었다. 그렇다면 산업도시 맨체스터는 어떠했는가. 영상은 엘리자베스 개스켈Elizabeth Gaskell의 첫 번째 소설《매리 바튼*Mary Barton*》(1848), 토머스 칼라일의 논설 〈시대의 징후Signs of the Time〉(1829), 제임스 케이James Kay의《맨체스터 면공업분야 노동계급의 도덕 및 신체적 상태*The Moral and Physical Condition of the Working Classes Employed in the Cotton Manufacture in Manchester*》(1832), 그밖에 정부의 위생조사보고서 등 동시대 기록들을 차례로 보여준다. 차티즘운동은 이런 상황을 배경으로 북부 공업지대와 런던에서 대규모로 전개되었다. 화면은 인민헌장 팸플릿, 거리의 벽보, 서명 등의 장면을 재현하며, 퍼거스 오코너Feargus O'Conner의 영웅적인 투쟁과 서명운동과 각지의 집회 장면을 부각한다.

13부의 뒷부분은 이 같은 암울한 분위기에서 벗어나 병원·의료제도를 개혁한 플로렌스 나이팅게일Florence Nightingale, 자유주의적 여성관을 피력한 존 스튜어트 밀John Stuart Mill과 그의 부인 해리엇 Harriet Taylor 등 다양한 여성들의 삶을 조명한다. 여기에 이혼법 통과

빅토리아 여왕(소녀시절)
조지 헤이터George Hayter, 〈애완견 스패니얼
대쉬와 함께 있는 빅토리아Victoria with her
spaniel Dash〉(1833).

같은 에피소드도 곁들여서 소개한
다. 하지만 영상에서 강조하는 것
은 중간계급의 화목한 가정이다.
이는 아홉 명의 자녀를 두고 남편

과 건실한 가정생활을 영위해온 빅토리아 여왕의 이미지와 겹쳐지는
것이었다. 샤마는 '오스본 하우스Osbourne House'를 중심으로 여왕의
가정생활을 소개하기도 하고 부군 앨버트 공의 부성적인 모습을 보여

준다. 당시는 여성의 역할이 여전
히 미미하긴 했지만, 그럼에도 밀
의 사례에서 보듯이 새로운 남녀관
계의 가능성이 대두한 시기였다.

빅토리아 여왕(대관식)
조지 헤이터George Hayter, 〈빅토리아 여왕
대관식 초상Coronation portrait of Queen
Victoria〉(1838).

　이미지는 이미지로 바라봐야 한다. 영상역사물의 내용을 문자언어
로 요약한다는 것 자체가 일종의 아이러니다. 이런 한계가 있음에도
여기에서는 샤마가 19세기를 어떤 모습으로 재현했는지 검토하려고

한다. 사실 1780~1832년의 영국 사회사는 산업화, 피트 정부의 강압적인 분위기, 의회 인클로저, 급진 정치운동의 개화, 정부의 탄압, 나폴레옹전쟁, 러다이트운동, 피털루, 스윙폭동, 1820년대 랭커셔 면방적공들의 파업과 노동운동 등으로 점철되어 있다. 그러나 샤마는 과감하게 생략, 압축, 선별의 방법을 동원한다. 그는 특히 울스턴크래프트와 워즈워스의 생애를 통해 당시의 분위기를 알려준다. 루소와 뷰익의 자연 탐방, 급진주의자들의 혁명에의 열광과 환멸, 자연으로 눈길을 돌리는 낭만주의자들의 지적 분위기를 배경으로 전쟁, 피털루 학살, 빅토리아 여왕의 결혼과 사생, 여러 여성들의 삶이 열을 지어 지나간다. 이것은 우리가 알고 있는 19세기 전체상의 일부일 뿐이다. 그는 제목 그대로 브리튼의 '한 역사'를 형상화한 것이다.

내용 면에서는 극히 선별적이지만 미학적으로는 12, 13부 전체가 영상으로 이루어진 장편서사시라는 인상을 준다. 우리는 역사 현장의 카메라 앞에서 수없이 샤마를 만난다. 해설자가 시청자를 보고 직접 말하는 이러한 기법, 즉 PTC(Pieces to Camera)[29]는 각 부마다 수십 회씩 반복된다. 흥미로운 것은 이 해설이 설명이나 분석이 아니라 시적 서사로만 구성된다는 사실이다. 그의 해설은 간결하면서도 은유와 시적 여운을 담고 있다. 말하자면 샤마는 영상시를 쓴 것이다.

이 영상시는 19세기 영국 사회의 전반적인 분위기를 알려주는 데 효과적이다. 물론 그 분위기는 샤마가 의도한 것이다. 다양하고 갈등이 폭발하고 좌절과 회한이 깃들어 있었지만, 그럼에도 질서와 안정과 조화의 가능성이 높았던 사회, 그런 사회의 이미지를 형상화하기 위해 노력한 것이다. 나는 이것을 사회적 풍경이라고 부르고 싶다. 영상으로 그린 사회사이며, 특히 사회적 풍경 위주의 사회사다.

그렇다면 궁극적으로 샤마가 의도한 것은 무엇인가. 그는 영국인들을 시청자로 설정하고 있다. 그것도 자국사에 문외한인 사람들이 아니라 19세기 영국사의 주요 사건과 인물과 현상에 이미 친숙한 사람들, 교양 있는 시청자들을 대상으로 자신의 영상시를 보여주려고 한 것이다. 19세기 역사에 초보적이거나 상당한 지식을 가지고 있는 사람들에게 이 같은 서사는 오히려 더 커다란 감동으로 다가올 수 있다.

마지막으로 언급할 것은 영국의 역사 연구 환경이다. 샤마의 〈브리튼의 역사〉는 역사 연구에 유리한 영국의 연구 환경에 크게 힘입었다. 잘 보존된 사료, 기념관, 유물 수집, 박물관과 미술관, 초상화, 공문서, 이런 것들을 적절하게 조합하고 동원한 후 샤마의 시적 해설에 이따금씩 극적 재현을 곁들여 프로그램의 완성도를 높인 것이다. 특히 차티즘 시기의 자료나 산업혁명기의 기계 가동과 여공들의 작업 이미지는 맨체스터 산업박물관의 여러 보존 자료와 재현물을 동원한 것처럼 보인다. 인민헌장 벽보, 팸플릿, 등장인물의 고향과 주거지는 사실성을 높여준다. 폐허가 된 스트러트 공장 건물을 그대로 보여주기도 하고, 차티스트 집회 참가자들이 그린 스케치를 여러 장 보여줌으로써 현장감을 되살린다. 서명운동 후 서명지를 보자기에 싸서 마차에 싣고 런던으로 떠나는 장면을 극적으로 재현함으로써 그 운동의 열광과 좌절에 관해 다시금 깊이 생각하도록 유도하기도 한다.

## 영상물과 역사서술의 거리

TV 방영 후에 출간된 역사서 《브리튼의 역사》를 영상물과 비교하면

어떨까? 샤마는 텔레비전 역사에서 생략했거나 다룰 수 없었던 내용을 추가했을 것이다. 따라서 그가 무엇을 덧붙였는지 살필 필요가 있다. 영상물과 역사서의 기본 서사와 전개 과정이 비슷하다고 가정할 때, 이 둘이 던져주는 인상이 어떻게 다른지 검토하는 것 또한 중요하다.

역사서 《브리튼의 역사》 제3권은 영상물 12~15부의 내용을 포함한다. 이 글에서 이미 다룬 영상물 12부와 13부에 해당하는 부분은 책의 1~4장에 해당한다. 각 부를 다시 장으로 나누어 서술하고 있는 셈이다.[30] 전반적으로 영상물 12, 13부의 논지는 역사서 《브리튼의 역사》 3권에서도 그대로 이어진다.

그렇다면 역사서에서는 주로 어떤 부분을 보완했을까. 먼저 영상물 12부에 해당하는 1장과 2장을 훑어보면 도입부를 크게 손질했다는 것을 알 수 있다. 앞 장에서 언급했듯이, 영상물 12부에서는 처음에 루소의 영향과 그의 방문을 소개하면서 데이와 뷰익의 활동이나

토머스 페넌트
토머스 페넌트Thomas Pennant가 스코틀랜드 여행 중 인버네스Inverness(영국 스코틀랜드 하일랜드의 도시)의 모습을 그린 판화(1771).

자연관을 중심으로 장면을 이끌어나간다. 이에 비해 책에서는 이들 외에도 토머스 페넌트Thomas Pennant, 토머스 웨스트Thomas West, 토머스 뉴트Thomas Newte, 윌리엄 에드워즈William Edwards, 존 스튜어트John Stewart, 존 텔월John Thelwall 등의 박물학자와 도보 여행가들을 소개한다. 18세기 후반 페넌트나 웨스트가 말한 메시지는 단순하지만 혁명적인 것이었다. '고향으로 오라.'

자연을 다시 바라보기 시작한 이들은 국내 여행을 도덕 회복을 위한 일종의 안내서로 생각했다. 영국인은 오랫동안 유약함이라는 악덕에 길들어져 있었다. 아메리카 백인 정착지를 상실하기 이전부터 이미 자신의 덕목을 상실했다. 그들은 이렇게 절규했다. "옛날 브리튼인의 덕목은 현대 영국인의 악덕에 밀려났다. 자유는 후견제의 관행으로 왜곡되었고 정의는 돈의 광휘에 가려졌고 시골의 순수함은 도회적 삶에 오염되었다."[31] 뉴트는 칼레도니아와 컴브리아의 강과 폭포를 답사하면서 새로운 세계를 경험할 수 있었고, 텔월은 1793년 런던과 켄트 주위를 도보로 돌아다녔으며, 에드워즈에게 애국자란 조국을 여행하는 사람이었다.[32]

《브리튼의 역사》 3권은 국토의 자연과 풍경의 발견이 어떤 사회적 맥락에서 전개되었는지, 그리고 루소의 영향으로 더욱더 촉발된 이런 분위기가 어떻게 낭만주의나 후대의 애국주의와 연결되었는지 좀 더 분명하게 알려준다. 1766~67년 루소는 스태퍼드셔의 한적한 저택에 머무는 동안 지방의 식자층에게 커다란 영향을 주었던 것 같다. 풍광이 수려한 시골길을 산책하면서 그는 모처럼 한가한 나날을 보냈는데, 여러 사람들이 이런 그를 방문해 담소를 나누었다. 루소는 사실 진보란 "자연에서 문명으로의 여정"이라는 생각을 펼치지 않았다.[33]

자연은 평등을 가리켰지만 문화는 불평등을 낳았을 뿐이다. 샤마는 루소를 따랐던 인사들 가운데 특히 데이의 활동을 상세하게 소개한다. 그는 만물의 내적 관련성을 깊이 믿는 채식주의자였다. 당시 민중 사이에 인기가 있었던 투계, 황소지분대기 등의 여흥거리를 통렬하게 비판하면서 동물도 인간과 동일하다고 주장했다.[34] 그가 자녀교육에 깊은 관심을 나타낸 것도 루소의 영향이었다.

자연과 풍경의 재발견은 곧바로 사회 문제와 연결되었다. 샤마는 올리버 골드스미스Oliver Goldsmith, 조지프 프리스틀리Joseph Priestley, 리처드 프라이스Richard Price 같은 인사들이 사회를 바라보는 눈길을 뒤좇는다. 농업에 관해 일련의 조사서를 출간했던 아서 영Arthur Young은 인클로저야말로 "농장의 생산성 향상을 이루기 위한 필요조건"이라 생각했지만, 골드스미스에게 그것은 가장 암담한 사회악이었다. 프리스틀리와 프라이스는 당시 국교회의 현실 안주를 질타함과 동시에 올드 커럽션Old Corruption에 찌든 그들에 대해 분노의 목소리를 높였다.[35] 프랑스혁명기 영국 정부의 반동정책과 '런던교신협회 London Corresponding Society'를 다룬 부분은 특히 에드워드 톰슨의 《영국 노동계급의 형성》1부의 영향을 크게 받은 것 같다.

나폴레옹 전쟁기에 사람들은 풍경에 대한 관심을 넘어 자연스럽게 애국적 감정을 표출하게 되었다. 샤마는 특히 프랑스군의 아일랜드 침입과 이에 대한 항전을 상세하게 기술하면서, 콜리지의 사례를 들어 낭만주의자들과 급진파 인사들의 조국애를 들려준다. 이 시기에 '신이여, 국왕을 구하소서God Save the King'가 브리튼의 국가로 자리 잡았고, 버크의 성찰이 애국주의의 힘을 빌려 승리를 거두기도 했다.[36] 이 책 3장과 4장은 영상물 13부의 내용과 별다른 차이를 보여주지

만국박람회 수정궁(1851)
유리와 철재로 만든 박람회장 수정궁은 벌집 형상으로,
여왕을 정점으로 운집해 조화를 이룬 영국 사회를 떠올리게 한다.

않는다. 1851년 만국박람회를 개최하는 데 주도적인 역할을 한 앨버트 공의 활약상을 좀 더 상세하게 소개한다. 이와 함께 박람회 준비를 위해 1851년 조직된 왕립위원회(Royal Commission for the Exhibition of 1851)가 박람회 이후에도 계속 활동하면서 오늘날 사우스켄싱턴에 자리 잡은 과학박물관, 자연사박물관 등의 건립을 주도한 사실을 새삼 강조한다. 샤마는 여왕의 부군인 앨버트 공의 활동에서 당대의 조화로운 사회상을 떠올린다. 유리와 철재로 건립한 박람회장 '수정궁'은 겉모습 자체가 벌집을 연상시키는 것이었다. 영국인들이 여왕을 정점으로 운집해 조화를 이룬 사회, 여기에서는 자연과 산업, 종교와 과학, 귀족과 기업가 등 적대적인 것들의 화해가 가능한 것처럼 보였다. 앨버트공의 활동은 바로 이것을 상징했다.[37]

물론 샤마가 빅토리아 시대의 사회 안정과 조화만 강조하고 19세기 전반의 불온한 분위기를 외면한 것은 아니다. 그는 1830~40년대 사회운동, 특히 차티스트운동을 상세하게 기술한다. 산업과 기술의 어두운 미래를 예견하면서 그 시대의 진보와 사회 현상에 회의의 눈길을 보낸 사람들, 토머스 칼라일Thomas Carlyle, 찰스 디킨스Charles Dickens, 존 러스킨John Ruskin, 매슈 아널드Matthew Arnold로 이어지는 지식인의 계보를 들춰낸다. 이들은 물질적 진보를 인정하면서도, 분업에 따른 인간 존엄의 상실과 기계에 대한 인간의 종속을 경고했다. 이들의 담론은 당대보다 오히려 후대에 더 중요해진다. 샤마는 이렇게 말한다. "오늘날 러스킨은 많은 사람들에게 읽히지는 않을 것이다. 그러나 새뮤얼 스마일스Samuel Smiles의 《자조론》은 아무도 읽지 않는다."[38]

그렇더라도 샤마의 견해는 분명하다. 제아무리 칼라일이 "정신적인 것보다 물질적인 것을, 진지한 아름다움보다 손쉬운 안락을, 개인의 내성보다 사회공학을, 심오한 것보다 실제적인 것을 더 선호하는" 동시대 사람들의 풍조를 개탄했다 하더라도, 빅토리아 시대는 역시 사회 통합의 전망을 보여주었고 사회적 이상을 추구할 만한 사회였다는 것이다.[39]

영상물과 역사서 사이에 어떤 거리가 있을까? 그렇게 보이지는 않는다. 그러나 19, 20세기를 다룬 《브리튼의 역사》 3권에서는 영상물에 깃들어 있는 '영상시'의 인상을 느낄 수 없다. 산문에서 시적 인상을 기대하는 것이 무리였던 것일까. 뿐만 아니라 이 책은 전반적으로 선별된 주제들이 유기적으로 이어지지 않고 산만하게 서술되어 있다. 일반 독자층에게는 손색이 없겠지만, 학문적 긴장을 불러일으키지는 못한다. 역사가들이 이 책에 별다른 관심을 기울이지 않았던 것은 영상역사물이 이미 대중의 흥미를 끌어 더 이상 언급할 필요성을 느끼지 않아서이기도 하겠지만, 다른 한편으로는 텍스트의 완성도를 낮게 평가했기 때문이 아닐까 싶다. 샤마는 영상시를 구현해 시청자를 사로잡았지만, 고급 독서층의 흥미를 자아내는 이중의 목표를 이루지는 못했다. 이는 샤마의 한계라기보다는 영상언어와 문자언어의 본질적인 차이에서 비롯한 것처럼 보인다.

## 텔레비전 역사의 가능성과 한계

텔레비전 역사는 "역사서술이라는 대해大海의 거대한 포말"이다.[40] 그 기능은 매우 효과적이며 시청자에게 과거에 대한 깊이 있고 정확한 지식을 제공한다. 시청자는 이미지, 풍경, 사료, 배경음악 등을 통해 눈과

귀로 역사여행을 떠난다. 물론 거기에는 그의 상상력이 덧붙여진다.

자, 텔레비전 역사와 텍스트라는 두 마리 토끼를 동시에 좇은 샤마의 작업은 과연 성공적이었는가. 아마 절반의 성공이라고 평가하는 게 좋을 것이다. 그가 영상역사물에 관심을 쏟은 계기는 무엇보다도 영상언어가 지배적인 패러다임으로 바뀌었다는 인식 때문이다. 이렇게 바뀐 만큼 역사가는 과거 인쇄언어에 관심을 쏟았듯이 새롭게 영상언어에 관심을 쏟아야 한다. 샤마의 영상역사물 〈브리튼의 역사〉는 수많은 시청자들의 관심을 끌었다는 점에서 일단 성공적이다. 사실 영화 탄생 한 세기가 지난 후에, 처음으로 역사가가 영상역사물이라는 새로운 형식의 주저자가 된 셈이다.

샤마는 2000년대 중반 무렵 텔레비전 역사에 관해 자신의 견해를 피력한 적이 있다. 그 글에서 그는 원래 유럽 역사학이 구전 및 공연의 전통을 가지고 있었다는 점을 강조한다. 근대에 이르러 공연을 중심으로 과거를 재현하는 전통이 비공식적인 것으로 추락하긴 했지만, 어쨌든 인쇄문화가 심오하고 논쟁적인 반면 이미지와 공연은 천박하며 수동적이라는 편견을 불식할 필요가 있다고 주장한다. 이러한 전제는 처음부터 잘못되었다는 것이다.[41] 아마 샤마는 오래전부터 영상역사물과 텔레비전 역사의 새로운 가능성을 깊이 생각해왔던 것 같다.

그렇다 하더라도, 샤마는 자신이 붙인 제목처럼 '한 역사' 이상의 형상화를 이룩하지 못했다. 그저 브리튼의 역사에 대해 지극히 선별적이고 압축적인 내용만을 형상화하는 데 성공했을 뿐이다. 특정한 이슈만을 역사적으로 다룬 프로그램이라면 훨씬 더 풍요롭고 다채로운 내용들을 첨가할 수 있었을 것이다. 그러나 통사의 경우 애초부터 너무나 다양한 내용들 가운데 무엇을 버리고 무엇을 되살릴 것인가,

남은 것들을 어떤 단선적 서사에 재배치할 것인가라는 좀 더 중요한 과제에 직면하게 마련이다. 샤마는 이 같은 어려운 문제를 시적 서사와 영상시라는 차원에서 극복하고자 했다. 분명 영상미학이라는 측면에서 그의 시도는 성공적이다. 그렇지만 미학적 성공에서 한걸음 더 나아가 19세기 시대사의 짜임새 있는 재구성에는 이르지 못했다.

이런 한계를 보여주었음에도, 샤마의 〈브리튼의 역사〉는 과거에 대해 새로운 통찰력을 투사하여 새롭게 청중에게 다가선다. 역사가들은 이 새로운 영상역사물에 관심을 기울여야 한다. 그럴수록 그 가능성과 한계를 성찰하게 될 것이다. 한마디로 샤마는 21세기 새로운 역사 서술 형식의 가능성을 보여준다.

# 시어도어 젤딘,
# 감성의 역사를 찾아서

1933년 팔레스타인 출생.

부모는 러시아계 유대인으로 볼셰비키혁명 후 팔레스타인으로 이주했다.

2차 세계대전기에는 알렉산드리아에서 성장했다.

열네 살에 런던대학 버크벡칼리지에 입학해 고전과 철학을 공부했으며,

다시 옥스퍼드대학 크라이스트처치칼리지에서 역사를 전공했다.

오랜 시간 세인트앤선칼리지에서 프랑스사 교수를 역임했다.

BBC 자문위원, 유럽연구센터 운영위원, 산학 협력을 위한 스키타 재단 프로그램Scita Foundation's Programme의

과학위원회 위원장으로 활동하고 있다. 신문이나 방송을 통해 현안 관련 견해를 밝히는 것은

이 같은 활동의 연장선상이자 삶에 밀착한 역사 지식의 광범위한 공유라는 그의 지향과 궤를 같이하는 것이다.

주요 저서로는 《나폴레옹 3세의 정치체제*The Political System of Napoleon III*》(1958),

《에밀 올리비에와 자유주의적 황제 나폴레옹 3세*Émile Ollivier and the Liberal Empire of Napoleon III*》(1963),

《프랑스인의 정감의 역사*History of French Passions*》(전5권: 야망과 사랑Ambition and Love;

지성과 자존심Intellect and Pride; 취미와 타락Taste and Corruption; 정치와 분노Politics and Anger;

번민과 위선Anxiety and Hypocrisy, 1973~1977), 《프랑스인*The French*》(1982),

《행복*Happiness*》(1988), 《인간의 내밀한 역사*An Intimate History of Humanity*》(1994),

《대화*Conversation*》(2000) 등이 있다.

*Theodore Zeldin*
*1933~*

1999년 6월 《오늘의 역사학*History Today*》은 '이 달의 역사가' 로 시어도어 젤딘Theodore Zeldin을 선정하면서, 그에게 스스로를 역사가로 생각하느냐고 물었다. 젤딘은 이렇게 대답한다. "모든 것들이 어떻게 현재의 상태에 이르렀는가, 그리고 그로부터 우리가 어떤 교훈을 이끌어낼 수 있는가를 끊임없이 생각한다는 점에서 저는 물론 역사가입니다."[1] 젤딘을 인터뷰했던 대니얼 스노우먼은 왜 이와 같은 질문을 던졌을까. 아마도 젤딘이 시대사나 국가사나 분야사로 분류할 수 없는 자신만의 독특한 역사세계를 만들어나갔기 때문일 것이다.

원래 젤딘은 19세기 프랑스 정치사, 특히 나폴레옹 3세 시대를 전공한 실증적인 역사가였다. 그의 연구가 대중의 관심을 끌게 된 것은 1973년 프랑스인들의 일상생활에 녹아 있는 감성과 정감을 집대성한 책을 옥스퍼드대학 출판부의 근대 유럽사 시리즈로 펴낸 이후의 일이다.[2] 몇 년 후에 모두 다섯 권의 책으로 재간행된 이 일련의 프랑스사 서술은 1848~1945년의 시기를 다루면서도 프랑스인 특유의 정감과 습속을 소개하고 해석하는 내용으로 일관한다. 이 책들의 부제만 보아도 그의 작업이 역사학에 관한 우리의 통념을 깨뜨리고 있음을 알 수 있다(각 권은 '야망과 사랑', '번민과 위선', '지성과 자존심', '정치와 분노', '맛과 부패' 등의 부제를 달고 있다).

이후에도 젤딘은 일반적인 역사서술과는 전혀 다른 새로운 실험을 계속해왔으며, 이들 모두가 독자들의 관심을 끌었다. 젤딘에 따르면, 그가 역사 연구에서 추구하는 궁극적인 목적은 다음과 같은 질문, 즉 '우리의 삶을 어떻게 살아가야 할 것인가', 그리고 '지금 여기에서 어디로 나아가야 할 것인가'에 대한 해답을 얻으려는 데 있다.《프랑스인*The French*》(1983)과 베스트셀러《인간의 내밀한 역사*An Intimate History of Humanity*》(1995) 등은 이와 같은 궁극적인 문제제기에 대한 나름의 성찰에 해당하는 셈이다. 아마도 인생에 대한 이러한 깊은 성찰이 일반인의 주목을 끌지 않았나 싶다. 그의 저서가 기존 역사서술의 경계를 넘어 새로운 형식을 추구하고 있다는 점도 주목할 만하다.《프랑스인》은 역사가들이 기피하는 이른바 '국민성' 또는 국민적 기질과 같은 미묘한 주제를 다루고 있다. 또한《인간의 내밀한 역사》는 저자가 여러 사람들과 인터뷰하거나 대화를 나누면서 인간의 열정, 꿈, 좌절, 번민 등 내면의 감정을 분석하고 이들 주제를 역사적 차원에서 음미하는 방식을 따르고 있다.

젤딘의 역사 연구는 결국 '감성의 역사'다. 그는 실증적인 사료에 기반을 둔 역사학이 좀처럼 접근하기 어려운 인간 내면의 세계를 거침없이 파고든다. 그에게 19세기라는 시대적인 한계나 프랑스라는 국가의 경계는 더 이상 사유를 가로막는 장벽이 아니다. 그는 역사학의 진부한 경계를 넘어 현대의 지식인이 외면하는 인생의 본질적인 문제, 즉 우리는 어떻게 살아야 하는가라는 문제를 부여잡고 고민한다. 그렇다면 도대체 젤딘의 감성 또는 정감의 역사란 무엇인가. 그의 실험은 오늘날 어떤 의미를 가지고 있는가.

## 프랑스인의 감성

젤딘의 부모는 러시아계 유대인이었다.[3] 2차 세계대전 직후 젤딘과 그의 가족은 영국에 정착했고, 그는 그곳에서 중등교육을 받았다. 젤딘은 같은 또래보다 더 이른 나이에 이미 고등학교 졸업 학력을 인정받았다. 그는 아직 대학에 입학할 나이에 이르지 못했지만 대학교육을 받고 싶었다. 그의 부모는 젤딘을 성인교육기관인 런던대학의 버크벡칼리지Berkbeck College에 보냈다. 그는 부모 나이 또래의 학생들 틈에 섞여 고전과 철학을 배웠다. 버크벡칼리지를 졸업한 후 젤딘은 다시 옥스퍼드의 크라이스트처치칼리지Christ Church College에서 역사를 공부했으며, 오랫동안 세인트앤서니칼리지에서 교수로 지냈다.

젤딘의 평범하지 않은 인생 역정을 보면서 그의 특이한 학문적 풍모가 이와 같은 삶의 경험에서 비롯했을 것이라고 짐작하기 쉽다. 그러나 그는 이를 인정하지 않는다. 예컨대 그가 프랑스사를 선택한 것은 2차 세계대전기에 이집트 카이로의 프랑스인 거주 지역에서 소년 시절을 보낸 체험과 별로 관련이 없었다. 왜냐하면 당시 그는 불어를 전혀 배우지 않았기 때문이다.

그렇다면 성인들과 함께 어린 나이에 런던대학에서 수학한 경험이 그에게 어떤 특별한 영향을 주지 않았을까? 젤딘은 당시 나이 많은 학생들 틈에 섞여 학교에 다녔지만, 이런 점을 전혀 의식하지 않았다고 말한다. 런던대학 버크벡칼리지에 다닐 때는 거의 책 속에 파묻혀 있었기 때문에 나이 많은 주위 학생들과 사귈 만한 시간이 별로 없었다. 옥스퍼드 시절에도 그를 지도했던 앨런 테일러Alan Taylor나 휴 트레버-로퍼Hugh Trevor-Roper의 영향 밖에 있었다. 그에게 영향을 준 특정인은 별로 없었던 모양이다. 그를 지도하고 안내한 것은 오직 책뿐이었다.[4] 버나드 쇼에서 오손 웰스에 이르기까지 주로 19세기 영국 지식인만이, 좀 더 후에는 베이컨과 훔볼트와 콩트 등의 저술만이 그의 관심을 끌었을 뿐이다.

젤딘은 원래 제3공화정 시대의 정치사를 연구하여 학위를 받았다. 그러나 그가 일반 역사가와는 다른 길을 걷게 된 결정적인 계기는 옥스퍼드 유럽 근대사 시리즈의 하나인 프랑스 현대사 집필 의뢰였다. 시리즈를 기획했던 앨런 불럭Allen Bullock과 윌리엄 디킨William Deakin은 젤딘에게 19, 20세기 프랑스 국민국가의 발전을 개괄적으로 정리한 서술을 기대했을 것이다. 젤딘도 편집진의 의도를 알고 있었다. 그에 따르면, 역사가들은 프랑스 근대사를 "혁명과 반혁명"이 교차하는 변증법적 전개 과정으로 이해한다. 어떤 이들은 주로 정치 이념과 이데올로기의 대립을 중시하고 또 다른 이들은 경제적 권리의 불평등과 그 사회적 결과에 초점을 맞추기도 하지만, 어쨌든 이 시대를 다루는 역사서술의 화두는 분열이다.[5]

그러나 젤딘이 건네준 방대한 원고는 편집자들의 기대와 달리 근대 프랑스 사람들의 정감passion 또는 감성emotion에 관한 것이었다. 그것은 당대를 살았던 프랑스 남녀들의 개인사를 중심으로 야망과 좌절, 지적 생활과 상상력, 맛과 편견, 사랑과 증오 등 갖가지 감성의 영역을 답사하는 작업이었다.[6] 국가는 외관으로 나타나는 것과는 아주 다르고 애매모호한 모습들을 안고 있다. 젤딘은 기존의 역사학이 국가나 전체 사회 또는 공적인 문제에 치중하고 개인의 삶을 둘러싼 사소한 이야기는 소설의 영역으로만 남겨둔 점을 유감으로 여긴다. 그는 의식적으로 공적인 삶을 외면하고 개인들의 삶을 통해 근대사의 갖가지 흐름을 추적한다. 그에게 1848년 이후 프랑스의 사건 연대기는 더 이상 중요하지 않다. 그는 《프랑스 1848~1945》의 재판 서문에서 자신의 의도를 다음과 같이 내비친다.

> 나는 사람의 행동이 혼란스럽고 애매모호하며, 단지 영광이나 정의 또는 자유와 같은 어떤 이상만을 추구하는 것처럼 보일 수 없음을 알기 때문에, 그리고 인간 행동의 동기를 논의한다고 해서 무언가를 입증할 수 있다고 믿지 않기 때문에, 다소간 그럴듯한 요인들을 한데 모아 국가에 관한 개설적인 서술을 시도하지 않았다. 대신에 개인을 출발점으로 삼고, 그들에 가해지는 무수한 내적·외적 압력들을 통해 그들을 가장 잘 드러내고자 했다. 나는 개인들의 움직임을 여섯 가지 감성, 즉 야망, 사랑, 분노, 자긍심, 맛, 걱정 등으로 분류했다.[7]

즉 현대 프랑스 사회와 사람들에 대한 타자의 이미지를 살펴보겠다는 것이다. 물론 이념이나 계급의 구분선을 넘어서는 프랑스인들의 공통된 태도와 가치들을 정형화하기는 어려운 일이다. 그럼에도 프랑스 사람은 요리를 잘하고 수다스러우며 논쟁하기를 즐긴다는[8] 프랑스인 특유의 이미지들이 상식처럼 널리 퍼져 있다. 굳이 젤딘의 비유를 들지 않더라도, 우리는 유럽 여러 나라 사람들의 기질을 비교하는 농담들을 여럿 알고 있다. 이를테면 영국인, 프랑스인, 독일인에게 우스운 농담을 건네보자. 농담이 채 끝나기도 전에 깔깔대고 웃는 사람은 프랑스인이다. 말이 끝나기를 기다려 웃는 사람은 영국인이다. 그 자리에서 전혀 웃지 않다가 집에 돌아가서 갑자기 미친 듯이 웃어대는 사람은 독일인이다. 이런 식의 비교는 결국 타자의 눈에 비친 그 나라 사람들의 모습과 이미지를 드러낸다.

젤딘에 따르면, 국가들의 경계는 지리적인 것이라기보다는 오히려 이러한 이미지들의 경계라고 하는 편이 더 적절하다. 그는 프랑스인의 변하지 않는 영혼이나 정신 또는 성격에 집착하지 않는다. 다만 많은 사람들의 이야기 속에서 드러나는 프랑스인에 관한 주제들이 관심의 대상이다. 왜 사람들이 그와 같은 내용을 믿게 되었는가. 그 과정을 밝히는 것이 무엇보다도 중요하다.[9] 그리고 이러한 작업이 과거를 통해 현재를 드러내려는 역사학 고유의 목적에 좀 더 적합할지도 모른다. 그는 그 중요성을 다음과 같이 강조한다.

나는 역사가 즐거움을 주기 위해 또는 골동품과 같은 호기심을 충족하기 위해 고안된 것이라고는 생각하지 않는다. 그것은 예술이나 가십 이상의 중요성을 가질 수 있다. 그것은 사치품이 아니라 모든 세대가 스스로, 과거의 어떤 것을 보존하고 어떤 것을 버릴 것인가에 관해 끊임없이 논의하는 재평가 과정의 필수적인 부분이다. 현재의 관심사에서 유리된 것은 역사학 서술에서 필요조건이 아니다. 오히려 그 반대로, 나는 역사가란 현재의 이상, 습관, 제도 등에 대해 명확하게 사고하는 데 기여해야 한다고 생각한다.[10]

젤딘은 사람들의 행위가 경제적 상황에 결정적인 영향을 받는다는 것을 부인한다. 중요한 것은 사람들이 스스로 어떻게 느끼고 있는가다. 예컨대 1979년판 《프랑스 1848~1945》 1권의 주제는 야망과 사랑이다. 여기에서 그는 부와 안전, 명성과 행복과 쾌락에 대해 사람들이 경쟁적으로 관심을 보이는 과정을 드러내려고 한다. 19세기 이후 사람들이 삶의 방향을 선택한 의미까지 파고들어가 그들이 삶의 성공을 어떻게 이해했으며 이를 이루기 위해 무엇을 하고자 했는지를 알려고 했던 것이다.[11] 이 같은 젤딘의 작업, 즉 역사 속에 살았던 개인들의 흔적과 발자취 탐색은 인간의 여러 감성에 대한 우리의 이해를 높여 준다.

《프랑스 1848~1945》를 읽을 때 느끼는 당혹감은 이 방대한 서술을 요약하기가 거의 불가능하다는 사실에서 비롯한다. 각 권과 각 장은 모두 독립된 에피소드처럼 보인다.[12] 그러면서도 전체를 관통하는 느낌이 전달된다. 거대이론에 집착하지도 않고, 또 사건과 연대기 형식을 분명히 회피하고 있지만, 그렇다고 이 책이 모두 참신한 내용만으로 이루어져 있지는 않다. 1권은 노동자와 농민을 다루면서도 의사나 공증인과 같은 프랑스 특유의 부르주아지에 대한 사회사 연구들을 원용하여 프랑스 사회구조의 특징을 보여주려고 한다. 5권 위선에 관한 장은 주로 공산당원에 관한 에피소드들의 모음일 뿐이며, 정치를 다룬 4권의 각 장의 주제 이면에는 정통주의, 오를레앙주의Orleanism, 나폴레옹주의Bonapartism를 거쳐 공화주의에 이르기까지 전통적인 연대기를 암묵적으로 받아들인다.

젤딘이 이 책에서 소개하는 에피소드들을 각기 개괄하는 것은 불필요하다. 여기에서는 에피소드들 가운데 좀 더 넓은 주제라고 할 수 있는 부르주아지 일반과 국민 정체성에 관한 것만을 간략하게 살피려고 한다. 먼저 《프랑스 1848~1945》의 제1권은 부르주아지의 여러 직종들에 관한 장들에 앞서서 '부르주아지의 위선' 이라는 장을 싣고 있

프랑스 부르주아지
자크 루이 다비드Jacques-Louis David, 〈테니스 코트
의 서약le serment du Jeu de Paume〉(1791). 국회를
해산하지 않겠다는 프랑스 부르주아지의 선언 모습.

다. 젤딘에 따르면, 부르주아
지는 프랑스 역사의 산물이다.
그들이 프랑스 근대사에서 핵
심적인 존재가 된 것은 대혁명

이후 그동안 정치, 경제, 사회적으로 다른 나라의 경우와 비교할 수
없을 정도로 우월한 위치에 올라섰기 때문이다. 그들은 항상 '프랑스
부르주아지la France bourgeoise'로 불렸는데, 그 자체가 역사에서 프랑
스와 부르주아지가 거의 동의어였다는 사실을 일깨운다.[13]

'프랑스 부르주아지'라는 말은 어떤 의미를 함축하고 있는가. 이
표현에는 두 가지 의미가 포함되어 있다. 하나는 그들이 형성해온 정
신적 태도가 사회 전체에 영향을 미치고 있다는 점이다. 물론 그들의
사고와 행동방식은 점진적으로 발전한 것이지만, 대혁명 이후 부유층
뿐만 아니라 소상점주나 직인이나 농민까지 그 정신적 태도를 받아들
였다. 다른 하나는 부르주아가 정치적·경제적 실체라는 점이다. 혁명

과 함께 영주제적 특권은 폐지되었지만, 부의 특권은 그렇지 않았다. 부르주아지는 귀족을 대신했다. 그들은 몰수된 토지를 사들였고 보통 선거권의 확대와 더불어 의회도 장악할 수 있었다. 그들이 설파한 기회의 평등이란 오직 부유층만이 성공의 열쇠인 중등교육을 받을 수 있었기 때문에 실제로는 허구일 뿐이었다.[14]

그렇더라도 부르주아지를 분별하고 범주화하기는 어려운 일이다. 그들 특유의 정신적 태도뿐만 아니라 정치권력이나 경제력도 뚜렷하게 정의하기 힘들다. 루이 필립 시대의 선거인단이나 19세기 말 하인을 거느린 계층을 생각할 수도 있겠지만 이것은 시대에 따라 변하고 어디까지나 잠정적일 뿐이다. 이보다는 오히려 생활방식에 따른 구분과 식별이 더 나을지도 모른다. 부르주아지를 구별 짓는 것은 부 자체가 아니라 부를 획득하는 방식과 그것을 소비하는 방식이다. 부를 기준으로 삼으면 부르주아지가 아닌 부유층도, 또 스스로 부르주아지에 속한다고 생각하는 빈곤층도 있다. 프랑스에서 부르주아지는 자신의 부를 부르주아지에 걸맞게 쓸 줄 아는 사람이다.

부르주아지는 무엇보다도 의식주 생활에서 다른 사회세력과 다른 스타일을 추구한다. 그들이 식탁에 들이는 비용이 노동자들의 그것보다 반드시 값비싸다고 할 수는 없다. 단지 먹거리와 먹는 방식이 노동자들과 달랐다. 또 피아노와 유화와 시계와 벽난로가 갖추어진 거실에서 방문객을 맞아 담소하는 그들의 주거문화에서 특징을 찾을 수 있다. 이와 함께 자녀교육과 가정을 위해 많은 지출을 감내하는 특징도 보여준다. 그렇지만 젤딘은 이러한 식별이 한계를 가지고 있음을 인정한다.[15] 그가 부르주아지를 개괄한 후 의사, 기업가, 공증인, 자산가, 은행가 등 여러 직업별로 개인들의 삶을 살펴본 것도 이런 애매모호함 때문이었을 것이다. 그렇지만 우리는 그들을 때로는 정신적 태도와 이념으로, 때로는 정치적인 힘과 경제력으로, 또 때로는 생활 스타일과 소비 행태를 통해서 이해할 수밖에 없다. 개인의 생애사는 이런 측면에서 중요한 의미를 가진다.

다음으로, 《프랑스 1848~1945》 2권 '지성과 자존심'에는 국민 정체성을 다룬 장이 실려 있다. 프랑스 국민은 언제, 어떤 과정을 통해 형성되었는가. 흔히 대혁명 이후 국민 정체성이 급속하게 형성되어 퍼져나갔으리라고 생각한다. 실제로 프랑스는 유럽 최초의 국민국가 중의 하나로 여겨졌다. 그러나 1864년 남부 산록지대를 여행하던 한 교육감독관이 시골학교를 방문하여 학생들에게 어느 나라 국민인가 물었을 때, 자신 있게 답한 어린이는 거의 없었다. "그렇다면 너희들은 영국인이냐?"라는 감독관의 또 다른 물음에도 아이들은 여전히 대답하지 않았다.[16] 이 에피소드는 적어도 변경 지역의 경우 당시까지도 국민의식이나 국민 정체성이 중요한 문제로 자리 잡지 못했음을 알려준다. 그것은 점진적인 과정을 거쳐 형성된 것이다.

국민의식의 형성을 부르주아지가 주도한 것은 분명한 사실이다. 특히 정치인들은 국민 형성의 주된 설계사였다. 그렇다면 국민의식은 어떤 개념들을 통해 구체적으로 드러났을까. 젤딘은 이를 다음과 같이 설명한다. 우선 대혁명 이후 국민은 문명civilization이라는 말을 통해 이해되었다. 문명이란 프랑스 특유의 "삶의 확대와 향상"을 의미하는 것으로서 개인과 사회의 동시적 완성을 지향한다.[17] 19세기 지식인들에게 중앙집권적 국가의 발전은 모든 계급에 문명의 혜택이 돌아가는 것을 의미했다. 국가가 문명과 동의어인 까닭은 여기에 있다. 다음으로, 국민은 인종적 다양성의 통합을 뜻했다. 라틴계, 켈트계,

게르만 혼혈 등 전통적인 프랑스에는 서로 기원을 달리하는 여러 인종이 뒤섞여 살고 있었다. 19세기 말에는 100만 명 이상의 이베리아 및 이탈리아 이민들이 살고 있었다. 마지막으로, 이들 다양한 인종들을 프랑스 국민으로 규정할 수 있는 것은 그들이 프랑스 문화의 담지자였기 때문이다. 이 공통의 문화는 제도교육을 통해 확산되었다. 프랑스어야말로 제도교육의 표상이었다.[18]

한편, 젤딘은 국민 정체성과 민족주의nationalism를 구분할 것을 제안한다. 민족주의는 매우 정치적인 용어로서 대혁명기에 이미 사용되었으나 시대에 따라 다른 의미를 갖게 되었다. 그것은 자유주의를 가리키기도 했고, 피억압자의 해방을 위한 자코뱅주의를 뜻하기도 했다. 그 후 19세기 말부터는 오히려 보수주의의 언어로 사용되기 시작했다.[19]


## 서술의 새로운 형식

《프랑스 1848~1945》는 기존의 역사가들이 중시해온 역사적 사건이나 사회구조 대신에 근대 프랑스의 갖가지 감성이나 정감을 주제로 삼았다. 하지만 그렇다 하더라도, 이전에 살았던 개인의 구체적인 사례를 통해 접근했다는 점에서 이 책의 서술 대상은 여전히 과거 자체였다. 이와 달리 1983년에 출간한 《프랑스인》은 과거보다는 현재 살아 있는 개인의 생애사에 더 관심을 기울인다. 이제 과거는 더 이상 서술 대상이 아니다. 각 장의 제목도 '종교적 억양을 해석하는 방법' 또는 '프랑스 지식인에게 주눅들지 않는 방법'과 같이 이상야릇한 표현을 쓰고 있다. 그는 일찍이 역사가라면 자기 나름의 독자적인 서술 형식을 찾아내야 한다고 강조한 적이 있는데, 이는 자신의 미래를 예측한 것처럼 보인다.

나는 어떤 사람에게도 특정한 방식으로 역사를 기술하라고 촉구하고 싶지 않다. 나는 당신이 쓰는 역사서가 당신의 개성의 표현임을 믿는다. 나는 우리가 사람들에게 역사쓰기를 가르칠 수 없다는 몸젠의 말에 동의한다. 용기 있는 젊은 역사가들에게 뒤따라갈 선례를 제시하기보다는 그들 자신의 개성과 자신의 견해와 자신만의 기발함을 개발하도록 고무함으로써 더 많은 것을 얻을 수 있다고 믿는다. 독창적인 역사학은 독창적인 정신의 반영물이며, 따라서 그것을 낳을 수 있는 어떤 표준적인 처방이 있는 것은 아니다.[20]

이 책은 그가 만나거나 알고 있는 많은 사람들에 관한 이야기와 함께 갖가지 신문기사, 광고, 여론조사, 만평 등으로 구성되어 있다. 그는 프랑스 사회의 기본적인 특징보다는 다양한 풍경과 다원적인 모습들을 우리에게 알려준다. 그는 이 책의 저술 의도에 관해 다음과 같이 말한다. "나는 설사 그것이 가능하다고 하더라도 프랑스 국민에 대한 포괄적인 조사를 기술하지 않겠다. 나는 프랑스인에 대한 내 자신의 특정한 견해나 경험을 이야기한다. 그 이상의 것을 제시할 수 있다고 주장하는 사람은 스스로를 기만하는 것이다. 나는 단지 독자들이 진부한 신화를 반복하는 것 대신에 나름의 독자적인 견해를 가지기를, 그리고 그들이 프랑스인들에게서 매력적이라거나 불쾌하다고 생각한 것을 정확하게 성찰하기를 촉구하고자 한다."[21]

결국 《프랑스인》은 프랑스인 특유의 기질, 열정, 편견 등을 설명하려는 시도다. 1부는 프랑스인들이 인정하는 사고 및 대화의 특유한 방식을 탐사한다. 2부는 가족과 연인과 사랑에 관해 설파한다. 3부는 여러 직종과 사회계층에 속한 사람들을 통해 다양한 사회계층과 그들 사이의 관계를 투사한다. 4부는 그들의 미각과 예술가의 역할을, 5부는 지식인과 교육과 문화 일반을, 그리고 마지막으로 6부는 외국인에 대한 이중감정을 해부한다.[22] 전반적으로 프랑스 사람들의 삶의 외관뿐만 아니라 삶의 질까지 연구 대상으로 삼는다. 사실 우리들의 삶에서 중요한 것은 거대한 주제들이 아니다. 단순히 의식주 문제를 해결하는 선을 넘어선다면, 그 다음에는 행복과 우정과 쾌락, 유머와 적당한 타협, 편견과 미신, 이런 것들이 일상생활의 주된 내용을 이룬다. 이 책은 말하자면 프랑스 국민들의 문화적 성취와 그들 개인적 경험에 대한 재해석이다.

《프랑스인》에는 수많은 프랑스인 남녀들의 생애사가 소개된다. 이들은 모두가 흔히 주위에서 만날 수 있는, 적당하게 도덕적이면서도 때로는 실수를 저지르는 사람들이다. 가비라는 한 중년 사내는 생나제르 조선소의 용접공인데, 산업세계와 사회를 개혁하려는 유토피아적 열망에 가득찬 사람이다. 그럼에도 그는 2차 세계대전 중에는 가족과 함께 숨어 있었다. 재담꾼으로 방송에 자주 출연하는 필립 보바르는 평범한 보통사람들의 기질과 성향에 대해 이렇게 표현한다. "저는 평균적인 프랑스 사람을 대표하지요. 저의 학력이란 고작해야 초등학교 졸업장뿐이죠. 가방끈도 짧고 잘 생기지도 않았어요. 저는 해외에 나가기를 좋아하지 않고 나간다고 하더라도 제일 좋아하는 스테이크와 감자튀김만 먹습니다. 외국어도 하지 못하고 또 외국인에 대해서는 국수주의자라고 할 수 있지요. 국내에서는 군대며 가톨릭교회를 비난하고, 실제로 어느 것도 또 어느 누구도 존중하지 않는답니다. 세금 내는 것 물론 싫어하죠. 어떤 사람도 어떤 제도도 진지하게 고려하는 법이 없답니다."[23]

이 평균적인 프랑스인이 현실에서 존재하지 않을 수도 있다. 그렇지만 필립의 재담에서는 무언가 프랑스 중년 남성의 초상을 느낄 수 있다. 이것은 말하자면 흔히 국민성 또는 국민적 기질이라고 불리는 측면을 가리키는데, 전통적으로 역사가들은 이러한 주제를 다루는 것을 꺼려했다. 애매모호하며 근거가 부족하고 무엇보다도 비과학적이라는 이유에서다. 반면 젤딘은 달랐다. 이전의 저술에서도 이와 같은 주제들에 관심을 기울였지만, 《프랑스인》을 집필하면서 젤딘은 그 경계를 완전히 무너뜨렸다. 이 책이 프랑스인들의 '자화상'이라고 불리는 것도, 그리고 독서시장에서 커다란 관심을 끌었던 것도 바로 이 때문일 것이다.

젤딘의 책에서 이처럼 평범한 프랑스 남녀를 자주 대면하려면 아무래도 사회집단을 다룬 장을 찾는 편이 좋을 것이다. 《프랑스인》 15장은 오늘날까지 프랑스 사회에 중요한 사회세력으로 남아 있는 자영업자, 특히 소상점주의 끈질긴 생명력을 다루고 있다. 프랑스는 영국이나 독일에 비해 소상점주의 수가 훨씬 더 많은 편이다. 영국인이 프랑스의 대도시나 소도시를 지날 때 가장 처음 영국과 다르다고 느끼는 것은 무수한 간판이다. 작은 것이 아름답다는 명제에서 미래의 해결책을 찾는 사람이라면 우선적으로 프랑스 사람들의 경험에 관심을 기울여야 할 것이다. 젤딘에 따르면, 소영업자란 "그의 독립성이 깨지고 있다는 것을 알지만, 그럼에도 자신의 독립을 유지하기를 원하며, 정부가 자신의 독립을 위협한다고 생각하여 증오하는 사람"이다.[24]

물론 프랑스가 오늘날에도 소영업자의 천국은 아니다. 소상점주나 중소기업가들 모두 대자본의 위협에 시달리고 있다. 그럼에도 아직 그들이 끈질기게 버텨나가는 것은 일찍부터 소영업자 조직의 정치세력화에 눈을 떴기 때문이다. 젤딘이 만난 자물쇠공 가스통 뤼카는 1907년생이다. 그는 정원사인 아버지의 권유에 따라 자물쇠공의 길을 택했다. 그의 아버지는 자물쇠 일감은 기계화가 이루어진 후에도 남아 있을 것이라고 생각했다. 뤼카는 이 길을 택한 것을 후회한 적이 없다. 대장간일을 포함하는 그 직종의 기쁨은 어디서 오는가. 뤼카에 따르면, "그 일을 완벽하게 배울 수 없다는 것, 그리하여 새롭게 발견할 것들이 있다는 것, 어떤 일도 다른 일과 똑같지 않고 종사자가 나름의 취향과 맛을 가질 수 있다는 것"이다.[25]

제라르 니코는 소상점주 노조를 만든 사람이다. 그는 노조운동을 하면서 여러 차례 감옥을 드나들었다. 그가 노조운동가가 된 것은 리용 근처의 한 시골마을에 카페를 차린 후의 일이다. 처음 카페를 차렸을 때 그는 해방감과 아울러 새로운 인간으로 탄생한 것 같은 느낌이 들었다. 자신만의 공간을 만들고 스스로가 모든 일을 책임진다는 사실이 그렇게 기쁠 수가 없었다. 그러나 영업세 문제로 세무서 관리와 언쟁을 벌이면서 그는 자연스럽게 자영업자에 대한 정부의 정책에 분노를 느끼게 되었다. 그 후에 그는 노조운동가로 변신한다. 지금도 그는 아나키스트다.[26]

프랑스에서는 아직까지 소상점주, 나아가 자영업자의 대표적인 부류로 빵집 경영자들을 꼽는다. 빵집이야말로 프랑스 현대 사회에서 자영업의 마지막 보루라고 해도 지나친 말이 아니다. 프랑스인에게 바게트 없는 식생활을 상상할 수 없는 한, 빵집은 그대로 잔존할 것이

프랑스 빵집의 역사
파리 제빵사 품평회(1905)에서 특별히 디자인된 앞치마를 두른 여성 빵 배달원들의 모습. 프랑스에서 빵집 경영자들은 대표적인 자영업자로 꼽힌다.

다. 그러나 빵집 경영은 잔일이 많은 편에 속한다. 젤딘이 인터뷰한 장 마르크는 새벽 3시에 자리에서 일어나 빵을 굽는다. 점심 식사 후에 오후 4시까지 낮잠을 자고 그 후에 다시 7시까지 빵을 굽는다. 그는 자영업자라는 사실에 긍지를 가지고 있지만, 역시 여건이 어려워지는 것은 불가항력적이라고 생각한다. 그는 대를 이어 빵집을 경영하고 있지만, 그의 아들은 이 직종을 이을 생각이 없다. 부모 직업의 어려움을, 빵집이 슈퍼마켓과 경쟁하기 어렵다는 점을 너무나 잘 알고 있기 때문이다. 그럼에도 장 마르크는 다른 사람보다 더 오래 일한다면 자신의 것을 지켜낼 수 있으리라고 확신한다.[27]

젤딘이 그려낸 이 소상점주의 세계가 프랑스적인 것이라고만 하기는 어렵다. 소영업자의 전통은 어느 나라나 끈질기게 남아 있으며, 소읍에서 대도시에서 이르기까지 직종마다 나름의 전통을 지니고 있다.

그러나 오늘날 영국과 독일의 경우 프랑스에 비해 소상점주와 소영업자가 차지하는 비중이 매우 낮다. 젤딘이 묘사한 빵집만 하더라도 영국과 독일에서는 거의 보이지 않는다. 영국인과 독일인은 빵을 슈퍼마켓과 대형 할인점에서 구매하는 데 익숙하다. 이러한 차이를 낳은 요인이 무엇인지는 확실하지 않다. 아마도 소상점주의 연대와 강력한 정치조직 여부가 중요한 영향을 미친 것처럼 보인다.

흔히 프랑스인은 지적이라는 말을 듣는다. 그들 대부분이 지식에 흥미를 갖고 지적이라는 뜻이라기보다는 지식인이 대접을 받고 식자층의 언어를 존중하는 분위기가 좀 더 짙다는 의미일 것이다. 《프랑스인》 21장 '그들의 문화를 인식하는 방법'에서 젤딘이 바라보는 것은 이 지적 분위기다. 그는 평범한 가정 출신이 꾸준한 노력으로 자신의 지적 세계를 넓혀간 사례를 소개한다. 여기에서 젤딘은 외적인 제도교육과 현실의 지적인 문화가 일치하지 않을 수도 있음을 알려준다.

다니엘 샤토는 한 기술중학교 부설 평생교육원장이다. 미장공의 아들로 태어난 그는 기술학교에 다니면서 18세에 직업교사 자격증을 얻었다. 그가 맡은 과목은 집 페인트칠이었다. 기술학교에 다니던 시기(5년간)의 3분의 2는 작업장에서 실습을 하며 보냈다. 그는 주로 현장기술을 몸에 익혔고 1주일에 10시간가량 공부 시간을 가질 수 있었다. 수학, 과학, 불어, 건축학 등이 그가 이수한 과목들이다. 그를 가르친 교사들 또한 이전에 숙련기술자로서 경험을 쌓은 사람들이었다. 문화는 학교의 교과목이 아니었다. 그는 기술학교를 졸업할 때까지 독서라는 것을 알지 못했고 그럴 여유나 시간도 없었다.[28] 여기까지 그의 삶은 프랑스인 특유의 '지적 분위기'와 거리가 멀었다.

청년기를 보내면서 다니엘은 인생에 배워야 할 것이 무수하게 많으며 자신은 어떤 올바른 해답도 찾아낸 적이 없다는 것을 깨닫게 되었다. 이러한 자각과 함께 그는 책을 읽기 시작했다. 이제 그는 "일하기 싫어서 대신 책을 잡는" 부류가 아니라, "변화가 새로운 기회를 열어주기 때문에 새로운 자질을 항상 추구하는" 부류로 변했다. 그 이후 그는 평생 학생이었다. 알제리에서 군복무를 마친 후 실내장식학교에서 새로운 기술을 익혔고, 파리에서 실내장식 일거리를 맡아 생계를 꾸려나갔다. 그는 다시 야간학교에서 예술을 공부하기 시작했는데, 밤늦게까지 공부하면서도 새로운 지식을 쌓는다는 것 자체에 기쁨을 느꼈다. 실내장식 분야의 자격증을 새로 취득했지만, 그는 자신이 아직도 교양이 부족하다는 것을 절실하게 느꼈다. 특히 고등교육을 받은 사람들과 대면할 때 그러했다. 그는 또 다른 교원양성학교에 입학하여 예술, 심리학, 문학표현 등을 새롭게 배우기 시작했다. 그것은 단순히 기술학교 교사자격증을 얻기 위함이 아니라 진정한 배움을 갈망했기 때문이다.[29]

젤딘은 비서로 일하는 프랑수아즈 양을 소개하기도 한다. 그녀는 상업학교를 졸업하고 회사 비서실에서 신문기사를 스크랩하는 일을 맡고 있다. 그녀는 성인교육 프로그램에 등록하여 일반 교양과목을 수강한다. 그녀는 예술 분야에 관심이 많다. 피카소와 세잔의 그림 비평, 도스토옙스키의 문학, 말러의 음악, 영화의 역사, 그리고 프로이드와 라캉의 정신분석학에 관한 강의를 들었다. 토론 프로그램도 중요한 과목의 하나였다. 그녀는 폭력, 가족, 인종주의 등에 관한 토론에 참여하거나 마약 문제에 관한 에세이를 써서 제출하기도 했다.[30]

사실, 다니엘이나 프랑수아즈처럼 지식을 동경하는 젊은이들은 프랑스뿐만 아니라 어느 나라에서나 찾을 수 있다. 젤딘은 이것이 프랑스 특유의 현상이라고 주장하지는 않는다. 다른 점이 있다면, 이러한 부류의 젊은이들이 프랑스 사회에서는 매우 낯익은 존재라는 사실이다. 이들은 어떤 보상을 기대하면서 새로운 지식을 추구하지 않았다. 실용적인 것이 아닌 일종의 교양을 자신의 정신세계에 쌓아야 한다고 생각했다. 젤딘은 이런 풍조가 특히 프랑스에서 강하게 표출된다고 주장한다. 물론 평범한 생활인으로 이런 지식을 배우는 것이 일종의 속물근성에 지나지 않는다고 생각할 수도 있다. 그러나 속물근성이야 말로 근대성의 한 표현이 아니겠는가.

## 만남, 대화 그리고 인간의 이해

역사서술의 형식을 파괴하려는 젤딘의 시도는 1980년대 후반 이래 더욱더 본격적으로 이루어졌다. 《행복Happiness》이라는 소설은 그러한 시도 가운데 하나다. 《행복》은 '섬디'(=somebody)라는 소녀가 개와 바퀴벌레를 데리고 낙원(행복)을 찾아 유랑하는 과정을 그리고 있다. 이 책에서 그가 독자에게 묻는 것은 '왜 행복을 원하는가'다.[31] 《인간의 내밀한 역사》도 마찬가지로 새로운 형식의 저술로서 베스트셀러 반열에 올라 독자를 사로잡은 책이다.[32]

《인간의 내밀한 역사》의 모티브는 만남과 대화다. 역사 또는 역사 지식은 그 배경을 이룰 뿐이다. 젤딘은 우리가 역사를 바라보는 방법을 바꿈으로써 현재 살아 있는 인간의 공통된 내면의 속성들을 이해할 수 있다고 믿는다. 모두 25장에 달하는 이 책의 장들은 각기 한 개인(여성)과의 만남, 그녀의 초상에서부터 출발한다. 저명한 방송인에서 여성 경찰, 가정부에서 어린 여학생에 이르기까지 다양한 여성들과 만나 그들의 생애와 관심과 사랑에 대해 대화를 나누면서 젤딘은 좀 더 광활한 인간 경험의 바다로 나아간다. 그는 자신이 만난 여성과의 대화에서 그들의 삶에 관해 이야기를 나누다가 어떤 특정한 주제를 잡고 해당 주제에 관련된 역사의 대양으로 항해를 떠난다. 그 결과 그는 역사상 특정한 사건이나 문화가 오늘날까지 개인과 문명의 삶에 깃들어 있고 또 중요한 영향을 미치고 있다고 주장한다. 그의 궁극적인 관심은 오늘날의 독자들에게 미래의 삶의 좌표를 제시하는 데 있다. 젤딘은 이렇게 말한다.

> 개인적인 것에서 일반적인 것으로 나아갔던 것처럼 나는 현재로부터 과거로 소급해 올라가는 방법을 택했다. 사례 연구를 하면서 오늘날 다양한 야심들에 치여 곤경에 빠진 사람을 보면, 나는 언제나 그가 놓인 상황을 전 역사에 걸친 인류의 경험에 비추어 살펴보면서 탈출구를 찾으려 했다. 만일 그가 자신의 기억에만 의존하지 않고 전 인류의 경험을 이용할 수 있었다면 어떻게 행동했을까 하고 나는 늘 자문했다.[33]

《인간의 내밀한 역사》의 서술 방식을 구체적으로 살펴보자. 1장에는 '새로운 만남은 잃어버렸던 희망을 소생시킨다'라는 제목이 붙어 있다. 이 장은 가정부로 일하는 줄리엣이라는 중년여성과의 만남으로 시작된다. 젤딘과 인터뷰하면서 그녀는 "제 인생은 실패했어요"라고 단언한다. 왜 실패했을까. 그녀는 대를 이어 가정부 생활을 했다. 16세에 한 사내와 눈이 맞아 동거에 들어갔고, 여덟 명의 아이를 낳아 길렀다. 남편은 술주정뱅이에 정부를 두었고, 심심하면 그녀를 때렸다. 오랜 세월이 흐른 후 그녀는 남편과 이혼했다. 자신의 삶을 망쳐 놓은 데 대해 앙갚음을 한 것이다. 그녀의 남편은 이혼한 지 한 달 만에 죽었다.

젤딘이 줄리엣의 삶에서 중시하는 것은 만남이다. 그녀의 삶에는 오직 피상적인 만남만이 있었다. 심지어 남편까지도 피상적인 만남에 지나지 않았다. 젤딘은 이렇게 아쉬워한다. "줄리엣의 삶을 결정지은 만남들이 아무 것도 아닌 양 피상적으로 지나가지만 않았다면, 더 많은 생각을 나눌 수 있었다면, 그 만남 가운데서 좀 더 인간적인 면이 드러날 수만 있었다면, 그녀의 삶은 달라졌을지도 모른다."[34]

젤딘은 줄리엣의 생애를 소개하면서 자신을 실패자로 간주하거나 그렇게 취급되어온 모든 사람들을 떠올린다. 이것은 결국 노예제의

노예제
고대 지중해 세계에서 손꼽을 만한 은광銀鑛을 가졌던 그리스 중남부 아티카 지방 남쪽의 항구도시 라우리온Laurium 광산에서 일하는 노예의 모습.

유산이다. 어느덧 그는 '노예제'라는 역사의 대양을 항해하기 시작한다. 그는 동양과 서양, 고대에서 근대까지 시공간을 종횡으로 넘나들면서 노예가 왜, 어떻게 발생했는지를 탐사한다. 그는 공포 때문에 차라리 노예의 길을 선택한 사람들, 경제적 이유 때문에 채무노예로 전락한 사람들, 일중독 때문에 노예나 다름없는 삶을 사는 사람들을 조명하면서 자유와 예속의 문제를 다시금 환기한다.

젤딘의 다른 책들이 그렇듯이, 25개의 서로 다른 에피소드로 이루어진 《인간의 내밀한 역사》 또한 요약하여 소개하기가 쉽지 않다. 다만 그가 인간의 감성과 정감에 관해 어떻게 접근하는지를 살피기로 하자. 우선 4장 '일부 사람들이 고독에 대해 면역성을 얻게 된 경위'는 콜레트라는 여성 세무관리와의 인터뷰로 시작한다. 빈곤층 출신인 그녀는 장학금을 받아 상급학교에 진학할 수 있었고 나중에 세무서 컴퓨터 담당을 맡았다. 비록 성공한 여성이지만, 그녀는 직장에서 승진할 기회를 얻지 못한다. 남성들의 독점 때문이다. 그녀는 단란한 가정생활을 꾸려나가고 있다. 집안에서는 남편에게 헌신적이다. 그녀는 남편이 성공해야 한다고 믿는다. 승진 기회가 없다는 것이 그녀에게 박탈감을 주지 않을까? 그녀는 그렇지 않다고 대답한다. 오히려 그녀에게 중요한 것은 다른 사람의 관심이다. 그녀가 두려워하는 것은 고독이다.[35] 이리하여 젤딘의 서술은 인간의 고독, 고독의 역사로 옮겨간다. 그는 인간의 삶에서 외로움이 갖는 의미에 관해 역사적으로 검토한다.

인류 역사에서 고독은 오래전부터 낯익은 것이었다. 힌두교 신화에서는 창조주가 외로움 때문에 이 세계를 만들었다고 하지 않던가. 《구약성서》의 〈욥기〉에도 친구와 계집종과 아내와 가족에게서 따돌림 받는 외로움을 한탄하는 내용이 나온다. 고대부터 사람들은 고독에 대

한 면역을 기르기 위해 여러 가지 노력을 기울였다. 은자의 삶에 친숙해지거나 사회 속에서 자기성찰을 계속하거나 유머와 웃음으로 고독에 대한 면역을 기르거나 종교적으로 내면의 신앙을 갖는 것이 과거부터 내려온 고독 면역법이었다.[36]

고대인들과 달리 현대인들은 외로움을 두려워한다. 그러나 여기에서 젤딘은 발상의 전환을 요구한다. "외로움으로부터 고통을 당하는 것이 인간의 운명이라는 일반론에서 벗어나야 한다. 거꾸로 생각하면 외로움은 모험이다." 혼자 있을 권리 또는 예외로 있을 권리가 다른 사람과 만나고 교제할 권리 못지않게 삶의 중요한 부분을 이룰 때, 고독은 고통일 뿐이라는 일반론을 떨칠 수 있다는 것이다.[37]

《인간의 내밀한 역사》 6장은 '섹스보다 요리법이 더 중요한 이유'

라는 아주 도발적인 제목이 붙어 있다. 젤딘은 알리샤 이바라스라는 한 여성을 소개한다. 철학교수인 그녀는 젊은 시절부터 특히 가스통 바슐라르Gsaton Bacheard의 철학에 매료되었다. 알리샤는 프랑스인으로서는 보기 드물게 첫 남편과 아직도 함께 살고 있다. 그렇더라도 그녀의 가정생활에 변화가 전혀 없었던 것은 아니었다. 결혼한 지 10년이 지났을 무렵 그녀는 보헤미안 기질을 가진 한 연극인과 열정적인 사랑을 나누었다. 한동안 별거생활을 하던 그녀는 남편과 다시 결합한다. 그녀는 사람이 섹스의 노예가 될 필요는 없다고 생각하지만, 그래도 섹스란 인생에서 느낌을 불러일으키는 그 무엇이다.[38] 그것은 요리와 비슷하다. 이 시점에서 젤딘은 프랑스 하면 우리가 떠올리는 두 가지 이미지, 즉 섹스와 요리를 자연스럽게 연결 짓는다.

누군가 배고픔과 사랑이 세상의 모든 일을 지배한다고 말한 적이 있다. 젤딘은 요리가 행복의 추구와 닮았다고 단언한다. 식도락은 행복의 창조에 음식을 이용하는 기예다. 먹는 데도 세 가지 방식이 있고 행복을 추구하는 데에도 세 가지 방식이 있으며 이것들은 서로 상통한다. 우선 완전히 배부를 때까지 친숙한 것을 먹는 방법이 있다. 이는 낯선 것, 익숙하지 않은 것은 배제하고 완전히 검증된 것만을 탐닉하는 방식이다. 이물질에 대한 두려움이 여기에서는 도리어 미덕이다. 사람들은 낯익고 친숙한 것만으로 둘러싸인 삶에서 행복을 느낀다. 다음으로, 낯선 음식도 하나의 재미로, 감각에 대한 배려로 먹는 방식이 있다. 식사하는 도중에는 낯선 것에 친숙하려고 노력하지만 돌아서면 그뿐이다. 이런 식사법은 단조로운 일상에서 탈출하고 싶은 사람들의 욕구를 일깨운다. 인생도 때로는 신기하고 낯선 것을 찾아 나설 때 행복을 느끼곤 한다. 역사도 대부분 낯선 것에 대한 전쟁을

통해 발전해오지 않았던가.

마지막으로, 다른 종류끼리
뒤섞어 먹는 방법이 있다. 이

요리
아이스크림을 먹는 여성들 그리고 에이프런과 짧은
외투를 입고 있는 신사의 모습(1800~1810년경).

른바 혼합fusion 요리가 이에 해당한다. 서로 다른 것들을 결합하고 뒤
섞어 새로운 맛을 느끼듯이 삶도 새로운 것과의 융합과 창조를 통해
행복을 추구한다.[39]

이 책 16장은 '성해방과 소비사회의 풍요에도 불구하고 흔히 삶이
우울한 이유'라는 제목이 붙어 있다. 이 장에는 아녹 제이유라는 저명
한 여성 편집인이 등장한다. 그녀는 시대의 분위기를 남보다 더 빨리
알아채는 재능 때문에 4종의 잡지를 반석 위에 올려놓았다. 처음에는
여성잡지 위주였으나, 나중에는 예술과 문학과 심리학을 주로 다루는
남성 대상의 교양잡지도 선보였다.[40] 여기에서 젤딘은 남성 위주의
사회에서 자신의 노력으로 성공을 거둔 한 지혜롭고 용기 있는 여성

의 모습을 페미니스트와 다른 방식으로 그려낸다. 그녀는 자신의 목표에 충실하면서도 여성의 신비로움 또한 중요하다고 생각한다. "여성은 낯선 사람이나 이방인으로 남아 있어야 하고 신비로움을 지켜야 하고 예측할 수 있어야 합니다."[41] 그러나 이 성공한 여성에게도 역시 인생의 그늘이 있다. 젤딘은 이를 사랑에서 오는 근심과 연결시킨다.

이를 탐색하기 위해 젤딘은 갑자기 시공간을 뛰어넘어 10세기경 일본으로 무대를 옮긴다. 당시 교토의 상류층 여성 사이에는 일본어로 소설쓰기가 유행하고 있었다. 주로 사적인 연애와 사랑을 기록하기 위해서였다. 귀부인들은 안락한 삶에 따분해하면서도 그와 같은 삶을 잃지는 않을까 두려워한다. 그들은 일상에서 도피하기 위해 연인을 찾지만, 그러면서도 소문이 나지 않을까, 그 사랑을

일본 여성 소설쓰기
도사 미쓰오키土佐光起, 〈이시야마데라石山寺에서 글을 쓰고 있는 무라사키 시키부紫式部〉(17세기 후반), 《겐지 이야기源氏物語》 화첩. 일본 최초의 산문 소설 《겐지 이야기》(11세기 초)를 쓰고 있는 무라사키 시키부의 모습을 묘사한 그림.

잃지 않을까 근심한다. 이러한 불안과 근심이 소설쓰기로 이어진 것이다. 이 시대의 자유분방한 여성들은 사랑이 영원하지 않다는 것을 알면서도 자신의 사랑을 갈구한다.[42]

고대 일본 여성들의 경우를 검토하면서 젤딘은 우울감과 슬픔을 메우기 위해 쾌락을 탐닉해온 인류의 역사를 성찰한다. 우울함에서 벗어나기 위해 사적 쾌락으로 도피하는 경향이야말로 인류사의 중요한 비밀이다. 현대의 소비사회야말로 우울증에서 도피하기 위한 집단적 쾌락 추구의 전형이 아닐까. 그가 소중하게 생각하는 것은 도피로서의 쾌락이 아니라, 자신과 다른 사람을 투명하게 이해할 수 있는 만남과 대화다.

《인간의 내밀한 역사》24장에서는 '사람들이 서로 우호적으로 대하게 된 경위'를 살펴본다. 젤딘에게 우호적인 만남은 삶의 미래를 열어줄 가장 강력한 추동력이다. 그는 수학천재로 이름을 날렸지만 알코올에 매달려 암울한 인생을 보내는 올가라는 여성을 소개하면서 만남과 환대의 역사를 탐험한다.[43] 그에 따르면 좀 더 심오한 만남, 즉 미지의 낯선 대상을 받아들이고 환영하기 위해서는 정신이 좀 더 다른 방식으로 활동해야만 한다. 현대 사회에서 환대란 각별한 사람이나 이해관계가 있는 사람을 집에 초대하여 식사를 제공하는 것을 뜻한다. 그러나 전통적으로 보면 환대는 집에 들르는 모든 사람을 대상으로 하는 것이었다. 이런 점에서는 동서양의 차이가 없다. 16세기 이후 영국에서 이와 같은 전통적인 방식의 환대는 점차 쇠퇴한다. 이제 환대의 대상은 친숙하고 잘 아는 사람에게만 국한된다.[44]

여기에서 젤딘은 발상의 전환을 요구한다. 오늘날 사람들은 세계의 낯선 것을 일상적으로 경험할 수 있게 되었다. 교통, 통신, 인터

환대
중세 프랑스 가정집 앞 긴 의자에서 음식을 대접받고 있는 기사의 모습. 외젠 에마뉘엘 비올레 르 뒤크Eugène Emmanuel Viollet-le-Duc, 《11~16세기 프랑스 건축사전*Dictionnaire raisonné de l' architecture française du XIe au XVIe siècle*》(1856).

넷, 새로운 지식정보들이 이를 가능하도록 만들었다. 이제야말로 전통적인 환대를 다시금 되살려야 할 때가 되었다는 것이다. 환대란 단순히 전통적인 예의만이 아니라 새로운 사상이나 감정까지도 일시적으로 또는 길게 자신의 마음속에 받아들이는 것을 포함한다. 무엇보다도 열린 정신이 필요하다. 우리가 열린 정신을 갖기 위해서는 관행과 습관에서 벗어나는 것이 중요하다.

젤딘이 《인간의 내밀한 역사》에서 궁극적으로 강조하는 점은 바로 이것이다. 낯선 것과 다른 것을 받아들일 수 있는 관용이 미래를 새롭게 열어갈 수 있는 열쇠라는 것이다. 타자에 대한 깊은 이해야말로 오늘날의 시대정신이 되어야 한다. "똑같은 믿음을 함께 나누는 일은 그 믿음의 해석을 놓고 싸우기 위한 준비였다는 것이 모든 역사의 경험을 통해 확인되었다. 협력은 공동의 목적이 별로 없는 사람들, 서로 경쟁자가 아닌 사람들, 누가 누구를 통제하느냐에 신경 쓰지 않는 사람들 사이에서 가장 효과적으로 이루어졌다."[45]

젤딘의 백과전서식 지식도 바로 이런 맥락에서 이해해야 한다. 그는 유럽문명의 지적 토양 위에서 자라났지만, 책 전체를 통해 중국 고대문화나 이슬람문명에 대한 깊은 이해와 성찰을 보여주고 있다. 그는 오히려 유럽에 기반을 둔 기독교적 사고와는 거리를 둔다. 불신자를 이교도라는 배타적인 존재로 취급해서는 안 된다. 그는 신자와 협력의 가능성이 있는 존재다. 차이는 오히려 서로의 상상력을 자극한다. 차이를 보여주는 사람들과 집단들은 세계를 위한 중재자가 될 수 있다.

이런 점에서 보면 동양이라는 타자에 대한 젤딘의 깊은 이해도 당연한 일이다. 동아시아 사람들의 삶의 세계는 전반적으로 치恥라는 부끄러움, 한국인의 한恨이라는 후회와 쓰라림, 일본인의 인忍이라는 더 나은 시대를 대망하는 인내를 특징으로 한다. 이러한 정신 모두 다른 것을 인정한다. 유럽의 기독교적 정신에 비해 훨씬 더 포용력이 있으며 부드럽다. 동아시아 국가들의 강점은 오늘날 그들이 서구와 동양의 다양한 사상에 개방적이라는 사실에 있다. 젤딘은 한국인의 현재에 대해서도 깊은 수준의 성찰을 보여준다. 한국은 몇 세기에 걸쳐 유교, 불교, 무속 및 기독교에서 독특한 '실용적인 지식체계'(실학)를 이끌어냈다. 실학운동은 사회주의만큼이나 길고도 주목할 만한 역사를 지닌다. 한국인의 독창성은 기독교 인구가 전체의 25퍼센트에 이르렀다는 사실에서 알 수 있는 것이 아니다. 그들이 오늘날 '한국적'이면서 동시에 '현대적인' 여러 문제들을 놓고 끊임없이 논의하고 있다는 사실에서 찾을 수 있다는 것이다.[46]


## 미래의 삶을 위한 역사

젤딘의 역사서술을 어떻게 이해해야 하는가. 개인의 삶과 그들의 감성을 통해 과거를 살펴보려 한다는 점에서 그는 미시사가들과 비슷한 성향을 보여준다. 그러나 중요한 것은 그의 역사서술 목적이 일반 역사서와 거리를 두고 있다는 점이다. 전통적인 역사가라면 당연히 어떤 형태로든 과거를 재현하기 위해 역사를 서술한다. 1차 사료에 바탕을 두고 이제껏 알려지지 않았던 새로운 내용을 재현하거나 2차 사료에 대한 검토를 통해 이미 서술된 과거를 다른 방식으로 재현함으로써 이전의 역사가가 부여한 것과는 다른 의미를 부여한다. 역사가 나름의 새로운 해석을 내놓는 것이다. 이것이 일반적으로 합의된 역사가의 작업 내용이다.

이에 비해 젤딘은, 초기 저술을 제외하면 이와 같은 역사 연구의 관행을 따르지 않았다. 그는 《프랑스 1848~1945》, 《프랑스인》, 《인간의 내밀한 역사》 등의 저술에서 역사적 사실에 대한 실증적 연구나 새로운 해석을 제시하려고 하지 않는다. 다만 광범한 독서를 바탕으로 고대에서 현대까지 동서양을 넘나드는 박학한 역사 지식을 정감의 역사에 활용하는 방식을 취하고 있다. 이런 점에서 그는 분명 특이한 역사가다. 그의 작업을 역사서술의 범주에 집어넣을 수 있느냐는 반론이 나오는 것도 이 때문이다.

실증적인 역사가로서의 지적 훈련을 받은 젤딘이 전문적인 역사서술을 외면하고 새로운 형식을 추구한 까닭이 무엇인지 정확하게 알수는 없다. 그 자신이 이 문제에 관해 명확한 답변을 하지 않기 때문이다. 다만 역사가라면 자기 자신만의 스타일을 모색하는 것이 바람직하다고 권유할 뿐이다. 그의 새로운 시도는 아마도 역사가의 글쓰기가 무엇보다도 평범한 사람들을 대상으로 이루어져야 한다는 신념에 힘입은 것이 아닌가 싶다. 그는 대중을 상대로 글을 쓰는 것에서 더 나아가 대중, 그와 동시대를 살아가는 평범한 프랑스 사람들에 관한 글을 쓰기 시작했다. 말하자면 보통사람의, 보통사람에 의한, 그리고 보통사람을 위한 글쓰기 실험을 계속한 것이다.

그의 책들이 일관되게 추구한 것은 '인생이란 무엇인가' 라는 화두에 대한 해답이었다. 그가 중시한 것은 이성이나 지식이 아니라 정감과 감성에 지배를 받는 삶의 영역이었다. 그의 저술에서 역사 지식은 인간의 감성 또는 삶 자체에 관한 갖가지 질문의 해답을 추구하는 여정의 방향타이자 나침반이다. 이렇게 보면 젤딘은 역사가라고 할 수 없을지도 모른다. 그는 역사적 지식 자체를 추구하지 않았다. 역사 지식을 통해 삶의 이해나 인생을 살아가기 위한 지혜를 얻는 데 관심을 기울였다. 지금도 그가 해외 강연이나 좌담회에 참석해서 던지는 질문은 '삶을 어떻게 살아야 하는가' 또는 '우리는 지금 여기에서 어디로 나아가고 있는가' 등이다.

대학을 은퇴한 후 젤딘은 이전보다 더 활발하게 강연과 토론 활동에 참여하고 있다. 그가 요즘 관심을 기울이는 문제는 노동의 본질에 관한 것이다. "저는 공장을 찾아가서 젊은이들과 만나고 있어요. 그들은 전통적인 노동의 세계에 만족할 수 없다고 말해요."[47] 그는 노동이란 사람들이 깨어 있는 동안 시도하는 모든 일을 뜻한다고 생각한다. 그런데 현대의 젊은이들은 노동을 낭비라고 생각한다. 그럼 이 젊은이들의 삶은 도대체 무슨 의미를 가질까? 젤딘은 노동의 의미를 새롭게 정립하는 일이 젊은 세대의 미래의 삶을 위해 매우 긴요하다고 주장한다. 그가 세계 여러 지역을 돌아다니며 강연하는 것도 주로 이런 문제들을 사람들에게 알리고 교훈을 주기 위해서다.

고등교육에 대해서도 그는 새로운 혁신의 필요성을 강조한다. 그가 제시하는 이른바 '초대학super-university'은 기존 대학의 고답적인 교과 과정을 벗어나 삶과 밀착된 교육을 이루기 위한 시도다. 학생들은 새로운 교과 과정을 통해 농업과 공업의 세계며 생계를 영위하는 실제 생활세계며 예술과 미의 창조 활동이며 자원적인 봉사에 이르기까지 실제 생활과 연관된 교육 활동에 참여한다. 이것 또한 새로운 세기에 사람들이 좀 더 새롭고도 행복한 삶을 영위할 수 있는 토대를 마련하기 위한 활동이다.

젤딘은 18세기 계몽주의 시대의 백과전서파 학자군의 모습을 보여준다. 아니, 인생의 지혜를 설파하는 현대판 구루guru라고 하는 편이 나을지도 모르겠다. 그는 독자들의 인생을 상담하는 카운슬러였다. 모든 역사가는 자신만의 독창적인 역사를 써야 한다는 젤딘의 명제처럼, 우리는 역사가로서 젤딘을 모방할 수 없다. 그는 역사가 그 자체로서가 아니라 우리의 삶의 거울이고 교훈이어야 한다는 점에서 의미 있는 것이라 설파한다. 이렇게 역사에 대한 고대적 발상을 재현하려 애쓰는 그에게서 역사와 역사 지식이 새롭게 살아 꿈틀거리고 있음을 목격한다. 그의 저술에서 역사 지식이 다시금 생명을 얻는 것은 무엇보다도 그가 '미래의 삶을 위한 역사가' 이기 때문일 것이다.

Theodore Zeldin

1889년 영국 런던 출생. 옥스퍼드대학에서 고대사를 전공했다.

1908년 청년투르크당이 마케도니아에서 혁명을 일으켜 성공하는 모습을 지켜본 후 세계사에 깊은 관심을 갖게 되었다.

1919년 런던대학의 코라이스 기념 비잔틴 및 현대 그리스 연구강좌의 교수로 취임한 그는 1924년 사임하고

1927년부터 《역사의 연구》를 위한 글쓰기에 몰입했다.

1차 세계대전을 겪은 뒤 '제 문명의 철학적 동시대성'에 관한 연구를 시작한 그는,

그 성과를 《역사의 연구》(전12권)에 고스란히 담아냈다.

장장 30여 년에 걸쳐 완성한 대작 《역사의 연구》에서 그는 세계 역사상 26개의 문명권이 각각

성장·발전·쇠퇴·해체의 과정을 주기적으로 되풀이한다고 밝히는 한편

미래의 서유럽 문명이 어떻게 될 것인가를 논증했다.

인간 및 인간 사회의 자유의지와 행위에 의해 역사와 문화가 형성되었음을 강조한 《역사의 연구》는

1946년 서머벨의 축약본이 출간되면서 더욱더 세계적인 명성을 떨치게 되었다.

국제문제연구소, 록펠러 재단, 프린스턴 고등학술연구소의 적극적인 지원을 받아

《역사의 연구》를 완성한 그는 매년 미국을 비롯한 세계 각지의 유명 대학과 학술단체 등의

초청을 받아 강연활동을 펼쳤다. 1955년 런던대학 명예교수로 추대되었으며, 1975년 세상을 떠났다.

저서로 《민족성과 전쟁Nationality and the War》(1915),

《국제문제 조망Survey of International Affairs》(1924~1938),

《역사의 연구A Study of History》(전12권, 1934~1954·1959·1961),

《시련에 처한 문명Civilization on Trial》(1948) 등이 있다.

*Arnold Joseph Toynbee*
*1889~1975*

1929년 아놀드 토인비Arnold J. Toynbee(1889~1975)는 아시아대륙을 여행했다.[1] 터키에서 동아시아에 이르기까지 그의 여정은 매우 길었다. 그는 여행 도중 틈틈이 기행문을 써서 《월간 대서양*Atlantic Monthly*》, 《당대평론*Contemporary Review*》, 《이코노미스트*The Economist*》 등 널리 알려진 정기간행물에 기고했으며, 귀국 후에는 이 글들을 모아 《중국으로의 여행》이라는 책을 펴냈다.[2] 이 여행기는 이슬람세계에 관한 내용도 풍부하지만, 역시 중국과 일본, 그리고 두 나라의 관계에 초점을 맞추고 있다.

아시아 여행을 떠나기 전부터 토인비는 《역사의 연구》(이하 《연구》)를 구상하고 있었다. 실제로 이 방대한 저술을 완성하는 데에는 오랜 시간이 걸렸다. 1934년에 1~3권, 1939년에 4~6권, 그리고 1954년에 이르러서야 나머지 네 권이 출간되었다.[3] 《연구》는 출간된 직후에는 식자층의 별다른 호응을 얻지 못했다. 그러다가 서머벨D. C. Somervell의 두 권짜리 축약본[4]이 나온 이후 영미 독자들의 관심을 끌었으며 역사가로서 토인비의 대중적 명성 또한 높아졌다. 그러나 그의 문명론에 관해 실증적 역사가들의 비판이 끊임없이 제기되면서, 1970년대

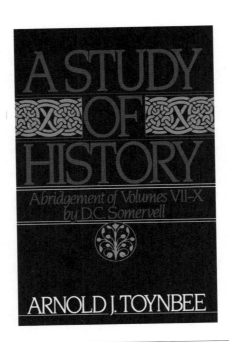

《역사의 연구》 축약본
Arnold J. Toynbee & D. C. Somervell, *A Study of History*: *Abridgement of Volumes I–VI*; *A Study of History*:
*Abridgement of Volumes I–VI*(London: Oxford University Press, 1946–57), 2 vols.

에는 독서층의 열광도 점차 사라졌다.[5]

　오늘날 세계사 또는 새로운 지구사 서술을 강조하는 역사가들 사이에서 토인비에 대한 관심이 다시 높아지고 있다.[6] 이들은 토인비의 문명사 서술을 재해석하려고 시도한다. 여기에서 중요한 것은 토인비의 아시아대륙 여행이 그의 역사서술에 영향을 끼친 것으로 보인다는 사실이다. 그 여정이 이슬람세계에서 중국에 이르기까지 고대 문명의 발상지로 알려진 여러 지역을 포함하고 있기 때문이다. 토인비의 아시아대륙 여행을 주목하는 이유는 바로 이것이다.

장기간의 여행은 토인비에게 낯설지 않았다. 아테네에서 고고학을 연구하던 젊은 시절 그는 9개월간 도보 여행을 떠난 적이 있다. 1911년 11월부터 다음해 8월까지 그는 고대 그리스세계를 포함해 크레타 섬과 아토스 반도 일대를 돌아다녔다. 여행을 계속하면서 그리스 역사지리학 연구에 눈을 떴고, 당시 그리스의 사회경제적 실태를 면밀하게 조사하기도 했다.[7]

토인비의 아시아 여정은 어떠했는가. 원래 그의 일정은 격년으로 열리는 '태평양연구소' 국제학술회의[8]에 영국 대표단의 일원으로 초청받아 일본 교토를 방문하는 것이었다. 국제회의는 1929년 10월 28일부터 11월 9일까지 열릴 예정이었지만, 그는 그 기회에 아시아대륙을 횡단할 계획을 세우고 일찍 출발했다. 그는 런던에서 봄베이까지는 육로를 이용해 여행했다. 육로를 지나면서 이스탄불, 다마스쿠스, 앙카라, 바그다드, 바스라 등 오래된 도시에 들러 고대 유적지들을 탐사했다. 봄베이에서 여객선으로 갈아타고 인도양과 말라카 해협을 지나 남중국해로 향했다. 토인비의 표현에 따르면, 뱃길은 육로와 달리 일종의 '스타카토' 같았다.[9] 여객선이 잠시 정박하는 말라카 해협의 여러 항구들은 주로 영국이 개발한 도시였다. 여객선은 콜롬보, 페낭, 싱가포르, 홍콩, 상하이를 차례로 들른 후에 일본으로 직항했다. 교토회의가 끝난 후에는 일본, 조선, 만주, 중국 북부 지방을 여행한 후 시베리아 철도편으로 유라시아대륙을 다시 횡단해 런던으로 돌아왔다.

후일 토인비는 이 아시아 여행과 《역사의 연구》 서술에 관해 말한 적이 있다. 그의 회고에 따르면, 1920년경 여름 그는 문명의 비교연구라는 연구 방향을 설정했다. 《맨체스터 가디언The Manchester Guardian》지의 특별통신원 자격으로 아나톨리아에 파견되어 그리스-터키전쟁을 취재하던 시절이었다. 전쟁에 관련된 뉴스를 찾아 이곳저곳을 헤매면서 그는 문명에 관한 서술을 깊이 생각하기 시작했다. 그 이후 1927~28년에 《역사의 연구》 1~3권에 수록될 자료들을 수집하고 정리했지만, 막상 저술 작업에 착수하지는 못했다. 아시아대륙 여행 때문이었다. 그는 다음과 같이 회상한다.

나는 1930년 여름까지도 글을 쓰는 작업을 시작하지 못했다. 특히 1929년에 내 생애에 가장 긴 여행을 했기 때문이다. 나는 대륙을 가로질러 걸프 만 끝까지 이르렀고, 거기에서부터 해로를 이용해 중국과 일본을 여행했다. 그곳에서 다시 육로로 시베리아 횡단철도를 타고 돌아왔다. 아시아 여행을 한 다음에야 비로소 저술 작업에 착수할 수 있겠다는 생각이 들었다.[10]

토인비는 아시아 여행이 《역사의 연구》 구상과 집필에 어떤 영향을 주었는지 구체적으로 밝히지 않았다. 그러나 여행에서 돌아온 후에 집필을 결심했다는 회고를 고려하면, 여행이 저술에 도움을 주었으리라는 추측은 가능하다. 여기에서는 여행기를 통해 중국 및 동아시아 국가들에 대한 토인비의 견해를 살피는 데 초점을 맞춘다. 이와 아울러 여행기의 견해와 《연구》에서 나타난 동아시아 문명에 대한 해석을 서로 비교하려고 한다.


## 토인비의 동아시아 여정

여행기에서 남아시아 및 동아시아에 관한 토인비의 서술은 영국령 항구도시, 일본, 조선, 그리고 만주를 포함한 중국 등 네 부분으로 구성된다. 먼저, 영국령 도시들에 대한 토인비의 인상은 어떠했는가. 그가 탄 여객선은 봄베이, 콜롬보, 페낭, 싱가포르, 홍콩 등에 차례로 정박했다. 이들 항구의 모습은 그가 육로로 거쳐 갔던 다마스쿠스, 콘스탄티노플, 앙카라 등 이슬람세계의 오래된 도시들과 달랐다. "아시아 대륙의 구도시는 아직도 고대 오리엔트문명의 거대한 기념물들이 지배하고 있는 반면, 바닷가 섬에 기반을 둔 이들 항구는 오리엔트적인 배경을 간직하지 않은 근대 유럽식 항구의 이국적 풍경을 보여준다."[11]

이들 항구는 모두 영국이 새롭게 개발한 도시였다. 이슬람세계의 오랜 도시들은 전통적인 기념물과 거대한 건축물이 근대 시설이라고 할 수 있는 기차역과 시청사를 압도하고 있는 반면, 이 새로운 항구

싱가포르
1930년대 싱가포르. 영국이 새롭게 개발한 도시답게 서구 문명을 상징하는 이국적 건물들이 들어선 '영국풍'의 모습이다.

Arnold Joseph Toynbee

도시들에는 서구 문명을 상징하는 새로운 건물들이 경쟁자 없이 도시 풍경을 지배하고 있었다. 이들 도시는 모두 '영국풍'이라는 공통분모를 가졌다. 여기저기 흩어져 있는 영국령 항구들은 세계적 규모로 연결망을 구축한 영제국의 중요한 구성요소였다. 최근 존 다윈John Darwin이 언급했듯이, 20세기 중엽까지도 영국은 해군이 전 세계의 해상 네트워크를 지배하는 데 긴요한 지역들을 거의 대부분 장악하고 있었다.[12]

　영국이 개발한 이들 항구에는 적지 않은 중국인들이 거주하고 있었다. 토인비가 보기에, 중국인의 생활태도는 원주민과 상당히 달랐다. 여객선이 싱가포르에 정박했을 때 토인비는 그곳에 살고 있는 중국인과 영국인을 비교하기도 했다. 중국인들은 부유하거나 가난하거나 모두가 행복한 표정을 짓고 있었다. 그들은 임시 뜨내기가 아니라 그곳에 오랫동안 정착한 주민처럼 보였다. 영국인 주민이 순례자 또는 임시 체류자의 모습을 보여주는 데 비해, 중국 이민자들은 그 지역을 마치 자신의 고향으로 여기는 듯했다. 사실 그들 대부분은 궁핍하고 절망적인 중국에서의 삶으로부터 뛰쳐나와 낯선 이국으로 이주한 처지였다. 싱가포르는 영국인이 개발 계획을 세웠지만 주로 중국인 이민의 노동과 적극적인 참여로 발전한 도시였다.

　나는 중국인들이 말라야 지역을 법적으로도 자신의 조국으로 삼고 있다는 인상을 받았다. 상점, 공장, 제재소, 고무농장, 무역업체, 이 모두가 중국인의 수중에 있었다. 이곳이야말로 이주해서 정착할 만한 곳이다. 현재 말라야는 1차 세계대전 이후 내가 여행하면서 방문한 세계 여러 나라 가운데 미국을 제외하고 가장 번영을 누리며 잘 정비된 지역이었다. 내 생각에 그

번영은 세 가지 요인, 즉 중국인의 산업, 영국인의 행정, 그리고 천혜의 자원의 산물 덕분이었다.[13]

다음으로, 토인비의 일본 경험 또한 매우 이국적이면서도 흥미로웠다. 그는 일본에 머무는 동안 고베, 오사카, 교토, 나라, 도쿄 등 여러 도시를 방문했다. 우선, 일본의 근대화가 매우 높은 수준에 이르렀다는 사실이 놀라운 일이었다. 그의 여객선이 고베에 입항하기 전에 일본인 위생검역반이 승선했다. 그들은 이상하고 낯선 짐승들의 질병을 진단이라도 하려는 듯이, 느릿느릿한 태도를 취하면서 마주하는 승객들을 위아래로 노려보았다. 검역반이 검사하는 동안, 토인비는《걸리버 여행기*Gulliver's Travels*》의 한 장면을 떠올렸다. 일본인 검역관에게서 '공중에 뜬 섬Laputa[浮島]' 사람들이 걸리버에게 보여주었던, 자신들을 멸시하는 듯한 느낌을 받았기 때문이다.[14]

고베
19세기 말 고베 시 연안 풍경(1885년경). 《摂州神戸海岸繁栄図》. 높은 수준의 근대화를 증명하듯 번영한 모습이다.

급속한 도시화 또한 토인비에게는 매우 인상적이었다. 고베에서 그는 조금 망설이다가 나라행 야간 완행열차에 몸을 실었다. 기차가 고베 역을 빠져나온 직후 그는 주간 특급열차를 타지 않은 것이 오히려 다행이라고 생각했다. 고베는 오사카로, 오사카는 교토로 곧장 이어졌다. 차창 밖으로 전등 불빛이 끊임없이 스쳐 지나갔다. 일본 전국이 하나의 거대하고 연속된 도시로 보였다. 며칠 후 그는 교토를 다시 방문했는데, 그때 처음으로 일본의 전통적인 시골마을을 마주 대할 수 있었다.

근대화가 성공적으로 진행되고 있음에도, 일본 사람들은 자신의 전통을 이어가려고 했다. 일본인의 성취는 전통과 서구화의 공존에 기반을 둔 것이었다. 일본에 체류하는 동안 토인비는 가끔 야만인으로 취급당하고 있다는 느낌을 받기도 했다. 한 일본 식당에서 그는 젓가락을 사용하기가 힘들어 나이프와 포크를 별도로 시켰다. 일본 여관에 투숙했을 때에는 실내에 들어가기 전에 구두를 벗어야 할 정도로 청결에 까다로울 만큼 신경을 쓰는 나라라는 것을 배웠다. 방문을 나와 복도를 걸을 때에도 실내화를 신어야 한다는 가르침을 다시 받았다. 실제로, 청결한 일본인들은 실내화를 벗고 깨끗한 다다미방에 들어갔다. 그를 안내하던 여종업원이 너무 예의를 차려서 꼼꼼한 규칙들에 항의할 수도 없었다. 방을 나가는 그에게 갑자기 실내화를 들이밀던 종업원의 얼굴에서 당황하고 경악한 표정을 읽은 후에야, 비로소 토인비는 자신이 종업원의 눈에 아이누인처럼 보였으리라는 것을 깨달았다.[15] 국제회의에 참가했을 때, 토인비는 "탁월한 능력을 지닌 고도로 문명화된 국민이 아주 정확한 기준에 따른 노동규율로 어려운 작업을 거의 초인적으로 수행하고 있다"는 인상을 받았다. 그는 다음과 같이 말한다.

자신의 신용장과 씨름하고 있는 일본인 은행가는 반쯤 지워진 설형문자 비문을 판독하고 있는 유럽의 아시리아학學 연구자 가운데 한 사람을 연상케 한다. 물론 그 일본인에게는 이 작업이 그의 태도에서 나타나는 것과 달리 그렇게 어려운 일은 아니었다.[16]

토인비는 일본인의 느리고 계획적이며 학구적인 태도야말로 근대화 초기 이래 형성된 그들의 전통과 관련된 것임에 틀림없다고 생각했다. 일본 현 세대의 선배들은 서구 문명의 방법론을 습득하는 그 엄청난 일을 하면서 초인적인 인내로 어려움을 극복하지 않으면 안 되었다. 실제로 일본인은 몸짓이 민첩한 민족이다. 그렇지 않다면 그들이 "뛰어난 장인, 탁월한 군인, 특히 그처럼 놀라운 검객이 될 수 없었을 것이다."[17]

한편, 토인비는 조선을 거쳐 만주로 들어갔다. 그의 여정으로는 도쿄에서 며칠 지낸 다음, 시모노세키下關에서 관부연락선을 타고 부산에 도착, 기차 편으로 서울을 거쳐 만주로 갈 계획이었다. 연락선에 탑승했을 때 토인비는 승객과 화물을 나르는 방식이 매우 효율적인 데 놀랐다. "증기선의 빈틈없고 빠른 일처리는 영국과 벨기에를 오가는 증기선에 비교할 수 없을 만큼 뛰어났다."[18] 부산에 도착한 지 몇 시간 후에 토인비는 서울행 기차에 올라탔다. 기차를 기다리는 동안 그는 작은 항구도시의 중앙로를 걸었다. 그 무렵 토인비는 인도, 중국, 조선, 일본으로 이어지는 불교의 전파 경로를 조사하고 있었다. "1,500년 내지 1,600년 전 한반도에 불교가 전래된 이래 긴 행렬을 이

Arnold Joseph Toynbee

룬 불교 승려들의 발걸음이 이 전파 경로 대부분을 지나갔다. 순례자의 여정은 파미르 고원을 돌아 서방정토까지 이르렀다. 부정기적으로 서구에서 온 기독교 선교사들의 발걸음 또한 승려의 궤적과 겹치기도 했다."[19]

조선의 시골 지방을 지나자 대륙의 분위기가 점차 짙어지는 듯했다. 일본에서와 마찬가지로 경사면을 계단식으로 갈아 농사를 짓고 있었다. 노동을 많이 투입해 집약적으로 농사를 지었다. 공기가 너무 맑아서 멀리 떨어진 산들까지 가까이 보였다. 토인비는 들판에서 일하는 몇몇 농민의 모습을 보았다. 평야에서 일하거나 도로변을 따라 기는 듯이 걸어가는 '작은 사람들'의 움직임이 율동처럼 반복되고

**한국 농민**
일제 강점기 논에서 일하고 있는 우리나라 농민의 모습. 토인비는 이들의 모습을 '작은 사람들'이라 표현하며 동정심을 드러낸다.

있었다. "그 작은 사람들은 남녀 모두가 흰옷을 입었는데, 그 나라의 분위기에 걸맞은 듯했다. 그러나 한낮의 노동에는 분명히 적합하지 않을 것 같았다."[20] 여기에서 '작은'이라는 형용사는 아마도 극도의 빈곤에 허덕이는 농촌 주민들에 대한 동정심에서 나왔을 것이다. 그러나 그는 그 빈곤이 특히 일본 제국주의와 깊이 관련된다는 점은 인식하지 못하고 있었다.

토인비는 부산에서 서울로 가는 도중에 한 시골 간이역의 풍경을 묘사한다. 열차가 역에 들어서자 한 일본인 신사가 부인과 함께 올라탔다. 경찰과 공무원으로 보이는 사람들이 그를 객실 안으로 안내했다. 일본인 고위 관료였을 것이다. 그 광경을 보면서 토인비는 일본 제국주의 그리고 영제국에서 흔히 쓰이던 '지배민족ruling race'이나 '백인의 짐white man's burden' 같은 단어를 새삼스럽게 머리에 떠올렸다. 비유하자면, 조선인은 일본의 벵골인인 셈이었다.[21] 그는 일본 제국의 팽창을 깊이 숙고하기도 한다. 근대화에 성공을 거둔 이후 일본은 조선과 만주를 점령하고 다음에는 중국을 공략하려 하고 있었다.

일본인들은 가공할 만한 물리력을 행사해왔다. 나는 조선 병합 이래로 이 나라 가경지의 50퍼센트 이상이 일본인 지주들의 소유가 되었다는 사실을 알게 되었다. 그리고 열차의 차창을 스치는 포플러나무들의 아름다움에 관해 이야기를 나누면서 나는 현재 조선의 풍경에 깃들어 있는 이 뛰어난 장식물은, 벌거벗은 산하를 가려줄 한 그루의 나무도 보이지 않던 땅에 일본인, 특히 일본 관리들이 심었다는 사실을 알게 되었다.[22]

이처럼 당시 조선의 현실에 대한 토인비의 서술은 이중적인 시각을 보여주고 있다. 한편으로, 그는 일본의 제국주의적 팽창을 비판적으로 바라본다. 일본인 지주의 조선 진출에 대해서도 부정적이었다. 그러나 다른 한편으로 일본이 조선의 근대화에 기여하고 있다는 입장을 드러내기도 한다. 근대적 시설과 제도들의 도입이 일본에 의해 주도되고 있다는 점 때문이다. 말라카 해협의 영국 식민도시에 대한 묘사와 비슷하다.

토인비가 만주로 가는 도중에 서울에서 며칠 머물렀던 사실은 지금까지 알려지지 않았다. 그는 서울의 공원과 정원, 그리고 조선 왕조의 궁궐들을 찾아 둘러보았다. 철도와 철도 주변, 도심 거리는 주로 일본인에 의해 조성되었고 그만큼 일본식 근대의 풍경을 보여주었다. 하지만 오래된 정원과 궁궐은 조선의 전통문화를 그대로 간직하고 있었다. 작은 폭포에서 가느다란 물줄기가 작은 연못으로 떨어지고 있었다. 궁궐을 거닐면서 토인비는 중국 시인들의 시에 '아름다움은 규모와 별개'라는 구절이 있을지도 모른다고 생각했다.[23] 그만큼 전통적인 정원은 중국문화의 이미지를 재현하고 있었다.

11월 16일 토인비는 열차편으로 만주에 들어섰다. 만주와 중국에 관한 토인비의 인상은 어떠했는가. 만주와 중국 북부는 경계 없이 평원으로 이어진 광활한 땅이었다. 그가 탄 기차는 계단식 농경지가 거의 없이 여기저기 흰 눈으로 뒤덮인 거친 구릉과 드넓은 평원을 가로질러 달렸다. 넓은 평원에는 마을이 별로 없었고 이따금 외딴 농가가 한두 채 보일 뿐이었다. 새로운 정착지처럼 보이는 만주의 시골 지방에는 군데군데 목초지가 펼쳐져 있었다. 농가 마당에는 가금류와 가축이 가득했다. 만주에서 가장 흔한 가축은 돼지였다.[24] 인도를 거쳐 중국 남부와 일본 그리고 조선을 여행하는 동안 인구가 너무 많아 논밭과 택지 외에 다른 용도로 사용하는 땅이 거의 없는 풍경에 익숙해 있다가, 처음으로 이전과 다른 풍경을 마주한 것이다.

거친 구릉지대는 어느덧 지평선이 하늘과 맞닿은 넓은 평원에 묻혀 사라지고 없었다. 토인비가 여행한 1929년 무렵은 만주를 둘러싸고 러시아와 일본의 각축을 벌이던 시절의 잔흔이 아직도 남아 있었다. 토인비는 경성, 신의주를 거쳐 단둥丹東, 셴양瀋陽 등 남만주철도의 주요 도시를 지났다. 원래 남만주철도는 러시아가 만주 지역 지배를 위해 개설한 동청철도東淸鐵道의 지선이었다. 동청철도는 츠타赤塔, 만저우리滿洲里, 하얼빈, 블라디보스토크에 이르는 시베리아철도 만주통과노선이었다. 그 지선인 남만주철도는 창춘長春에서 뤼순旅順에 이르는 노선이었는데, 러일전쟁 이후 모든 소유권과 경영권이 일본

**남만주철도**
러시아가 만주 지역 지배를 위해 개설한 동청철도의 지선으로서 러일전쟁 후 소유권과 경영권이 일본으로 넘어갔다.

에 이양되었다. 그 후 만주국 건국 전까지 동청철도와 남만주철도는 승객 수송은 물론, 특히 수출입화물 수송을 둘러싸고 서로 경쟁했다.[25] 당시 만주는 공식적으로 중화민국의 영토였지만, 남만주철도 주변 지역은 일본의 관할 아래 있었다. 토인비가 탄 기차는 압록강, 단둥을 거쳐 셴양에 이르렀다. 이 철도는 남만주철도의 지선에 지나지 않았지만, 마찬가지로 일본의 법적 지배가 미치는 곳이었다.[26] 셴양에 이르기까지 그는 철도 주변에 연이어 세워진 흰색의 경계표시판을 바라보면서 일본 제국주의의 팽창을 실감할 수 있었다.

만주의 여러 지역들은 급속한 인구 증가와 함께 경제번영의 길에 들어서고 있었다. 특히 셴양은 만주에서 가장 빠르게 성장하는 도시 가운데 하나였다. 이 도시는 다섯 철도노선이 교차하는 교통의 요지였으며 배후의 농업지대를 기반으로 경제 성장이 가속화되고 있었다. 셴양 인구는 불과 수십 년 사이에 백만 명에 이르렀다. 토인비에 따르면, 만주는 풍문으로 들은 것과 달리 절망의 땅이 아니었다. 비옥한 토질이 널리 알려지자마자 산둥山東 지방에서 수많은 이주민들이 몰려왔다. 만주는 "세계에서 가장 빨리 성장하는 농촌 지역"의 하나였다.[27] 토인비는 비옥하고 광활한 만주 평원과 바위투성이로 뒤덮인 시리아의 사막지대를 비교한다. 그는 일본과 러시아가 만주를 차지하려고 경쟁해온 이유를 알 수 있었다. 두 나라의 철도 경쟁이 이를 여실히 보여준다.

토인비가 보기에, 중국인들은 군벌의 억압과 제국주의 국가의 침략으로 고통을 겪고 있지만 미래에 무한한 가능성을 가진 민족이었다. 그는 오랫동안 그 자체가 하나의 세계인 중국을 찾아가려는 열망을 가졌다고 고백한다. 중국 자체가 세계라는 점은 기후를 봐도 알 수 있다. 중국인은 열대에서부터 캐나다와 비슷한 한대에 이르기까지 다양한 기후대에 걸쳐 살고 있지 않은가.

나는 상하이에서 발행되는 한 신문, 발행날짜가 이미 며칠 지난 신문을 펼쳐들었다. 만주에 혹독한 추위가 몰아치고 있다는 기사가 실려 있었다. 놀라운 나라가 아닌가! 3천 년 동안 중국인들은 동서남북 모든 방향으로 생활세계를 확대해온 것이다.[28]

## 만주를 둘러싼 중국과 일본의 경쟁

20세기 초까지만 하더라도 만주는 중국, 일본, 러시아가 서로 치열하게 경쟁하던 각축장이었다. 중국의 북부 지역 또한 일본, 영국, 독일 등 제국주의 국가의 압력에 시달리고 있었다. 셴양을 여행하면서 토인비는 일본이 운영하는 철도 연변의 도시와 중국인 도시를 구분하는 경계선에 두 나라 군대가 서로 마주보며 대치하고 있는 것을 목격했다. 토인비가 여행한 경로의 철도는 한 일본회사 소유였으며 그 철도 연변 지역은 일본의 통제 아래 있었던 것이다. 볼셰비키혁명 이후 러시아는 이전 식민지였던 북만주에서 철수했다. 그가 방문한 하얼빈에서는 중국인 이민들이 다수 러시아인들과 뒤섞여 거주하고 있었다. 글자 그대로 "문명의 용광로"라고 불릴 만한 모습이었다.[29]

셴양을 방문한 지 며칠 후, 토인비는 러일전쟁 이후 일본에 귀속된 이른바 '관동關東조차지'를 지났다. 조차지는 랴오둥반도 남쪽에 자리 잡고 있었다. 처음에는 조차지 형식이었지만 곧바로 점령지가 되었고, 1931년 이후에는 만주국에 편입되었다. 일본이 이 조차지를 중시한 것은 중국 북부의 중심 항구인 톈진天津에서 먼 바다에 이르는 항로를 안정적으로 확보하기 위해서였다. 이 조차지는 위치 때문에 특히 중요했다. 전략적 중요성과 상업적 중요성을 두루 가지고 있었다. 이 지역을 지나는 해상 화물은 다롄大連과 뤼순 두 항구에 집중되었는데, 이들은 모두 러일전쟁 직후 일본에 귀속되었다. 토인비는 다음과 같이 말한다.

관동조차지의 전략적 요충지에 자리 잡은 두 상업항은 서로 거리가 멀지 않았다. …… 만일 당신이 순수하면서도 명확한 '현대 일본modern Japan'을 보고자 한다면, 중국 영토에서 일본인 상업 활동의 배출구인 이곳에 가는 것이 좋다. 당신이 일본 국내에서 그와 똑같은 현대 일본의 모습을 찾기 어렵다 하더라도 이상한 일은 아니다. 일본에서는 서구화된 신식 생활이 옛날 일본의 전통을 배경으로 이루어졌다. 심지어 각기 일본의 맨체스터와 버밍엄으로 불리는 오사카나 나고야에서조차 성곽의 석벽이 고대세계의 존재를 떠올리게 하는 것이다.[30]

관동조차지에서 일본이 건설한 도시는 토인비에게 놀라움을 안겨주었다. 다롄에서 그는 고대의 일본 또는 전통 일본과 분리된 순수한 현대 일본을 목격할 수 있었다. 다롄은 사람들에게 익숙한 일본식 풍물을 보여주지 않았다. 말하자면 다롄은 일본인 스스로 서구화될 때까지 일종의 백지장tabula rasa이었던 셈이다. 러일전쟁에서 승리를 거둔 후에, 일본인들은 그들 자신의 근대문화에 토대를 두고 현대적인 도시를 건설하기 시작했다. 다롄은 그 전형적인 결과물이었다. 물론

러시아인들도 랴오둥遼東반도를 지
배했던 시기에 동일한 야망을 드러
냈다. 그들은 동청철도를 건설하면
서 하얼빈에서 다롄까지 지선을 깔

**다롄시청**
서구식으로 지어진 다롄시청(1945년 이전).
러일전쟁 승리 후 일본은 다롄을 일본식이 아
닌 서구식으로 건설했다.

았다. 그 후 이 지역에 진출한 일본이 그 노선에 다롄으로부터 북쪽의
창춘까지 이르는 지선을 덧붙였다. 그것이 남만주철도로 불리는 노선
이었다. 토인비에 따르면, 다롄의 러시아인 거주지는 서구적 양식으
로 조성되었다. 일본인들은 그 양식을 활용해 현대도시를 세웠는데
그것 역시 서구 모델을 뒤따른 것이었다. 다롄은 톈진, 상하이, 나가
사키, 고베까지 연결되는 해상 운송의 중심지로 발전하고 있었다.[31]

토인비는 다롄과 뤼순을 특히 주의 깊게 관찰한다. 다롄은 관둥조
차지의 경제 중심지였고 뤼순에는 그 지역을 관할하는 행정부처와 주
둔군 사령부가 자리 잡고 있었다. 그는 뤼순의 박물관을 견학했다. 박
물관에는 두 건물이 있었다. 하나는 동아시아 유물을, 다른 하나는 러
일전쟁 관련 유물을 전시했다. 특히 이전에 러시아군의 장교 클럽으

로 사용된 건물을 개축한 전쟁관은 과거 러시아풍의 모든 흔적까지 자세히 보여주었다.[32]

만주에 머무는 동안 토인비는 이 지역에서 벌어지고 있는 중국과 일본의 첨예한 대립을 실감할 수 있었다. 그는 만리장성 이남에서 동북 3성으로 옮겨간 중국인 이민 대열이 매년 50만 명에 이른다는 사실을 확인했다.[33] 이 엄청난 이민 행렬에서 가장 인상적인 특징은 중국인 이민의 숫자나 만주인들의 소멸이 아니라, 중국인이 만주를

**일본의 만주 침략**
선양으로 행군하는 일본군(1931년 9월 18일).
토인비는 만주에 머무르면서 중국과 일본의
만주 쟁탈전을 실감한다.

자신의 영토로 만들고 있다는 사실이었다. 만일 그렇다면, 일본인들은 사실상 단기적으로는 자신의 패배를 인정한 것인가? 토인비는 현재로서는 아무도 만주의 미래를 예견할 수 없다고 조심스럽게 진단한다. 만주에서 일본인은 여전히 남만주철도와 그 연변의 도시들, 그리고 관둥조차지를 지배하고 있다. 물론 엄청난 중국인 이민의 대열에 휩쓸려 만주 곳곳에서 고립된 섬처럼 남아 있기는 하지만, 그 일본인 지배 구역이 사라질 것인지는 아직 예측할 수 없다는 주장이다.[34]

토인비가 여행 중이던 1920년대 말 만주는 주로 중국인들의 주도로 개발되고 있었다. 일본이 남만주철도 연변과 관둥조차지를 지배하고 또 일본식 근대의 풍경을 조성했지만, 이는 만주의 일부 지역에 국한된 것이었다. 이러한 불균형이 몇 년 후에 만주국 건국이라는 일본의 반격을 낳았을 것이다. 어쨌든 당시 토인비는 중국인의 주도적인 역할을 주목했다. 중국인의 만주 진출은 20세기의 중요한 역사 변화다. "만주를 방문했을 때, 나는 유목민 정복자들의 고향이 이미 중국화된 땅으로 변모했다는 것을 깨달았다. 20세기에 들어와서 중국인 개척자들이 만주에서 우세를 점한 것은 아메리카 이민의 팽창이 오늘날의 미합중국을 만든 것이나 다를 바 없다."[35] 그 팽창은 중국인이 일반적인 의미의 민족이 아니라, 다양한 민족, 인종, 언어 심지어 문화까지 아우르는 거대한 사회라는 측면에서 이해해야 할 것이었다. 만주와 시베리아 동부 지역은 산둥반도에서 옮겨온 중국인들에 의해 본격적으로 식민화되고 있었다. 토인비는 이렇게 말한다.

중국은 단일한 국가가 아니라 그 자체가 하나의 세계다. 중국인은 단일한 민족이라기보다 방대한 다민족 사회다. 생물학적으로 이는 커다란 강점이

다. 정치적으로는 큰 약점이긴 하지만.[36]

토인비는 중국의 미래에 대해 낙관적인 견해를 피력했다. 중국과 투르크제국을 비교한 후에 그는 전자가 후자에 비해 뚜렷한 이점들을 가지고 출발했다고 결론짓는다. 우선, 중국인은 그들 자신의 독자적인 장점을 가지고 있다. 그들은 자신의 지적 전통을 지녔다. 다양한 지방 주민들이 공통의 시각적 상징, 즉 한자를 사용한다. 다음으로, '동북 3성'에서도 구어는 통일되어 있다. 이 광대한 지역의 공용어는 '만다린'으로 알려져 있다. "이 언어는 지구상의 어떤 다른 언어보다도 더 많은 수천만의 사람들이 구사한다."[37]

토인비가 만주를 둘러싸고 벌어진 중국과 일본의 경쟁을 친중국적 시각에서 바라본 것은 분명하다. 이는 부분적으로 일본 제국주의에 대한 그의 반감에서 비롯된 것으로 보이지만 자신의 문명론과 좀 더 관련이 있을 것이다. 후일 《역사의 연구》에서 그는 몇몇 '성숙한mature' 문명의 발전 과정을 한층 깊이 이해하기 위해 '사산된 문명abortive civilization' 또는 '저지당한 문명arrested civilization'이라는 개념을 내세웠다. 유목민족의 하나인 만주인의 성취는 '저지당한 문명'에 해당한다는 것이다. 물론 만주에 기원을 둔 여러 유목민족들이 중국을 침략하고 그 주민을 지배하곤 했다. 그러나 그들은 대부분 중국 사회/동아시아 사회의 발전에 기여했을 뿐이다. "그들은 중국인의 터전을 전복하고 그 중국문화를 받아들였지만, 그것은 오히려 초원지대에 토대를 둔 그들의 유목적 생활방식을 포기하도록 자극했다."[38] 만주가 역사 발전 과정에서 중국의 일부가 된 것은 자연스러운 일이었다.

1938년 토인비는 노팅엄대학[39]에서 동아시아 정치 상황에 대해 강연을 했다. 강연에서 그는 1929년의 아시아 여행을 회상하면서 특히 이민을 통한 중국의 팽창을 강조했다. 여행 도중 배가 페낭에 도착했을 때의 일이다. 페낭 항구는 중국 정부가 아닌 영국 정부의 지배 아래 있었다. 그럼에도 그는 마치 중국 지방의 한 성省이 형성되는 듯한 인상을 받았다고 술회한다.

3,000년 전만 하더라도 중국은 유럽 대륙의 4분의 1 크기에 지나지 않았다. 그 이래로 중국에서는 갖가지 불행한 사건들이 연이어 발생했다. 여러 차례 왕조가 뒤집어졌고, 중국인은 나락에 떨어져 오랫동안 내적 무질서 상태에서 살아야 했다. 그러나 이런 중에도 중국은 점차 성장해왔다. 중국의 마지막 정복왕조인 만주족의 고향은 이제 중국의 3개 성이 되어 중국인들이 거주 인구의 다수를 차지한다. 상하이는 이 거대하고 엄청난 중국의 상업 중심지다.[40]

토인비는 근대화 과정에서 발생한 중국과 일본의 차이에 대해서도 관심을 기울인다. 중국에서는 아래로부터 위로 서구화를 향한 움직임이 있었다. "그 과정은 점진적이면서도 자주 제동이 걸렸다. 하지만 과정이 지속되는 한, 서구화는 실제로 중간계급을 형성하는 결과를 가져왔다."[41] 이에 비해 일본의 경우는 어떤가? 그는《역사의 연구》에서 일본 근대화의 허실을 조심스럽게 밝히고 있다. 일본은 이미 1920년대에 세계에서 가장 발전한 선진국 가운데 하나였다. 이는 물론 성공적인 근대화에 힘입은 것이다. 그러나 일본은 특유의 근대화, 즉 "위로부터 진행된 근대화 과정"에서 비롯된 한계를 가지고 있다. "오직 권위와 명령으로 신민의 서구화 작업에 착수한 지배자들은 그들의 서구화 정책을 실행하기 위해 국민에게 토착적이고 내실 있는 중간계급을 낳도록 하는, 비강제적인 사회진화 과정을 기다릴 생각을 하지 않았다."[42]


## 문명과 동아시아의 '근대'

이와 같이 토인비는 동아시아에서 중국과 중국인에게 더 높은 가치를 부여하면서 중국의 미래를 낙관적으로 바라보고 있다. 이러한 낙관론이 일정 부분《연구》에서 전개한 문명론으로 이어지지 않았을까 싶다.《연구》에 나타난 토인비의 문명론은 이미 잘 알려져 있다.[43] 이를 간략하게 정리하면 다음과 같다. 문명의 성쇠, 변천과 이행을 결정짓는 것은 인종적 특징이나 환경요인이 아니다. 이행의 요인은 '도전challenge에 대한 인간의 창조적 응전response'이다. 문명은 자신들이 직면한 도전을 해결하는 '창조적 소수자creative minorities'에 의해 형성된다. 문명 형성은 '창조적 소수자'의 응전을 뒤따르려는 대중의 '모방mimesis'에 달려 있다.[44] 그러나 창조적 소수자가 민중과 관련을 맺는 과정에서 민중의 자발적인 호응을 얻지 못하면 그들은 민중의 비자발적 지지를 얻기 위해 권력을 남용한다. 권력 남용은 민중의 저항과 불순종을 유발한다. 이 과정에서 그들은 '지배적 소수자dominant minority'로 전화한다. 이것이 문명의 쇠퇴와 해체에 이르는 출발점이다. 지배적 소수자에 대한 '모방'을 철회한 민중은 억압을 받으면서도 정신적으로 그 지배구조에서 이탈한다. 토인비는 이를 '내적 프롤레타리아트internal proletariat'라 부른다. 지배자들은 이들 불만을 가진 내적 프롤레타리아트를 전사로 만들어 외부 야만 사회의 내침에 대비한다. 해체기의 외부 야만인이 '외적 프롤레타리아트external proletariat'다. 문명 해체기에 새로운 창조의 맹아가 자라난다. 지배적 소수자는 '세계국가universal state'와 철학을, 내적 프롤레타리아트는 세계종교 universal religion와 세계교회를, 외적 프롤레타리아트는 전투단을 만든다. 이 3자의 만남과 통합을 통해 낡은 문명 가운데서 새로운 문명이 만들어진다. 기존 문명의 해체와 사멸의 과정을 통해 새롭게 대두한 문명을 토인비는 '파생문명affiliated civilization'이라 불렀다.[45] 고대 그리스문명은 후일 로마제국이라는 세계국가를 배태했고, 제국은 그 자신의 내적 프롤레타리아트, 즉 기독교를 낳았다. 또 기독교는 문명의 해체 과정에서 서구문명을 잉태하게 된다.

토인비의 문명론은 고대 그리스-중세 기독교세계-근대 서구문명으로 이어지는 변화를 중심으로 문명의 흥망성쇠를 살폈다는 점에서 유럽중심주의적 견해라는 비판을 받는다. 실제로 그는 근대문명=서구문명이라는 도식에서 벗어나지 못하고 있다. 그럼에도 그는 중국 고대사의 전개 과정을 살피면서 도전과 응전, 창조적 소수자, 세계국가, 세계종교, 내적/외적 프롤레타리아트 등의 핵심개념을 원용해 문명의 이행 경로를 비교적 상세하게 재현하고 있다.

토인비는 중국문명을 두 단계로 양분하여 하나는 진秦문명Sinic civilization, 다른 하나는 신중국문명new Chinese civilization으로 이름 붙였다. 신중국문명은 이전 진秦문명의 지리적 경계를 벗어나 중원을 넘어 중국 남부와 한국 및 일본에까지 이르렀다. 그는 이를 두고 '극동문명'이라 부르기도 한다. 진문명과 극동문명 사이의 분수령은 한漢-당唐 교체기였다. 한漢제국은 세계국가였고 불교 또한 세계종교에 해당한다. 유목민족의 침입은 유럽에서 게르만인의 이동과 비슷하다. 지리적 변천도 있었다. 유럽의 경우 문명의 중심이 지중해에서 알프스 이북 유럽으로 이동한 것처럼, 중국에서는 중국 북부에서 양쯔강 유역으로 옮겨졌다. 이 거대한 변화는 구중국문화(진秦문명)의 쇠퇴를 의미하는 것이었다. 한동안 혼돈의 시기가 계속된 후, 새로운 파생문명인 극동문명이 나타났다. 이 문명이 근대까지 지속되었다는 것이 토인비의 해석이다.[46]

토인비의 중국사 해석에서 중요한 것은 유목민족의 침입이다. 중국사를 바라보는 그의 시각은 1929년 중국 여행 이전에 이미 형성되어 있었다. 《중국으로의 여행》을 보면 토인비에게 만리장성이 매우 인상적이었음을 확인할 수 있다. 그는 단순히 규모만이 아니라 유목민족과 농경민족의 경쟁과 갈등, 그리고 중국사에서 새로운 국면의 전

산하이관
만리장성에 깊은 인상을 받은 토인비는 산하이관 역에서 중국인과 유목민족 간의 투쟁과 경쟁을 상상한다.

개라고 하는 거대서사를 생각하고 있었다. 그가 탄 열차는 산하이관 山海關 역에서 잠시 멈췄다. 그곳이야말로 장성의 동쪽 끝이었다. 열차는 한 시간가량 머물렀다가 다시 달렸다. 그곳에서 토인비는 중국인과 유목민족 간의 투쟁과 경쟁을 상상한다. 산하이관 북문에 올라 토인비는 광대한 만주 벌판을 바라보았다. 그가 탄 기차는 전날 밤새도록 만주의 평원을 가로질러 장성까지 이르렀다. 그는 산 능선을 따라 길게 늘어선, 마치 흰 꽃의 띠처럼 보이는 기다란 성곽의 풍경에 매료되었다. 야만인들에게는 그곳이 바로 문명세계로 들어가는 문지방이었다. 그는 위험을 무릅쓰고 그 문지방을 넘어서는 야만인들의 끊임없는 행렬을 떠올렸다. 중국 문명은 너무 세련되고 정교했기 때문에 야만인들로서는 지배하기가 어려웠다.[47] 성벽을 보면서 토인비는 '응전', '세계국가', '외적 프롤레타리아트' 같은 자신의 개념어를 연상했을 것이다. 이와 함께 음양론이나 유교사상 또는 선불교에서 지배층의 철학과 세계종교의 단초를 생각했을 것이다. 베이징에서 토인비는 두 거대한 제국을 머리에 떠올렸다. 그는 로마황제 마르쿠스 아우렐리우스가 서기 166년에 중국에 사신을 보냈다는 사실을 소개한다. 두 제국은 너무 멀리 떨어져 있어서 서로 겹쳐질 수 없었다. 두 제국의 변경 자체가 서로 너무 멀어서 군사적으로 충돌할 가능성도 전혀 없었다. 로마제국은 '인간이 거주하는 모든 곳'으로 불렸던 반면, 중국은 '하늘 아래 모든 곳'으로 일컬어졌다.[48]

몇 세기가 지난 후, 이들 고대제국은 유목민족의 침입과 함께 무너졌다. 게르만족의 남하와 더불어 로마제국이 붕괴된 이래 프랑크왕국이 로마제국의 자리를 이어받았고 중국은 몽골족과 만주족에게 약탈당했다. 몽골족의 팽창으로 송대宋代의 중국은 토인비가 언급한, 이른바 '고난의 시기time of troubles'에 접어들었다. 중국의 고대문명은 극동문명으로 재편성되고 세계국가는 원元과 청淸으로 이어졌다. 만주족이 세운 청은 극동문명에서 세계국가의 마지막 구현체인 셈이었다. 로마세계와 중국은 이러한 변화를 거치는 동안 서로 교류가 없었고 떨어져 있었다.[49] 로마제국의 영역은 근대 유럽으로 바뀌었던 반면, 중국은 그렇지 못했다. 세계국가가 지속되는 동안 사회 발전이 지체되었던 것이다. 그 결과 중국은 마침내 근대화에 성공한 일본의 침입을 받고 만다.

극동문명의 또 다른 한 축인 일본의 역사에 대해 토인비는 어떻게 해석하고 있을까? 토인비는 일본사에 관해서도 상세히 이해하고 있다.[50] 일본을 방문했을 때, 그는 일본 불교의 탄생지이자 성지로 널리 알려진 고야산高野山에 올랐다.[51] 《연구》에서 일본 불교는 일종의 '세계종교'로 언급되고 있다. 그는 고야산 등정과 불교 유적에 관해 자세하게 언급한다. 이 무렵 이미 그는 일본에서 불교가 세계종교로 새롭게 재탄생했다는 확신을 가졌던 것처럼 보인다. 파생문명인 '극동문명'을 성찰하면서 토인비는 일본 역사 자체에서 일종의 세계국가와 세계종교를 찾으려고 시도한다.

동아시아 극동문명이 일본에까지 이르렀던 바로 그 시기에 그곳에서 나타난 새로운 문명은 토인비의 문명론에 걸맞은 전개 과정을 보여준다. 일본에 전래된 극동문명은 감당하기 어려운 가혹한 도전에 직면했다. 문명은 바다를 건너야 했고 해양을 통한 이주와 이민은 대륙의 경우와 조금 다른 경로를 거쳤다. 토인비에 따르면, 극동문명은 일본열도에서 그 문명의 개화에 적절한 일종의 처녀지를 발견했다. 토인비는 아시아의 내륙 지역에서 탄생한 두 가지 중요한 문화가 일본 극동문명의 형성에 도움을 주었다고 본다. 하나는 6세기에 전래된 대승불교, 다른 하나는 서기 645년 개혁 당시 채택한 당唐의 정부 형태였다. 그러나 일본의 극동문명은 절정기에도 일반 대중에게까지 영향을 미치지는 못했다. 그들 고유의 원시적인 방식과 새롭게 도입된 고도의 관습이 서로 공존했다. "나라와 교토라는 일본적 토양에서 조숙하게 개화한 고도의 극동문명은 걸맞지 않은 기후 속에서 잔재주로 살아남아 이국적인 분위기를 풍기는 온실 속의 식물과 같았다."[52] 이전의 원시적인 정령 신앙에서 비롯된 전통적인 신 개념이 대승불교 속에 스며든 것이다.

12세기에 일본은 전국에 걸쳐 내란 상태에 빠져들었다. 토인비의 문명론에 따르면, 가마쿠라鎌倉─아시카가足利 시대[53]는 바로 일본 극동문명의 탄생을 위한 '고난의 시기'에 해당한다. 이 시기에 대승불교는 정토종淨土宗, 정토진종淨土眞宗, 일연정종日蓮正宗, 선종禪宗 등으로 새롭게 세속화되었다. 이 '고난의 시기'에 일반 민중을 향해 새로운 종교적 가르침이 전해졌다. 그것은 지금까지 교토의 지배층이 중시한 귀족적이면서 동시에 지적인 불교 교의와 거리가 멀었다. 오직 선종禪宗만이 무사계급에게 호소력이 있었다. 선종의 교의가 "일단 도덕적으로 어려우면서도 지적으로는 쉽게 접근할" 수 있었기 때문이다. 17세기 초 일본의 극동문명은 최종 단계에 들어선다. 도쿠가와 바쿠후德川幕府의 일본판 '세계국가'가 성립된 것이다.[54]

토인비는 일본이 극동문명의 역사에서 중요한 역할을 맡았다는 점을 인정한다. 그러나 극동문명은 어디까지나 중국을 중심으로 발전해 온 것이었다. 중국을 방문하는 동안 토인비는 중국이 일본 제국주의의 침략에 고통을 당하는 현실을 목격했다. 중국의 정치적·군사적 힘

Arnold Joseph Toynbee

과 자원은 두 세력, 국민당정부와 공산당으로 분열되어 있었다. 몇 년 후에 《역사의 연구》를 집필하면서 토인비가 극동문명의 새로운 변화와 관련해 중국의 시련을 '고난의 시기'로 이해했는지는 확실하지 않다. 그와 같은 언급은 찾을 수 없다. 그러나 12세기 이후 일본 역사에 대한 독특한 해석에 미루어보면, 그가 20세기 중국의 혼란을 새로운 문명과 새로운 세계국가의 탄생을 예비하는 '고난의 시기'로 바라보았을 가능성은 충분히 있다. 어쨌든 토인비는 자신의 여행기에서 중국의 미래에 관해 낙관적인 견해를 밝히고 있다.

토인비의 친중국적 성향은 《중국으로의 여행》 곳곳에서 나타난다. 만일 중국인과 일본인의 민족성의 차이가 있다면 이를 어떻게 확인할 수 있을까? 토인비는 두 나라 학자들이 함께 참여하는 학술회의에 가보라고 권한다. 그러면 그 차이가 생각보다 매우 깊음을 알 수 있게 된다는 것이다. "회의에서 발표하는 젊은 일본인 학자를 지켜보라. 단상에 서 있는 시간 내내 회의실의 다른 일본인 방청객들을 의식해 너무 당황해할 것이다. 그는 그들이 자신의 발표 방식에 관해 어떻게 바라볼까 생각하는 데 여념이 없는 것이다." 말하자면 일본인은 자신이 아니라 선배들의 시선에 맞춰 조국에 헌신한다. 그들의 태도는 영국 사립학교 신입생의 태도와 비슷하다. 그러나 젊은 중국인 학자는 다르다. 그는 연단에서 일어서서 동료 일본인 학자의 질문에 자연스러운 태도로 대답한다. "의연하게 일어서서 물 흐르듯 유창하게 말한다. 참으로 자신이 그 일을 즐기는 모습 아닌가."[55]

이에 덧붙여, 토인비는 중국과 일본 여성을 비교하기도 한다. 두 나라 여성의 태도에서도 비슷한 차이를 발견할 수 있다는 것이다. 회의 석상에서 한 사회자가 일본인 여성의 이름을 부르며 그녀를 소개했다. 그녀는 분명 해당 분야의 전문가였다. 그럼에도 그 여성은 엉거주춤한 자세로 일어나 얼굴을 붉히며 "일본 여성에게는 사회적 압력이 매우 높아 공적인 일에 참여하는 일을 자제한다"고 더듬더듬 말하고는 곧바로 앉았다.[56] 이어서 토인비는 이와 대조적인 중국 여성 대표들의 사례를 소개한다. "그 중국 여성은 일본 여성학자보다 좀 더 적극적이고 연설도 유창하다. 영국에서 온 사회자가 그들에 대해 염려할 필요가 전혀 없다. 그들은 자신의 이름이 호명되기를 가만히 기다리지 않는다. 그들은 뚫어질 듯이 사회자를 쳐다보며 차례를 기다린다. 말문을 열자마자 그들이 화술의 달인임을 깨닫게 된다. 그들은 이웃나라 대표들보다 훨씬 더 능숙하게 발표한다."[57]

## 토인비와 '세계사'

아시아대륙 여행이 《역사의 연구》를 저술하는 데 영향을 주었겠지만, 인과관계를 정확하게 파악할 수는 없다. 아마 토인비는 이전부터 구상해온 문명론을 여행의 경험을 통해 다시 확인하는 작업을 했을 것이다. 이스탄불에서 베이징에 이르기까지 그가 방문한 도시와 지역은 대부분 《연구》에서 언급한 21개 문명의 발상지와 관련이 있었다. 물론 1930년대 일본의 만주국 창설과 그 이후 사회주의혁명의 승리를 직접 예견할 수는 없었겠지만, 자신의 문명론에 의거해 중국의 역사를 재해석하는 과정에서 중국에 대한 낙관론을 갖게 되었을 것이다. 장기적으로 보면 그의 낙관론은 오늘날 중국의 새로운 대두와 간접적으로나마 연결되는 것으로 보인다.

최근 중국의 경제 성장이 두드러지면서, 유럽중심주의 시각으로 근대세계의 형성을 바라보는 연구 경향에 대한 도전이 여러 방향에서 나타나고 있다. 이 가운데 특히 케네스 포메란츠Kenneth Pomeranz의 연구가 눈길을 끈다.[58] 이전의 경제사 연구는 유럽에서 먼저 근대화가 시작된 요인을 주로 유럽 사회 내부의 경제적·사회적 조건들에서 찾으려는 경향이 강했다. 이러한 경향은 18세기 계몽주의자들 이래 카를 마르크스Karl Marx와 막스 베버Max Weber를 거쳐 오늘날에 이르기까지 유럽 사회과학의 주류를 이뤄왔다. 유럽 사회 내부의 여러 요인이 16세기 유럽세계의 확대와 상호작용함으로써 근대화 과정에 들어섰다는 거대서사가 지배적이었던 것이다. 이에 비해, 포메란츠는 16세기 유럽을 중심으로 하는 국제무역 네트워크의 성립에서 유럽만이 수혜자가 되었다는 해석을 비판한다. 16세기 국제무역이 활성화된 이후 인도, 중국, 일본 경제권도 그 자극을 받아 유럽 못지않게 성장하고 있었다는 것이다. 그러나 18세기 말 이들 유라시아대륙의 여러 경제권은 인구 증가, 집약적 농업의 심화 등으로 생태적 위기에 직면한다. 경제위기를 탈출하기 위한 집약적인 생산 방법은 오히려 생태위기를 더 심화시켰을 뿐이다.[59]

이런 상황에서 서유럽, 특히 영국만이 석탄을 통해 이런 위기를 벗어날 수 있었다.[60] 중국은 19세기에 생태위기의 극복에 실패함으로써 이후 전개된 근대화 과정에서 지체될 수밖에 없었다. 이 연구에서 중요한 것은 근대세계 형성에서 유럽의 헤게모니가 필연적이라기보다 우연적인 요인(석탄과 신대륙)에 자극받은 결과였고, 중국의 지체는 19, 20세기에 국한된 일시적인 현상이라는 점이다. 이러한 전망은 근래 중국의 재부상을 어떻게 바라볼 것인가라는 문제와 직간접적으로 관련된다.

토인비의 역사서술은 근대 서구문명을 중시하는 유럽중심주의적 시각을 견지하고 있다. 하지만 그의 《연구》는 '문명'들의 변화 단계(탄생, 성장, 붕괴, 해체)에 대한 비교 작업이었다. 사실 그의 역사서술은 경험적 방법에 의존하지 않았기 때문에 영국의 주류 역사학계에서 소외되어 있었다. 역사에서 규칙성과 반복과 법칙을 찾으려는 그의 노력이 왜곡되어 알려지기도 했다. 그는 환경, 사회심리, 도덕적 위기, 사회적 신앙 등 거대한 사회 현상에 좀 더 깊은 관심을 기울였는데, 이는 경험적 역사학의 전통에서 일탈한 것으로 간주되었다.[61] 그러나 오늘날 토인비는 '세계사 서술' 운동의 선구자로 다시 평가받고 있다. 그는 동아시아 문명의 전개 과정에서 여전히 중국의 헤게모니를 상정했다. 중국에 대한 그의 낙관론은 이러한 기본 태도와 관련된다. 만일 생존했다면 그는 현재 중국의 재부상을 극동문명의 새로운 이행, 즉 새로운 문명의 탄생과 발전의 징후로 여겼을까? 물론 이 질문에 답하기는 여전히 쉽지 않을 것이다.[62]

1897년 전라남도 해남 출생.
한학을 공부하다가 인근 목포의 보통학교를 졸업하고 1914년 도쿄로 유학을 떠났다.
집안의 경제적 도움을 받기 어려웠던 그는 고학과 독학으로
도쿄, 고베, 교토 등지의 학교 여러 곳을 전전하며 면학했다. 도쿄 세이죠成城중학교,
고베神戸고등상업학교를 거쳐 1919년 교토제국대학 경제학부 선과選科에 입학,
2년 후에는 경제학부 본과로 편입해 1922년 3월 졸업했다.
교토제대 재학시절 그는 특히 유명한 경제학자 가와카미의 절대적인 영향을 받았다.
그는 가와카미의 '경제학개론'과 '경제사상사' 강의를 듣고 그에게 경도되었고,
가와카미의 여러 저술을 탐독하면서 경제사상사, 그 중에서도 마르크스주의에 깊은 관심을 보였다.
교토제대 졸업과 동시에 귀국한 이순탁은 1923년부터 연희전문학교 교수로 재직하면서 상과를 이끌었다.
1920~30년대에 여러 신문과 잡지에 주로 마르크스주의와 경제 문제에 관한 논설을 기고하면서
저명한 지식인으로 활동했다. 1933년에는 연희전문학교 봉직 만 10년의 안식일 휴가(1년)로 세계 각국을 시찰했다.
한국인 최초의 세계여행기《최근세계일주기》(1934)는 그 결과물이다. 1945년 미군정부 입법회의위원,
1946년 연희대학교 초대 상경대학장, 1948년 대한민국정부기획처 초대처장,
1949년 대한금융조합연합회 회장 등을 역임했다.
1950년 한국전쟁으로 납북되었다.
지은 책으로《최근세계일주기》,
논문으로〈자본주의 경제조직에 관한 일고찰〉,
〈노동운동과 소작운동〉,
〈조선인의 결혼연령 추이〉등이 있다.

李順鐸
1897~?

1933년 4월 연희전문학교 경제학 교수 이순탁李順鐸은 안식년을 맞아 세계일주 여행을 떠났다. 그는 가는 곳마다 자신의 인상과 여정을 글로 써서 《조선일보》에 기고하고, 귀국 후에는 이 여행기를 모아 《최근세계일주기》(1934)를 펴냈다.[1] 제목에 걸맞은 한국인 최초의 세계여행기였다.

　이순탁은 일찍이 교토제국대학 경제학부에서 당시 일본의 저명한 마르크스주의 학자였던 가와카미 하지메河上肇의 지도 아래 공부했다. 가와카미 또한 1910년대에 유럽을 여행했으며, 《조국을 돌아보며》(1915)라는 여행기를 펴냈다.[2] 그러니까 두 사람 사이에 상당히 비슷한 이력이 있는 셈이다. 가와카미의 책은 동아시아 국가에서 제국주의 국가로 커다란 변화를 겪고 있던 일본의 한 진보적 지식인이 서유럽을 어떻게 바라봤는지를 알려주는 중요한 자료다. 한편, 이순탁의 책은 서양에 관한 동아시아 학자의 견해를 보여주면서도 20세기 초 제국주의를 바라보는 식민지 지식인의 견해가 깃들어 있다. 이순탁 또한 가와카미를 뒤따라 마르크스주의자가 되었다. 그렇지만 서유럽을 보는 견해는 가와카미와 달랐다. 그가 스승과 달리 식민지 지식인이었기 때문이다.

이순탁은 세계여행 중 특히 영국에 47일간 머물렀다. 그가 입국할 무렵 영국에서는 대공황 문제 논의를 위한 국제경제회의가 열리고 있었다. 경제학자로서 그가 이 회의에 깊은 관심을 가지고 있었던 것은 어쩌면 당연한 일이다. 그는 영국 곳곳을 둘러보면서 황혼기에 접어든 영제국의 실상을 세밀하게 관찰한다. 1930년대 한 조선 지식인의 눈에 비친 제국의 모습은 오늘날은 물론 당시 영국인들 스스로가 느꼈던 인상과 커다란 차이가 있었다.


## 식민지 시기 이순탁의 활동과 세계일주

1897년 전라남도 해남에서 태어난 이순탁은 한학을 공부하다가 인근 목포의 보통학교를 졸업하고 1914년 도쿄로 유학을 떠났다. 집안의 경제적 도움을 받기 어려웠던 그는 도쿄, 고베, 교토 등지의 학교 여러 곳을 전전하며 면학했다. 고학과 독학으로 도쿄 세이죠成城중학교, 고베神戸고등상업학교를 거쳐 1919년 교토제국대학 경제학부 선과選科에 입학, 2년 후에는 경제학부 본과로 편입해 1922년 3월 졸업한다.[3]

특히 그는 교토제대 재학시절 유명한 경제학자 가와카미의 절대적인 영향을 받았다. 그는 가와카미의 '경제학개론'과 '경제사상사'를 수강한 후 그에게 경도되었고, 《빈핍물어貧乏物語》(1917)나 《유물사관연구唯物史觀研究》(1919) 같은 가와카미의 여러 저술을 탐독하면서 경제사상사, 그중에서도 마르크스주의에 깊은 관심을 보였다. 물론 당시 가와카미가 소개한 마르크스주의는 주로 에드윈 셀리그먼Edwin Robert Seligman의 《역사의 경제적 해석Studies on Historical Materialism》

(1902)에 기초를 둔 것이었다. 이순탁은 귀국한 이후에도 마르크스주의에 관해서는 바로 이런 경향으로 일관했을 뿐 깊은 철학적 탐구를 계속하지 않았다. 가와카미가 1920년대에 마르크스의 원전을 탐독하면서 진실한 마르크스주의자로 거듭난 것과는 달랐다.

교토제대 졸업과 동시에 귀국한 이순탁은 1923년부터 연희전문학교 교수로 재직하면서 상과를 이끌었다. 후에 교수진으로 합류한 백남운白南雲, 노동규盧東圭 등도 대부분 좌파 학자였다. 이들의 진보적 사회관은 연희전문학교의 학풍으로 자리 잡았다. 1920~30년대 그는 여러 신문과 잡지에 주로 마르크스주의와 경제 문제에 관한 논설을 기고하면서 저명한 지식인으로 활동했다. 1938년에는 백남운, 노동규 및 학과 학생들과 함께 좌익사상을 선전한 혐의를 받아 치안유

연희전문학교 교수 시절 이순탁
연희전문학교 상과를 이끈 이순탁은 백남운, 노동규 등과 함께 진보적 사회관을 연희전문학교의 학풍으로 자리 매김했다.

지법 위반으로 구속되었다가 1940년에 풀려났다. 보석으로 석방된 후에도 그는 학교로 돌아가지 못하고 해방 때까지 세브란스병원 서무 과장으로 생계를 꾸려나갔다. 해방이 되면서 연세대 상과대학장으로 복직했으나 곧바로 사직하고 정계에 투신했다. 그의 정계 활동은 별 다른 성공을 거두지 못했다. 다른 중도파 정치가들과 마찬가지로 그 도 현실정치에서 뜻을 제대로 펼치지 못했다. 이승만 정부 수립 후 잠 시 기획처장을 맡긴 했지만 한국전쟁 당시 피랍되어 남한 사회에서 잊힌 인물이 되고 말았다.[4]

연희전문학교 교수 시절, 이순탁은 지면을 통해 조국의 발전을 위 한 여러 방안을 제시했다. 이 무렵 그의 내면세계는 마르크스주의 사 상과 민족주의라는 서로 상충되는 두 가지 입장이 공존하고 있었다. 그는 무산자 계급투쟁과 마르크스주의 경제철학을 받아들이면서도, 노동자혁명 노선에는 동조하지 않았다. 당시 조선은 식민지라는 특수 한 상황에 놓여 있었다. 이런 상황에서는 조선 내부의 계급갈등이 표 면화될 수 없었다. 식민지 수탈로 한국인 전체가 무산자가 되었기 때 문이다. 이런 이유로 그는 계급혁명보다 계급 간 타협과 협조를 강조 했으며, 이를 통해 민족경제를 육성하는 것만이 국권을 회복할 수 있 는 길이라고 설파했다.[5]

이순탁은 대외 활동 면에서는 좌파 사회운동과 관계를 맺는 데 소 극적이었지만, 학내에서는 학생들에게 실용적 경제 지식을 쉽게 가르 치기 위해 힘썼고, 백남운이나 노동규 등의 동료 교수와 함께 마르크 스주의 학풍을 세우기 위해 애썼다. 그러나 이 과정에서 일부 학생 및 교수와 이념적 갈등을 겪기도 했다. 학과 안에서 이념 문제로 갈등이 일자 그는 학과장직을 사임했다. 학교 측은 그가 10여 년간 상과 보직을 맡아 노력해온 점을 높이 평가해 안식년을 주고 그 기간 동안 세계 여행을 하는 것이 어떻겠냐고 권했다. 학교 측의 제안을 받아들여 이순탁은 재정 보조를 받고 세계 여행을 떠나게 되었다.[6]

이순탁의《최근세계일주기》는 1930년대 조선 지식인이 서양을 어떻게 바라보았는지를 알려주는 귀중한 자료다. 이 책은 단순한 여행기나 서양에 관한 피상적인 인상기가 아니다. 근대 학문을 공부한 학자답게 모든 여정을 꼼꼼하게 계획하고 사전 지식을 모은 후에 여행을 떠났기 때문에 그는 각국에 대한 인상 기술의 차원을 넘어 서양 사회의 여러 특징을 좀 더 구체적으로 사진 찍듯이 포착할 수 있었다. 게다가 그는 당시 서유럽을 휩쓴 파시즘과 대공황과 자본주의 위기를 경제학자의 시각으로 성찰하고 있다. 이런 점에서 그의 책은 세계일주기 원래의 뜻에 가장 합당한, 한국인 최초의 저술이다.

그렇다면 이순탁의 세계일주 여정은 어떠했는가. 1933년 3월 24일 부산을 출발한 그는 일본의 교토를 거쳐 도쿄에서 2주일 머문 후 여객

이순탁의 세계일주 기사
학교 측으로부터 안식년 기간 동안 세계일주를 제안받은 이순탁은 재정 보조를 받고 세계 여행을 떠난다. 《동아일보》 1933년 4월 23일.

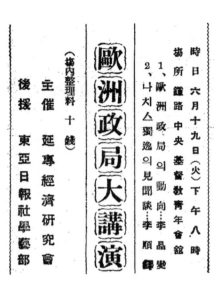

이순탁 귀국강연회 기사
전례가 없던 세계일주였기에 이순탁의 세계여행은 귀국 후에도 강연회를 열 정도로
언론의 주목을 받았다. 《동아일보》 1934년 6월 17일.

선으로 유럽을 향한다. 세계를 일주하면서 그가 둘러본 도시는 상해, 홍콩, 피낭, 콜롬보, 아든, 카이로, 나폴리, 밀라노, 파리, 헤이그, 하노버, 베를린, 함부르크, 런던, 케임브리지, 리버풀, 더블린, 보스턴, 뉴욕, 시카고, 로스앤젤레스, 샌프란시스코 등이었다. 그는 샌프란시스코에서 여객선을 타고 일본 요코하마에 도착해 3주간 머물렀다가 1월 20일 부산에 도착했다. 그의 여행은 전례가 없던, 글자 그대로의 세계일주였다. 이 때문에 출발 당시부터 신문들이 주요 기사로 보도했다. 전술했듯이 그의 여행기는 《조선일보》에 99회에 걸쳐 연재되어 많은 사람들의 관심을 불러일으켰으며 이듬해 책으로 출간된다.

## 유럽 대륙의 여정

배편으로 이탈리아에 도착한 이순탁의 유럽대륙 여정은 프랑스, 독일 순으로 이어졌다. 1933년 6월 24일부터 28일까지 이탈리아의 나폴리, 로마, 밀라노 등지를 여행한 이순탁은 7월 2일 제네바를 출발해 그날 밤 늦게 파리에 도착했다. 그의 여정에서 프랑스에서 머문 기간은 매우 짧았다. 파리의 루브르미술관, 베르사유 궁전, 콩코르드 광장 등을 찾아보고 7월 5일 독일로 떠났다. 이순탁은 경제학자로서 프랑스가 대공황기에도 그리 심각한 경기침체를 겪지 않고 있던 점에 주목한다. 당시 프랑스는 금본위제 고수를 주장하면서 미국과 대립하고 있었다. 그는 당시 대공황의 원인을 정확하게 파악했던 것처럼 보인다. 미국에서 시작된 장기간의 경기침체는 금융공황에서 비롯한 것인데, 프랑스가 상대적으로 침체를 덜 겪은 것은 소수 대은행이 국민 예금의 대부분을 유치해 금융 부실에 따른 피해가 적었고, 기존 화폐에 비해 신용 화폐량이 급증하지 않았기 때문이다. 즉 은행예금 총액이 통화량보다 적어서 일시에 대량으로 예금 인출이 일어난다고 하더라도 발권은행의 기능이 정지될 위험이 적었던 것이다. 그는 이렇게 덧붙인다.

> 프랑스는 소수 대은행의 태도가 신중하여 발권은행에 대한 경계가 빈틈없이 되어 있고, 각 금융자본가의 예지는 이 나라의 영리한 국민성과 맞아 끊임없이 작동하므로 금일 프랑스는 경제적으로 가장 안정된 나라다.[7]

체류기간이 짧았던 탓에 이순탁은 파리 이외의 다른 도시들을 둘러볼 기회를 갖지 못했다. 프랑스에 관한 그의 기록은 다른 나라의 기록

李順鐸

프랑스 파리
1930년대 초 프랑스 파리 전경. 이순탁의 눈에 비친 파리는 무원칙과 소란스러움이 지배하는 도시였다.

들에 비해 상대적으로 짧은 편이다. 그는 프랑스와 프랑스 사람들에 관해 별다른 깊은 인상을 받지 못했던 것 같다. 그러나 파리 시내 여인들의 자유분방한 옷차림이나 약간 무질서한 풍경은 안 좋은 쪽으로 인상적이었던 듯하다. 이러한 경험은 그보다 20여 년 전 파리를 방문했던 가와카미도 비슷하게 겪었다. 가와카미는 파리를 찾는 관광객들이 으레 그렇듯이, 많은 시간을 카페 의자에 앉아 지나가는 사람들의 모습과 의상을 눈여겨 살피는 데 썼다. 소란스러움은 파리와 그밖의 다른 도시, 즉 런던이나 베를린을 구분 짓게 만드는 중요한 요소였다. "파리는 극락과 지옥이 서로 겹친 곳"이었다.[8] 비록 20여 년의 시차가 있음에도 동아시아 문화권에서 온 이 두 방문객에게 파리는 유럽의 다른 도시에서는 찾아볼 수 없는, 무원칙과 소란스러움이 지배하는 도시였다.

이순탁은 7월 7일부터 5일간 독일을 여행했다. 그는 하노버, 베를린, 함부르크 등지를 방문했다. 프랑스와 달리, 독일에 대한 인상은 매우 호의적이었다. 이것이 이미 그가 독일인에 대해 가지고 있던 선입견 탓인지 아니면 실제 인상이 그러했는지 정확히 판단하기는 어렵다. 아마 전자가 아닐까 생각된다. 독일에 대한 선입견은 독일의 선례를 중시한 일본의 근대화 과정에 바탕을 두고 형성된 것이다. 이순탁은 독일의 국민성을 강조한다. 그에 따르면, 독일인은 "의지가 강하고 사색적이며 인내성이 있고 견실하다." 이것은 프랑스인의 "경박, 부화뇌동, 단기, 우미함"과 판이하다.[9] 여성의 경우에도 진한 화장에 의한 가공미보다는 순수한 자연미가 돋보인다. 지식인으로서 이순탁은 헤겔, 칸트, 마르크스, 아인슈타인과 같이 뛰어난 족적을 남긴 학자들을 기억하면서 동시에 근대 유럽에서 독일의 성공적인 근대화를 이끈 프리드리히 대왕, 몰트케, 비스마르크 등 위인과 정치가의 활동을 높이 평가한다.

프랑스의 경우와 마찬가지로 독일에 대한 이순탁의 인상은 가와카미의 평가에 근접해 있다. 가와카미는 독일 사회의 분위기를 계획성과 철저함으로 요약한다. 그는 독일에서 겪은 몇 가지 에피소드를 통해 이를 설명한다. 하숙집에 투숙할 때 그는 종업원이 기재를 요구하는 서류 내용을 살폈다. 성명에서 체류기간에 이르기까지 십 수 가지 항목을 기재하도록 되어 있었다. 며칠 후 인근 경찰서로부터 출두 요구를 받았고, 출두한 후에는 기재사항을 일일이 확인 받았다. 체류지를 옮길 때에는 이전 하숙집에 퇴거신고서를 제출해야 했고, 새 집에서 다시 신고서를 작성해야 했다. 경찰서 호출장, 경찰서 출두를 다시 반복해야 했던 것은 물론이다.[10] 슈트라스부르크에 살고 있는 한 지

李順鐸

인을 방문했을 때 겪었던 일도 당시 독일 사회의 계획성과 철저함을 확인할 수 있는 사례였다. 가와카미는 지인을 찾기 위해 길을 나섰지만 정확한 주소를 기억하지 못해 한참을 헤매야 했다. 한참을 고생하다가 결국 경찰서를 찾았고 경찰들의 도움을 받은 후에야 지인을 만날 수 있었다.[11] 낯선 이방인의 어설픈 정보만으로도 목적지를 찾아내고야 마는 독일 경찰을 보며 가와카미는 독일식의 철저한 정보 수합 및 관리에 감탄을 금치 못했다. 이는 프랑스는 물론 영국에서도 겪지 못한 일이었다.

이순탁의 여행기에서 흥미로운 것은 파시즘 정치의 현재와 미래에 대한 예리한 분석이다. 이 분석에는 식민지 지식인으로서의 시각이 담겨 있었다. 여행길에 오르면서 이순탁은 먼저 교토를 방문한다. 가와카미 교수의 소식을 듣기 위해서였다. 당시 가와카미는 치안유지법 위반으로 감옥에 있었다. 그는 감옥에 있는 가와카미를 면회하려 했으나, 가와카미의 제자이자 교토제국대학에서 그의 후임 교수로 있던 타니구치谷口의 충고를 듣고 단념한다. 군국주의는 독일과 이탈리아만이 아니라 일본에서도 뚜렷한 추세로 나타나고 있었다. 흥미로운 점은 이순탁 또한 일제 말에 동료 및 제자들과 함께 투옥되는 시련을 겪었다는 사실이다. 두 사람의 인생 역정이 이리도 흡사하다니, 공교로운 일이다.

이순탁이 유럽을 여행할 때 파시즘은 이탈리아뿐만 아니라 독일에서도 기승을 부리고 있었다. 그는 독일 여행 중에 독일에서 일어나고 있는 파시즘 광풍을 직접 목격한다. 파시스트는 공산당 박멸, 노조운동 탄압, 유대인 추방, 서적 불태우기 등을 통해 대중을 선동하고 있었다. 인종주의가 기승을 부리면서 대학에서도 유대인 학자들이 추방

독일 베를린
1930년대 초 독일 베를린 거리. 이순탁은 독일 여행 중 공산당을 박멸하고 유대인을 멸시하는 파시즘 광풍을 목격한다.

되었다. 특히 이순탁은 세계문화에 기여한 독일의 학문적 전통이 분서에 의해 스스로 부정되는 현실을 안타까워한다. 독일 정신의 재건을 명분으로 기존의 독일문화를 파괴한다면, 이는 "종래 독일문화는 독일 정신의 소산이 아니라는 것, 독일 민족은 최근 수십 년간 남의 정신 아래 살아왔다는 것을 인정하는 것이다. 이것이 무슨 수치인가"라고 한탄한다.[12] 독일 나치스가 군국주의를 강화하면서 프랑스도 군비확장에 열을 올린다. 독일의 군국주의 열풍이 사라지지 않는 한 평화는 요원한 듯하다. 이순탁은 유럽의 국제정치를 보면서 불길한 미래를 예견한다.

금일 세계의 정치가로서 선견지명 없이 그때그때를 꾸려나가고자 하는 날에는 멀지 아니하여 이 대립의 진전은 첨예에 이르러 제2차의 구주대전은 불가피하게 사실화할 것 같다. 그 승부가 어디 있든지 간에 이 때문에 장차 도래할 세계경제계는 더욱 위험한 지경에 들어 인류의 생활은 도탄에 빠질 것이다.[13]

독일의 파시즘 광풍에 비하면 이탈리아의 정치는 오히려 온건한 편이다. 이순탁은 이탈리아 무솔리니 체제를 독일보다 오히려 더 낫게 평가한다. 그 체제는 현실성이 있으며, 이탈리아의 상황에서 비롯된 것이다. 무솔리니 정권 아래 "사회의 정의와 공도"가 이전보다 더 확립되었다. 무솔리니 자신도 온후한 인물이며, 조합경제·통제경제를 추구하는 경제정책이 오히려 불황기에 효과적이라는 것이 입증되었다. 이순탁에게 이탈리아 파시즘은 "전후 혼란한 사회에 질서를 유지하기에 노력하고 산업 장려, 인구 증가, 교육 보급, 군경 치안 육성을 도모해 제2의 로마를 꿈"꾸는 사상이었다.[14] 그러나 그는 소국 이탈리아가 과연 로마의 영광을 되찾을 수 있을지에 대해서는 의구심을 갖는다. 성공을 거둘지 아니면 일종의 마기를 띤 변종이 될 것인지 의문이라는 것이다.

이순탁은 독일의 군국주의 분위기에 질색하면서도, 경제 정책에는 후한 점수를 주었다. 나치 경제 정책은 겉으로 보기에 성공적이었다. 그는 나치 경제 정책의 본질을 정확하게 간파한다. 나치가 대중동원에 성공한 것은 경제적으로 국민 전체의 이익을 위해 여러 경제 통제를 단행하면서도 불로소득 폐지, 이자노예제 타파, 금융자본 배척 등의 슬로건을 내걸어 대중의 관심을 끌었기 때문이다. 유대인 금융자본가들이 특히 증오의 대상이었다. 뿐만 아니라 직접세보다는 국가의 독점기업 경영, 관유재산 수입 등에 재정을 의존함으로써 조세 없는 국가라는 환상을 심어주었다. 결국 나치는 반공산주의와 동시에 반자본주의 모습을 보여주지만, 본질적으로 자본주의 자체의 반대가 아니라 자본주의의 윤리적 결함을 제거하고 새로운 이데올로기를 주입하여 자본주의의 폐해를 치유하는 데 목적이 있었다. 새로운 이데올로기란 공동정신이다. 공동정신은 "개인과 사회의 유기적 전체성"을 전제로 한다. 여기에서 "공익은 사익에 앞선다"는 명제가 성립한다.[15] 그러면서도 이순탁은 이러한 추세가 군국주의의 광풍으로 변질되고 있는 현실을 예리하게 진단한다.


## 대불황기 영제국의 인상

7월 12일 이순탁은 함부르크에서 영국 사우샘프턴Southampton행 여객선에 올랐다. 그 후 8월 27일까지 영국에 체류하면서 바쁜 일정을 소화했다. 3주 동안 런던대학에서 주최한 외국학생 연수회에 참석하고, 케임브리지와 옥스퍼드를 방문하기도 했다. 런던에서는 당시 세계경제회의장을 두 번씩 들러 대공황기 국제경제의 추이와 이에 대한 선진국들의 관심을 살피기도 했다.

근대문명을 선도한 영국 방문을 앞두고 그는 기대감이 컸다. 특히 영어에 유창했기 때문에 유럽의 다른 나라를 방문할 때와 달리 긴장을 풀 수 있었다. 기독교 계통의 학교에 재직하면서 선교사를 비롯해 미국, 캐나다 출신 동료와 영어로 소통한 덕분이었다. 그동안 아시아를 거쳐 유럽대륙을 여행하면서 갖가지 실수를 연발하고 말로 다 형용하지 못할 고생을 겪었다. 말이 통하지 않아서 "목이 말라도 물을

李順鐸

먹지 못하고 배고 고파도 먹고 싶은 것을 먹지 못할 때"가 있을 정도였다. 그러나 영국은 언어와 문자 모두 영어를 사용하는 나라였다. 영어를 제2외국어로 구사하던 그로서는 두려운 생각이 없어지고 마음이 가라앉는 것을 느꼈다. 여행기에서 그는 사우샘프턴에 도착하자마자 마치 '고국'에 들어선 듯한 인상을 받았다고 실토한다.[16]

이순탁은 사우샘프턴에서 기차로 런던 워털루 역에 도착한 후 당시 유학생 이활李活이 머물던 학생유스호스텔을 찾았으나 그를 만나지 못했다. 이순탁은 역 인근의 한 사저에 하숙을 정하고 런던에서 여름을 보냈다. 그가 보기에 영제국은 경제위기의 한가운데서 고통을 겪고 있을 뿐만 아니라 쇠퇴의 기운이 완연한, 말하자면 '해가 지지 않는 나라'라기보다는 '해가 기울고 있는 나라'였다. 런던 워털루 역에 도착했을 때 가장 눈에 띄는 것은 거리의 남루한 옷을 걸친 술주정뱅이와 걸인이었다. 역 광장을 빠져나올 때 그는 술 취한 중년남성과 마주쳤다. 그 사람은 무턱대고 술 한 잔 사달라며 이순탁을 따라다녔다. 돈이 없다고 하자 심지어 호주머니를 확인하려고 했다. 이순탁은 일순 당황해서 급히 지나가는 행인들 틈에 몸을 숨겼다. 거리 어디서나 구걸하는 사람들을 볼 수 있었다. "땅에 떨어진 담배꽁초를 줍거나 빈 담뱃갑을 벌려보는 사람, 쓰레기통 뒤지는 사람들"[17]은 경성 거리에서도 자주 볼 수 있었지만, 파리나 베를린에서는 좀처럼 보기 힘들었다.

런던 와서 가장 먼저 놀란 것은 걸인이 많다는 점이다. 금일 의연히 세계에 군림하는 대영제국, 그리고 세계에서 가장 큰 런던시의 표면에 나타나는 걸인이 세계 어느 도시보다도 많다는 것은 보지 아니한 사람은 곧이듣지 않을 사실이다. 적어도 소위 문명국 도시라 하여 구주 각국의 대소 도시를

보다가 런던을 본즉, 실로 어느 사람들이 말하는 노영제국의 몰락인가 하는 느낌도 없지 않다.[18]

이순탁은 런던에 장기 체류하는 동안 아침부터 저녁까지 도심 곳곳을 눈여겨보았다. 번잡한 거리일수록 구걸하는 사람들로 넘쳐났다. 네거리 같은 곳에는 성냥, 구두끈, 슬리퍼 등 잡화를 파는 초라한 행상과 그림 그리는 화가와 악사들이 들끓었다. 사지가 멀쩡한 사람들이 이런 행각을 벌였던 것이다. 사실 이러한 풍경은 경성 거리에서는 낯익은 것이었지만, 세계제국을 경영하는 영국에서도 볼 수 있다는 것이 신기했다. "자본주의가 가장 발달한 나라에 걸인이 많은 것은 흥미로운 현상이다." 이순탁은 걸인 대부분이 실업에서 비롯된 근

영국 실업자
1930년 런던 워크하우스workhouse 앞 실업자들의 모습. 이순탁은 런던에 걸인이 많다는 점에 놀라움을 표한다.

李順鐸

래의 현상이라는 점을 깨달았다. 도심 광장이나 공원에 몰려들어 시간을 보내는 군중 대부분이 실업자로 보였다. 하이드파크나 트라팔가르광장의 벤치, 화이트채플의 거리 어디서나 실업자들이 넘쳐났다. 실업자들의 행렬 또한 그가 거쳐온 파리나 베를린에서도 좀처럼 보기어려운 것이었다. "세계적 불경기의 표면에 나타나는 현상은 런던에와서야 볼 수 있다."[19]

그렇다면 대공황기 영국의 실업 상황은 실제로 어떠했는가. 영국은다른 나라와 달리 1920년대 후반에도 10퍼센트 이상의 실업률을 보였다. 그러던 것이 대공황기에는 20퍼센트 이상으로 가파르게 상승한다.[20] 이러한 높은 실업률은 이전 시대의 영국인들이 결코 겪어보지못했던 새로운 경험이었다. 당시 실업은 수출산업 쪽이 신산업 분야에 비해 더욱더 심각했다. 탄광업, 제철 및 제강업, 조선업, 면업 분야가 만성적인 경제불황에 시달렸으며, 이에 따라 이들 산업이 집중된지역 주민들이 더 극심한 실업의 고통을 겪었다. 랭커셔를 비롯한 서북부 산업지대, 버밍엄 지역이 이에 해당한다. 이순탁이 머물던 런던은 그래도 상황이 나은 편이었다.

당시 실업자들은 세 부류로 나눌 수 있었다. 우선 계절 또는 일시적인 요인 때문에 단기간 실직 중인 사람들이 있었다. 다음으로 전혀 일거리를 잡지 못하거나 성인의 임금을 요구하지 않는 경우에만 고용되는 젊은이들이 있었다. 마지막으로 가장 절망적인 이들로서 1년 이상일자리를 잡지 못한 장기 실업자들이 있었다. 실업의 충격은 개별 가정마다 서로 달랐다. 동시대인의 회고와 구전 기록들을 보면 극도의궁핍과 가족 간의 불화, 그런 와중에도 체면을 지키려는 자존심과 부끄러운 감정이 교차하고 있었다.[21] 실업 때문에 더욱 심각해진 노동자들의 문젯거리들이 고스란히 담겨 있다.

사실 당시만 하더라도 영국은 실업보험을 비롯한 사회보장정책 면에서 유럽의 다른 나라에 비해 앞서 있었다. 그러나 바로 이 선진성이 오히려 영국 정부가 대공황에 유연한 경제정책을 시행하는 데 저해요소로 작용했다. 정부는 공공사업 확대나 경기부양을 통해 실업률을 낮추는 거시경제정책보다는 기존의 실업보험제도를 확대하는 소극적인 대응책에 더 관심을 가졌다. 1918년에 처음 도입된 실업보험제도는 계절적 실업에 취약한 직종 종사자 약 225만 명만을 대상으로 하는 제한적인 체제였다. 그 후 1919년에 실업수당제도를 도입했으며 그 다음해에 제정된 실업법은 보험 대상을 연 250파운드 미만 소득자에게까지 확대했다.

1920년대 후반에 불황이 깊어지면서 실업자들은 실업수당을 받는 기간이 끝난 후에도 새로운 일자리를 찾기보다는 임시급부금benefit을 신청하는 경향이 높아졌다. 그 결과는 극심한 재정위기였다. 1930년 노동당 내각의 뒤를 이은 거국연립내각은 이 문제를 해결하기 위해 임시급부금 지급에 관한 모든 업무를 '공공보조위원회Public Assistance Committee' 소관으로 일원화했다. 위원회는 6개월 이상 일자리를 구하지 못한 실업자와 그 가족의 가족소득을 상세하게 조사한 후 일정 기준에 해당하는 자격을 갖춘 사람들에게만 임시급부금을 지급했다.[22]

실업수당과 가족소득조사mean test가 얼마나 많은 사람들에게 인간적인 모멸감과 치욕을 안겨주었는가는 동시대인들의 회상을 통해서도 충분히 짐작할 수 있다. 실업보험에 가입한 사람들은 일자리를 잃은 후에는 26주 동안 실업수당을 받을 수 있었다. 그 기간이 끝난 후에는 임시급부금을 신청할 수 있었지만, 실제로 보조를 받기 위해서는 세밀한 가족소득조사를 거쳐야 했다. 지방정부 산하의 공공보조위원회에서 파견된 조사관들은 신청자의 자녀를 포함하여 저축, 연금 등 온갖 종류의 수입원을 조사하고 판정을 내렸다. 이 소득조사는 궁핍한 시대에 다수 실업자들에게 쓰디쓴 기억으로 남아 있다. 일부는 이러한 모멸을 감내했지만, 다수는 조사받기를 포기하고 부랑민으로 전락했다. 경직된 실업보험제도가 재정 부담은 물론 걸인이나 부랑자를 양산하는 결과를 가져온 셈이었다. 이순탁이 런던 거리를 지나면서 걸인의 천국이라는 인상을 받은 것도 어쩌면 자연스러운 일이었다.

이순탁은 경제학자로서 영국이 겪는 경제불황을 성찰한다. 영국의 불황이 유럽에서 가장 심각해 보이는 것은 자기 것에 대한 자부심이 지나쳐 전통과 혁신의 조화를 이루지 못한 영국인들의 태도에서 비롯한 것이었다. 이러한 집착은 궁극적으로 경쟁력 약화로 귀결되었다. 그는 인도양을 지나면서 그해 4월 인도정청이 일본과 인도의 통상조약 파기를 선언한 것을 떠올린다. 그가 보기에 이 파기 선언은 랭커셔 면업 분야 자본가들의 압력에 의해 이루어진 것이었다. 일본산 면제품이 인도 시장에서 우위를 점하게 되자 랭커셔 산업자본가들이 인도에 압력을 행사해 통상조약 파기를 선언하도록 한 것이다.[23]

이순탁은 영국을 떠나기 직전 리버풀과 맨체스터 면업지대를 답사하면서 전통적인 수출산업의 쇠퇴를 실제로 목격한다. 그는 당시 영국 경제가 직면한 문제를 정확하게 이해하고 있었다. 그의 설명에 따르면, 1920년대 후반 이래 영국의 무역액은 급속하게 감소한다. 영국 당국은 이를 만회하기 위해 기존 교역국에 대한 외교 공세를 강화함과 동시에 식민지에 대해서는 독점적인 수출시장을 확보하는 데 노력을 기울였다. 전통적인 교역국인 중국, 러시아, 폴란드, 터키, 이집트에 대해서는 외교적인 회유 정책을 펴고 식민지인 인도, 호주, 말레이 반도, 남아프리카의 경우 해외수입상품에 대한 관세를 인상한 것이다. 특히 인도 시장의 경우 일본 상품에 대한 견제를 강화했다. 식민지 지역의 영국 수출시장이 주로 일본 제품에 의해 잠식당했기 때문이다.[24]

이순탁은 이러한 상황이 일시적인 것이 아니라 영국 경제의 구조적인 문제에서 비롯된 현상이라고 생각했다. 예를 들어 인도 시장에서 영국산 면제품이 일본산에 밀리는 것은 높은 생산비로 인해 가격 경쟁이 되지 않기 때문이다. 영국인들의 전통을 존중하는 모습은 좋은 점이 있기는 하지만, 다른 한편으로는 그들 자신의 오만함에서 나온 것이다. 그들은 급속한 변화를 싫어하고 혁신에 대한 노력도 게을리한다. 이는 면공업이라는 산업 분야의 사례지만, 영국의 국가경쟁력은 도처에서 약화일로를 겪고 있었다. 이순탁은 운무로 가득하고 매연이 심한 런던 도심도 전통에 집착하는 영국인들의 생활태도와 관련지어 생각한다. 런던은 국제적 명성에 어울리지 않게 위풍당당한 석조건축물 대부분이 "흑인의 얼굴"을 지니고 있다.[25] 대부분 도시의 매연으로 검게 변한 탓이다. 햄스테드 히스와 같은 고지에 올라서면 런던시 전체가 매연으로 뒤덮인 것을 목격할 수 있다. 사람이 어떻게 이런 곳에서 살 수 있을까 의문이 떠오를 정도다. 이순탁은 이 매연이 공장만이 아니라 가정집에서 사용하는 석탄난로 때문에 악화되었다는 말을 듣는다. 그는 여기에서 영국인의 습성을 떠올린다.

이 불완전 연소의 난로에서 토하는 매연이 또한 런던의 하늘을 더럽힐 뿐만 아니라 공기를 혼탁하게 하여 인체를 해치며, 식물에 독을 주며, 건물을 그을리는 것이다. 전기가 발달한 오늘날 난방장치를 전기로 변화하기 어려운 일이 아니지만, 영국인은 한갓 전통의 고루함을 좋아하는 국민이기 때문에 시 당국이 이를 장려함에도 별 효과가 없다는 말을 들었다.[26]

서유럽 여행에서 이순탁이 관심을 두었던 것은 경제불황을 타개하기 위해 런던에서 개최된 세계경제회의World Economic Conference였다. 그는 이 회의를 참관하려고 유럽대륙 여행 일정을 줄여 7월 14일 런던에 도착했다. 그러나 공교롭게도 그가 도착한 바로 그날 주최 측은 당분간 회의를 열지 않고 27일 다시 총회를 소집하기로 결정했다. 그는 7월 15일 회의장인 지질박물관을 방문해 회의장만을 둘러보았다. 런던경제회의는 6월 12일에 66개국 대표들이 참가한 가운데 성황리에 개최되었다. 그러나 참가국의 이해가 첨예하게 대립되어 논란만 빚어졌을 뿐 어떠한 합의도 이끌어내지 못했다. "중세 십자군 기사 같은 각국 대표들은 개회식 첫날 자국 눈앞의 이해 외에는 아무것

지질박물관
1933년 런던경제회의가 열린 지질박물관. 런던경제회의는 이순탁이 관심을 둔 행사였으나 직접 보지는 못했다.

런던경제회의
1933년 6월 대공황 대책을 논의하기 위해 런던경제회의에 참석한 각국 대표들이 지질박물관 앞에 모여 있다.

도 드러내지 않고 승리를 얻기 위한 공동전선 결성이 현재 정세로는 얼마나 어려운가를 비로소 깨닫게 되었다."[27] 회의가 결렬되었기 때문에 이제 공황 타개를 위한 국제적인 협력은 더 어려워지게 될 것이다. 이순탁이 보기에 향후 세계경제 전망은 더욱 어두웠다.

다음에는 필연적 과정으로 더욱 격렬한 경제 블록의 대립, 금본위 이탈국과 금본위국의 항쟁, 관세 인상, 쇄국적 경제 정책의 발전 등 세계적 경제 전쟁이 다가올 것이다. 그리고 그 다음에 올 것은, 다시 성의 있는 국제 협조가 성립되지 않는 날에는 세계적 무력전쟁일 것이니, 금후의 국제정세 전개는 실로 등한시할 수 없을 것이다.[28]

원래 영국이 주도한 런던경제회의는 국제협조 아래 대공황 극복책을 마련하기 위한 것이었다. 회의 개최지가 영국으로 정해지고 회의

의장을 영국 수상 로이드 조지가 맡은 것은 당연한 일이었다. 이순탁은 런던경제회의가 소집된 배경과 결렬 원인을 정확하게 파악하고 있다. 그만큼 그는 국제정세의 흐름을 잘 알고 있었다. 당시 세계공황의 가장 심각한 문제는 물가 하락과 무역 감소였다. 이러한 문제를 해결하려면 각국이 공동보조를 취하면서 통화팽창정책을 펴고 관세 장벽도 제거해야 한다. 이러한 정책의 전제조건은 국제 환율의 안정이다. 물론 이순탁은 따로 지적하지는 않았지만 이 두 마리 토끼를 잡는 것이 매우 어려우며 사실상 모순되는 일이라는 점을 잘 인지하고 있었을 것이다. 어느 나라가 통화팽창정책을 취해 화폐가치가 떨어지면, 오히려 상대국이 수입관세를 높이는 정책을 펴는 것은 경제학의 기본 상식이었기 때문이다.

경제회의가 결렬된 것은 바로 이 모순을 해결할 만한 국제협조를 합의하지 못해서다. 이순탁은 다음과 같이 분석한다. 공황의 심각성은 물가 하락과 무역 감소에 있다. 물가를 유지하고 무역을 촉진하기 위해 국제회의는 통화와 관세 문제 해결에 중점을 두었다. 여러 나라들이 금본위제를 유지하면서도 통화 증대를 위해 통화은행의 금 준비율을 인하하는 데 동의했다. 그러나 회의는 미국의 반대 때문에 결렬되고 만다. 미국의 대규모 재정팽창 계획 때문이었다.[29] 이는 결국 세계제국이자 패권국가라고 할 수 있는 영국이 국제질서를 좌우하던 시대가 지났음을 여실히 보여주는 풍경이었다.

## 제국의 사회문화와 세계화

이순탁의 눈에 비친 음울한 제국의 인상은 경제적인 문제에만 국한되지 않았다. 사회 분위기, 특히 여성의 모습과 태도 자체도 단순히 익숙하지 않은 문화 차원을 넘어 제국의 쇠퇴를 보여주는 징후 같았다. 그는 대륙 다른 나라에 비해 영제국에서 여성의 사회 참여가 더 뚜렷한 것을 보고 놀라워한다. 영국은 여성의 천국이었다. 런던을 비롯한 대도시는 여성이 남성에 비해 훨씬 더 많았다. 길거리를 가는 행인들만 봐도 그랬다. 직업을 구하고 생활비를 벌기 위해 대도시로 많은 여성 노동인구가 몰려든 탓이다.

파리에서는 요리점이나 상점에서 여자를 보기가 드물고, 베를린에서는 다소 볼 수가 있지만, 런던에서는 거의 어느 요리점, 어느 상점에 가든지 여자 점원이 대부분을 점했다. 아마 공공 사무소도 그럴 것이다. 이 때문에 오후 6시경 모든 사무가 쉴 시간이면 거리에 쏟아져 나오는 사람은 대부분이 여자다. 이리하여 특히 이 시간이면 옥스퍼드 가, 리전트 가, 피커딜리 가, 본드 가 등의 거리는 고운 의복에 화장 잘한 꽃 같은 여자들이 화려한 건물과 쇼윈도의 미를 가일층 더 돕는다.[30]

그러나 가난한 식민지 조선의 지식인이 보기에 이 같은 여성의 사회 참여는 지나친 것이었다. 여성의 사회 참여는 자유분방함과 성개방 의식을 불러왔다. 이순탁은 이러한 참여가 1차 세계대전 이후 가속화되었다고 소개하면서, 여성의 지나친 흡연 습관을 지적하기도 한다. 집안에서는 말할 것도 없고 도로변이나 공원 또는 다른 공공장소

李順鐸

에서 거리낌 없이 손가락에 담배를 낀 여성을 수없이 만난다는 것이다. 이러한 흡연은 특정 계층만이 아니라 귀부인에서 학생에 이르기까지 모든 계층에 만연해 있었다. 그는 재무장관이 재정 상태가 열악하지만 유일하게 담배세가 증수되어 도움을 준다고 답변했다는 에피소드를 언급하고 나서 그중 상당 부분은 여성이 기여했을 것이라고 추측한다. 이 여성해방의 물결은 성개방 풍조에서도 확인할 수 있다. 식민지 조선의 지식인이 보기에, 이 또한 고대 로마제국이 그러했듯이 사회 발전을 가리킨다기보다는 도덕의 문란이자 국가의 쇠락을 반영하는 것이었다.

식민지 조선의 한 지식인에게 영국은 쇠락하는 대국이었다. 하지만 그럼에도 오랜 역사 속에서 형성된 전통과 문화는 찬탄과 부러움으로 다가왔다. 이순탁이 가장 부러워한 것은 개인의 삶이나 사회 저변에 자리 잡은 '자유'의 분위기였다. 같은 유럽이라 하더라도 대륙과 영국을 구별 짓는 것이 있었으니, 바로 이 자유의 문제였다. 독일이나 다른 나라의 경우 체제에 위협을 주거나 불온하다고 판정한 사상은 엄격하게 통제했다. 그러나 영국은 그 같은 조치가 없었다. 벤덤의 공리주의와 스미스의 경제이론은 바로 개인의 자유를 바탕으로 사회의 조화를 추구한 것이다.

이순탁은 하이드파크에 들러 각종 사상을 전파하는 강연자들의 모습을 관찰한다. 공산주의와 반공주의, 파시즘과 반파시즘, 기독교 복음주의와 반기독교주의가 공원에서 서로 부딪치고 있었다. 그는 이렇게 외친다. "아, 사상의 자유, 주의의 자유, 선전의 자유, 영국에 와서야 이러한 자유를 볼 수 있다."[31] 영국인들이 이렇게 사상에 관대한 것은 자기 것이 가장 좋다는 자부심 덕분이다. 이순탁은 영국인들의 자유가 바로 자신감에서 나온 것임을 알고 부러워한다. 마르크스나 엥겔스의 초상화가 거리 곳곳에 걸려 있고 사람들이 파시즘이나 공산주의 등 극단적인 정치 이데올로기를 설파해도 정치인이나 평범한 시민 모두가 별로 개의치 않는다.

세계 각국에서 무서워하는 공산주의를 영국에서는 자유로 방치해 두어도 오늘날 영국더러 사상적 위기에 있다고 말하는 사람은 거의 없다. 나는 이것을 볼 때에 사상은 자유로 토의를 시켜놓아야만 차라리 위험이 없다는 것을 통절히 느꼈다.[32]

이순탁보다 20여 년 전 런던을 방문했던 가와카미도 비슷한 인상을 받았다. 겉으로 보면 무계획적이고 질서가 없는 듯한 풍경이 실제로는 자연스러우면서도 자유로운 삶의 반영이라는 것을 깨달았다. 물론 처음에는 그도 무계획적으로 발달한 런던에 실망한다. 런던의 도심은 계획도시라고 할 수 없었다.[33] 도로와 건물, 도심 시설물들 모두가 표준적인 계획에 따른 것이 아니었다. 베를린을 방문한 사람이면 누구나 도시의 일부분만 바라봐도 도시 전체의 성격과 전반적인 패턴을 알 수 있다. 이와 달리 런던은 전체를 둘러보지 않고서는 알 수가 없다. 런던의 도심은 다양성의 전범이라고 할 수 있기 때문이다.[34] 가와카미는 독일보다는 전통적인 영국에 더 높은 가치를 부여한다. 그는 모든 사람들이 자유를 구가하면 살고 있다는 사실에 놀라워했다. 어느 날 공원에 들렀다가 받은 인상에 대해 이렇게 적었다. "베를린에서 런던에 와 보니 금지 표시가 없는 것만 보더라도 확실히 다른 나라에 왔구나 하는 느낌을 갖는다. 특히 유쾌한 것은 도처의 공원잔디가 모두 개방되어 있고, 사람들이 밟고 다니는데도 그들에게 맡겨져 있다는 점이다. 베를린 잔디는 런던의 것과 비교해보면 아늑하고 깨끗하다. 그러나 런던 것은 시민의 산책을 위해 마련된 잔디지만, 베를린 것은 시민이 그곳으로 들어가는 것을 금지하기 위한 가르침의 잔디다."[35]

영국 사회의 자유는 그들의 정치에도 깃들어 있었다. 국왕과 귀족이 권위를 가진 나라에서 의회정치가 가장 일찍 발전한 기묘한 현실도 아마 폭넓게 자유를 허용하는 토대 위에서 가능했을 것이다. 이순탁은 정치의 본거지 웨스트민스터 의사당을 자주 찾아 방청하곤 했다. 템스 강변에 자리 잡은 의사당은 겉보기에는 위용이 대단했다. 그러나 안으로 들어가보면 너무 협소해서 놀라지 않을 수 없다. 본회의장의 경우 왼쪽에는 여당인 노동당, 오른쪽에는 야당인 보수당 의원

들이 자리 잡고, 제3당인 자유당 의원들
은 이곳저곳 빈 좌석에 앉아서 의회토
론에 참여했다. 좌석도 여럿이 함께 앉
는 긴 의자인데다가 앞에 흔한 책상도

마련되어 있지 않다. 당시 하원의원 정원인 615명이 모두 앉을 수 있
는 공간이 없는 것이다. 이 초라한 풍경에서 이순탁은 오히려 선진정
치의 모습을 발견한다.

회의장의 모습은 참으로 의사실이요, 무슨 연설장이나 토론장이 아니다.
그 분위기가 조선 같으면 좌담하는 장면을 나타낸다. 그리고 보통은 각각
자기 자리에서 말하게 되고, 그 좌석의 거리가 너무 가깝기 때문에 연사가
하등 힘이 들지 아니하며, 뽐낸다든지 체면 볼 것도 없다. 요컨대 저들은
천하의 정치를 의논할 때에 앉아서 서로 상담 식으로 한다. 이런 데서도 잘
도 세계 제일의 노화한 정치가 우러나고 세계의 으뜸 되는 헌정의 열매가

맺히는 것은 감동하지 아니할 수 없다.[36]

근대문명이 영국인의 주도 아래 발전해왔다는 것을 이순탁은 누구보다 잘 알고 있었다. 그는 19세기 중엽 이후 런던 도심 웨스트엔드, 특히 블룸스버리 광장과 사우스켄싱턴에 조성된 박물관과 대형 전시관을 둘러보면서 이를 더욱 절감할 수 있었다. 우선 영국박물관의 경우 인류의 지식의 보고인 서적 컬렉션과 문화유산 소장품의 규모나 가짓수가 놀라움을 안겼다. 이는 유럽대륙의 다른 나라에 견줄 바가 아니었다. 마르크스 숭배자였던 터라 그가 오랫동안 독서와 집필에 몰두했던 좌석 옆에서 그에 관한 일화를 소개하기도 하고[37] 박물관 소장품을 둘러보며 조선 문화의 자취를 탐색하기도 했다. 그는 에드워드 7세가 기증한 미술품 가운데 조선 시대 인물화 두 점을 발견할 수 있었다. 또 각국의 고대 인쇄물 소장품 중에서 조선 전기에 간행된 《두시언해》와 불경 하나를 찾았다. 신라 시대와 조선 시대의 도자기도 수십 점이 진열되어 있었다.[38] 그러나 그는 세계문화의 유산을 보존하려는 박물관의 노력에 찬사를 아끼지 않으면서도, 그 제국적 속성에 대해서는 언급하지 않는다.

이순탁이 영국의 문화적 저력을 분명하게 느낄 수 있었던 곳은 자연사박물관이었다. 그는 박물관 정면에 세워진 찰스 다윈과 토머스 헉슬리의 동상을 보면서 영국인의 지적 전통이 피부에 와닿는 것을 느꼈다. 또한 자연의 경이와 인간의 나약함, 그리고 태초부터 현대에 이르기까지 자연의 변화를 체계화해 지적 유산으로 남기려는 영국 지식인들의 노력에 감탄하지 않을 수 없었다. 유럽 다른 나라에도 이와 비슷한 전시관이 세워져 있지만, 질과 양에서 영국인의 성취를 따라

갈 수는 없었다. 이러한 인상은 인근의 과학박물관을 둘러보았을 때도 마찬가지였다. 학생이나 노동자 등 관람객들이 전시관의 여러 기계장치를 자유롭게 만지고 작동시키는 모습을 볼 수 있었다.

이 빈약한 인간이 잘도 온 세계 만물을 정복해 독특한 인류 문화를 창조하게 된 원인이 어디 있을까 하고 생각할 때 나는 문득 일찍이 벤저민 프랭클린이 '인간은 기구를 제조하는 동물이다' 라고 한 말을 생각했다. 실로 인간이 오늘날 다른 모든 동물이 가지지 못한 인류 독특한 문화를 가지게 된 원인은 오로지 인간은 기구를 제조 사용할 줄 알아서 이것으로 생물이나 무생물을 정복한 데 있으며, 더욱이 근대에는 기구의 복잡한 것인 기계를 발명 사용한 데 있다.[39]

이순탁에 따르면, 영국 문화가 다른 세계에 영향력을 행사하는 뚜렷한 증거는 영어다. 그는 국제정치나 경제 면에서 영국의 쇠퇴를 인정하면서도 문화적 영향력은 당분간 지속될 것이라고 생각한다. 영어야말로 영제국의 네트워크를 연결하는 주요 수단이면서 동시에 다른 지역 사람들에게는 공통의 의사소통 수단으로 자리 잡았다. 그는 자신의 여행기에서 '지구화' 또는 '세계화' 라는 오늘날의 표현을 사용하지는 않았지만, 영어를 매개로 이루어지는 문화 확산과 통합 현상을 분명하게 인식하고 있었다. "사실 배 타고 세계를 유람하려면 영어만 가지고 조금도 불편한 것이 없을 만큼 영국의 세력은 심어졌다. 일본으로부터 출발해 먼저, 상해, 홍콩, 싱가포르, 피낭, 콜롬보, 아든, 수에즈, 포르투갈, 지브롤터, 영국, 미국의 각 항구, 과연 무섭다. 거기다가 거대한 캐나다, 호주, 남아연방을 집어넣어보라. 놀라지 않을 수 있나."[40]

이순탁은 영국 문화의 전통과 지적 유산을 존중했다. 영국에 체류하면서 런던대학의 국제학생워크숍에 참가한 것도 그 일환이었다. 워크숍 참가는 그의 처음 계획에는 없었던 것 같다. 런던대학 유니버시티칼리지가 주관한 워크숍 기간은 7월 21일부터 8월 17일까지였다. 그는 응모가 마감된 후에 신청했기 때문에 참가할 수 없어 후보자로 등록했는데 25일 결원이 있다는 연락을 받고 참가할 수 있었다. 조선인으로는 역대 두 번째 참가자라는 말을 들었다. 그가 수강한 과목은 영어 발음 및 회화, 영국 사회경제사정, 영국 고적 해설, 근대 영국작가론 등이었다. 영어와 영국 문화에 대한 개설적인 강의였지만, 영국 문화를 더 깊이 이해하고 싶다는 열망에서 수강하려 했다. 그는 수학여행 프로그램에 참여해 케임브리지대학을 방문한다. 작은 강변에 늘어선 오랜 칼리지들을 지나면서 밀턴, 다윈, 베이컨, 뉴턴, 바이런, 머콜리 등 무수한 지식인과 문화인들을 떠올린다.[41] 그들은 같은 대학 출신이라는 차원을 넘어 세계 인문 진화의 창달에 기여한 지식인·문인들이었다. 이 점만 보더라도 영국 문화가 근대세계의 초석이 되었다는 것을 실감할 수 있었다.

영국에 대한 이순탁의 인상 가운데 빠뜨릴 수 없는 것은 제국주의 문제다. 그는 가난한 동아시아의 작은 나라, 더욱이 식민 지배를 받고 있는 나라의 지식인 시각에서 영제국을 관찰한다. 영국과 인도, 일본과 식민지 조선의 관계는 기본적으로 닮은꼴이었다. 처음 일본으로 출항할 때에도 그는 배편의 승객을 보며, 일본으로 향하는 승객 가운데 남루한 노무자 차림의 조선인이 특히 많다는 점에 주목한다. 조선인 도항자 수가 많은 것은 조선인 인구의 부동화不動化 때문이다. 그는

"토지겸병과 토지부족과 산업 미발달"에서 부동화의 원인을 찾는데, 이는 식민지 지배에서 비롯된 것이라고 생각한다.[42]

이순탁은 도쿄의 도심 유흥가를 거닐기도 하고 또 도쿄의 후카가와深川나 혼조本所 같은 공장지대를 답사하기도 한다. 공장의 높은 가동률과 도심의 화려한 분위기는 일본 경제가 공황기에도 다른 공업국과 달리 비교적 높은 성장을 구가하고 있음을 보여주는 것이었다. 뿐만 아니라 그는 도심 슬럼가를 찾아 고한제도苦汗製度 아래서 혹사당하는 빈민들의 삶의 모습을 지켜보기도 했다. 이들의 모습은 어느덧 그의 눈앞에서 조선 노동자들의 모습과 겹쳐졌다. 식민지 상황의 특징은 계급과 신분의 구별 이전에 총체적으로 식민지인들이 "부랑화하고 궁핍화하는" 데 있었다. 그 점은 인도에서도 확인할 수 있다. 이순탁에 따르면, 인도 민중의 삶에서 일본-인도 통상조약은 중요한 의미를 갖는다. 인도인들은 더 값싸고 품질 좋은 일본산 면제품을 소비

일본 도쿄 공장지대
1930년경 도쿄 일본제국육군포병공창日本帝国陸軍東京砲兵工廠(철물공장)의 모습. 이순탁은 이 같은 공장지대를 답사하면서 식민지 조선의 상황을 떠올린다.

할 권리가 있기 때문이다. 더욱이 인도산 목면은 일본 섬유산업에 긴요했다. 그럼에도 일본–인도 통상조약 체결은 영국의 방해로 인해 제대로 이루어지지 못하고 있다. 영국의 이해관계에 의해 인도인이 희생당하고 있는 것이다.[43] 콜롬보에서 그는 인도국민운동 관계자를 만나 환담을 나눈 적이 있었다. 그는 자치운동 찬성파였다. 이순탁은 이 온건한 국민운동의 성공을 바라면서 다음과 같이 독백한다.

> 인도 국민이여, 좀 더 각성하여 계급 간의 투쟁에서 벗어나며, 종교의 갈등에서 초월하며, 영국의 이간책으로부터 회개하라. 그렇지 않으면 국민운동이 성공할 날도 묘연하며, 그대의 고혈은 더욱더 빨릴 것이다.[44]

이순탁은 상해와 홍콩을 방문할 때에도 반식민지 상태에 있는 중국의 현실에 연민을 느낀다. 그는 상해로 가는 배 안에서 한 독일인이 중국인을 비하하는 말을 들었다. "중국인은 아무것도 아니야, 민족의식도 없고, 정신도 관념도, 어떤 자선도 없어."[45] 이순탁도 그 말을 반박할 수 없었다. 표면적으로만 보면 그런 인상을 지울 수 없다. 심지어 중국의 지식인 중에는 중국 전부를 외국에 맡겨 "산업 발달과 교육 보급과 교통 발달"을 이룩한 후에 다시 독립하는 게 낫겠다는 농담을 하는 이가 있을 정도다. 이런 말을 떠올리면서 이순탁은 이렇게 되묻는다. "이 말을 들으면 간담이 서늘하다. 과연 중국은 어디로 갈 것인가?"[46] 물론 그의 질문에는 조선의 미래도 동시에 포함되어 있었을 것이다.

## 영제국의 미래

이순탁은 서유럽을 여행하면서 특히 파시즘의 위험을 분명하게 인식했으며, 세계공황이 파시스트 국가들의 재무장을 촉발해 전쟁의 위기를 불러오고 있음[47]을 절감했다. 그가 세계여행을 떠난 1833년은 독일에서는 히틀러 정권이 출범하고, 미국에서는 루스벨트가 집권한 지몇 개월도 지나지 않은 시기였다. 새롭게 떠오르는 독일과 미국의 힘에 비해 영제국은 글자 그대로 노대국에 지나지 않았다. 국제정치와세계경제의 혼란은 결국 영제국의 쇠퇴와 밀접하게 관련된 것이었다. 세계제국으로서 영국의 역할이 흔들리고 그 비중이 떨어지면서, 정치·경제적으로 세계가 균형을 상실한 것이다. 그는 파시즘에 대한 우려를 표명하면서, 경제블록 간의 경쟁이 겹쳐지면 제2의 유럽대전을피할 수 없을 것이라고 예견한다. 그리고 그의 예언은 불과 7년 후에현실로 나타났다.

경제공황에 대한 그의 이해도 아주 정확한 것이었다. 그는 금융공황으로 출발한 경제위기가 장기간 심화된 것은 국제통화제도의 불안정과 무역 쇠퇴 때문이라는 명확한 결론에 도달했다. 해결책은 물론국제적인 협조 없이는 불가능한 것이었다. 이 때문에 세계경제회의에깊은 관심을 보였지만, 그가 런던에 도착하기 직전 회의는 아무런 합의도 이끌어내지 못한 채 끝나고 말았다. 표면적으로 보면 루스벨트정부의 합의 거부 탓이었지만, 파행 자체가 세계제국으로서 영국의지도력 상실에서 비롯된 것이었다.

그러나 식민지 조선의 지식인 이순탁이 영제국을 바라보는 시각은이중적이었다. 한편에는 정치와 경제 모두 쇠락의 징후를 보여주는

늙은 제국의 이미지가 있다. 그러나 다른
한편에는 근대 서구문명의 기관차 역할
을 자임해온 문화강국으로서의 이미지가
겹쳐 있다. 여기에서 이순탁은 두 측면이
밀접하게 서로 연관된 것임을 절감한다. 풍요로운 지적 전통과 문화
적 유산이 오히려 쇠퇴로의 길을 열어놓았다는 것이다. "자유의 나라
가 사상적으로 세계에서 가장 보수적이라는 것은 기이한 감이 있지
만, 영국인은 전통을 존중하고 깊이 생각하며 남에게 부화뇌동하지
않으며 영국 것을 가장 존중한다."[48] 모든 것에는 빛과 어둠이 있다.
전통과 문화가 자긍심을 낳았지만, 영국인들을 자국중심주의 또는 자
국제일주의에 빠뜨리고 말았다. 이순탁은 영국인들의 교만함을 지적
한다. 그들은 영국 고유의 것에만 지고의 가치를 부여하고 그것으로

세계를 정복하려고 한다. 과연 이러한 태도가 영국인의 장래에 도움이 될 것인가. 그는 매우 부정적이다. "세계가 날로 변하여 새로워가는 오늘날 의연히 그런 태도를 가지는 것이 과연 영국의 장래를 위해 행복한 것이 될까 하는 느낌이 여행자의 머리에 핑 돈다."[49]

李順鐸

1923년 평북 의주 출생.

식민지의 질곡과 해방 공간의 혼란에 대한 경험 그리고 기독교의 영향으로 인해,

노명식은 기존의 전통보다는 서구의 새로운 문화를 통해

그의 조국이 새로운 발전 경로를 밟아야 한다는 점을 다른 누구보다 절감한 듯하다.

서울대학교 사학과를 졸업하고 같은 학교 대학원에서 서양사를 전공으로 선택한 것은 이 같은 인식의 발로로 보인다.

경희대학교 사학과에서 박사학위를 받은 후 미국 하버드대학교 옌칭연구소 객원교수를 거쳐

경북대학교, 경희대학교, 성균관대학교, 한림대학교에서 교수를 지냈다.

지은 책으로는 《프랑스 제3공화정 연구》(1976), 《현대역사사상》(1978),

《전환의 역사》(1978), 《현대사의 길목에서》(1978), 《민중시대의 논리》(1979),

《프랑스 혁명에서 파리 코뮌까지, 1789~1871》(1980),

《자유주의의 원리와 역사》(1991, 《자유주의의 역사》의 초판본), 《함석헌 다시 읽기》(2002) 등이 있다.

옮긴 책으로는 《현대세계사》(1964), 《역사의 연구》(축약본 전2권)(1976),

《서구문화와 종교》(1977) 등이 있다.

대표 저서 《자유주의의 원리와 역사》는

1992년 한국출판문화상 저작상을 수상했다.

# 盧明植
## 1923~2012

노명식 교수는 한국 서양사학계의 제1세대 원로학자다. 그는 2011년 여름철에 일생 동안 자신이 쓴 글과 책들을 한데 모아 열두 권짜리 전집을 펴냈다.[1] 스스로 출판 비용을 부담해 300부 한정판을 찍고는 대학 도서관을 비롯해 동료, 제자, 후배 학자들에게 보냈다. 그리고 다음해 1월 초 세상을 떠났다.

　전집에는 《프랑스혁명에서 파리 꼬뮌까지》(전집 9), 《프랑스 제3공화정 연구》(전집 10), 《현대 프랑스의 사회와 정치》(전집 11), 《자유주의의 역사》(전집 12) 등 이전에 출판된 저술도 포함되어 있지만, 나머지는 대부분 낯선 글들이다. 노명식 교수는 1960~70년대에 여러 지면에 계몽적이고도 시사적인 글들을 많이 썼다. 그는 지난 몇 년간 전집을 준비하면서, 이전에 다양한 지면에 기고했던 여러 글들을 주제에 따라 분류해 새롭게 정리했다. 《역사란 무엇인가》(전집 1), 《민족주의와 민족주의운동》(전집 2), 《토인비와 함석헌》(전집 3), 《함석헌 다시읽기》(전집 4), 《짓밟히고 찢겨진 20세기 코리아》(전집 5), 《한국인의 의식구조》(전집 6), 《한국의 대학과 교육》(전집 7), 《한 역사교수의 기독교사상과 신앙》(전집 8) 등이 이에 해당한다. 이 모음집에 실린 글들은 대부분 시론적인 성격의 글로서 저자가 평소 생각해온 여러 문제들, 이를테면 민족, 기독교, 역사의식, 한국현대사, 대학교육 등에 대한 단상과 시론이 주를 이룬다.

1923년 평북 의주에서 태어난 노명식 교수의 삶은 굴곡 많은 한국 현대사의 전개 과정을 그대로 보여준다. 같은 세대에 속한 사람들이 공유하는 삶의 경험이자 이력이다. 몇몇 학술지에 기고한 회고에 따르면, 노명식은 일본 유학, 전쟁기의 피난, 유신 시대의 해직 등 한국 현대사의 중요한 고비마다 크고 작은 고난을 겪었다. 그는 이러한 경험이 정신적 상흔으로 남지 않고 오히려 역사를 관조할 수 있는 자양분으로 작용했던 것은 무엇보다도 어렸을 때부터 지켜온 기독교 신앙 때문이었다고 술회한다.

## 삶의 궤적과 한국 현대사

노명식 교수는 생전에 자신의 생애에 관한 몇 편의 글과 인터뷰 기록을 남겼다.[2] 이들 글과 인터뷰는 부분적으로 중복되긴 하지만 각기 다른 내용을 포함하기도 한다. 회고와 인터뷰 기록은 그의 다른 저술에서 찾아보기 어려운 것들, 이를테면 어린 시절부터 형성된 삶의 태도나 성품 같은 것을 이해하는 데 도움을 준다.

노명식은 평북 의주 읍내에서도 50여 리 떨어진 한적한 시골 고향 마을에서 유년 시절을 보냈다. 그의 회고에 따르면, 고향마을은 관서 지방의 여느 시골처럼 반상의 구별과 차별이 별로 없는 곳이었다. 실제로 그는 유년 시절 내내 과거에 양반과 상민의 구별이 있었다는 사실조차 알지 못했다고 회상한다.

제 고향에는 양반이란 것이 없었으니까 상놈이라는 것도 없었습니다. 상
놈은 양반이 있는 곳에만 있지, 양반이 없는 곳에 상놈이 어찌 있을 수 있
습니까. 그러므로 제 고향에는 자연 그대로 이 세상에 태어난 자연의 사람
들만이 있었지 양반이니 상놈이니 하는 후천적이고 인위적으로 만든 그런
사람은 없었습니다.[3]

노명식 교수는 평소 다른 사람에게 항상 겸손하고 온유한 태도로
대했다. 이러한 성품은 고향마을의 분위기에서 영향을 받은 듯하다.
그러면서도 인위적인 권위나 권력에 대해
서는 분연히 거부하는 강직한 면모를 보
여주곤 했다. 이 또한 반상의 구별과 차별
이 없던 유년 시절의 체험에서 비롯했을
것이다.

일제 강점기 의주
노명식은 1923년 평북 의주 읍내
에서 50여 리 떨어진 한적한 시골
마을에서 태어났다. 반상의 구별
과 차별이 별로 없는 곳이었다.

유년 시절 시골마을의 분위기와 함께 노명식의 정신세계에 큰 영향을 준 것은 개신교였다. 20세기 초 평양을 중심으로 서북 지방에 특히 장로교가 널리 퍼졌다는 것은 잘 알려진 사실이다. 노명식의 고향마을 또한 기독교의 영향을 강하게 받은 곳이었다. 외진 곳인데도 면 단위로 따지면 교회가 다섯 군데나 되었다. 노명식은 기독교로 개종한 집안에서 어린 시절을 보냈기 때문에 교회 다니고 교회 활동하는 것을 당연한 일로 생각했다. 그의 조모가 어느 날 갑자기 예수 믿기로 결심한 후 집안 전체가 기독교인이 되었다. 그 후 교회는 노 교수 삶의 일부가 되었다. 겸손하면서도 강직한 그의 성품은 기독교 신앙과 밀접하게 관련된 것이었다.

평양 장대현교회
1907년 평양대부흥운동의 불씨가 되었던 교회(1900). 20세기 초 평양은 기독교의 영향을 상당히 받은 곳이었고, 노명식의 고향마을도 그러했다.

유년 시절 반상의 차별 자체를 몰랐던 노명식 교수는 성년이 된 후에 특히 남한 여러 지역에서 그러한 차별의식이 상당히 강고하게 남아 있다는 것을

알게 된다. 그럼에도 그는 평생에 걸쳐 이를 인정하지 않았다. 때로는 사회적 권위와 차별의식이 깃들어 있는 문화에 저항하기도 했다. 이런 점에서 보면, 그가 해방 후 마르크스주의나 사회주의이론에 관심을 기울일 가능성이 상당히 농후했다. 하지만 그는 사회주의에 경도되지 않았다. 기독교 신앙 때문이었다. 이에 대해 그는 후일 다음과 같이 술회한다.

공산주의와 사회주의에 관한 서적도 꽤 들춰보았고 공산주의와 기독교의 관계에 대한 문제도 꽤 심각하게 고민해 보았지만, 심정적으로 폭력혁명론으로 기울어지지 않더군요. 그 이유는 아무래도 제 심성이 어렸을 때 형성된 그 기독교적인 것 때문이 아닌가 생각합니다. 그러므로 해방 후 한국 기독교가 어딘가, 없는 자와 눌린 자의 편이 아니라 있는 자와 누르는 자의 편으로 기울이는 것같이 보일 때에는, 제 맘은 늘 복잡했습니다. 지금도 복잡합니다.[4]

노명식은 고향에서 소학교를 졸업하고 신의주 동중학교를 거쳐 야마구치山口 고등상업학교를 다니다가 해방을 맞았다. 당시는 일제의 전시동원체제가 기승을 부리던 때였다. 일제의 만행은 노명식뿐 아니라 그와 동시대를 살았던 젊은이들이 공통으로 겪은 고통스러운 경험이었다. 고등상업학교 2년을 수료한 노명식은 해방 후 서울대 사학과에 입학했다. 그러나 전쟁이 서울대를 졸업하고 대학원에 적을 둔 그의 삶을 다시 엄습했다. 한국전쟁이 나던 당시 그는 대학원생 신분으로 석사논문을 준비하고 있었다. 하지만 전쟁중에 준비한 자료를 모두 잃어버렸고 대구로 피난 내려가 그곳에서 정착해 살았다.

盧明植

유년과 청년 시절, 전쟁은 늘 노명식 교수를 따라다녔다. 초등학교에 처음 입학할 때에는 만주사변, 중학교 들어가던 해에는 중일전쟁이 일어났다. 일본 유학 시절은 태평양전쟁이 절정을 치닫는 때였다. 그 후 대학원에 다니던 중에 다시 한국전쟁으로 고통을 겪어야 했다. "전쟁의 신 마르스Mars가 자신과 질긴 인연이 있지 않은가" 하고 한탄할 정도였다.[5]

　태평양전쟁과 한국전쟁을 겪으면서, 그는 일종의 종말론적인 강박관념에 시달렸다고 고백한다. 종말론은 어쩌면 가장 절박한 상황에서 그나마 그의 삶을 지탱해준 희망 같은 것이었다. 전쟁의 상흔은 그가 내면에서부터 평화를 희구하도록 만들었고, 그 평화를 깨뜨리는 어떤 세력이나 의도에 대해서도 강한 분노와 적개심을 가지게끔 변모시켰다.

　식민지의 질곡과 해방 공간의 혼란에 대한 경험 그리고 기독교의 영향으로 인해, 노명식은 조국이 기존의 전통보다는 서구의 새로운 문화를 통해 새로운 발전 경로를 밟아야 한다는 점을 다른 누구보다 절감했던 것 같다. 대학원에서 서양사 전공을 선택한 것은 어쩌면 자연스러운 귀결이었다. 젊은 시절 그는 서구 민주주의야말로 위대한 이념이며 제도라는 확신을 가지고 있었다. 그에 따라 서구 민주주의를 낳은 서구문화의 토양을 두루 섭렵하려는 학문적 욕구로 가득 차 있었다. 물론 동아시아 지역이 서구와 만난 것은 자유주의나 민주주의 같은 이념의 도입을 위해서가 아니라 제국주의 국가들의 야욕에 따른 결과였다는 것을 곧 깨닫긴 했지만, 서구 민주주의에 대한 존중은 오랫동안 그의 학문적 배경에 깊이 자리하고 있었다. 자국의 전통에 대한 기대를 버리고 서구문화 속에서 미래의 새로운 희망을 찾는 태도에 대해 '자학사관'이라고 비판할지도 모르겠다. 그러나 이는 식민지 시기와 해방 후의 혼란을 겪은 세대에게 널리 퍼져 있던 일종의 정신적 상흔이기도 했다.


## 고난으로서의 역사

전집 12권 가운데 프랑스사에 관한 저술을 제외하면, 특히 필자의 관심을 끄는 것은 토인비Arnold Toynbee와 함석헌의 역사인식을 함께 다룬 《전집》 제3권이다. 노명식은 토인비와 함석헌의 역사관을 소개하는 계몽적인 글들을 여러 편 발표했는데, 이들을 한데 모아 《전집》 3권에 수록하면서 두 사람의 역사관이 매우 비슷하다는 점을 강조한다. 그는 1950년대 경북대학 사학과에서 원서강독을 맡아 가르칠 때 서머벨D. C. Somervell의 《역사의 연구》 축약본을 구입해 함께 읽기 시작하면서 토인비에 관심을 기울이게 되었다.[6] 토인비 원서강독은 교재 한 권 제대로 구입할 수 없었던 1950년대 지방대학의 현실에서 보면 불가피한 일이었다. 하지만 토인비의 거대한 역사서술에 깊이 매료될 수 있었던 행복한 순간이기도 했다. 그는 서머벨 축약본을 번역 출간하기도 했고, 토인비의 역사서술과 역사관에 대한 논문을 발표하기도 했다.

함석헌 선생의 책을 본격적으로 읽기 시작한 것은 그보다 훨씬 더 이후의 일이었다. 사실 함석헌의 《성서적 입장에서 본 조선역사》와 토인비의 《역사의 연구》는 전혀 다른 배경 아래서 씌어졌다. 함석헌과 토인비의 책은 모두 거의 비슷한 시기(1930년대)에 구상하거나 간행되었지만, 둘 사이에 특별한 연관성은 없다. 특히 함석헌이 토인비의 저술에서 영향을 받았다는 증거는 없다. 그러나 노명식은 이 두 책을 읽으면서 두 사람의 역사의식이 상당히 비슷하다는 점을 발견하고 전율을 느꼈다. 한마디로 두 사람은 인생과 역사의 본질을 '고난'으로 본다는 점에서 똑같다는 것이다.

토인비와 함석헌이 역사를 보는 자리와 시각은 놀랄 만큼 일치한다. 그 일치의 가장 깊은 데가 인생과 역사의 본질을 고난으로 파악한다는 점이다. 두 사람이 거의 같은 시기에 거의 같은 눈으로 인간과 역사를 거의 같게 보았다는 사실은 필자에게는 하나의 놀라움이 아닐 수 없었다.[7]

함석헌은 기독교적 신앙을 토대로 조선 역사를 재해석한다. 그는 조선 역사를 한마디로 '고난의 역사'로 보고, '가시면류관을 쓰고 가는 길'로 비유한다. 여기에서 고난은 인류가 겪어야 할 필연적인 경로다. 고난은 생명의 원리다. 고난을 통해 죄를 씻고 고난을 통해 인생의 깊이를 알게 되기 때문이다. 고난을 극복한 인간은 인생을 위대하게 만들고 우주의 궁극적인 존재에게로 나아가기 때문이다.[8] 토인비의 역사관도 마찬가지다. 토인비가 말하는 도전과 응전은 함석헌의 고난과 극복에 해당한다. 문명으로 도약한 이후에도 계속되는 도전에 계속 응전해야만 그 문명이 지속될 수 있다. 노명식에 따르면, 토인비의 이러한 인식은 함석헌의 역사관에 나타나는 일관된 흐름, 즉 내면화 과정 또는 정신화의 개념과 동일하다.[9]

함석헌 자신의 인생 역정과 식민지 조선 사회가 겪은 고난의 과정에서 오히려 역사의 새로운 변화와 도약을 대망하는 것은 충분히 이해할 수 있다. 그는 1901년 서북 지방 변경에서 넉넉지 못한 농민의

아들로 태어났다. 평양고등보통학교에 다닐 때에는 3·1운동에 관련
되어 퇴학을 당했다. 정주 오산학교에서 가까스로 중등 과정을 마치
고, 동경고등사범학교에서 수학했다. 1930년대 오산학교 교원으로
교육에 전념하면서 무교회 신앙과 특유의 역사관을 확립해나갔다. 해
방 후에는 민중의 삶 속에서 진정한 역사 발전의 경로를 찾으려고 모
색하면서 씨알사상을 정립하는 한편, 반독재민주화운동에 일생을 바
쳤다. 한마디로 예언자적 지식인이었다. 토인비에게서는 이와 같은
치열한 삶의 흔적은 나타나지 않는다. 노명식이 보기에, 토인비는 험
난한 생을 영위했던 함석헌과 달리 비교적 순탄한 삶을 살았다. 그는
윈체스터와 옥스퍼드에서 수학한 후 런던대학 교수와 외무부 산하 국

제문제연구소Royal Institute of International Affairs 교수로서 연구에 매진할 수 있었다.

그러나 토인비의 학자로서의 삶을 마냥 순조로웠다고 말하기는 어렵다. 영국적 상황에서 보면 그다지 순탄하다고 할 수 없었던 것이다. 1889년생인 그는 옥스퍼드에서 고전학을 공부했다. 1차 세계대전기에 외무부의 한 부서Political Intelligence Depart에서 근무한 후 그는 옥스퍼드 베일리얼칼리지Balliol College의 고전학 튜터tutor로서 학자 생활을 시작했다. 하지만 그의 학자로서의 삶은 출발점부터 엇나가기 시작했다. 칼리지 동료들의 비호의적인 태도가 지속된 것이다. 이에 실망한 그는 곧바로 런던 킹스칼리지King's College의 비잔틴사 및 현대 그리스 담당교수로 자리를 옮겼다. 그러나 이곳에서도 그의 삶은 순탄하지 않았다. 그 무렵 그리스-터키 지역을 여행하면서 몇몇 지면에 기고한 글들을 묶어 펴낸 여행기에서 그리스 군사정부를 비판한 일부 내용이 문제가 된 것이다. 교수직 기금을 댄 그리스 후원자들의 분노가 이어지면서 결국 토인비는 교수직을 사임해야 했다. 이후 그는 1924년 외무부 국제문제연구소 교수로 초빙 받아 1956년까지 그곳에서 활동했다. 이뿐만이 아니었다. 1934년에《역사의 연구》처음 3권, 그리고 5년 후에 다음 3권을 간행했을 때만 하더라도 영국 학계에서는 아무도 관심을 기울이지 않았다. 1940년대 서머벨의 두 권짜리 축약본이 출간되어 미국에서 큰 주목을 받은 이후 뒤늦게 영국에서 독자층의 관심을 끌었을 뿐이다.[10] 이런 점에서 보면 토인비 또한 영국 역사학계에서는 일종의 아웃사이더였다. 그가 이처럼 외면당한 것은 그의 역사서술 방법이 실증적이고 경험적인 기존 역사학계의 전통과 거리가 멀었기 때문이다.

그렇다면 토인비가 함석헌과 '고난의 역사'라는 관점을 공유하고 있다는 근거는 무엇인가. 토인비의《연구》1~6권의 주제는 문명의 형성과 해체, 그리고 새로운 문명의 대두였다. 문명의 해체 과정에서 그가 내적 프롤레타리아트internal proletariat라고 부른 세력에 의해 종교가 나타나지만, 그것은 어디까지나 다음의 문명을 배태하는 수단일 뿐이다. 그러나 1954년 뒤늦게 출판된《연구》7~10권에서 그의 문명 사관은 큰 변화를 보여준다. 역사의 주된 흐름을 문명의 형성과 해체보다는 그 과정에서 나타나 스스로 발전해나간 종교에서 찾고자 한 것이다. 토인비에 따르면, 문명은 흥망을 거듭하지만 종교는 계속 진보한다. 문명은 종교의 진보를 위한 수단이며 종교가 역사의 궁극적인 목적이다. 노명식은 토인비 사상의 전회를 이렇게 요약한다.

이제 고등종교는 압도적으로 우세한 이문명異文明의 정복과 지배 하에서 수백 년 동안 억압과 착취, 학대와 굴욕의 말할 수 없는 고난을 통하여, 온갖 해방의 기도가 다 수포화하고 이제는 자기상실의 무서운 위기에 처해 백척간두에 서게 되었을 때, 정치적 내지 문화적 차원을 넘어선 데서 발견한 정신적 해방의 길이다. …… 그러므로 고등종교는 피정복문명의 무서운 고통 속에서만 탄생한다. 정복문명은 고등종교를 못 낳는다. 정복문명은 고뇌가 없기 때문이다.[11]

요컨대 세계 역사에서 고등종교는 고난 받는 내적 프롤레타리아트의 정치적·경제적·정신적 고뇌의 산물이다. 토인비는 2차 세계대전의 참상을 겪으면서《연구》7~10권을 저술했다. 이제 이전의 관심사와 달리 문명은 오히려 고등종교를 낳기 위한 수단으로 변모한다.《연구》7권과 8권에서는 각각 세계국가와 세계종교를 분석한다. 여기에서 세계국가는 궁극적으로 세계종교를 세계에 전파하는 수단으로 인식된다. 세계국가는 고난기의 사회 혼란과 무질서를 극복한 후에 성립된 일종의 평화체제다. 그것은 문명의 해체를 지연시키지만, 오히려 내적·외적 프롤레타리아트의 목적 달성에 이용된다. 세계국가 체제에서 각 지역과 계급 사이에 사상 및 물질 교류가 증진되는데, 이 과정에서 궁극적으로 세계종교가 수립된다는 것이다. 이제 역사의 주인공은 문명이 아니라 종교다.

노명식에 따르면, 후기 토인비의 종교사관은 함석헌 선생이 갈파한 고난사관과 동일한 궤적을 보여준다. 사실 두 사람의 궁극적인 역사관은 일치한다. 문명의 흥망을 고등종교의 탄생과 성장을 위한 수단으로 보는 토인비의 후대 사관은 함석헌의 씨알사상과 흡사하다. 바로 내적 프롤레타리아트야말로 씨알, 즉 민중에 해당한다는 것이다. 함석헌은 《성서적 입장에서 본 조선역사》를 끝맺으면서 고난을 통해 조선이 오히려 세계를 선도하리라는 믿음을 피력하는데, 노명식은 이러한 예언을 토인비의 종교사관을 원용해 다음과 같이 재해석한다.

천년 동안의 고난의 역사에 짓눌릴 대로 짓눌리고서도 무엇이 모자라는지 이제 또 혹독한 일본 제국주의의 식민지배하에 짓눌림을 당해야 했던 조선민중은 세계 제민족의 역사적 행렬의 맨 꼴찌임이 틀림없었다. 그러나 근세 수백 년에 걸쳐 이 지표를 온통 뒤덮은 서구문명이 비서구의 제문명과 제 민족을 그 내적 프롤레타리아트로 편입했다면, 그리하여 조선민중도 그 일원에 끼어서 맨 꽁무니를 따라가고 있었다면, 그리고 서구문명 중심의 근세사는 이제 막다른 골목에 부딪쳐서 대전환이 불가피하다는 소리가 세계 도처에서 일어나고 있다면, 지나간 일체의 우상—전제주의, 민족주의, 산업주의, 제국주의 등—에서 결연히 머리를 돌리고 새 사명과 새 메시지로 역사의 근본문제에 대한 새 해결의 길을 밝힐 새 고등종교를 출산할 오늘의 세계의 내적 프롤레타리아트의 최적격자가 조선 민중이 아니겠느냐고 단호히 선언한 것이 '우로 돌아 앞으로'가 아니겠는가.[12]


## 근대 프랑스를 보는 시각

1950년대 경북대에 재직하는 동안, 노명식 교수는 서양사와 관련된 모든 과목을 가르쳤다. 토인비의 《역사의 연구》 축약본을 읽은 후 그의 다른 저술들도 구입해 열독했지만, 서양사의 특정한 분야를 파고들 여유가 없었다. 원래 그가 석사논문 주제로 잡은 것은 로마제국 대토지소유제였다. 그러나 한국전쟁기에 관련 자료를 모두 잃어버린 후, 그는 다시 그 주제를 다시 파고들 엄두를 내지 못했다. 더욱이 학부 학생들에게는 근대사에 초점을 맞춰 강의할 수밖에 없었다. 로마사에 관한 책들을 대학도서관에 구입해 놓았지만, 이들보다는 근대사 관련 서적을 뒤적이게 마련이었다. 노명식은 그 시절의 처지를 다음과 같이 회상한다.

개인들의 뜻과 힘은 역사의 파도 속에서는 극히 무력한 것이다. 현실적 상황과 조건은 내 뜻과 달리 나를 고대사가 아니라 근대사를 연구하게 했고, 그러한 생활을 계속하는 가운데 나는 근대사에 더 흥미를 갖게 되었다.[13]

노명식이 서양사를 본격적으로 탐구하기 시작한 것은 1959~60년 하버드대 옌칭연구소에 방문학자로 머물던 때였다. 그는 방문학자 자격으로 머물렀지만 완전히 대학생으로 되돌아갔다고 회고한다. 주로 19세기 유럽사에 관련된 다양한 과목을 수강했으며, 점차 프랑스 제3공화국의 정치에 관심을 두게 되었다. 혁명 이후 프랑스는 왜 오랫동안 정치적 혼란을 거듭했는가. 프랑스에서는 공화주의와 민주주의가 제도화되는 데 왜 그렇게 오랜 시간이 걸렸는가. 이러한 문제의식은 아마도 조국의 파행적인 정치현실에서 비롯됐을 것이다. 당시만 하더라도 그는 민주주의의 제도화야말로 신생 대한민국이 반드시 풀어야 할 당면 과제이고 미래의 발전 또한 이 문제에 달려 있다고 생각했다. 마침 4·19혁명 소식을 먼 이국에서 들으면서 그는 한편으로는

프랑스 제3공화정
1880년 7월 14일 국경일 축제 공화국 퍼레이드. 노명식은 프랑스 제3공화정이 위기 수습에서 역동성을 드러냈다고 강조한다.

흥분된 마음으로, 다른 한편으로는 냉철한 정신으로 19세기 프랑스 정치사에 관한 일련의 연구 계획을 짰다.[14]

《프랑스 제3공화정 연구》는 그가 계획했던 프랑스사 연구의 첫 결실이었다. 1976년에 출간된 이 책은 프랑스 제3공화국이 이전의 정치적 혼란을 극복하고 비교적 안정을 되찾은 원인이 무엇인가를 탐색하는 데 목적이 있었다. 노명식의 연구에 따르면, 프랑스 역사가들의 진단과 달리 제3공화국의 정치 과정은 겉으로는 취약한 것처럼 보였지만 국가적 위기를 수습하는 데에는 역동성을 드러냈다. 제3공화국은 전반기에는 왕당파의 도전, 후반기에는 노동운동과 사회주의의 도전에 직면했음에도 이러한 저항을 공화정의 정치적 기제 안으로 흡수하는 능력을 발휘했다.[15] 노명식은 자유주의 국가의 기반 위에서 다른 제 세력이 통합되는 사회 발전의 길을 《프랑스 제3공화정 연구》에서 찾고자 했던 것이다.

제3공화국은 19세기 공화주의의 혁명적 과격성을 불식시키고 공화주의의 혁명적 기능을 보수적 성격으로 변화시켰다. 신세계에서 미국이 공화주의를 보수적이고 믿음직한 것으로 만든 것처럼 구세계에서는 프랑스 제3공화국이 공화주의를 그렇게 만들었던 것이다. 티에르의 '보수적 공화국'은 파리 코뮌을 진압했고 티에르를 계승한 '귀족들의 공화국'은 의회정치제도를 보수적으로 만들려고 했고, 강베타의 공화주의는 공화주의라는 말의 의미를 전혀 새로운 것으로 변화시켰다.[16]

노명식의 의도는 엄밀히 말하면 '공화정의 보수화' 과정을 추적하는 것이었다. 그는 오히려 긍정적인 의미로 '보수화'라는 표현을 사용한다. 이것은 제3공화국의 공화체제를 관료제에 대한 감시기구로서 소극적으로 파악할 것이 아니라, 정치세력들을 정치지배의 구조에 통합하고 사회세력들을 정치적으로 타협하게 하는 데 효과적으로 작용한 정치체제로서 적극적으로 파악하는 것을 의미한다. 제3공화국은 때로는 유약하고 때로는 정책결정 과정에서 우유부단함을 보여주었다. 이 정체가 프랑스사에서 별다른 특색이 없이 무미건조한 시대로 여겨진 까닭이기도 하다. 그러나 노명식은 여러 정치세력을 정치의 장에 끌어들이고 이를 제도화할 수 있는 능력이 있었기에 제3공화국이 프랑스 근대사에서는 보기 드물게 오래 지탱할 수 있었다면서 제3공화국을 적극적으로 평가한다.

1980년에 출판된 《프랑스혁명에서 파리 코뮌까지》는 노명식의 저술 중에서 가장 대중적인 인기를 누렸던 책이다. 당시 군부독재의 엄혹한 분위기에서 이 책은 대학생들의 필독서 가운데 하나였다. 서양근대사 강의가 이 책 원고의 대부분을 이루고 있다. 노 교수의 서양근대사는 학생들에게 잘 알려진 명강의였다. 강의 방식이 매우 독특했는데, 강의실에 처음 들어와서 칠판 가득히 그 시간에 공부할 내용의 핵심어 또는 중심개념을 순서대로 판서한 후 이들 핵심어를 중심으로 강의를 진행했다.

《프랑스혁명에서 파리 코뮌까지》는 구체제하의 프랑스, 혁명의 원인과 전개 과정, 나폴레옹 시대, 왕정복고, 제2제국, 보불전쟁과 파리 코뮌까지를 대서사시처럼 서술하고 있다. 당시에는 프랑스혁명에서 19세기 후반까지 프랑스의 정치와 사회 변화를 일목요연하게 기술한 책이 거의 없었다. 이 책은 대혁명 이후 프랑스의 사회 변화를 궁금해하는 젊은이들의 관심을 충족시키기에 충분했다. 노명식이 보기에,

프랑스혁명 이후 전개된 혼란의 정점이자 마침표가 파리 코뮌이었다. 파리 코뮌은 마르크스의 평가와 달리, 공화주의 혁명 전통에 종지부를 찍은 사건이다. 노명식은 코뮌의 처절한 경험이 폭력혁명의 기도를 포기하도록 만들고, 평화적 타결과 화해의 길에 관심을 갖도록 이끌었다고 평가한다. 역설적으로 이러한 해석은 왜 제3공화국이 겉으로는 약체처럼 보이면서도 두 세대 이상 별다른 동요 없이 지속되었는가를 설명하는 출발점이다.[17]

노명식은 코뮌 운동이 후일 전개된 러시아혁명의 원류였다는 좌파적 해석에 거리를 둔다. 사실 프랑스는 혁명 후 영국이나 미국처럼 순조롭게 시민혁명의 뿌리를 내리지 못하고 피로 얼룩진 혁명과 반혁명의 역사를 한 세기 동안 되풀이했다. 노명식은 이 책에서 코뮌의 참극을 간단히 설명하면서 끝을 맺는다. 파리 코뮌의 실패는 프랑스의

파리 코뮌 실패
알프레드 다르주Alfred Darjou, 〈파리 코뮌La Commune de Paris〉, L' Illustration 1871년 6월 10일. 노명식은 파리 코뮌을 공화주의 혁명 전통에 종지부를 찍은 사건으로 평가한다.

혁명적 전통의 종말을 의미하는 것이며, 따라서 마르크스의 해석이 잘못되었다고 말이다. 파리 코뮌은 자코뱅주의와 6월폭동을 이어받아 러시아혁명으로 이어지는 사건이 아니라, 19세기 프랑스사에서 특유했던 혁명적 전통을 끊어버리는 사건이라는 것이었다. 그는 이 책을 쓰면서 오히려 소련 사회주의 체제의 다가올 몰락을 예견할 수 있었다.

마르크스는 2차 산업혁명이 낳게 될 대중사회의 출현을 예견하지 못했다. 이 책이 나올 당시에는 대중민주주의가 온 세계에서 전성기를 맞이하고 있었다. 소련 사회주의는 마르크스주의의 정통 이론에 멀리 이탈한 짜리즘적 러시아 민족주의의 변종으로밖에는 보이지 않았다. 그리하여 당시 내게 비친 소련 사회주의 체제는 언제, 어떤 모양으로 그렇게 될지는 몰라도, 언젠가는 반드시 근본적인 혁명적 변화를 피할 수 없는 날이 올 것으로 보였다.[18]

한편, 노명식의 마지막 저술이라고 할 수 있는 《자유주의의 역사》(전집 12)는 원래 '자유주의의 원리와 역사' 라는 제목으로 1991년 출판되었다. 이 책은 자유주의가 보수주의 이데올로기로 단순하게 저평가되는 당시 시대 분위기에 자극을 받아 연구한 결실이다. 노년의 지적 완숙함과 통찰력이 깃들어 있는 이 책은 그 해 한국출판문화대상 수상작이기도 하다.

노 교수가 보기에, 자유주의는 봉건경제의 테두리를 뚫고 나온 자본주의 경제와 동전의 양면이다. "자본주의가 봉건적 사회경제 질서와 끈질긴 투쟁을 통해 인류 역사상 초유의 물질적 풍요를 창조해냈다면, 자유주의는 봉건적 정치사회 질서와 전근대적 우주관, 세계관,

인간관, 사회관과 이념적 투쟁을 통해 개인의 자유와 개인의 권리를 무엇보다도 존중하는 개인주의 철학에 기초를 둔 자유의 이념을 체계화하고, 그것을 개인생활과 국가생활에 실제로 구현하는 데 성공했다."[19] 그러나 19세기 사회주의 대두와 함께 자유주의 이념은 보수세력에 의해 보수화되었고, 20세기에 들어와서는 사회주의혁명 이후 부르주아 계급의 계급 이데올로기로 매도당하거나 파시즘 권력에 의해 송두리째 무너지기도 했다. 한국의 경우 1980년대 민주화운동 과정에서 자유주의는 보수세력의 정치 슬로건으로 등장하면서, 보수 이데올로기의 전형으로 낙인 찍혔다. 노명식은 이 같은 왜곡을 탈피해 자유주의 본래의 원형이 무엇인지, 자유주의가 시대에 따라 어떻게 변화하고 새로운 내용을 첨가해왔는지를 보여주려 한다. 그는 특히 19세기 말 신자유주의의 가능성을 중시한다.

이 책은 개인적 자유, 관용, 이성중심주의, 입헌주의 등의 여러 기본적 개념과 현상을 성찰하면서, 이러한 개념과 현상이 구체적으로 역사 속에서 어떻게 발현되었는지를 종교개혁, 네덜란드 공화국, 영국혁명기의 수평파, 공리주의 등을 통해 살핀다. 이와 함께 존 로크, 에드먼드 버크, 토머스 페인, 콩스탕, 콩도르세, 토크빌, 존 스튜어트 밀 등 자유주의의 사상적 기초를 다진 지식인들을 함께 소개한다.

지금까지 살폈듯이, 노명식 교수가 19세기 프랑스 역사에서 재해석하려고 했던 것은 민주주의의 정착과 제도화 과정이었다. 그가 일찍이 서양 역사에 관심을 기울인 것도 서구에서 민주주의와 자본주의 같은 근대성이 지속적으로 발전해왔으며, 한국에서도 이전의 좌절을 넘어 이러한 제도화가 새롭게 이루어져야 한다는 신념 때문이었다. 서양 근대사는 전통보다 변화가 두드러진 특징을 보여준다. 역사주

자유주의 사상가들
토머스 페인(왼쪽 위), 콩도르세(오른쪽 위), 존 스튜어트 밀(가운데),
에드먼드 버크(왼쪽 아래), 존 로크(오른쪽 아래).

의, 변증법, 시대구분 등 역사인식의 기본 개념들이 변화에 초점을 맞추는데, 이러한 경향은 근대 유럽의 변화를 인식하려는 필요성과 밀접하게 관련된다는 것이다.[20] 이는 한국 서양사학의 제1세대가 공유하는 역사인식이었다. 한국 사회가 자생적인 근대를 이룩하지 못했다는 이 '근대 콤플렉스'는 오랫동안 한국 지식인 사회에 영향을 미쳤다. 이와는 달리 오늘날 젊은 세대의 역사가들은 더 이상 이 같은 역사인식의 지배를 받지 않는다. 근대 콤플렉스의 극복, 더 나아가 유럽

중심주의를 넘어선 새로운 역사상을 정립하는 일은 이제 후대 역사가들이 짊어진 과제다.

## 노역사가의 마지막 청소

노명식 교수는 학교 밖의 다른 분야에는 눈길을 돌리지 않고 일생동안 오직 교육과 글 쓰는 일에만 전념한 학자다. 그럼에도 엄혹한 유신시대에 기독자교수협의회 회장을 맡았다는 이유로 몇 년간 해직당하는 아픔을 겪었다. 2011년 9월 기독자교수협의회가 노 교수를 모시고 출판기념회를 연 것은 이런 이유에서다. 출판기념회에서 노 교수가 들려준 전집 간행의 소회는 내게 아직도 진한 여운으로 남아 있다. 그는 자신의 전집 간행을 이사 가는 사람의 집안청소에 비유했다. 여러 지면에 발표한 글은 자신의 삶이 남긴 일종의 쓰레기와 같다. 저간의 세세한 사정을 아는 사람만이 수거하고 분류할 수 있다. 일생을 살아오면서 흘려놓은 그 잡다한 것을 깨끗이 청소한 다음에 이 세상을 떠나야 하지 않겠나 하는 내용이었다. 그는 나직한 어조로 전집에 관해 말했지만, 그 담담한 어조 때문에 오히려 분위기는 너무나 숙연했다.

지금 돌이켜보면, 노명식 교수는 자신의 운명을 알았던 것 같다. 2011년 6월 말 전집 발간 소식을 들은 제자들 몇몇이 자연스럽게 뜻을 모아 대전에 거주하는 노 교수를 서울로 초대해 간단하게 식사를 대접했다. 뒤이어 같은 해 9월 평소 그분을 알고 지내던 동료, 친지, 후배들이 출판기념회에서 서로 인사를 나눴다. 다음해 1월 노명식 교수는 세상을 떠났다. 빈소에서 나는 서양사학계 제1세대에 속하는 다른 원로교수 몇 분을 만났다. 그분들은 노 교수가 세상을 떠나기 한 달쯤 전에 서울역 부근에서 함께 식사하면서 담소를 나눴다고 한다. 전집을 받고 근황이 궁금해 몇몇 분들이 서로 연락해 만났다는 것이다. 그러니까 노명식 교수는 당신이 이승에서 남긴 갖가지 흔적을 말끔히 정리한 후 전집 출간을 기회로 오랫동안 격조했던 사람들과 마지막 만남의 자리를 가진 것이다.

노명식 교수는 은퇴 후에는 세상과 거리를 둔 채 대전에 주로 거주하면서 스스로의 삶을 정리하는 일에만 전념했다. 그리고 몇 년간 일생에 걸쳐 발표한 글들을 한데 모으고 분류하는 데 몰두했다. 그분의 표현에 따르면, '어질러놓은 것을 청소' 한 후 이 사회에 열두 권짜리 전집을 건네주었다. 주위 사람과 후학들에게 노년의 삶이 어떠해야 하는지 몸소 보여주고 홀연히 떠난 것이다. 다시 그분의 명복을 빈다.

# 주석

1장 윌리엄 호스킨스, 풍경의 역사

1 W. G. Hoskins, *The Making of the English Landscape*(1955; London: Penguin Books, 1985 edn); 이영석 옮김, 《잉글랜드 풍경의 형성》, 한길사, 2007. 여기서는 1985년 영어본을 인용한다.

2 W. G. Hoskins, *Exeter in the Seventeenth Century: Tax and Rate Assessments*(Exeter: Wheaton, 1957); *Devon and Its People*(Exeter: Wheaton, 1959); *The Midland Peasant* (London: Macmillan, 1957).

3 W. G. Hoskins, *Making of the English Landscape*, p. 17.

4 W. G. Hoskins, *Making of the English Landscape*, p. 64.

5 W. G. Hoskins, *Making of the English Landscape*, p. 100.

6 W. G. Hoskins, *Making of the English Landscape*, p. 86.

7 W. G. Hoskins, *Making of the English Landscape*, p. 57.

8 W. G. Hoskins, *Making of the English Landscape*, p. 62.

9 W. G. Hoskins, *Making of the English Landscape*, p. 48.

10 W. G. Hoskins, *Making of the English Landscape*, p. 139.

11 Daniel Defoe, *A Tour through the Whole Island of Great Britain*(London: Cass repr.,

1968), vol. 1, p. 231.

[12] W. G. Hoskins, *Making of the English Landscape*, p. 152.

[13] M. E. Turner, "Parliamentary Enclosures: Gains and Costs", A. Digby and C. Feinstein eds., *New Directions in Economic and Social History*(London: Macmillan, 1989), p. 24에서 계산함. 물론 의회 인클로저를 너무 과대평가하고 있다는 지적도 있다. 오히려 17세기에 이루어진 종획지의 면적이 18세기 및 19세기의 종획지보다 더 넓었다는 것이다. 워디의 계산으로는, 각 시기별로 영국의 총경지에서 종획지 면적이 차지하는 비율은 1550년 이전에는 45퍼센트, 1550~1599년에는 2퍼센트, 1600~1699년에는 24퍼센트, 1700~1799년에는 13퍼센트, 1800~1914년에는 11.4퍼센트로 나타났다. J. R. Wordie, "The Chronology of English Enclosure, 1500-1914", *Economic History Review* 2nd ser., vol. 36, no. 4, 1983, p. 502의 표 참조.

[14] K. Polanyi, *The Great Transformation*(Boston: Bacon Press, 1957), pp. 56~7.

[15] W. G. Hoskins, *Making of the English Landscape*, p. 178.

[16] 18세기 전반에도 이미 적지 않은 수의 인클로저법이 제정되었으며, 거의 3,000여 건에 이르는 이들 법안이 집중적으로 의회에서 통과된 시기는 대략 1760~1820년간이었다. 구체적으로 보면 1760~80년 사이에 입법 사례가 증가하고 80년대의 입법 감소기를 거쳐 1795년부터 1810년 무렵까지 절정에 이르렀다. Turner, "Parliamentary Enclosures: Gains and Costs", p. 23의 〈표〉 참조.

[17] W. G. Hoskins, *Making of the English Landscape*, p. 179.

[18] W. G. Hoskins, *Making of the English Landscape*, p. 179.

[19] W. G. Hoskins, *Making of the English Landscape*, p. 198.

[20] 울타리 숲과 함께 오늘날 잉글랜드에서 흔히 볼 수 있는 가시금작화 숲과 덤불지대는 모두 인위적으로 조성된 것이다. 관목지대와 공동지를 인클로저하면서, 여우가 몸을 숨길 수 있는 가시금잠화 수풀이 적어졌다. 이 때문에 지주들은 다시금 여우 사냥을 목적으로 가시금잠화 수풀과 덤불을 조성하기 시작했다. 이 여우 보호구역은 면적이 2에이커 가량이었고, 그 이상인 경우는 드물었다. 일부 지주와 귀족들은 이들 숲 주위에 다시 울타리를 세웠다. 이 숲들은 작은 규모와 규칙적인 형태로 인해 옛날부터 내려오는 진짜 삼림과 구별된다. 이것들은 잉글랜드의 풍경

중에서도 아주 눈여겨볼 만한 모습이다. 미들랜즈에서 거의 유일하게 숲다운 숲이기 때문이다. W. G. Hoskins, *Making of the English Landscape*, p. 197.

21 W. G. Hoskins, *Making of the English Landscape*, p. 198.

22 W. G. Hoskins, *Making of the English Landscape*, p. 159.

23 W. G. Hoskins, *Making of the English Landscape*, p. 157.

24 1895년 설립되어 1907년 내셔널 트러스트법에 의해 법인체로 바뀌었다. 이 조직은 역사적·건축학적으로 중요한 건축물이나 아름다운 자연을 보호하고 대중이 즐길 수 있도록 하기 위해 만들어졌다. 처음 이 운동을 주도한 사람은 옥타비아 힐, 로버트 헌터 등이다. 350여 곳 이상의 대저택과 건축물, 광대한 넓이의 자연보호 지구를 관리하고 있다.

25 W. G. Hoskins, *Making of the English Landscape*, p. 174.

26 W. G. Hoskins, *Making of the English Landscape*, p. 175.

27 W. G. Hoskins, *Making of the English Landscape*, p. 173.

28 산업혁명에 관한 근래의 수정주의 견해는 이영석, 《다시 돌아본 자본의 시대》(소나무, 1999), 1장을 볼 것.

29 W. G. Hoskins, *Making of the English Landscape*, pp. 218~19.

30 W. G. Hoskins, *Making of the English Landscape*, p. 229.

31 W. G. Hoskins, *Making of the English Landscape*, p. 230.

32 W. G. Hoskins, *Making of the English Landscape*, p. 235.

33 W. G. Hoskins, *Making of the English Landscape*, p. 248.

34 W. G. Hoskins, *Making of the English Landscape*, p. 256.

35 W. G. Hoskins, *Making of the English Landscape*, p. 282.

36 W. G. Hoskins, *Making of the English Landscape*, p. 286.

37 W. G. Hoskins, *Making of the English Landscape*, p. 287.

38 W. G. Hoskins, *Making of the English Landscape*, pp. 287~88.

39 W. G. Hoskins, *Making of the English Landscape*, p. 280.

1 *The Guardian* 1999년 7월 5일자.

2 스톤의 대표적인 저술을 열거하면 다음과 같다. *The Crisis of the Aristocracy, 1558—1641*(Oxford University Press, 1965); *The Causes of the English Revolution, 1529—1542*(New York: Harper and Row, 1972); *Family, Sex and Marriage in England 1500—1800*(New York: Harper and Row, 1977); L. Stone and J. C. F. Stone, *An Open Elite? England 1540—1880*(Oxford University Press, 1984); *Road to Divorce: England 1530—1987*(Oxford University Press, 1990); *Uncertain Unions: Marriage in England 1660—1753*(Oxford University Press, 1992); *Broken Lives: Marital Separation and Divorce in England 1660—1857*(Oxford University Press, 1993); *The Past and the Present*(London: Routledge and Kegan Paul, 1981).

3 스톤의 공식적인 이력에 관해서는 주로 《가디언》지의 기사 외에, 로버트 단턴의 추도사와 박순준의 국내 논문을 참조했다. Robert Darnton, "Lawrence Stone", *Proceedings of the American Philosophical Society* 145:3, Sep. 2001, pp. 380~83; 박순준, 〈로렌스 스톤과 영국혁명의 사회사〉, 《영국연구》 10호, 2003, 55~85쪽.

4 Lawrence Stone, *Sculpture in Britain in the Middle Age*(Harmondsworth: Penguin Books, 1955).

5 Lawrence Stone, "The Anatomy of the Elizabethan Aristocracy", *Economic History Review* 18, 1948, pp. 1~53.

6 Hugh Trevor Roper, "The Elizabethan Aristocracy: An Anatomy Anatomized", *Economic History Review* 2nd ser., 3:2, 1951, pp. 279~98; Lawrence Stone, "The Elizabethan Aristocracy—A Restatement", *Economic History Review* 2nd ser., 4:2, 1952, pp. 302~21; J. P. Cooper, "The Counting of Manors", *Economic History Review* 2nd ser., 8:3, 1956, pp. 377~89. 이 논쟁에 관해서는 리처드 에번스, 《역사학을 위한 변론》(소나무, 1999), 168~70쪽을 볼 것.

7 리처드 에번스, 《역사학을 위한 변론》, 170쪽.

8 《귀족의 위기》나 《영국혁명의 원인들》과 같은 그의 초기 저술은 박순준의 논문 〈로렌스 스톤과 영국혁명의 사회사〉에서 상세하게 소개되었다. 이 밖에 이태숙, 〈근

대 영국의 엘리트 탐방〉,《영국연구》2호(1998)도 주목할 만하다. 이 논문은 스톤의 《귀족의 위기》와《열린 엘리트?》에 게재된 각종 계량적 자료를 통계적으로 검정하여 그의 주장에 신뢰도가 있는지를 살피고 있다. 대체로《귀족의 위기》에서 스톤의 제시한 통계들은 그의 주장을 뒷받침하기에는 신뢰도가 떨어지는 경우가 자주 있으며, 그보다는《열린 엘리트?》의 저택소유자 통계치가 대체로 유의미하다는 것이 이 논문의 결론이다.

9  Lawrence Stone, *The Crisis of the Aristocracy, 1558–1641*, pp. 7~8.

10  Lawrence Stone, *The Crisis of the Aristocracy, 1558–1641*, pp. 12~13.

11  《귀족의 위기》 부록은 28가지의 각종 통계를 수록하고 있다.

12  지대수입은 Lawrence Stone, *The Crisis of the Aristocracy, 1558–1641*, p. 760의 〈부록 8〉, 기타 부대수입 합계는 p. 761의 〈부록 9〉를 볼 것.

13  Lawrence Stone, *The Crisis of the Aristocracy, 1558–1641*, p. 141.

14  Lawrence Stone, *The Crisis of the Aristocracy, 1558–1641*, pp. 748~49.

15  Robert Ashton, "The Aristocracy in Transition", *Economic History Review* 2nd ser., 22:2, 1969, p. 311.

16  Stuart Woolf, "The Aristocracy in Transition: A Continental Comparison", *Economic History Review* 2nd ser., 23:3, 1970, p. 520.

17  Lawrence Stone, "The Aristocracy in Transition: A Reply to Dr Woolf", *Economic History Review* 2nd ser., 25:1, 1972, pp. 114~16.

18  J. H. Hexter, "The Myth of the Middle Class in Tudor England", *Reappraisals in History*(London: Longman, 1961), pp. 71~116.

19  R. Grassby, "Social Moblility and Business Enterprise in Seventh–Century England", D. Pennington and L. Thomas, eds., *Puritans and Revolutionaries*(Oxford University Press, 1978), p. 379, 381.

20  따라서 귀족 주도설에 대한 비판도 많다. 금융혁명을 주도한 상인세력의 중요성을 강조하는 데이비스의 연구나, 17세기 시티의 참사회의 분석을 통해 이들 엘리트 가운데 지주 출신은 소수였고 대부분은 원래 상인 가문 출신이었다는 랭과 로저스의 견해가 이에 해당한다. K. G. Davis, "The Mess of the Middle Class", *Past and Present* 22, 1962, p. 80; R. Lang, "Social Origins Aspirations of Jacobean London

Merchants", *Economic History Review* 2nd ser., 27:1, 1974, p. 47; Nicolas Rogers, "Money, land and lineage: the big bourgeoisie of Hanoverian London", *Social History* 4:3, 1981, pp. 437~54. 귀족 주도설에 대한 전반적인 비판은 다음을 볼 것. Henry Horwitz, "The Mess of the Middle Class Revisited: The Case of the Big Bourgeoisie of Augustan London", *Continuity and Change* 2:2, 1987, pp. 263~96.

21 Harold Perkin, *The Origins of Modern English Society*(London: Routledge and Kegan Paul, 1969), p. 38. 퍼킨은 18세기 사회구조의 성격을 '무계급사회classless society'로 표현한다. "무계급사회가 정치, 경제, 사회적인 힘을 장악한 단일한 엘리트의 지배를 받는 사회를 뜻한다면, 18세기 영국이 바로 그런 사회일 것이다. 지배의 피라미드에 속하는 모든 지위집단의 정상에 자리 잡은 토지귀족은 수직적 결합과 의존이라는 수단을 통해 사회를 하나의 신분적 위계조직 아래 통합할 수 있었던 것이다."(p. 37)

22 Lawrence Stone, *An Open Elite*?, pp. 217~21.

23 Lawrence Stone, *An Open Elite*?, pp. 407~10, 423.

24 이와 같은 문제제기는 다음의 논평을 볼 것. Christopher Clay, "An Open Elite?: England 1540–1880", *Economic History Review* 2nd ser., 38:3, 1985, p. 453; Henry Horwitz, "The Mess of the Middle Class Revisited: The Case of the Big Bourgeoisie of Augustan London", *Continuity and Change* 2:2, 1987, pp. 266~67.

25 신사적 자본주의론은 근대 영국경제사에서 부의 축적의 가장 중요한 부분이 대토지를 소유한 소수의 지배엘리트에 의해 이루어졌다는 것을 전제로 내세운다. 신사적 자본주의란 한마디로 신사적 규범을 지키면서 시장을 통해 부를 축적하는 경제활동으로 이해할 수 있다. P. J. Cain and A. G. Hopkins, *The British Imperialism I: Innovation and Expansion*(London: Longman 1993), p. 24. 신사적 자본주의에 관해서는 다음을 볼 것. 이영석, 〈신사적 자본주의와 제국〉, 《서양사론》 69, 2001, 183~209쪽.

26 Lawrence Stone, *Crisis of the Aristocracy*, ch. 11.

27 Lawrence Stone, *Family, Sex and Marriage*, pp. 3~4.

28 Lawrence Stone, *Family, Sex and Marriage*, p. 18.

29 실제로 책의 구성 또한 이와 같은 단선적 변화에 맞춰져 있다. 모두 6부로 이루어

진 책의 목차는 다음과 같다. 1부 서론(~2장), 2부 개방적인 혈통가족(3장), 3부 고도로 가부장적인 핵가족(4~5장), 4부 폐쇄적인 가정 중심 핵가족(6~9장), 5부 성(10~12장), 6부 결론(13장).

30 Lawrence Stone, *Family, Sex and Marriage*, p. 4. 스톤은 친족 또는 혈족을 뜻하는 용어로 lineage와 kin을 함께 쓰고 있는데, 앞의 용어는 살아 있거나 죽거나 또는 앞으로 태어날 사람까지 다 포함된 친척을 뜻하고, 뒤의 것은 이들 가운데 현재 살아 있는 사람들을 가리키는 용어다(p. 29).

31 Lawrence Stone, *Family, Sex and Marriage*, p. 117.

32 Lawrence Stone, *Family, Sex and Marriage*, p. 216.

33 Lawrence Stone, *Family, Sex and Marriage*, p. 216.

34 Lawrence Stone, *Family, Sex and Marriage*, pp. 7~8.

35 Lawrence Stone, *Family, Sex and Marriage*, p. 6.

36 초혼 부부의 결혼기간에 관해서는 Lawrence Stone, *Family, Sex and Marriage*, p. 57의 〈표 6〉, 15세 이전 사망률에 관해서는 Lawrence Stone, *Family, Sex and Marriage*, p. 67 〈표 10〉을 볼 것. 물론 이들 통계는 주로 귀족가문에 국한되었다는 한계가 있다.

37 Lawrence Stone, *Family, Sex and Marriage*, p. 55, 70.

38 Lawrence Stone, *Family, Sex and Marriage*, p. 70.

39 P. Ariès, *Centuries of Childhood*(New York: Harper and Row, 1965).

40 Lawrence Stone, *Family, Sex and Marriage*, p. 326.

41 Lawrence Stone, *Family, Sex and Marriage*, p. 420.

42 Lawrence Stone, *Family, Sex and Marriage*, p. 65. 〈표 8〉을 볼 것.

43 Lawrence Stone, *Family, Sex and Marriage*, p. 661.

44 스톤에 대한 다양한 비판은 다음을 볼 것. Alan Macfarlane, "The Family, Sex and Marriage in England", *History and Theory* 18:1, 1979, pp. 103~26.

45 P. H. Plumb, "The New World of Children in Eighteenth-Century England", *Past and Present* 67, 1975, pp. 64~93.

46 P. H. Plumb, "The New World of Children in Eighteenth-Century England", p. 69, 80.

47 Lawrence Stone, *Family, Sex and Marriage*, 5장 및 8장을 볼 것.

48 Lawrence Stone, *Road to Divorce*, p. vi.

49 Lawrence Stone, *Road to Divorce*, p. 33.

50 《이혼행로》의 1부는 결혼, 2부는 이혼을 다룬다. 참고로 목차를 소개하면 다음과 같다. 1부 2장 혼인법과 관습, 3장 서약결혼, 4장 비밀결혼, 5장 1753년 혼인법에서 1868년 법까지/ 2부 6장 유기, 가출, 아내 매매, 7장 사적 별거 8장 법적 별거, 9장 간통에 대한 조치, 10장 의회에서 이혼 논란, 11장 이혼관련법안 1604–1850, 12장 이혼개력법의 통과, 13장 에필로그.

51 Lawrence Stone, *Road to Divorce*, pp. 1~2.

52 Lawrence Stone, *Road to Divorce*, p. 6.

53 Lawrence Stone, *Family, Sex and Marriage*, p. 31.

54 Lawrence Stone, *Road to Divorce*, pp. 53~54.

55 Lawrence Stone, *Road to Divorce*, p. 135.

56 비밀결혼이란 법적 구속력을 갖지만, 교회법을 위반하는 방식으로 거행된 결혼을 뜻한다. 우선 이런 결혼은 성직자를 자처하는 어떤 사람의 인도를 받고 성공회기도서Book of Common Prayer에 규정된 절차를 따랐기 때문에 구속력이 있었다. 이에 비해 공개하지 않고 비밀로 거행했을 뿐만 아니라 교회 당국의 허가를 받지 않거나, 결혼청첩장을 돌리지 않거나, 술집, 자기 집, 커피숍 등 교회가 아닌 다른 장소에서 식을 치렀기 때문에 불법이었다. Lawrence Stone, *Road to Divorce*, p. 96.

57 Lawrence Stone, *Road to Divorce*, p. 136.

58 Lawrence Stone, *Road to Divorce*, p. 119.

59 원래 이름은 필립 요크Philip Yorke다.

60 Lawrence Stone, *Road to Divorce*, pp. 123~24.

61 Lawrence Stone, *Road to Divorce*, p. 141.

62 Lawrence Stone, *Road to Divorce*, pp. 170~81.

63 Lawrence Stone, *Road to Divorce*, pp. 150~51.

64 Lawrence Stone, *Road to Divorce*, pp. 151.

65 Lawrence Stone, *Road to Divorce*, p. 160.

66 Lawrence Stone, *Family, Sex and Marriage*, p. 331.

67 Lawrence Stone, *Road to Divorce*, p. 153.

68 Lawrence Stone, *Road to Divorce*, p. 159.

69 Lawrence Stone, *Road to Divorce*, p. 14.

70 "史所貴者義也 而所具者事也, 所憑者文也"《文史通義》〈史德〉.

71 에번스, 《역사학을 위한 변론》, 324쪽에서 재인용.

72 스톤은 역사 연구 및 서술의 방법에 관해서도 꾸준히 관심을 기울였다. 그의 사론
집《과거와 현재》에는 역사학과 사회과학의 관계, 문학상의 인물 연구, 내러티브
역사 등을 다룬 글들 그리고 종교개혁, 혁명과 반혁명, 17세기 위기론, 퓨리터니
즘, 마법과 종교와 이성, 가톨릭, 법, 대학, 아동과 가족, 노년, 죽음 등의 주제들에
관해 깊이 성찰한 글들이 실려 있다. 그의 역사서술 자체도 경제결정론에서 통계
적 방법을 거쳐 인류학과 사회학의 개념을 원용하기도 하고 말년에는 내러티브 역
사로 방향을 틀기까지 했다. 스톤의 역사관과 역사서술에 관한 검토는 또 다른 지
면이 필요할 것이다.

73 Lawrence Stone, "History and Post–Modernism", *Past and Present* 131, 1991, pp.
217~18.

74 *The Guardian* 1999년 7월 5일자.

3장 로이 포터, 런던과 계몽된 사회

1 *The Guardian* 2002년 3월 5일자 기사에서 바이넘W. F. Bynum은 이렇게 슬퍼한다.
"은퇴 후에 포터는 취미 삼아 악기를 연주하고 몇 가지 외국어를 공부하고 정원을
가꿀 수 있기를 바랐다. 아, 그는 그 마지막 열망을 이제 갓 시작했을 뿐이었다. 그
렇게 인생을 충실하게 살아왔던 그의 갑작스러운 죽음은 그를 아는 모든 사람들에
게 충격을 가져다주었다."

2 *The Guardian* 2002년 3월 5일자 존 이자드John Ezard의 기사.

3 *The Times* 2002년 3월 6일자 기사. 2002년 4월 22일(월) 오후 3시 30분, 런던 유스
턴 가Euston Road에 있는 세인트 팬크라스 교구교회St Pancrass Parish Church에서
추도예배가 열렸다. 포터의 동료이자 웰컴의학사연구소 소장인 해럴드 쿡Harold
J. Cook 교수는 포터가 "지질학의 역사, 런던, 18세기 브리튼의 사상 및 사회, 의

학, 광기, 통풍, 환자들, 개업의, 문학, 예술" 등 온갖 분야에 학문적 관심을 기울였다고 경탄한다(추도 팸플릿 참조).

4 지금은 연구소의 공식 명칭이 'Wellcome Trust Centre for the History of Medicine at University College of London'으로 바뀌었다.

5 로이 포터의 사망에 관한 신문기사와 추도예배 팸플릿 등을 보내준 샤론 메신저 Sharon Messenger 박사에게 감사한다. 그녀는 몇 년간 로이 포터와 함께 작업해온 웰컴의학사연구소 연구원research fellow이다. 나는 연구소에서 잠깐 그녀를 만났다. 다음 기회에 정식으로 인터뷰를 하기로 했으나 사정이 여의치 않아 못했고, 그 대신에 도움이 될 만한 자료를 보내주었다. 이 글에서 로이 포터의 개인적인 면모를 알려주는 단편적인 내용들은 모두 그녀가 보내준 자료에 힘입은 것임을 밝혀둔다.

6 포터의 의학사 서술들에 관한 상세한 소개는 다음 논문을 볼 것. 설혜심, 〈로이 포터의 역사세계〉, 《영국연구》 10호, 2003, 89~118쪽.

7 Roy Porter, *London : A Social History*(Cambridge, Mass. : Harvard University Press, 1998), p. xiii.

8 제퍼슨은 다음과 같이 회고한다. "로이는 정말 지식을 사랑했습니다. 언젠가 저는 그와 함께 복도를 걸어가면서, 윌슨즈 스쿨을 발전시키려면 무엇을 해야 하는지 물었지요. 로이는 이렇게 말하더군요. "저는 모두가 조금씩 더 열심히 공부했으면 좋겠어요"라고."

9 이 논문은 몇 년 후 케임브리지대학 출판부에서 출판되었는데, 이것이 공식적으로는 그의 최초의 저작이다. *The Making of Geology : Earth Science in Britain, 1660-1815*(Cambridge : Cambridge University Press, 1977).

10 *The Guardian* 2002년 3월 7일자. 처칠칼리지에서 그에게 배웠던 잭 폴Jack Pole의 기사 참조.

11 *The Time Higher Education Supplement* 2001년 11월 20일자, 크리스토퍼 우드 Christopher Wood의 인터뷰 기사.

12 *The Time Higher Education Supplement* 2001년 11월 20일자, 크리스토퍼 우드 Christopher Wood의 인터뷰 기사 참조. 한편, 추도 팸플릿의 연구목록을 살펴보면, 저서·편저·공저(또는 단행본 기고) 103(여기에는 재간행본 포함), 논문 75, 앞으로 간행될 공저 및 논문 15로 나타난다.

[13] 출판 연도순으로 중요한 저술만 소개하면 다음과 같다. (1) *The making of Geology*: *Earth Science in Britain, 1660–1815*(New York: Cambridge University Press, 1977), (2) *English Society in the Eighteenth Century*(Harmondsworth: Penguin, 1982), (3) *A Social History of Madness*(London: Weidenfeld and Nicolson, 1987), (4) *Mind-forg'd manacles*: *A History of Madness in England from the Restoration to the Regency*(London: Athlone, 1987), (5) *Edward Gibbon*: *Making History*(London: Weidenfeld & Nicolson, 1988), (6) *Doctor of Society*: *Thomas Beddoes and the Sick Trade in Late-Enlightenment England*(London: Routledge, 1992), (7) *London*: *A Social History*(London: Hamish Hamilton, 1994), (8) *Disease, Medicine and Society in England, 1550–1860*(Cambridge University Press, 1996), (9) *The Greatest Benefit to Mankind*: *A Medical History of Humanity*(London: Harper Collins, 1997), (10) *Madness*: *A Brief History*(Oxford University Press, 1999), (11) *Enlightenment*: *Britain and the Creation of the Modern World*(Nemesis: Allen Lane, 2000), (12) *Bodies Politic*: *Disease, Death, and Doctors in Britain, 1650–1900*(Ithaca: Cornell University Press, 2001).

[14] *The Time Higher Education Supplement* 2001년 11월 20일자, 크리스토퍼 우드 Christopher Wood의 인터뷰 기사.

[15] 런던이라는 이름은 린딘Lyn Din, 즉 '호수의 도시' 라는 뜻을 가진 켈트어에서 유래한다.

[16] Roy Porter, *London*: *A Social History*, p. 131.

[17] E. A. Wrigley, "Simple Model of London's Importance in Changing English Society and Economy, 1650–1750", *Past and Present* 37, 1967, p. 46.

[18] Roy Porter, *London*: *A Social History*, p. 146.

[19] 이상은 다음을 참조할 것. 송병건, 〈영국민의 생활권〉, 영국사학회 엮음, 《자본, 제국, 이데올로기》, 혜안, 2005, 26~48쪽. 이 시기에 런던과 비슷한 패턴을 보여주는 도시는 암스테르담뿐이다. 같은 기간에 그 비율은 8퍼센트에서 9퍼센트로 높아지고 있다. 그러나 그 증가율은 미미한 편이다. 이상은 Wrigley, "Simple Model of London's Importance", p. 45 참조.

[20] J. R. Wordie, "The Chronology of English Enclosure, 1500–1914", *Economic History Review* 2nd ser., vol. 36, no. 4, 1983, pp. 483~505.

21 N. F. R. Crafts, "Industrial Revolution in Britain and France: Some Thoughts on the Question 'Why Was England First?'", *Economic History Review* 2nd ser., vol. 30, no. 3, 1977, p. 441.

22 19세기에 스코틀랜드를 포함한 영제국은 1,600만 명에서 4,400만 명, 독일연방국가 인구는 2,400만 명에서 6,000만 명으로 증가한다. 그러나 프랑스의 경우 3,600만 명에서 3,900만 명 수준으로 완만하게 증가했을 뿐이다. 팀 블래닝, 《옥스퍼드 유럽현대사》, 한울, 2003, 138쪽.

23 Roy Porter, *London: A Social History*, p. 228.

24 영어에서 도시 빈민가를 뜻하는 '슬럼slum' 이라는 말의 기원은 대도시 런던과 관련이 없다. 산업혁명 초기 수력공장은 물길을 이용하기 위해 산기슭이나 구릉 경사면에 세워졌다. 노동자들이 거주하는 공장촌 또한 산기슭이나 높은 언덕에 조성되었다. 증기력공장은 석탄과 원료 수송의 용이성 때문에 운하에 인접한 저지대에 세워졌다. 이에 따라 노동자 주거단지가 배수 문제로 곤란을 겪기 쉬운 곳에 조성되면서 이들 주택단지의 위생 문제가 현안으로 등장했다. '슬럼' 이라는 말은 1820년대에 처음 사용되었는데, '물기가 있는 수렁wet mire' 이라는 뜻을 지닌 고대 영어 '슬럼프slump' 에서 나왔다. 산업혁명 초기에는 대체로 배수가 되지 않는 지대의 도로와 집들의 지독한 상태를 나타내는 말로 사용되었다. 이 말이 대도시 런던의 빈민가를 가리키는 언어로 정착된 것은 그만큼 대도시의 빈곤 지역이 커다란 사회 문제로 등장했음을 반영한다.

25 Roy Porter, *London: A Social History*, p. 162.

26 Roy Porter, *London: A Social History*, p. 164에서 재인용.

27 이영석, 《근대의 풍경》, 푸른역사, 2003, 150~54쪽 참조.

28 이러한 시각은 아마도 위르겐 하버마스Jürgen Habermas까지 소급해 올라가야 할 것이다. 그는 계몽운동을 여론의 토론과 변용을 위한 공공영역의 창출 과정으로 이해한다. J. Habermas, *The Structural Transformation of the Public Sphere: An Inquiry into the Category of Bourgeois Society*(Oxford: Blackwell, 1989), 토마스 매카시Thomas McCarthy의 서문 참조.

29 Roy Porter, *Enlightenment: Britain and the Creation of the Modern World*(Harmondsworth: Penguin, 2001), p. 6.

30 Roy Porter, *Enlightenment: Britain and the Creation of the Modern World*, pp. xx~xxi.

31 이 말에서 'eu'는 good, 'daimon'은 spirit다. Darin M. McMahon, "From the Happiness of Virtue to the Virtue of Happiness", *Daedalus* vol. 133, no. 2, 2004, p. 7 참조.

32 따라서 happy는 영어 happen과 같은 어원을 가진다. 중세 불어에서도 형용사 heureux의 'heur'는 기회 또는 행운luck을 의미한다.

33 자신의 삶에서 행운만을 기대하는 어리석은 사람을 가리키는 형용사.

34 르네상스 이후 새롭게 변화된 의미에 걸맞은 한자어는 희흠나 낙樂이다. 그러나 19세기 말 일본 지식인들은 영어 'happiness'의 번역어를 찾는 데 고심을 거듭했다고 알려져 있다. 새로운 조어 '행복幸福'은 복된 행운이라는 뜻이다. 이로 미루어, 당대의 번역가들은 영어 'happiness'의 원래 뜻을 표현하는 데 더 관심을 기울였다고 할 수 있다.

35 Aristotle, M. Ostwald trans. *Nichomachean Ethics*(Indianapolis: Bobbs-Merrill, 1962), p. 17. 행복 개념의 변천에 관해서는 다음을 참조했다. McMahon, "From the Happiness of Virtue to the Virtue of Happiness", pp. 5~17; Martha C. Nussbaum, "Mill between Aristotle and Bentham", *Daedalus* vol. 133, no. 2, 2004, pp. 60~68.

36 토머스 제퍼슨은 "행복은 인생의 목표다. 덕의 행복의 기초이다"라고 말했다. 벤저민 프랭클린 또한 덕과 행복의 관계는 어머니와 딸의 관계와 같다고 썼다. McMahon, "From the Happiness of Virtue to the Virtue of Happiness", p. 8 참조.

37 〈마태복음〉 5장 3~11절.

38 McMahon, "From the Happiness of Virtue to the Virtue of Happiness", p. 11.

39 McMahon, "From the Happiness of Virtue to the Virtue of Happiness", p. 12. 잘 알려져 있듯이, 모어의 《유토피아》는 현실에 존재하지 않는 이상적인 사회를 통해 현실 자체를 비판하려는 의도를 보여준다. 이 책은 근대로의 이행기에 나타난 여러 사회적 모순과 갈등에 대한 성찰과 반성을 포함한다. 모어는 구질서를 옹호하는 복고론자였지만, 그럼에도 새로운 학문과 기술에 대한 기대를 보여준다. 모어를 비롯해 르네상스 시대 유토피아 사상가들에게서 공통으로 나타나는 특징은 유토피아가 어느 곳에도 존재하지 않는 세계라고 하면서도 현실의 시간적·공간적 연장선에서 자신들의 기대를 표현하고 있다는 점이다.

40 17세기 영국 내란기에 오히려 세속적 행복에 대한 팸플릿이 다수 나타났다는 것
도 의미심장하다. Robert Crofts, *The Way to Happiness on Earth Concerning Riches,
Honour, Congall Love, Eating, Drinking*(London, 1641); Richard Holdsworth, *The
Peoples Happiness*(Cambridge, 1642); Thomas Brooks, *Heaven on Earth*(London, 1657).

41 McMahon, "From the Happiness of Virtue to the Virtue of Happiness," p. 11에서
재인용.

42 Maurice Cranston, *John Locke: A Biography*(London: Longmans, 1957), p. 124 참조.

43 표준화된 행복감이나 행복에 대한 사회조사의 문제에 관해서는 다음을 볼 것.
Robert H. Frank, "How not to Buy Happiness", *Daedalus* vol. 133, no. 2, 2004,
pp. 69~79; Richard A. Easterlin, "The Economics of Happiness", *Daedalus* vol. 133,
no. 2, 2004, pp. 26~33.

44 영국국교회Church of England는 1534년 헨리 8세의 수장령Act of Supremacy과
1559년 통일령Act of Uniformity(공동기도서 채택 및 주일예배 참석에 관한 칙령) 이
후 성립된 잉글랜드 및 웨일스 교회를 가리킨다. 흔히 성공회Anglican Domain
라 불린다. 비국교도Non-conformists는 내란 후 1662년 통일령에 반발해 국교
회를 탈퇴한 2,000여 성직자들을 일컫는 말이다. 이전에는 잉글랜드에서 국교회
에 반대한 측을 'Dissenters'라 불렀다. 이후 비국교회로 분류되는 종파는 장로파
Presbyterians, 회중파Congregationalists, 침례파Baptists, 퀘이커파Quakers, 감리교
파Methodists, 유니테리언, 구세군Salvation Army 등이 있다.

45 Roy Porter, *Enlightenment: Britain and the Creation of the Modern World*, p. 105에서
재인용.

46 Roy Porter, *Enlightenment: Britain and the Creation of the Modern World*, p. 99.

47 Roy Porter, *Enlightenment: Britain and the Creation of the Modern World*, p. 99.

48 Roy Porter, *Enlightenment: Britain and the Creation of the Modern World*, pp. 14~15.

49 Roy Porter, *Enlightenment: Britain and the Creation of the Modern World*, p. 17.

50 Roy Porter, *Enlightenment: Britain and the Creation of the Modern World*, p. 18.

51 Roy Porter, *Enlightenment: Britain and the Creation of the Modern World*, pp. 262~63
참조. 이러한 생각은 18세기 문필가 일반에게 광범하게 퍼져 있었다. 조시아 터커
Josiah Tucker에 따르면, "자기애self love란 인간 본성의 가장 큰 동인이다." 제임스

스튜어트James Stuart는 이렇게 말했다. "이기심의 원리는 인간 활동의 보편적 분출이기 때문에, 사회를 지배하고 누구나 다 하나의 계획에 따라 스스로 행동하도록 만드는 최선의 길은, 정치가들이 모든 개인의 이해를 가장 잘 반영한 행정체계를 만드는 데 있다." 이상 인용은 다음을 볼 것. Stephan Copley, ed., *Literature and the Social Order in Eighteenth-Century England*(London: Croom Helm, 1984), pp. 121, 115.

52 Roy Porter, *Enlightenment: Britain and the Creation of the Modern World*, pp. 258~59.

53 Roy Porter, *Enlightenment: Britain and the Creation of the Modern World*, p. 265.

54 Soame Jenyns, *Free Inquiry into the Nature and Origin of Evil*(London, 1757); Roy Porter, *Enlightenment: Britain and the Creation of the Modern World*, p. 265에서 재인용.

55 John Butt, ed., *The Poems of Alexander Pope*(London: Muthuen, 1965), p. 536.

56 Lawrence Stone, *The Family, Sex and Marriage in england, 1500-1800*(New York: Harper & Row, 1977).

57 스톤에 대한 종합적인 비판은 다음을 볼 것. Alan Macfarlane, "The Family, Sex and Marriage in England", *History and Theory* vol. 18, no. 1, 1979, pp. 103~26.

58 P. H. Plumb, "The New World of Children in Eighteenth-Century England", *Past and Present* no. 67, 1975, pp. 69, 80 참조.

59 James Axtell, ed., *The Educational Writings of John Locke*(Cambridge: Cambridge University Press, 1968), p. 114; Roy Porter, *Enlightenment: Britain and the Creation of the Modern World*, p. 340에서 재인용.

60 James Axtell, ed., *The Educational Writings of John Locke*, p. 148.

61 Roy Porter, *Enlightenment: Britain and the Creation of the Modern World*, p. 343.

62 Roy Porter, *Enlightenment: Britain and the Creation of the Modern World*, p. 271.

63 Roy Porter, *Enlightenment: Britain and the Creation of the Modern World*, p. 269.

64 Roy Porter, *Enlightenment: Britain and the Creation of the Modern World*, p. 38.

65 Roy Porter, *Enlightenment: Britain and the Creation of the Modern World*, p. 268.

66 Roy Porter, *Enlightenment: Britain and the Creation of the Modern World*, p. 270.

67 영국 학술원은 18개 인문 사회과학 분과로 구성되어 있다. 그 분과를 소개하면 다음과 같다. [1] 인문학 분야: 고전고대Classical Antiquity/ 신학 및 종교학religious studies/ 아프리카학 및 동양학Oriental studies/ 언어학 및 문헌학philology/ 근대 초기 언어학 및 문학/ 근대언어학, 근대 문학 및 다른 예술media/ 고고학/ 중세학 medieval studies, history and literature/ 근세사early modern history, to 1800/ 근대사(19세기 이후)/ 예술 및 음악사/ 철학. [2] 사회과학 분야: 법학/ 경제학 및 경제사/ 사회인류학 및 지리학/ 사회학, 인구학 및 사회통계/ 정치학(정치이론, 행정, 국제관계론)/ 심리학.


## 4장 에드워드 톰슨, 탈계급 시대에《영국 노동계급의 형성》을 다시 읽다

1 E. P. Thompson, *The Making of the English Working Class*(London, 1963); 나종일 외 옮김, 《영국 노동계급의 형성》, 창비, 2000, 상·하권.

2 톰슨의 책이 그 후 사회사 서술에 미친 영향에 관해서는 다음을 볼 것. Bryan D. Palmer, *The Making of E. P. Thompson*: *Marxism, Humanism and History*(Toronto: University of Toronto Press, 1981); Harvey J. Kaye, *The British Marxist Historians*(Cambridge: Cambridge University Press, 1984)[양효식 옮김, 《영국의 마르크스주의 역사가들》, 역사비평사, 1988]; Michael D. Bess, "E. P. Thompson: The Historian as Activist", *American Historian Review* vol. 98, no. 1, 1993, pp. 18~38.

3 톰슨의 역사 연구 방법에 관한 소개는 다음을 볼 것. 유재건, 〈E. P. 톰슨의 역사방법론〉, 《역사교육》, 39, 1986, 309~337쪽; 배영수, 〈사회사의 이론적 함의―에드워드 톰슨에 있어서 계급과 문화 그리고 역사적 유물론〉, 《역사와 현실》 10, 1990, 123~156쪽.

4 E. P. 톰슨, 《영국 노동계급의 형성》 상권, 7쪽. 이하 《형성》으로 표기한다.

5 R. Price, "The Future of British Labour History", *International Review of Social History* vol. 36, no. 2, 1991, pp. 251~252; 이영석, 〈영국 산업사회의 성립과 노동계급, 1780-1914〉, 안병직 외, 《유럽의 산업화와 노동계급》, 까치, 1997, 16쪽.

6 James Hinton, *Labour and Socialism*(Amherst, 1983), p. ix.

[7] 이영석, 〈산업사회의 성립과 노동계급〉, 17쪽 참조.

[8] 하비 J. 케이, 《영국의 마르크스주의 역사가들》, 202~203쪽; Bess, "E. P. Thompson: The Historian as Activist", pp. 20~21.

[9] 이 모임에서 활동한 인사는 톰슨, 돕Maurice Dobb, 홉스봄E. J. Hobsbawm, 힐튼 R. H. Hilton, 힐Christopher Hill, 뤼데George Rudé, 머튼A. L. Morton, 새빌John Saville, 키어넌Victor Kiernon, 도로시 톰슨Dorothy Thompson 등이었다. 이에 관해서는 케이, 《영국의 마르크스주의 역사가들》, 25~35쪽 참조.

[10] Bess, "E. P. Thompson: The Historian as Activist", p. 20.

[11] E. J. Hobsbawm, "The Historians' Group of the Communist Party", Maurice Cornforth, ed., *Rebels and Their Causes: Essays in Honor of A. L. Morton*(London: Lawrence and Wishart, 1978), p. 25.

[12] S. and B. Webb, *The History of Trade Unionism*(London, 1894); G. D. H. Cole, *A Short History of the British Working-Class Movement, 1789-1947*(London: G. Allen & Unwin, 1948). 제1세대 노동사가들의 연구경향에 관해서는 다음을 볼 것. J. Zeitlin, "From Labour History to the History of Industrial Relations", *Economic History Review* 2nd ser., vol. 40, no. 2, 1987, pp. 160~161; Price, "Future of British Labour History", pp. 249~50; M. Savage and A. Miles, *The Remaking of the British Working Class, 1840-1940*(London: Routledge, 1994), pp. 1~2.

[13] S. and B. Webb, *History of Trade Unionism*, p. 1.

[14] E. P. Thompson, "Revolution Again", *New Left Review* no. 6, 1960, p. 24.

[15] 《형성》 상권, 6~7쪽.

[16] E. J. Hobsbawm, *Labouring Men*(London: Weidenfeld and Nicolson, 1964). 이 책에 실린 글들은 대부분 홉스봄이 1950년대에 쓴 것이다.

[17] 《형성》 상권, 580~81쪽.

[18] "Interview with E. P. Thompson", *Radical History Review* 3, 1976, p. 9.

[19] 대학당국과 갈등은, E. P. Thompson, ed., *Warwick University Ltd: Industry, Management and the Universities*(Harmondsworth: Penguin, 1970), ch. 7을 볼 것.

[20] 《형성》 외에 역사서에 해당하는 주요 저술을 열거하면 다음과 같다. *William Morris: Romantic to Revolutionary*(London: Lawrence & Wishart, 1955); *Whigs and*

*Hunters*: *The Origins of the Black Act*(London: Allen Lane, 1975); *The Poverty of Theory and Other Essays*(London: Merlin Press, 1978)[변상출 옮김, 《이론의 빈곤》, 책세상, 2013]; *Writing by Candlelight*(London: Merlin Press, 1980); *Customs in Common*: *Studies in Traditional Popular Culture*(London: Merlin Press, 1991); *Witness against the Beast*: *William Blake and the Morel Law*(Cambridge: Cambridge University Press, 1993).

21 《형성》 상권, 12쪽.

22 《형성》 상권, 24~26쪽.

23 《형성》 상권, 273쪽.

24 영국국교회Church of England는 1534년 헨리 8세의 수장령Act of Supremacy과 1559년 통일령Actof Uniformity(공동기도서 채택 및 주일예배 참석에 관한 칙령) 이후 성립된 잉글랜드 및 웨일스 교회를 가리킨다. 흔히 성공회Anglican Domain라 불린다. 16세기에 국교회에 반대한 개신교 종파를 'Dissenters'라 불렀다. 한편, Non-conformists는 1662년 통일령에 반발해 국교회를 탈퇴한 2,000여 성직자들을 일컫는 말이다. 톰슨은 두 용어를 혼용한다. 국내에서 '비국교' 또는 '비국교도'로 알려져 있으나, 국역본 《형성》에서는 이 두 용어를 모두 '반국교'로 번역하고 있다. 오늘날 이 '반국교'로 분류되는 종파는 장로교Presbyterians, 회중파Congregationalists, 침례교Baptists, 퀘이커파Quakers, 감리교Methodists, 유니테리언Unitarian, 구세군Salvation Army 등이다.

25 《형성》 상권, 42~43쪽.

26 《형성》 상권, 49쪽.

27 《형성》 상권, 60, 63쪽.

28 《형성》 상권, 96쪽.

29 《형성》 상권, 89쪽.

30 《형성》 상권, 97~98쪽.

31 《형성》 상권, 87쪽.

32 《형성》 상권, 133~34쪽.

33 《형성》 상권, 144쪽.

34 《형성》 상권, 153쪽.

35 1795년의 대역죄법Treasonable Practices Act과 선동집회법Seditious Meeting Act. 집

단항의나 선동적인 집회를 원천적으로 봉쇄하고 주모자에 대한 형량을 높이는 내용을 담고 있다. 1799, 1800년에 잇달아 제정된 결사법Combination Acts은 노동시간과 관련된 시위와 스트라이크 등 단체행동과 이를 위한 노조 활동을 금지하고 있다. 또 법 위반자에 대해서는 신속한 약식선고를 내리는 규정이 삽입되었다. 이상은 다음을 볼 것. D. C. Wright, *Popular Radicalism: The Working Class Experiences 1780-1880*(London: Longman, 1988), p. 51; C. R. Dobson, *Masters and Journeymen: A Prehistory of Industrial Relations 1717-1800*(London: Croom Helm, 1980), pp. 121~22.

36 《형성》 상권, 145~262쪽.

37 J. H. Clapham, *An Economic History of Britain*(Cambridge: Cambridge University Press, 1926~38), 3 vols.; T. S. Ashton, *The Industrial Revolution*(London: Oxford University Press, 1948); A. Toynbee, *Lectures on the Industrial Revolution in England*(London, 1884); P. Mantoux, trans., M. Vernon, *The Industrial Revolution in the Eighteenth Century*(London: J. Cape, 1928)[폴 망투, 정윤형·김종철 옮김, 《산업혁명사》, 창비, 1987, 상·하권]; J. L. and B. Hammond, *The Village Labourer*(London: Longman, 1911); J. L. and B. Hammond, *The Skilled Labourer*(London: Longman, 1917); J. L. and B. Hammond, *The Town Labourer*(London: Longman, 1919).

38 1950년대의 논문에서 홉스봄 또한 비슷한 맥락으로 통계의 허구성을 지적하면서 낙관론을 비판한 바 있다. E. J. Hobsbawm, "History andthe Dark Satanic Mills", *Labouring Men*, pp. 106~8.

39 《형성》 상권, 297쪽.

40 《형성》 상권, 324쪽.

41 '직조공의 황금시대'라는 말은 1830~40년대 피터 개스켈Peter Gaskell, 엥겔스 등이 언급한 바 있다. 헨더슨W. O. Henderson과 캘로너W. H. Chaloner는 엥겔스의 《영국 노동계급의 상태》 영문판을 재간행하면서 역자 서문에서 이렇게 말한다. "산업혁명 이전 시기가 일종의 황금기였다는 견해는 하나의 신화다. 초기 공장 시대의 여러 악습들은 이전 시대의 것보다 나쁘지 않았다. 18세기 가내 방적공과 직조공들은 1840년대 공장노동자들이 공장주에게 착취당하는 것과 마찬가지로 무자비하게 직물업자에게 착취당했다." F. Engels, W. O. Henderson and W.

H. Chaloner trans., *Condition of the Working Class in England in 1844*(Oxford: Oxford University Press, 1958), p. xiv.

42 《형성》상권, 376쪽.

43 《형성》상권, 379~437쪽.

44 《형성》상권, 405~7쪽.

45 《형성》상권, 557쪽.

46 《형성》하권, 13~15장.

47 《형성》하권, 51쪽.

48 《형성》하권, 62쪽.

49 《형성》하권, 63쪽.

50 《형성》하권, 65쪽.

51 《형성》하권, 66쪽.

52 《형성》하권, 207쪽.

53 《형성》하권, 215쪽.

54 《형성》하권, 75쪽.

55 《형성》하권, 100~1쪽.

56 노팅엄, 웨스트라이딩, 랭커셔의 러다이트운동은 겉으로 보기에는 비슷한 요인 때문에 나타난 것처럼 보이지만, 조금씩 차이가 있다. 노팅엄 편직공은 임금 인하와 미숙련노동자 고용, 저질품 생산, 편물기 임대료 인상 등에 불만을 품고 운동을 시작했다. 기계파괴는 이 기계 소유자에 대한 불만을 표현한 것이다. 요크셔 전모공 cropper은 그들의 실업을 야기한 기계 도입에 직접 항의했다. 보풀 기계와 털깎기 기계의 도입으로 일감이 절대적으로 줄어들었기 때문이다. 랭커셔 직조공의 운동은 아직 역직기가 광범하게 사용되기 이전에 일어났다. 그들은 자신의 낮은 임금과 실업의 책임이 직포공장에 있다고 믿었기 때문에 직포공장을 공격했다.

57 《형성》하권, 143~221쪽.

58 《형성》하권, 148~49쪽.

59 《형성》하권, 155쪽.

60 《형성》하권, 155쪽.

61 《형성》상권, 272쪽.

[62] I. Katznelson, "Working—Class Formation: Constructing Cases and Comparisons", Katznelson and A. R. Solberg, eds., *Working—Class Formation: Nineteenth—Century Patterns in Western Europe and the United State*(Princeton: Princeton University Press, 1986), p. 12.

[63] 이영석, 〈산업사회의 성립과 노동계급〉, 52쪽.

[64] J. Belchem, *Industrialization and the Working Class: The English Experience, 1750—1990*(Aldershot: Scolar Press, 1990), pp. 2~3.

[65] R. Samuel, "The Workshop of the World: Steam Power and Hand Technology in Mid—Victorian Britain", *History Workshop Journal* no. 3, 1976, pp. 35~37.

[66] M. Berg, ed., *The Factory Question and the Making of Political Economy*(Cambridge: Cambridge University Press, 1980), p. 20.

[67] Katznelson, "Working—Class Formation: Constructing Cases and Comparisons", p. 14.

[68] E. J. Hobsbawm, "The Machine Breakers", *Labouring Men*, p. 7.

[69] M. I. Thomis and H. Holt, *Threats of Revolution in Britain 1789—1848*(London: Macmillan, 1977).

[70] 영국 노동에서 노동귀족이 새롭게 조명 받은 것은 홉스봄의 연구 이후의 일이다. E. J. Hobsbawm, "The Labour Aristocracy in Nineteenth Century Britain", *Labouring Men*, pp. 272~315. 그러나 레닌의 주장을 실증적으로 입증하려 한 본격적인 시도는 존 포스터John Foster에 의해 이루어졌으며 그 후 일련의 논쟁이 있었다. J. Foster, *Class Struggle and the Industrial Revolution*(London: Weidenfeld & Nicolson, 1974). 후대의 논쟁은 다음을 볼 것. H. F. Moorhouse, "The Marxist Theory of the Labour Aristocracy", *Social History* vol. 3, no. 1, 1978, pp. 61~82; A. J. Reid, "Politics and Economics in the Formation of the British Working Class: A Response to H. F. Moorhouse", *Social History* vol. 3, no. 3, 1978, pp. 347~362; R. Gray, *The Aristocracy of Labour in Nineteenth—Century Britain*(London: Macmillan, 1981); T. Lumis, *The Labour Aristocracy, 1851—1914*(Aldershot: Scolar Press, 1994). 국내 연구로는 다음을 볼 것. 조용욱, 〈영국의 노동귀족과 노동운동 그리고 노동사가〉, 《한국학논총》 19집, 1996, 227~268쪽.

[71] Foster, *Class Struggle and the Industrial Revolution*, pp. 212~38.

72 G. Stedman Jones, "Class Struggle and the Industrial Revolution", *New Left Review* no. 90, 1975, pp. 35~69. 이에 관해서는, 이영석, 〈'언어로의 전환'과 노동사의 위기〉, 74~77쪽을 볼 것.

73 G. Stedman Jones, *Language of Class*(Cambridge: Cambridge University Press, 1983), pp. 7~8.

74 G. Stedman Jones, "Rethinking Chartism", *Language of Class*, pp. 106, 168~69; 이영석, 〈'언어로의 전환'과 노동사의 위기〉, 78~83쪽.

5장 에릭 홉스봄, 20세기를 돌아보다

1 Eric J. Hobsbawm, *The Age of Extremes: the Short Twentieth Century, 1914–1991*(London: Michael Joseph, 1994); 이용재 옮김, 《극단의 시대: 20세기의 역사》, 까치, 1997. 이 글에서 참조한 것은 이 번역본이며 구체적인 인용 전거는 본문에 밝힌다.

2 각 장의 목차를 소개하면 다음과 같다. 1부: 1장 총력전의 시대, 2장 세계혁명, 3장 경제적 심연 속으로, 4장 자유주의의 몰락, 5장 공동의 적에 대항하여, 6장 1914–45년의 예술, 7장 제국들의 종식; 2부: 8장 냉전, 9장 황금시대, 10장 사회혁명, 11장 문화혁명, 12장 제3세계, 13장 현실 사회주의; 3부: 위기의 몇십 년, 15장 제3세계와 혁명, 16장 사회주의의 종식, 17장 전위예술의 사멸, 18장 마법사와 도제, 19장 새로운 천년기를 향하여.

3 *The Age of Revolution: Europe 1789–1848*(London: Weidenfeld and Nicolson, 1962); *The Age of Capital, 1848–1875*(London: Weidenfeld and Nicolson, 1975); *The Age of Empire, 1875–1914*(London: Cardinal, 1987). 이 3부작은 모두 국내에서 번역되었다.

4 홉스봄에 관한 개략적인 소개는 다음을 볼 것. 박지향, 〈홉스봄: 전체사로서의 사회사〉, 양병우 엮음, 《역사가와 역사인식》, 민음사, 1989, 251~81쪽; 하비 케이, 양효식 옮김, 《영국의 마르크스주의 역사가들》, 역사비평사, 1988, 161~99쪽.

5 한국의 산업화 과정에서 유교의 역할을 강조한 1990년대의 일련의 논의도 이런 맥락에서 이해할 수 있다. 이른바 유교자본주의론은 아시아 신흥공업국의 급속한 경

제발전을 일종의 정신적 태도에서 찾는 베버적 방법을 따르고 있다. 그러나 이것은 아시아 특유의 현상이라고 할 수 없다. 본문에서 언급했듯이 한 사회에서 자본주의가 팽창할 수 있는 조건이 마련되었을 때 바로 전통적인 도덕률과 그 도덕률의 바탕을 이루는 전통 종교가 중요한 동력을 제공하는 것이다.

6  1980년대 말에 한국의 이혼율은 결혼 11건당 이혼 1건 수준으로 유럽 각국에 비해 매우 낮다는 점을 강조한다.

7  이 통계치는 전두환 정권의 졸업정원제 도입으로 높게 나왔을 것이다.

8  '글로벌global'이라는 단어는 17세기부터 쓰였지만, '글로벌라이즈'는 1962년 《스펙테이터Spectator》지에 처음 등장한다. 당시 이 단어는 사물을 전 지구에 맞게 만드는 활동을 가리켰다. 따라서 '지구화/세계화' 경제란 원래 전 지구의 모든 부분이 단일한 경제의 일부가 되는 추세 또는 상태를 의미한다. 그 정도에 따라 완전한 세계화 또는 부분적인 세계화로 구분할 수도 있을 것이다. Peter Temin, "Globalization", *Oxford Review of Economic Policy* 15:4, 1999, pp. 76~89.


## 6장 니얼 퍼거슨, 제국과 앵글로벌리즘

1  David Cannadine, *Ornamentalism: How the British Saw Their Empire*(Oxford University Press, 2001); Linda Colley, *Captives: The Story of Britain's Pursuit of Empire and How Its Soldiers and Civilians Were held Captive by the Dream of Global Supremacy*(New York: Pantheon Books, 2002); Niall Ferguson, *Empire: How Britain Made the Modern World*(London: Penguin, 2003); Kathleen Wilson, *Englishness, Empire and Gender in the Eighteenth Century*(London: Routledge, 2003).

2  퍼거슨의 이력을 좀 더 소개하면 다음과 같다. 1964년 글래스고 출생. 옥스퍼드 모들린Magdalen칼리지에 장학생demy으로 입학해 1985년 최우등 졸업. 함부르크 및 베를린에서 2년간 연구. 1989년 케임브리지대 크라이스츠칼리지 연구교수, 피터하우스칼리지 강사. 1992년 옥스퍼드대 지저스칼리지 근대사 교수 및 튜터. 2000년 옥스퍼드대 정치사 및 금융사 교수. 2002년 뉴욕주립대 경영대학원Stern Business School 금융사 담당교수. 2005년 하버드대 경제학부 교

수로 취임. 저서로는 다음이 있다. *Paper and Iron Hamburg Business and German Politics in the Era of Inflation 1897~1927*(Cambridge University Press, 1995); idem, ed., *Virtual History Alternatives and Counterfactuals*(London: Macmillan 1997); *The Pity of War*(London: Allen Lane, 1998); *The World's Banker: The History of the House of Rothschild*(London: Penguin, 1998); *The Cash Nexus: Money and Power in the Modern World 1700~2000*(London: Penguin, 2001); *The Empire: How Britain Made the Modern World*(2003); *Colossus: The Price of American Empire*(New York: Penguin, 2004); *The War of the World: History's Age of Hatred*(London: Allen Lane, 2006).

3  Niall Ferguson, *Empire*, p. xxiii.

4  Niall Ferguson, *Empire*, p. 4.

5  Niall Ferguson, *Empire*, pp. 12~13.

6  Niall Ferguson, *Empire*, p. 17.

7  Niall Ferguson, *Empire*, p. 35에서 재인용.

8  Niall Ferguson, *Empire*, p. 24.

9  이러한 견해는 다음을 볼 것. Peter J. Jupp, "The Landed Elite and Political Authority in Britain, 1760-1850", *Journal of British Studies* vol. 29, no. 1, 1990, pp. 53~79.

10  재정-군사국가론은 다음을 참조할 것. John Brewer, *The Sinews of Power: War, Money and the English State, 1688~1783*(London: Unwin Hyman, 1989), ch. 1; 이영석, 〈18세기 영국의 국가체제와 제국 경영〉, 《미국학》 28집, 2005, 33~60쪽.

11  Niall Ferguson, *Empire*, p. 60.

12  Niall Ferguson, *Empire*, pp. 62~63.

13  Niall Ferguson, *Empire*, p. 93.

14  Niall Ferguson, *Empire*, p. 101.

15  P. J. Cain and A. G. Hopkins, *British Imperialism: Innovation and Expansion, 1688~1914*(London and New York: Longman, 1993), p. 12.

16  Niall Ferguson, *Empire*, p. 116.

17  Niall Ferguson, *Empire*, p. 126에서 재인용.

18  Niall Ferguson, *Empire*, p. 141.

19  인도문관제도 및 경쟁시험의 도입에 관해서는 다음을 볼 것. 박지향, 〈관료제를 통

해 본 영제국의 통치 메커니즘〉, 《역사학보》 162집, 1999; 이영석, 〈빅토리아 시대의 교육문제: 시험에 관한 담론〉, 《서양사론》 74호, 2002.

[20] Niall Ferguson, *Empire*, p. 189.

[21] Niall Ferguson, *Empire*, pp. 225~26.

[22] L. E. Davis and R. A. Huttenback, *Mammon and the Persuit of Empire: the Political Economy of British Imperialism, 1860–1912*(Cambridge University Press, 1986), p. 107.

[23] Sidney P. Pollard, "Capital Exports, 1870–1914: Harmful of Benefical?", *Economic History Review* 2nd ser., vol. 38, no. 4, 1985, pp. 489~514. P. K. O'Brien, "The Costs and Benefits of British Imperialism 1846–1914", *Past and Present* no. 120, 1988, pp. 163~200.

[24] Niall Ferguson, *Empire*, p. xiii.

[25] 퍼거슨은 그의 책 6장 모두에서 "나는 영제국이 사멸하고 있다는 것도 알지 못했고 그 제국을 밀어내려고 하는 더 젊은 제국보다 영제국이 훨씬 더 나았다는 사실도 몰랐다"라는 조지 오웰George Orwell의 탄식을 인용하고 있다. Niall Ferguson, *Empire*, p. 292.

[26] Niall Ferguson, *Empire*, p. 296.

[27] Niall Ferguson, *Empire*, p. 332.

[28] Niall Ferguson, *Empire*, p. 296.

[29] Niall Ferguson, *Empire*, p. 335.

[30] Niall Ferguson, *Empire*, p. 358.

[31] Niall Ferguson, *Empire*, p. 344.

[32] Niall Ferguson, *Empire*, p. 347. 한편, 퍼거슨은 다른 논문에서 1차 세계대전기 영제국이 군사적으로 무기력했던 이유로 제국 권역의 지나친 팽창을 지적한다. 감당할 수 있는 수준을 넘어 확대되었기 때문에 제국의 군사력은 지나치게 분산 배치되었다는 것이다. 애초에 영제국은 독일을 압도할 만한 군사력을 구축하지 못했고, 기존 군사력마저 지나친 분산에 따른 취약성을 드러냈다는 것이다. N. Ferguson, "Sinking Globalization", *Foreign Affairs* vol. 84, no. 2, 2005, p. 68.

[33] J. R. Seeley, *Expansion of England*, 1883.

[34] Niall Ferguson, *Empire*, p. 246에서 재인용.

35 Niall Ferguson, *Empire*, p. 368.

36 퍼거슨은 미국에 진출한 이래 리처드 펄Richard Perle, 빌 크리스톨Bill Kristol 같은 신보수주의 논객들에 영향을 미쳤고 정기적으로 국무부나 재무부 관리들을 대상을 강연 기회를 가졌다. 이라크전쟁을 지지했으며, 미국이 이라크전쟁으로 고전하고 있는 이즈음에는 대규모 군대 파견을 주저하는 정책결정자들의 우유부단한 태도를 비판하고 있다. 그의 최근작《거대한 석상Colossus》은 이러한 문제를 집중적으로 다루고 있다.

37 Niall Ferguson, *Empire*, p. 370.

38 Niall Ferguson, *Colossus: The Price of American Empire*, p. 68에서 재인용.

39 Niall Ferguson, *Colossus: The Price of American Empire*, p. 2.

40 퍼거슨은 책 여기저기서 지식인과 정치가들의 언설을 인용한다. 1926년 월터 리프먼Walter Lippman은 이렇게 말했다. "우리는 스스로 대국이면서도 평화로운 스위스라고 생각한다. 반면에 우리는 실제로 거대하고 팽창하는 초강대국이다. 아메리카 제국주의는 다소간 '자각하지 못한' 것이라 할 수 있다"(Niall Ferguson, *Colossus: The Price of American Empire*, p. 62). 1939년 역사가 찰스 베어드Charles Beard는 "미국은 로마제국이나 영제국이 아니다. 그것은 아메리카일 뿐이다"라고 썼다. 리처드 닉슨조차 자서전에서 이렇게 언급한다. "미국은 인접한 나라들에 대한 제국적 간섭의 역사를 갖지 않은 유일한 강대국이다." 클린턴 행정부의 안보담당보좌관을 지낸 새무얼 샌디버거Samuel R. Sandyberger는 "우리는 역사상 제국적 힘을 갖지 않은 최초의 강대국이다"라고 천명했으며, 심지어 조지 부시 대통령도 취임사에서 다음과 같이 말했다. "미국은 결코 제국이었던 적이 없습니다. 우리는 제국의 기회를 가졌지만 이를 거부한, 사상 최초의 강대국입니다. 우리는 권력보다는 위대함을, 영광보다는 정의를 더 선호합니다."(Niall Ferguson, *Colossus: The Price of American Empire*, p. 6).

41 Niall Ferguson, *Colossus: The Price of American Empire*, p. 169 42 Niall Ferguson, *Colossus: The Price of American Empire*, p. 164.

43 Niall Ferguson, *Colossus: The Price of American Empire*, pp. 217~18.

44 Niall Ferguson, *Colossus: The Price of American Empire*, p. 28.

45 Niall Ferguson, "Sinking Globalization", p. 68.

[46] Niall Ferguson, "Sinking Globalization", p. 75.

[47] 《제국》은 물론 《거대한 석상》도 그의 초기 저술과는 달리 정치한 분석이 돋보이지 않는다. 따라서 일반 독자층의 눈길을 끌었으면서도 학계의 평가는 호의적이지 않다. 《제국》에 관한 논평으로는 다음을 볼 것. John Wilson, "Niall Ferguson's Imperial Passion", *History Workshop Journal* no. 56, 2003, pp. 175~83; Philippe Levine, "Britain's Eighteenth-Century Empire", *Social History* vol. 30, no. 2, 2005, pp. 218~23.

[48] 이러한 경향에 대해서는 다음을 볼 것. 박지향, 《영국적인, 너무나 영국적인》, 기파랑, 2006.

[49] 이러한 경향은 영화 〈인도로 가는 길〉을 통해서도 확인할 수 있다. 포스터E. M. Foster의 원작 《인도로 가는 길*A Passage to India*》(1924)은 민족의 융합은 어렵더라도 적어도 나와 타자의 상호이해의 가능성을 제시한다. 그러나 데이비드 린David Lean이 감독한 영화 〈인도로 가는 길〉(1984)에서는 이러한 상호이해의 가능성이 사라지고 오히려 브리튼적인 것에 대한 심미적 영상이 주조를 이룬다.

[50] 퍼거슨의 주장대로, 현재 미국의 힘은 역사상 어느 제국보다도 강력하다. 세계 GDP의 22퍼센트를 점유한다. 유럽연합과 일본은 미국에 협조적이고, 러시아는 미국과 우호관계를 수립하는 데 전력을 기울이고 있으며, 중국 또한 현재 미국 주도의 신질서에 적응하려고 노력한다. 미국의 대외정책은 가장 강력한 힘을 발휘한다. 퍼거슨은 미국이 힘을 덜 사용하고 있다고 주장하지만, 사실은 위험할 만큼 적극적으로 행사한다. 부시 행정부의 테러와의 전쟁은 갈수록 기승을 부리고 있다. 퍼거슨은 부시 행정부의 외교 정책 방향이 옳다고 보지만, 근래 부시 행정부의 외교 정책을 조망한 연구들은 비관적 전망을 내린다. Benjamin R. Barber, *Fear's Empire*: *War, Terrorism and Democracy*(New York: Norton, 2003); Michael Mann, *Incoherent Empire*(New York: Verso, 2003); Emmanuel Todd, *After the Empire*: *The Breakdown of the American Order*(New York: Colombia University Press, 2003). 특히 여기에서 프랑스 비평가 에마누엘 토드의 견해를 주목할 필요가 있다. 토드는 바버나 만이 예견한 미국의 장기지속적인 쇠락의 과정이 이미 시작되었다고 주장한다. 미국의 지정학적 중요성이 감퇴되었고 이와 동시에 세계적인 사회경제적 변환이 일어나고 있다는 것이다. 2차 세계대전 이후 이 변환 과정에서 미국이 중요한 역할

을 했던 것은 사실이나, 그 과정에서. 미국 자체의 경제와 사회는 부패하고 나약해
졌으며 민주주의도 쇠락의 길에 접어들었다는 것이다.

51 Linda Colley, *Captives: The Story of Britain's Pursuit of Empire and How Its Soldiers and Civilians Were held Captive by the Dream of Global Supremacy*(2002).

52 이러한 견해는 다음을 볼 것. 안토니오 네그리·마이클 하트, 윤수종 옮김, 《제국》, 이학사, 2001.

## 7장 데이비드 캐너다인, 귀족과 제국

1 캐너다인의 주요 저서로는 다음을 꼽을 수 있다. *Lords and Landlords: the Aristocracy and the Towns 1774-1967*(Leicester University Press, 1980); *The Decline and Fall of the British Aristocracy*(Yale University Press, 1990); *G. M. Trevelyan: A Life in History*(London: Haper and Collins, 1992); *Aspects of Aristocracy: Grandeur and Decline in Modern Britain*(Yale University Press, 1994); *Class in Britain*(New Haven: Yale University Press, 1998); *Ornamentalism: How the British saw Their Empire*(London: Penguin, 2002); *In Churchill's Shadow: Confronting the Past in Modern Britain*(London: Allen Lane, 2002). 독자들의 관심을 끈 로버츠의 저술로는 다음이 있다. *Salisbury: Victorian Titan*(London: Weidenfeld and Nicolson, 1999); *Napoleon and Wellington*(London: Weidenfeld and Nicolson, 2001); *A History of the English-speaking Peoples since 1900*(London: Weidenfeld and Nicolson, 2006).

2 포터는 근대의학사와 18세기 계몽사상, 파이지스는 러시아혁명, 샤마는 18세기 네덜란드 및 프랑스혁명, 그리고 브루어와 콜리는 18세기 영국 정치 및 사회에 관한 저술로 독자들의 관심을 끌었다.

3 1998~2003년간 역사연구소장직을 맡았고, 현재는 프린스턴대학 사학과 교수로 재직하고 있다.

4 Daniel Snowman, "David Cannadine", *History Today* vol. 58, Oct. 1998, p. 24. 캐너다인의 학문 이력은 주로 이 인터뷰를 참조했다.

5 Daniel Snowman, "David Cannadine", p. 24.

[6] David Cannadine, *Decline and Fall of the British Aristocracy*, p. 5.

[7] 영국 근대사에 관한 전통적인 해석은 다음을 볼 것. D. Cannadine, "British History: Past, Present and Future?", *Past and Present* no. 116, 1987, pp. 171~75.

[8] 이와 관련된 대표적인 연구로는 다음을 볼 것. J. C. D. Clack, *English Society 1688~1832: Ideology, Social Structure and Political Practice during the Ancien Régime*(Cambridge University, 1985); J. Cannon, *Aristocratic Century*(Cambridge University, 1984); Peter Mandler, *Aristocratic Government in the Age of Reform: Whigs and Liberals 1830–1852*(Oxford University Press, 1990).

[9] W. D. Rubinstein, "End of Old Corruption", *Past and Present* no. 92, 1981, p. 55.

[10] P. J. Cain and A. G. Hopkins, *British Imperialism: Innovation and Expansion, 1688–1914*(London: Lonman, 1993), p. 24. 신사적 자본주의에 관해서는 이영석, 〈신사적 자본주의와 제국〉, 《서양사론》 69호, 2001, 183~209쪽 참조.

[11] W. D. Rubinstein, *Capitalism, Culture and Decline in Britain*(London: Routledge, 1993), pp. 147~48.

[12] F. M. L. Thompson, *English landed Society in the Nineteenth Century*(London: Routledge and Kegan Paul, 1963), pp. 27~28, 31.

[13] David Cannadine, *Decline and Fall of the British Aristocracy*, p. xii.

[14] David Cannadine, *Decline and Fall of the British Aristocracy*, p. 8.

[15] David Cannadine, *Decline and Fall of the British Aristocracy*, p. 94.

[16] 아일랜드 소작농민에 대한 잉글랜드 출신 귀족 및 지주의 수탈은 악명이 높았으며 이른바 보이코트운동을 촉발하기도 했다. 영국 의회는 농민 항의에 대처하고 궁극적으로 아일랜드 문제를 해결하기 위해 1870년, 1881년, 1885년, 1903년 등 네 차례에 걸쳐 토지개혁법안을 통과시켰는데, 이들 법령의 궁극적인 목적은 지주의 수탈을 완화하고 이 지역에서 자영농을 육성하는 데 있었다. 아일랜드 토지와 직간접으로 관련된 다수 귀족과 지주층이 경제적 손실을 입었다.

[17] Sidney Pollard, "Capital Exports 1870–1914: Harmful or Beneficial?", *Economic History Review* 2nd ser., vol. 38, no. 4, 1985, pp. 489~514; P. K. O'Brien, "The Costs and Benefits of British Imperialism, 1846–1914", *Past and Present* no. 120, 1988, pp. 163~200.

18  J. Gallagher and R. Robinson, "The Imperialism of Free Trade", *Economic History Review* 2nd ser., vol. 6, no. 1, 1953, pp. 1~15. 주변부이론을 비롯한 제국주의 연구에 관해서는 다음을 볼 것. 박지향, 《제국주의: 신화와 현실》, 서울대출판부, 2000, 4~6장; 이태숙, 〈제국주의 주변부 중심론〉, 《역사학보》 128집, 1990, 71~100쪽.

19  R. Robinson, "Non-European Foundations of European Imperialism", R. Owen and B. Sutcliffe, eds., *Studies in the Theory of Imperialism*(London: Longman, 1972), pp. 120~22.

20  A. G. Hopkins, "Back to the Future: From National History to Imperial History", *Past and Present* no. 164, 1999, pp. 198~99.

21  Catherine Hall, "Introduction: thinking the postcolonial thinking the empire", Catherine Hall ed., *Cultures of Empire*(Manchester: Manchester University Press, 2000), p. 5.

22  Frantz Fanon, trans. C. Farrington, *The Wretched of the Earth*(Harmondsworth: Penguin, 1969), p. 102.

23  Edward W. Said, *Orientalism*(New York: Pantheon Books, 1978); 박홍규 옮김, 《오리엔탈리즘》, 교보문고, 1996. 유럽의 지적 전통에서 오리엔트는 서아시아 및 이집트를 주로 가리킨다.

24  P. Williams and L. Chrisman, eds., *Colonial Discourse and Postcolonial Theory: A Reader*(Hemel Hempsted: Harvester, 1994), p. 5.

25  에드워드 사이드, 《오리엔탈리즘》, 16쪽.

26  사이드와 푸코의 방법에 관한 설명은 다음을 참조. 피터 차일즈·패트릭 윌리엄스, 김문환 옮김, 《탈식민주의 이론》, 문예출판사, 2004, 205~8쪽.

27  이상은 Stuart Hall, ed., *Representation: Cultural Representation and Signifying Practices*(London: Sage, 1997), pp. 1~7 참조.

28  캐너다인의 《장식주의》에 관한 소개는 이영석, 〈19세기 영제국의 형성요인과 사회적 성격에 관한 검토〉, 《역사학연구》 31집, 2007, 260~65쪽 참조.

29  David Cannadine, *Ornamentalism*, p. 12.

30  David Cannadine, *Ornamentalism*, p. 16.

31  David Cannadine, *Ornamentalism*, p. 9.

32 David Cannadine, *Ornamentalism*, pp. 42~43.

33 David Cannadine, *Ornamentalism*, pp. 28~29.

34 David Cannadine, *Ornamentalism* p. 122.

35 식민지 행정관에게는 CMG(Companion of the Order of St Michael and St George), 제2급 왕실식민지 총독에게는 KCMG(Knight Commander of St Michael and St George), 1급 식민지 총독에게는 CMG(Knight Grand Cross of st Michael and st George) 등을 서훈했다. 인도문관에게는 별도의 훈장을 마련해 CSI(companion of the stars of India), CIE(companion of the Order of the Indian Empire) 등을 수여했다. 이밖에도 KCSI, KCIE 등 다양한 칭호와 훈장이 만들어졌다. 이 모두가 제국의 통일성을 유지하려는 시도였다는 것이다. David Cannadine, *Ornamentalism*, pp. 88~89.

36 '장식주의'에 대한 비판은 다음을 볼 것. Richard Price, "One Big Thing: Britain, Its Empire and Their Imperial Culture", *Journal of British Studies* vol. 45, no. 3, 2006, pp. 620~21; Ballantyne, Tony, "Introduction: Debating Empire", *Journal of Colonialism and Colonial History*, vol. 3, no. 1, 2002. http://mese.jhu.edu/journals/journal_of_colonialism_and_colonial_history.v0003/3.1b.

37 최근 그는 영제국과 글로벌리즘에 관한 편저 《제국, 대양, 전 지구사》를 발간한 바 있다. *Empire, the Sea and Global History: Britain's Maritime World 1763-1833*(Basingstoke: Palgrave, 2007).

38 이 같은 연구 추세에 관해서는 다음을 볼 것. Martin Daunton, "Britain and Globalisation since 1850: I. Creating a Global Order 1850-1914", *Transactions of the Royal Historical Society* vol. 16, 2006, pp. 1~38; "Britain and Globalisation since 1850: II. The Rise of Insula Capitalism, 1914-1939", *Transactions of the Royal Historical Society* vol. 17, 2007, pp. 1~33.

## 8장 사이먼 샤마, 영상으로서의 역사

1 *Patriots and Liberators: Revolution in the Netherlands 1780-1813*(London: Collins, 1977); *The Embarrassment of Riches: An Interpretation of Dutch Culture in the Golden*

*Age*(London: Collins, 1987); *Citizens: A Chronicle of the French Revolution*(New York: Knopf, 1989); *Landscape and Memory*(London: Harper Collins, 1995).

2 Simon Schama, *Rembrandt's Eyes*(London: Allen Lane, 1999).

3 대중과 소통을 강조하면서 대중적 인기를 누렸다는 점에서 샤마는 로이 포터와 비슷한 면모를 지녔다. 샤마는 역사서 《브리튼의 역사》를 2002년 타계한 포터에게 헌정한 바 있다.

4 이 텔레비전 역사와 미술비평 프로그램은 최근에 단행본으로도 출판되었다. *Rough Crossing: Britains, the Slaves and the American Revolution*(New York: Ecco, 2005); *The Power of Art*(New York: Ecco, 2006). 뒤의 책은 피카소, 터너 등 8명의 예술가와 그들의 대표작을 심층적으로 탐사한 것이다.

5 총 15부 중 12부 '자연의 위력Forces of Nature 1780–1832' 과 13부 '빅토리아 여왕과 그 자매들Victoria and Her Sisters 1830–1910' 를 주로 검토한다. 이밖에 14부 '선한 의도를 가진 제국The empire of Good Intentions 1830–1925' 도 중요한 부분이나 여기에서 검토하지 못한 것은 이 글의 한계다. 영제국에 관한 샤마의 견해는 별도의 검토가 필요할 것 같다.

6 이 글에서 문자언어와 영상언어에 관한 개략적인 논의는 이영석, 〈디지털 시대의 역사학, 긴장과 적응의 이중주〉, 《영국연구》 5호, 2001, 123~40쪽을 참조했음을 밝혀둔다.

7 마셜 맥루한, 박정규 옮김, 《미디어의 이해》, 커뮤니케이션스북스, 1999, 33쪽.

8 Anthony Grafton, *The Footnote: A Curious History*(Harvard Univ. Press, 1999) 참조.

9 이 논란에서 한 인사는 독자 투고에서 "대영도서관이 맡아온 공공열람실 제공자로서의 전통적인 역할" 대신에 "전자 형태의 책을 대학과 공공도서관에 제공하는 창고" 역할을 추구하는 계획에 의문을 표시하면서 그것은 "학문 작업, 다시 말해서 원전을 바탕으로 독창적 창조물을 만드는 작업의 기초를 송두리째 파괴하는 정책"에 지나지 않는다고 비판한다. *London Review of Books*, 9 September, 1993, pp. 4~5. 이와는 대조적으로 비슷한 시기에 미국 컬럼비아대학 당국은 2,000만 달러 규모의 도서관 신축을 취소하고 그 대신에 매년 1만 권의 고서적을 디지털 정보로 저장하는 계획을 시작했다. 이상은 윌리엄 미첼, 이희재 옮김, 《비트의 도시》, 김영사, 1999, 75~77쪽 참조.

[10] Robert B. Tolpin, "The Filmmaker as Historian", *American Historical Review* vol. 93, 1988, p. 1210.

[11] Justin Chapman, "Seeing the Past: Simon Schama' s A History of Britain and Public History", *History Workshop Journal* no. 56, 2003, p. 155.

[12] 여기에 덧붙여, 인쇄물은 핫미디어이고, 텔레비전 프로그램은 쿨미디어에 속한다는 미디어론의 영향도 무시할 수 없다.

[13] I. C. Jarvie, "Seeing through Movie", *Philosophy of the Social Sciences* vol. 8, 1978, p. 378.

[14] Robert A. Rosenstone, "History in Images/History in Words: Reflections on the Possibility of Really Putting History into Film", *American Historical Review* vol. 93, 1988, p. 1175.

[15] 이를 둘러싼 논란은 다음을 볼 것. Robert Finley, "Refreshing of Martin Guerre", *American Historical Review* vol. 93, 1988, pp. 553~71; Natalie Z. Davis, "On the Lame", *American Historical Review* vol. 93, 1988, pp. 572~603.

[16] 이 말은 헤이든 화이트의 조어다. Hayden White, "Historiography and Histriophoty", *American Historical Review* vol. 93, 1988, p. 1193.

[17] Robert A. Rosenstone, "History in Images", pp. 1178~79.

[18] R. J. Raack, "Historiography and Cinematography: A Prologomenon to Film Work for Historians", *Journal of Contemporary History* vol. 18, 1983, p. 416.

[19] Robert B. Tolpin, "Filmmaker as a Historian", p. 1227.

[20] 《역사와 문화》 2호의 영화에 관한 기획들이 우리나라에서 역사와 영상물의 관계를 처음 집중적으로 다뤘다는 점에서 특히 주목을 끈다. 특집 '역사와 문화: 거대한 역사 속의 작은 개인들' 이나 그밖의 기획 '영화, 역사와 다른 또 하나의 역사' 등에 실린 김수진, 김태승, 이상빈, 김지혜, 하경수, 주경철, 박단, 허구생, 주명철의 글들도 대부분 극영화를 소재로 한다. 이밖에 김기봉, 《팩션 시대: 영화와 역사를 중매하다》(프로네시스, 1996)도 주로 영화를 분석한 글들을 모은 것이다.

[21] 하버드대 교수 퍼거슨도 2003년 초 6부작 〈제국: 영국은 어떻게 근대세계를 창조했는가〉라는 영상물을 영국상업텔레비전방송(채널4)에서 방영한 후, 곧바로 출간한 바 있다. Niall Ferguson, *Empire: How Britain Made the Modern World*(London:

Penguin, 2003); 김종원 옮김, 《제국》, 민음사, 2006.

22 예컨대 그의 *Dead Certainties: Unwarranted Speculations*(London: Granta Books, 1991)는 1849년에 일어난 이른바 파크먼Parkman 살인사건을 소설 형식으로 재현한 것이다. 1990년대에 이미 그는 텔레비전 역사에 관해서도 깊은 관심을 드러냈다.

23 역사프로그램제작자 세계회의The World Congress of History Producers에서 발표한 샤마의 글은 원제가 〈텔레비전 역사의 짐The Burden of Television History〉이다. 이 글 내용은 다음 사이트를 참조할 것. http://history2001.com/index.html.

24 목차는 다음과 같다. 1부 태고 시대, 2부 정복, 3부 왕조, 4부 민족들, 5부 국왕의 죽음, 6부 이단자들의 화형, 7부 여왕의 몸.

25 2편, 3편의 목차는 다음과 같다. 8부 영국내란, 9부 혁명들, 10부 브리튼의 통합, 11부 나쁜 제국, 12부 자연의 위력, 13부 빅토리아 여왕과 그 자매들, 14부 선한 의도를 지닌 제국, 15부 두 사람의 윈스턴.

26 단행본 《브리튼의 역사》 제3권의 목차는 영상물과 다르다. 영상물의 각 부를 모두 분장하여 8개 장으로 구성되어 있다.

27 이 소설은 토미 머튼과 해리 샌드퍼드의 삶을 다룬다.

28 *A General History of Quadrupeds*(1790); *History of British Birds*(1804).

29 제4의 칸막이라고도 불린다. 해설자가 시청자에게(카메라를 보고) 직접 이야기하는 것.

30 영상물 12, 13부는 역사서 《브리튼의 역사》 3권에서, 1장 자연의 위력: 혁명으로의 길, 2장 자연의 위력: 고국으로의 길, 3장 여왕과 벌집, 4장 아내, 딸, 과부들로 이루어져 있다.

31 Simon Schama, *A History of Britain* vol. 3(London: BBC, 2002), p. 15.

32 Simon Schama, *A History of Britain* vol. 3, pp. 17~18.

33 Simon Schama, *A History of Britain* vol. 3, p. 19.

34 Simon Schama, *A History of Britain* vol. 3, pp. 22~24.

35 Simon Schama, *A History of Britain* vol. 3, pp. 30, 32~34.

36 Simon Schama, *A History of Britain* vol. 3, p. 88.

37 Simon Schama, *A History of Britain* vol. 3, p. 113.

38 Simon Schama, *A History of Britain* vol. 3, p. 129.

39 Simon Schama, *A History of Britain* vol. 3, p. 129~30.

40 Chapman, "Seeing the Past", p. 154.

41 Simon Shama, "Television and the Trouble with History", D. Cannadine, ed., *History and the Media*(Basingstoke: Palgrave, 2004), p. 24.


9장 시어도어 젤딘, 감성의 역사를 찾아서

1 Daniel Snowman, "Theodore Zeldin"[interview], *History Today* 49, July 1999, p. 26.

2 Theodore Zeldin, *France 1848~1945* 2 vols.(Oxford University Press, 1973). 이 책의 1권은 '야망, 사랑, 정치', 2권은 '지성, 맛, 분노'라는 부제가 붙어 있다. 이 책은 1979~80년에 전5권으로 다시 간행되었고, 1991년판의 책 제목은 *A History of French Passions 1848~1945*(전2권)로 바뀌었다.

3 그의 아버지는 수학자였고, 어머니는 치과의사였다. 러시아혁명 직후 그들은 러시아를 떠나 영국령 팔레스타인으로 이주했다. 그렇다고 해서 그의 부모들이 시오니스트였던 것은 아니다. 1933년 젤딘은 그곳에서 태어났다. 2차 세계대전기에 그의 가족은 이집트 알렉산드리아에서 머물렀으며, 젤딘은 영국계 중학교를 다녔다.

4 Daniel Snowman, "Theodore Zeldin", pp. 27~8.

5 Theodore Zeldin, *France 1848~1945: Ambition, Love and Politics* vol. 1(1973), p. 2.

6 1979~80년에 전5권으로 다시 간행된 《프랑스 1848~1945》 각 권의 장을 소개하면 다음과 같다. 《1권(야망과 사랑)》 1부 1장 부르주아지의 위선, 2장 의사들, 3장 공증인, 4장 자산가, 5장 기업가, 6장 은행가, 7장 보통사람들의 야망, 8장 관료, 9장 농민, 10장 노동자. 2부 11장 결혼과 도덕, 12장 어린이, 13장 여성. 《2권(지성과 자존심)》 1장 국민 정체성, 2장 지방, 3장 외국인에 대한 태도, 4장 교육과 희망, 5장 논리와 말투, 6장 특권과 문화, 7장 대학. 《3권(맛과 부패)》 1장 맛있는 것과 맛없는 것, 2장 신앙과 미신, 3장 패션과 아름다움, 5장 신문과 부패, 6장 과학과 안락, 7장 행복과 유머, 8장 먹고 마시기. 《4권(정치와 분노)》 1장 생활에서 정치의 영역 2장 국왕과 귀족, 3장 정치의 천재들, 4장 공화주의, 5장 보나파르티즘, 6장 제3공화국의 정치인들, 7장 기회주의, 8장 집단주의, 9장 급진주의, 10장 사회주의. 《5권(불안과 위선)》 1장 사생활, 2장 개인주의와 정서, 3장 걱정, 권태, 히스테리, 4장 위계서열

과 폭력, 5장 출생과 죽음, 6장 종교와 반교권주의, 7장 기술관료제, 8장 장로정치, 9장 위선.

7 Theodore Zeldin, *France 1848–1945: Ambition and Love*(Oxford University Press, 1979), p. vii.

8 Theodore Zeldin, *France 1848–1945: Ambition and Love*, p. 2.

9 Theodore Zeldin, *France 1848–1945: Ambition and Love*, p. 3.

10 Theodore Zeldin, *France 1848–1945: Ambition and Love*, p. 7.

11 Theodore Zeldin, *France 1848–1945: Ambition and Love*, pp. vii~viii.

12 "이 책은 우리가 일련의 소설을 읽는 것과 같은 방식으로 읽힐지도 모른다. 소설은 각기 한 가족이나 단체에 관한 이야기를 다른 관점에서 이야기한다. 이 책의 각장은 독립적으로 읽힐 수 있다. 그 자체의 사건들을 가지고 있기 때문이다."

Theodore Zeldin, *France 1848–1945: Ambition and Love*, p. vii.

13 Theodore Zeldin, *France 1848–1945: Ambition, Love and Politics*, vol. 1(1973), p. 11.

14 Theodore Zeldin, *France 1848–1945: Ambition, Love and Politics*, vol. 1, pp. 11~12.

15 Theodore Zeldin, *France 1848–1945: Ambition and Love*(1979), pp. 14~16.

16 Theodore Zeldin, *France 1848–1945: Intellect and Pride*(Oxford University Press, 1980), p. 4.

17 Theodore Zeldin, *France 1848–1945: Intellect and Pride*, pp. 7~8.

18 젤딘에 따르면, 프랑스어에 대한 지식인들의 집착은 유별난 점이 있다. 프랑스어 야말로 철자와 실제 발음의 괴리가 아주 큰 언어인데, 그것도 이러한 집착의 산물이다. 프랑스 한림원은 철자를 현실화하려는 여러 시도에 반대 입장을 취했다. 예컨대 19세기 중엽에 복수어미 x를 s로 바꾸려는 시도가 있었지만 좌절되었다.

Theodore Zeldin, *France 1848–1945: Intellect and Pride*, p. 23.

19 Theodore Zeldin, *France 1848–1945: Intellect and Pride*, p. 25.

20 Theodore Zeldin, "Social History and Total History", *Journal of Social History* vol. 10, no. 2, 1976, p. 237.

21 Theodore Zeldin, *The French*(London: Collins, 1983), p. 4.

22 이 책의 목차를 소개하면 다음과 같다. 1부 평균적인 프랑스인을 만나기가 어려운 이유/ 1장 관광을 피하는 방법. 2장 종교적 억양을 해석하는 방법. 3장 그들에게 거리를 두고 이야기하는 방법. 4장 그들의 농담을 듣고 웃는 방법과 엄숙하게 보

여야 할 때. 2부 그들을 사랑하는 방법/ 5장 할머니를 이해하는 방법. 6장 어린이
가 그들의 부모를 대하는 방법. 7장 결혼하는 방법. 8장 배우자를 찾고 관계를 지
속하기가 더 어려운 경위. 9장 연인끼리 서로 원하는 것. 3부 프랑스인과 경쟁하고
협상하는 방법/ 10장 사람들에게 현실적인 권력을 찾도록 해주는 방법. 11장 관리
자와 귀족을 구분하는 방법. 12장 노동자들은 터프한 사장을 대할 때 얼마나 화를
내는가. 13장 공산주의자의 중심부를 찾을 수 있는 곳. 14장 무엇이 탈락자가 되는
가. 15장 소상점주는 어떻게 살아남는가. 16장 농민과 사귀는 방법. 4부 그들의 미
각을 이해하는 방법/ 17장 알맞게 먹는 법. 18장 세련됨을 갖추는 법. 19장 그들은
어떻게 그들의 생활 스타일을 선택하는가. 5부 그들이 말하려고 하는 것을 이해하
는 방법/ 20장 그들의 언어를 이해하는 방법. 21장 문화를 인식하는 방법. 22장 그
들의 교육의 효력을 판단하는 방법. 23장 프랑스 지식인에게 주눅 들지 않는 방법.
6부 그들과 교감하는 방법/ 24장 10대 청소년들의 분노를 이해하는 방법. 25장 여
성해방이 느리게 진행되는 경위. 26장 그들이 외국인과 유대인을 취급하는 방법.
27장 그들은 어떤 질병으로 고통을 겪으며 또 그로부터 살아남는가. 28장 노년에
권태에 빠지지 않는 방법. 29장 그들이 기도하는 방법.

23 Theodore Zeldin, *The French*, p. 31.

24 Theodore Zeldin, *The French*, p. 267.

25 Theodore Zeldin, *The French*, p. 268.

26 Theodore Zeldin, *The French*, pp. 272~73.

27 Theodore Zeldin, *The French*, p. 273.

28 Theodore Zeldin, *The French*, p. 355.

29 Theodore Zeldin, *The French*, p. 357.

30 Theodore Zeldin, *The French*, p. 361.

31 인간은 궁극적으로 무엇을 원하는가. 젤딘은 이 책에서 묻는다. 그들은 행복을 원
한다고 말한다. 그 다음에는? 섬디와 그의 일행은 파라다이스의 주민들을 만난다.
그들 가운데에는 과거의 인물들인 헨리 포드, 프란츠 페르디난드 대공 등이 있다.
그녀는 《걸리버 여행기》처럼 전통적인 의미에서 보면 낙원의 방랑자이다. 그러나
중국에 이르러 섬디는 실존세계로 귀환할 준비를 한다. 그녀는 여러 바벨탑을 오
르고 나서 마침내 완전한 행복이란 권태와 비슷하다는 것, 인생의 진정한 목적은

새로운 모험을 시작할 용기와 같은 어떤 것을 포함하고 있음을 깨닫는다. 결국 젤딘은 우리에게 다가오는 새로운 세기(21세기)에 인류는 무엇을 희구하며 살아야 할 것인지를 묻고 있다.

32 시어도어 젤딘, 김태우 옮김, 《인간의 내밀한 역사》, 강, 1999. 이 책에 대한 국내 서평으로는, 김용우, 〈인류의 카운셀러가 된 역사가〉, 《당대비평》 9호(1999)를 볼 것.

33 시어도어 젤딘, 《인간의 내밀한 역사》, 29쪽.

34 시어도어 젤딘, 《인간의 내밀한 역사》, 18쪽.

35 시어도어 젤딘, 《인간의 내밀한 역사》, 83~4쪽.

36 시어도어 젤딘, 《인간의 내밀한 역사》, 96쪽.

37 시어도어 젤딘, 《인간의 내밀한 역사》, 98쪽.

38 시어도어 젤딘, 《인간의 내밀한 역사》, 124쪽.

39 시어도어 젤딘, 《인간의 내밀한 역사》, 127~28쪽.

40 시어도어 젤딘, 《인간의 내밀한 역사》, 344~48쪽.

41 시어도어 젤딘, 《인간의 내밀한 역사》, 354쪽.

42 시어도어 젤딘, 《인간의 내밀한 역사》, 356~59쪽.

43 시어도어 젤딘, 《인간의 내밀한 역사》, 537쪽.

44 시어도어 젤딘, 《인간의 내밀한 역사》, 549~51쪽.

45 시어도어 젤딘, 《인간의 내밀한 역사》, 577쪽.

46 시어도어 젤딘, 《인간의 내밀한 역사》, 574쪽.

47 Daniel Snowman, "Theodore Zeldin", p. 26.


10장 아놀드 토인비와 동아시아

1 아시아 여행 기간은 1929년 7월 29일부터 다음해 1월 29일까지 6개월간이었다.

2 Arnold J. Toynbee, *A Journey to China or Things Where Are Seen*(London: Constable & Co., 1931).

3 Arnold J. Toynbee, *A Study of History*(London: Oxford University Press, 1934~61), 12 vols. 이 저술은 원래 10권으로 기획했으나, 1961년 토인비는 역사지도를 포함해

그에 대한 비판을 검토하고 책 내용을 성찰한 11, 12권을 펴냈다.

4  Arnold J. Toynbee, *A Study of History*, Abridgement of Volumes I–X by D. C. Somervell(London: Oxford University Press, 1946–57), 2 vols.

5  Gordon Martel, "The Origins of World History: Arnold Toynbee before the First World War", *Australian Journal of Politics and History* vol. 50, no. 3, 2004, pp. 343~44.

6  예를 들어 다음을 볼 것. Gordon Martel, "Toynbee, McNeill and the Myth of History", *International History Review* vol. 12, no. 2, 1990, pp. 330~48; Gordon Martel, "The Origins of World History", pp. 343~56; Corneliam Navari, "Arnold Toynbee: Prophecy and Civilization", *Review of International Studies* vol. 26, 2000, pp. 289~301; Paul Rich, "Civilization in European and World History: A Reappraisal of the Ideas of Arnold Toynbee, Fernand Braudel and Marshall Hodgson", *European Legacy* vol. 5, no. 3, 2000, pp. 341~52.

7  1922년 토인비가 출간한 *The Western Question in Greece and Turkey*(Boston: Houghton Mifflin, 1922)는 바로 이 그리스 여행 당시의 관찰과 경험에 크게 의존한 것이다. 1960년대 후반 자신의 도보 여행 기억을 즐겁게 회상한 바 있다. 이에 관해서는 다음을 볼 것. Arnold J. Toynbee, *Experiences*(London: Oxford University Press, 1969), pp. 25~28; Roland N. Stromberg, *Arnold J. Toynbee: Historians for an Age in Crisis*(Carbondale and Edwardsville: Southern Illinois University Press, 1972), p. 4.

8  태평양연구소Institute of Pacific Relations는 1925년에 설립된 국제기구로서 태평양 연안국 간의 제반 문제와 국제관계를 논의하는 국제회의를 개최해왔다. 포드재단이 기구 설립 및 운영을 후원했다.

9  Arnold J. Toynbee, *Journey to China*, p. 150.

10  Arnold J. Toynbee, *Experiences*, p. 101.

11  Arnold J. Toynbee, *Journey to China*, p. 151.

12  John Darwin, *The Empire Project: The Rise and Fall of the British World-System, 1830–1970*(Cambridge: Cambridge University Press, 2009), p. 4.

13  Arnold J. Toynbee, *Journey to China*, p. 155.

14  Arnold J. Toynbee, *Journey to China*, p. 165. 《걸리버 여행기》에 나오는 '공중에 뜬

섬' 사람들은 공상을 즐기고 현실에 관심을 두지 않는 경향이 있었다.

15 Arnold J. Toynbee, *Journey to China*, p. 166.

16 Arnold J. Toynbee, *Journey to China*, p. 168.

17 Arnold J. Toynbee, *Journey to China*, p. 166.

18 Arnold J. Toynbee, *Journey to China*, p. 183.

19 Arnold J. Toynbee, *Journey to China*, p. 184.

20 Arnold J. Toynbee, *Journey to China*, p. 185.

21 Arnold J. Toynbee, *Journey to China*, p. 186.

22 Arnold J. Toynbee, *Journey to China*, p. 187.

23 Arnold J. Toynbee, *Journey to China*, p. 188.

24 Arnold J. Toynbee, *Journey to China*, p. 189.

25 1920년대 동청철도와 남만주철도의 경쟁에 관해서는 다음을 볼 것. 김지환, 〈中國 東
北地域 상품유통망의 변화와 東淸鐵道의 매각〉, 《역사학보》 217집, 2013, 335~61쪽.

26 Arnold J. Toynbee, *Journey to China*, p. 190.

27 Arnold J. Toynbee, *Journey to China*, p. 195.

28 Arnold J. Toynbee, *Journey to China*, pp. 158~59.

29 Arnold J. Toynbee, *Journey to China*, p. 190.

30 Arnold J. Toynbee, *Journey to China*, p. 201.

31 Arnold J. Toynbee, *Journey to China*, pp. 201~2.

32 Arnold J. Toynbee, *Journey to China*, pp. 203~4.

33 근래 19세기 이후 아시아 지역의 이민에 관한 학문적 관심이 높아지고 있다. 근
대세계에서 만주와 중앙아시아 지역은 아메리카대륙 및 남아시아/인도양 연안
과 더불어 세계 이민사에서 가장 중요한 세 이민 경로 중 하나로 알려지고 있다.
1846~1940년간 만주 및 중앙아시아로의 이민자 수는 대략 4,600만 내지 5,100
만 명 규모였다. 이들 다수는 중국인이었다. 특히 이 이민 경로의 절정기는 20세
기 전반의 시기였다. 이에 관해서는 다음을 볼 것. A. Mckeown, "Global Migration
1846–1940", *Journal of World History* vol. 15, no. 2, 2004, p. 156, 165.

34 Arnold J. Toynbee, *Journey to China*, p. 260. 물론, 토인비는 만주사변 이후 일본이
만주국을 세워 동북 3성 전체에 대한 지배권을 강화하리라는 것을 예측하지 못했

다. 그는 엄청난 중국인 이민이 궁극적으로 만주 전체가 중국화할 것이라는 점만
을 밝혔을 뿐이다.

35 Arnold J. Toynbee, *Journey to China*, p. 260.

36 Arnold J. Toynbee, *Journey to China*, p. 261.

37 Arnold J. Toynbee, *Journey to China*, p. 270.

38 Arnold J. Toynbee, *A Study of History* vol. 3, 1934, p. 19.

39 1938년 당시 현 노팅엄대학University of Nottingham의 이전 명칭은 University
College at Nottingham이었다.

40 Arnold J. Toynbee, "British Interests in the Far East"(Nottingham, 1938), pp. 4~5.

41 Arnold J. Toynbee, "British Interests in the Far East".

42 Arnold J. Toynbee, *A Study of History* vol. 8, 1954, p. 339.

43 토인비는 역사적으로 해체 과정을 밟은 문명, 그대로 멈춘 문명, 화석화한 문명, 저
지당한 문명 등으로 분류해 총 21개 문명에 관해 언급한다. 이들 문명의 계보는 *A
Study of History* vol. 1, 1934, pp. 131~33을 볼 것.

44 이에 관해서는 다음을 볼 것. E. W. F. Tolmin, ed., *Arnold Toynbee: A Selection from
His Work*(Oxford: Oxford University Press, 1978), p. 77; Gordon Martel, "Origins of
World History", p. 346.

45 토인비의 문명론에 관한 요약은 다음을 볼 것. E. W. F. Tomlin, ed., *Arnold:
Toynbee*, pp. 28, 35~36, 68, 77. 국내 연구로는 노명식, 《토인비와 함석헌》(전집 제
3권), 책과함께, 2011, 25~62쪽 참조.

46 Arnold J. Toynbee, *A Study of History* vol. 1, 1934, p. 133. 1935년 《역사의 연구》
처음 세 권을 출간한 지 몇 년 후에, 토인비의 이 같은 이분법적 중국사 해석은
여러 중국사 연구자의 강한 비판을 받았다. 이에 관해서는 다음을 볼 것. M. E.
Cameron, "A Bisection of Chinese History", *Pacific Historical Review* vol. 8, 1939,
pp. 401~12.

47 Arnold J. Toynbee, *Journey to China*, p. 208.

48 Arnold J. Toynbee, *Journey to China*, p. 254.

49 Arnold J. Toynbee, *Journey to China*, p. 255.

50 토인비의 일본사 해석에 관한 검토는 다음을 볼 것. M. E. Cameron, "A Rehandling

of Japanese History", *Far Eastern Quarterly* 1, 1942, pp. 150~60.

51 Arnold J. Toynbee, *Journey to China*, pp. 174~75.

52 Arnold J. Toynbee, *A Study of History* vol. 2, 1934, p. 159.

53 가마쿠라 시대(1185~1333)는 헤이안平安 시대에 뒤이은 미나모토 바쿠후鎌倉幕府 집권기를 가리킨다. 일본 봉건제도의 성립과 함께 전국시대가 시작된 시대다. 아시카가 시대(1333~1573)는 흔히 무로마치室丁 시대라고도 불린다. 미나모토 바쿠후에 뒤이어 등장한 아시카가 바쿠우足利幕府가 무로마치에 근거지를 두었기 때문이다. 토인비는 13~16세기에 걸친 이른바 전국시대를 그의 문명론에 입각해 일본 극동문명의 발전 과정에서 전개된 '고난의 시기'로 파악한다.

54 Arnold J. Toynbee, *A Study of History* vol. 5, 1939, pp. 100~102. 토인비는 조선도 극동문명의 범주로 분류하면서도, 불교 전래의 중요한 경로로 언급한다. 그러면서도 13세기 이후 일본과 다른 변화, 이를테면 왕조 교체와 신지배층의 성리학 수용 등이 있었음에도 이를 언급하지 않는다.

55 Arnold J. Toynbee, *Journey to China*, p. 278.

56 Arnold J. Toynbee, *Journey to China*, p. 279.

57 Arnold J. Toynbee, *Journey to China*, p. 279~80.

58 Kenneth Pomeranz, *The Great Divergence*: *China, Europe and the Making of the Modern World Economy*(Cambridge: Cambridge University Press, 2000). 포메란츠의 연구에 대한 개설적인 소개는 다음을 볼 것. 강진아, 〈중국의 부상과 세계사의 재조명〉, 《역사와 경계》 80호, 2011, 145~86쪽.

59 Kenneth Pomeranz, *The Great Divergence*: *China, Europe and the Making of the Modern World Economy*, ch. 5.

60 Kenneth Pomeranz, *The Great Divergence*: *China, Europe and the Making of the Modern World Economy*, p. 59.

61 Corneliam Navari, "Arnold Toynbee: Prophecy and Civilization", p. 290.

62 근래 중국의 재부상을 세계적 규모의 신헤게모니의 창출로 이해하는 조반니 아리기Giovanni Arrighi의 견해가 아마도 이런 문제의식과 관련된다고 할 수 있다. 조반니 아리기, 강진아 옮김, 《베이징의 애덤 스미스》, 길, 2009.

1 이순탁, 《최근세계일주기》, 1934; 학민사, 1997년판. 이 여행기는 오랫동안 묻혀 있다가 1997년 재간행된 후 비로소 세상에 알려졌다. 필자는 이전에 이순탁의 세계일주에 관한 글을 발표한 바 있다. 이영석, 〈1930년대 이순탁의 세계 여행〉, 《역사와 문화》 22호, 2010, 211~33쪽. 이 장은 이전 글을 바탕으로 하면서도 특히 그의 영국 방문과 영제국에 대한 인상을 주로 살피는 데 목적을 둔다. 따라서 이순탁의 세계여행과 그의 생애에 관한 서술은 이전 연구를 축약했음을 밝힌다.

2 河上肇, 《祖國を 顧みて》, 1915; 東京: 岩波書店, 2002.

3 몰락한 양반가문 출신이었기 때문에 그는 집안의 도움을 받기 어려웠다. 일본 유학시절에 단기간에 학교를 졸업하는 방식을 택했는데, 이는 그의 이력이 편입과 중퇴를 반복한 것을 통해 알 수 있다. 그는 1917년 4월 동경 세이조우중학교 3학년에 편입했으나 곧바로 중학졸업검정시험에 합격해 학교를 중퇴하고, 1919년 4월 고베고등상업학교 예과에 편입한다. 6개월 만에 그는 이 학교를 중퇴하고 다시 경도제대 경제학부 선과에 입학해 다니다가 2년 후 본과에 편입해 졸업했다. 홍성찬, 〈한국 근현대 이순탁의 정치경제사상 연구〉, 《역사문제연구》 1호, 1996, 70~71쪽 참조. 당시 도쿄제국대학을 제외한 다른 제국대학들은 고등학교 졸업 학력이 없는 우수한 학생들을 경쟁시험으로 선발해 선과 입학시켰다. 그들은 선과 입학 후 고등학교 졸업검정시험에 합격할 경우 곧바로 본과로 옮길 수 있었다. 그러니까 이순탁은 일본유학 시절 중고등학교를 모두 검정시험으로 수료한 셈이다.

4 한국전쟁 이후, 남한에서 월북 또는 납북 인사는 대중의 기억에서 잊혔다. 정치상황 때문이다. 이순탁에 관한 학술적 연구도 홍성찬 교수의 논문이 거의 유일하다.

5 홍성찬, 〈이순탁의 정치경제사상 연구〉, 81, 86쪽.

6 이순탁의 안식년은 제도적인 측면에서 아마 전문교육기관 최초로 이루어진 사례가 아닐까 싶다.

7 이순탁, 《최근세계일주기》, 160쪽.

8 河上肇, 《祖國を 顧みて》, 200~201쪽.

9 이순탁, 《최근세계일주기》, 176쪽.

10 河上肇, 《祖國を 顧みて》, 162~64쪽.

11 河上肇, 《祖國を 顧みて》, 166쪽.

12 이순탁, 《최근세계일주기》, 185쪽.

13 이순탁, 《최근세계일주기》, 191쪽.

14 이순탁, 《최근세계일주기》, 125, 131쪽.

15 이순탁, 《최근세계일주기》, 185~87쪽.

16 이순탁, 《최근세계일주기》, 195쪽.

17 이순탁, 《최근세계일주기》, 197쪽.

18 이순탁, 《최근세계일주기》, 196쪽.

19 이순탁, 《최근세계일주기》, 197쪽.

20 근래의 통계에 따르면, 대공황기 실업률은 1929년 10.4퍼센트에서 1931년 21.3퍼
센트, 1932년 22.1퍼센트로 상승한다. B. R. Mitchell, *Abstract of British Historical
Statistics*(Cambridge: Cambridge University Press, 1988), p. 124.

21 동시대인의 회고 또는 구전사 연구로는 다음을 볼 것. H. L. Beales and R. S.
Lambert, *Memoirs of the Unemployed*(London, 1934); Pilgrim Trust, *Men, Without
Work*(Cambridge, 1938).

22 Eric Hopkins, *A Social History of the English Working Classes*(London: Arnold, 1979),
p. 32. 1934년 실업법에서 실업보험제도는 다시 바뀌었다. 이 법의 1부는 실업보
험제도를 재조정하고 임시급부금 수준을 인상하며, 지금껏 제외되었던 농업노동
자들에게까지 적용 대상을 확대했다. 2부는 실업지원청Unemployment Assistance
Board을 신설하여 장기실업자 지원을 전담하도록 했다.

23 이순탁, 《최근세계일주기》, 62~63쪽.

24 이순탁, 《최근세계일주기》, 243쪽.

25 이순탁, 《최근세계일주기》, 200쪽.

26 이순탁, 《최근세계일주기》, 201쪽.

27 이순탁, 《최근세계일주기》, 227쪽.

28 이순탁, 《최근세계일주기》, 227쪽.

29 이순탁, 《최근세계일주기》, 229~30쪽.

30 이순탁, 《최근세계일주기》, 198쪽.

31 이순탁, 《최근세계일주기》, 203쪽.

32 이순탁, 《최근세계일주기》, 205쪽.

33 河上肇, 《祖國を 顧みて》, 169쪽

34 河上肇, 《祖國を 顧みて》, 236쪽.

35 河上肇, 《祖國を 顧みて》, 171~72쪽.

36 이순탁, 《최근세계일주기》, 213쪽.

37 마르크스에 관한 일화를 다음과 같이 소개한다. 마르크스는 이 지정좌석에서 독서에 몰두했는데, 거의 매일 직원과 똑같은 대화를 반복했다는 것이다. "문 닫을 시간이 되었습니다." "오, 그래요." 이순탁, 《최근세계일주기》, 207쪽.

38 이순탁, 《최근세계일주기》, 207쪽.

39 이순탁, 《최근세계일주기》, 209~10쪽.

40 이순탁, 《최근세계일주기》, 204쪽.

41 이순탁, 《최근세계일주기》, 233~34쪽.

42 이순탁, 《최근세계일주기》, 20쪽.

43 이순탁, 《최근세계일주기》, 62~65쪽. 그러나 이순탁의 우려와 달리, 일본은 영국의 반대가 있었지만 인도와 통상조약을 연장하는 데 성공한다.

44 이순탁, 《최근세계일주기》, 67쪽.

45 이순탁, 《최근세계일주기》, 43쪽.

46 이순탁, 《최근세계일주기》, 43쪽.

47 이순탁, 《최근세계일주기》, 203쪽.

48 이순탁, 《최근세계일주기》, 204쪽.

49 이순탁, 《최근세계일주기》, 204쪽.

## 12장 역사가와 그의 시대

1 노명식, 《노명식전집》(전12권), 책과함께, 2011.

2 노명식, 〈나는 어떻게 해서 서양사를 공부하게 되었던가〉, 《역사학보》 176집, 2002, 379~401쪽; 〈교수생활 40년의 회고〉, 《철학과 현실》 1집, 1992, 334~50쪽; 〈한국 프랑스사 반세기를 지켜온 산 증인을 찾아서〉, 《서양사론》 101호, 2009, 275~99쪽.

[3] 노명식, 〈나는 어떻게 해서 서양사를 공부하게 되었던가〉, 387쪽.

[4] 노명식, 〈나는 어떻게 해서 서양사를 공부하게 되었던가〉, 390쪽.

[5] 노명식, 〈나는 어떻게 해서 서양사를 공부하게 되었던가〉, 394쪽.

[6] 노명식, 〈교수생활 40년의 회고〉, 341쪽.

[7] 노명식, 《토인비와 함석헌》(전집 3), 230쪽.

[8] 노명식, 《토인비와 함석헌》(전집 3), 241~43쪽.

[9] 노명식, 《토인비와 함석헌》(전집 3), 252쪽.

[10] 이상은 다음을 볼 것. Gordon Martel, "The Origins of World History: Arnold Toynbee before the First World War", *Australian Journal of Politics and History* Vol. 50, No. 3, 2004, pp. 343~44.

[11] 노명식, 《토인비와 함석헌》(전집 3), 267쪽.

[12] 노명식, 《토인비와 함석헌》(전집 3), 274쪽.

[13] 노명식, 〈교수생활 40년의 회고〉, 432쪽.

[14] 노명식, 〈교수생활 40년의 회고〉, 343쪽.

[15] 노명식, 《프랑스 제3공화정 연구》(전집 10), 197~98쪽.

[16] 노명식, 《프랑스 제3공화정 연구》(전집 10), 10쪽.

[17] 노명식, 《프랑스혁명에서 파리 코뮌까지》(전집 9), 432~33쪽.

[18] 노명식, 《프랑스혁명에서 파리 코뮌까지》(전집 9), 10쪽.

[19] 노명식, 《자유주의의 역사》(전집 12), 14쪽.

[20] 노명식, 〈서양역사에 나타난 전통과 변혁의 특징〉, 《역사란 무엇인가》(전집 1), 100쪽.

# 찾아보기

## 【ㄱ】

이 책의 글들은 다음 지면에 처음 발표되었다. 원고 가운데 일부는 대폭 수정하거나 가필했음을 밝혀둔다.


1장 _ 〈윌리엄 호스킨스와 풍경의 역사〉, 《역사학연구》 26호, 호남사학회, 2006.

2장 _ 〈로런스 스톤과 사회사의 지평 넓히기〉, 《서양사연구》 33집, 서울대학교 서양
    사연구회, 2005.

3장 _ 〈로이 포터, 다산성多産性의 미학〉, 《역사와 문화》 8호, 문화사학회, 2004; 〈근
    대성으로서의 행복: 역사적 접근〉, 《호남문화연구》 45호, 전남대학교 호남학연
    구원, 2009.

4장 _ 〈탈계급시대에 톰슨을 다시 읽다: E. P. 톰슨, 《영국 노동계급의 형성》〉, 《서양
    사론》 119호, 한국서양사학회, 2013.

5장 _ 〈혼돈의 시대, 희망은 어디서 오는가〉, 《창작과비평》 99호, 창작과비평사, 1998.

6장 _ 〈영제국과 앵글로벌리즘anglobalism: 니알 퍼거슨의 제국론과 그 비판〉, 《서양
    사론》 93호, 한국서양사학회, 2006.

7장 _〈귀족과 제국 : 데이비드 캐너다인의 역사세계〉, 《역사비평》 85호, 역사비평사,
    2008.

8장 _ 〈사이먼 샤마와 영상으로서의 역사〉, 《역사와 경계》 66호, 부산경남사학회,
    2008.

9장 _〈시어도어 젤딘과 감성의 역사〉, 《역사와 경계》 54호, 부산경남사학회, 2005.

10장 _〈아널드 토인비와 동아시아〉, 《역사학연구》 52집, 호남사학회, 2013.

11장 _ 〈1930년대 식민지 지식인의 눈에 비친 영제국〉, 《인문과학》 13호, 광주대 인문
    사회과학연구소, 2012.

12장 _〈노명식, 역사가와 그의 시대〉, 《역사학보》 217집, 역사학회, 2012.

# 역사가를 사로잡은 역사가들

⊙ 2015년 4월 22일 초판 1쇄 인쇄
⊙ 2015년 4월 29일 초판 1쇄 발행
⊙ 글쓴이 이영석
⊙ 펴낸이 박혜숙
⊙ 책임편집 정호영
⊙ 디자인 이보용
⊙ 영업·제작 변재원
⊙ 종이 화인페이퍼
⊙ 펴낸곳 도서출판 푸른역사
우) 110-040 서울시 종로구 통의동 82
전화: 02) 720-8921(편집부) 02) 720-8920(영업부)
팩스: 02) 720-9887
전자우편: 2013history@naver.com
등록: 1997년 2월 14일 제13-483호



ISBN 979-11-5612-041-4 93900